eXamen.press

eXamen.press ist eine Reihe, die Theorie und Praxis aus allen Bereichen der Informatik für die Hochschulausbildung vermittelt.

Lutz Priese

Computer Vision

Einführung in die Verarbeitung und
Analyse digitaler Bilder

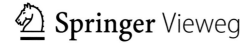 Springer Vieweg

Lutz Priese
Universität Koblenz
Koblenz, Deutschland

ISSN 1614-5216
ISBN 978-3-662-45128-1   ISBN 978-3-662-45129-8 (eBook)
DOI 10.1007/978-3-662-45129-8

Die Deutsche Nationalbibliothek verzeichnet diese Publikation in der Deutschen Nationalbibliografie;
detaillierte bibliografische Daten sind im Internet über http://dnb.d-nb.de abrufbar.

Springer Vieweg
© Springer-Verlag Berlin Heidelberg 2015

Springer-Verlag GmbH Berlin Heidelberg ist Teil der Fachverlagsgruppe Springer Science+Business
Media
(www.springer.com)

Vorwort

Dieses Buch ist eine relativ einfache Einführung in das Gebiet der *Computer Vision*. Computer Vision, auch *maschinelles Sehen* genannt, umfasst verschiedene Methoden zur Erfassung, Verarbeitung, Analyse und Interpretation von Bildern. Es ist ein Teilgebiet der Computervisualistik, die darüber hinaus Computergrafik und Visualisierung komplexer Daten beinhaltet. Wir beschränken uns in diesem Buch auf Bildverarbeitung und erste Schritte in eine Bildanalyse. Das Buch ist für Anfänger in diesem Gebiet geeignet. Für fortgeschrittenere Leser sollte es wegen seiner Systematik und durchgehend konsistenten Definitionen als alternativer Zugang zur Computer Vision interessant sein.

Es existieren in der Computer Vision verschiedene Modelle eines Bildes. So kann man den Ortsraum eines zweidimensionalen Bildes als eine Projektion eines kontinuierlichen Ausschnitts des reellen dreidimensionalen Raumes betrachten und seinen Werteraum als einen Ausschnitt in einem k-dimensionalen reellen Raum. Die endlich vielen Pixel eines gegebenen diskreten Bildes sind hierbei nur die bekannten Stützpunkte des eigentlichen (aber unbekannten) kontinuierlichen Bildes. Alle mathematischen Techniken der Differential- und Integralrechnung können damit zur Anwendung kommen und werden auch intensiv genutzt.

In einer informatiknahen Schule ist ein Bild einfach eine endliche Menge diskreter Pixel, von der nicht unbedingt interessiert, wie sie gewonnen wurde. Damit dürfen auch diverse kombinatorische Techniken verwendet werden, die keine kontinuierliche Deutung besitzen. Natürlich darf man das Modell einer endlichen Stützpunktmenge auch hier verwenden und Techniken der kontinuierlichen Mathematik einsetzen; dies ist aber nicht zwingend erforderlich.

Dieses Buch folgt ganz eindeutig der Schule der Informatik, was sich schon daran zeigt, dass wir nirgends Tensoren benutzen werden. Die wissenschaftliche Sprache folgt der bekannten mathematischen Mengenlehre, wie in der Logik, Mathematik und Informatik üblich. Es wird keine Kenntnis höherer Mathematik, Physik, Stochastik oder Signalverarbeitung vorausgesetzt.

Viele Algorithmen dieses Buches kann man leicht aus dem Internet erhalten. Sie sind teilweise in einem webbasierten Bildverarbeitungswerkzeug integriert, dessen Nutzung als Übung zu dem Buchinhalt empfohlen wird. Diese webbasierte Bildverarbeitung ist über die Seiten meiner ehemaligen Arbeitsgruppe am Fachbereich 4, Computervisualistik, der Universität Koblenz-Landau erreichbar. Unter den Download-Links auf meiner Homepage (ebenda) sind diverse Bildverarbeitungsalgorithmen mit Quellcode frei verfügbar. Mein Dank für Beiträge zu diesen Werkzeugen und zu diesem Buch geht an die Herren Dr. Dirk Balthasar, Max Braun, Thomas Erdmann, Christian Fuchs, Patrick Geib, Nils Hering, Florian Kathe, Dr. Raimund Lakmann, Gerrit Lochmann, Stephan Manthe, Dr. Volker Rehrmann, Dr. Rainer Schian, Dr. Frank Schmitt, Dr. Patrick Sturm, Tobias Tropper und Frau Dr. Haojun Wang. Ferner gilt mein Dank Frau Greta Rettler und den Herren Martin Prinzen und Florian Sattler für das Erstellen zahlreicher Abbildungen, Herrn Dr. Dirk Balthasar und Detlev Droege für wertvolle Hilfe in der technischen Erstellung des Buches und zu inhaltlichen Diskussionen sowie Herrn Prof. Dr. Heinz Giesen für wertvolle Hinweise.

Lutz Priese

Inhaltsverzeichnis

Abbildungsverzeichnis

Tabellenverzeichnis

Einleitung

1

1.1 Einordnung des Gebietes

Dieses Buch entstand aus Vorlesungen, Seminaren und Arbeitsgruppen zur Bildverarbeitung am Institut *Computervisualistik* des Fachbereichs Informatik am Campus Koblenz der Universität Koblenz-Landau. Computervisualistik ist ein recht junges Gebiet mit den beiden Zentren *Computer* und *Bild*, wobei Computer Informatik meint und Bild digitales Bild. Computervisualistik am Campus Koblenz besitzt drei Schwerpunkte:

- Visualisierung,
- Computergrafik,
- Rechnersehen.

Visualisierung beinhaltet die grafische und bildliche Darstellung von Daten und Wissen. Dazu gehören auch künstlerische, ästhetische und ergonomische Aspekte einschließlich des Designs von Eingabegeräten und Rechnerbildschirmen und deren Oberflächen.

Computergrafik ist die Wissenschaft der Erzeugung von Bildern im Rechner für Menschen. Bilder sind hier recht weitgehend zu verstehen. Diese reichen von Grafiken (hier überschneidet sich Computergrafik mit der Visualisierung) über fotorealistische und nicht fotorealistische Bilder, Animationen, Filme, virtuelle Realität bis zur Augmented und Enhanced Reality, in der zur existierenden Umgebung des Betrachters über spezielle Brillen fotorealistische und der Beleuchtungssituation der Umgebung angepasste virtuelle Realitäten überblendet werden.

Rechnersehen oder *Computer Vision* behandelt den umgekehrten Weg des Bildes aus der Realität in den Rechner. Dazu gehören Theorie und Technik der

- Bildaufnahme und Speicherung,
- Bildverarbeitung,
- Bildanalyse.

© Springer-Verlag Berlin Heidelberg 2015
L. Priese, *Computer Vision*, eXamen.press, DOI 10.1007/978-3-662-45129-8_1

Zur *Bildaufnahme* gehört die Technik von Sensoren und Kameras sowie die *Speicherung* der Aufnahmen, etwa in diversen Bildformaten und Kompressionen zur kostengünstigen Massenspeicherung. Bildaufnahme- und Speichertechniken ändern sich rasch. Die technischen Daten heutiger Kameras und Bildformate werden in wenigen Jahren veraltet sein. In diesem Buch werden daher nicht aktuell verwendete Bildformate oder aktuelle Kameras behandelt, sondern die Prinzipien dahinter. Dazu gehören z. B. die Unterschiede biologischer und technischer Fotosensoren und die Theorie von Farbe und Farbwahrnehmung. In der Theorie von Licht und Farbe überschneiden sich auch Computer Vision und Computergrafik.

Bildverarbeitung (BV) und Bildanalyse lassen sich etwa unterteilen in

- Bildvorverarbeitung,
- Detektion elementarer Merkmale wie Kanten, gerade Linien, Eckpunkte,
- Segmentierung,
- Analyse elementarer Formen,
- Identifikation von Objekten.

Der Übergang von Bildverarbeitung zu Bildanalyse ist fließend. Bildanalyse kann man durchaus als ein spezielles Teilgebiet der Künstlichen Intelligenz (KI) sehen, obwohl die klassische KI sich damit nur am Rande beschäftigt hat und erst seit Neuem die Bildanalyse entdeckt.

Bildvorverarbeitung findet bereits in Kameras statt. Ziel ist es hier, die Bilder für den menschlichen Betrachter angenehmer darzustellen. Dazu gehört etwa das Entfernen von Rot in den Augen, eine Optimierung der Helligkeit und des Kontrastes im Bild, eine Korrektur von Verwacklung etc. Diese für den menschlichen Betrachter schöneren Resultate verfälschen natürlich den Bildinhalt und können eine anschließende Analyse des Bildes im Rechner sogar empfindlich stören. Wir müssen also zwischen zwei Zielen unterscheiden: eine Bildaufarbeitung für das Fotoalbum und eine Vorverarbeitung für eine anschließende automatische Analyse im Rechner. In diesem Buch wird nur das zweite Ziel behandelt. Zur Bildvorverarbeitung in diesem Buch gehören etwa lineare und nicht lineare lokale Filter und Bildtransformationen wie die Fourier-Transformation.

Unter *Detektion elementarer Merkmale* verstehen wir die Lokalisierung von besonderen Orten im Bild, die sich etwa durch Kantenübergänge, Eckpunkte oder Zugehörigkeit zu speziellen geometrischen Formen wie Gerade und Kreis auszeichnen. Die Techniken dazu gehören teilweise zur Bildvorverarbeitung, wie etwa Sobel-Operatoren und Laplace-Transformation, so dass sich auch Bildvorverarbeitung und Detektion nicht scharf trennen lassen.

Das gilt auch für die *Segmentierung*, in der versucht wird, zusammengehörende Bereiche im Bild zu identifizieren. Zusammengehörend ist hier nicht auf einer semantischen Ebene zu verstehen – dann wären wir schon in der KI und Bildanalyse –, sondern hinsichtlich der Ähnlichkeit der Pixel im Bild, wobei der Ähnlichkeitsbegriff je nach Aufgabenstellung anders definiert werden kann.

In der *Identifikation von Objekten* sind wir schon im Übergangsbereich zur Bildanalyse. Eine Lokalisierung und Identifikation von Verkehrszeichen etwa ist der Bildanalyse zuzuordnen, da hier schon diverse KI-Techniken, wie Schließen unter Unsicherheit, benötigt werden. Eine Echtzeitanalyse von Fehlern in einem Produktionsprozess hingegen kann mit Techniken der Bildverarbeitung ohne größere KI-Techniken auskommen und kann dann der Bildverarbeitung zugerechnet werden. Dies sind aber schon persönliche Einschätzungen. Eine exakte Grenze zwischen Bildverarbeitung und Bildanalyse existiert nicht.

Anwendungen von Bildverarbeitung und Bildanalyse gibt es heute etwa

- in der Produktion: Bestückung, Sortierung, Überwachung, Qualitätskontrolle, zerstörungsfreie Werkstoffprüfung,
- im Umweltschutz: Sortierung von Abfällen, Erkennen von Gefahrstoffen, Klassifizieren von Luftbildaufnahmen,
- im Sicherheitsbereich: Fingerabdrücke, Gesichtserkennung, Personenidentifikation, Kennzeichenidentifikation,
- in der Medizin: Bildaufnahme und -analyse in der Radiologie, Thermografie und Tomografie,
- im Verkehr: Verkehrsüberwachung, Gefahrendetektion etwa im Tunnel, Selbstlokalisation, Verkehrszeichenerkennung, autonome Fahrzeugführung, Platooning,
- in Robotik, Astronomie, Militär etc.

Die automatische Bildanalyse wird sicherlich Anwendung in vielen weiteren Bereichen finden, von denen wir das heute noch gar nicht erwarten.

1.2 Aufbau des Buches

Hier sollen kurz die Philosophie hinter diesem Buch und dessen Inhalte vorgestellt werden.

1.2.1 Philosophie

Es wird durchgehend großen Wert auf eine möglichst exakte und abstrakte Begriffsbildung gelegt. Ein Bild ist nicht an einer Stelle eine Matrix, an einer anderen eine Menge und dann ein .eps-Format; ein Pixel ist nicht mal ein Ort und mal ein skalarer oder mehrdimensionaler Wert; die Ähnlichkeit zweier Pixel bezieht sich nicht einmal auf deren Nähe im Bildort und ein andermal auf den Abstand der Pixelwerte etwa in Helligkeit oder Farbe. Diese Begriffe werden im Folgenden so exakt wie möglich definiert, ohne die Praxisnähe der Computer Vision zu vernachlässigen. So ist es z. B. in der Mathematik sehr einfach, den Begriff der geraden Linie im $\mathbb{R}^2$ formal exakt zu definieren. Man kann etwa eine Gerade im $\mathbb{R}^2$ mit den Parametern A, B, C nach der *allgemeinen Geradengleichung* als die Menge aller Punkte (x, y) im $\mathbb{R}^2$ definieren, die der Gleichung $Ax + By + C = 0$ genügen. In der Bildverarbeitung muss eine Definition einer Geraden aber Kompromisse eingehen. Das liegt einfach daran, dass in der Bildverarbeitung mit diskreten Daten gearbeitet wird. Wir bewegen uns nicht im $\mathbb{R}^2$, sondern zumeist im $\mathbb{Z}^2$. Was soll etwa die Menge aller Punkte $(n, m) \in \mathbb{Z}^2$ sein, die die Gleichung $nA + mB + C = 0$ erfüllen? Man könnte sagen, die diskrete Gerade mit den Parametern A, B, C im $\mathbb{Z}^2$ ist die Menge aller Punkte $(n, m) \in \mathbb{Z}^2$, die die kontinuierliche Gerade g im $\mathbb{R}^2$ mit $Ax + By + C = 0$ berühren. Aber was heißt berühren? Wie lang muss beispielsweise g durch ein Elementarquadrat Q im $\mathbb{Z}^2$, sagen wir der Größe 1×1 cm, laufen, damit Q zur Geraden gehört? Genügen 0,3 mm oder müssen es mindestens 1 cm Länge innerhalb von Q sein? Oder genügt schon die Berührung durch eine Tangente? In der Computergrafik muss man das Konzept einer Geraden nicht definieren, nur visualisieren. Dazu könnte man etwa die Elementarquadrate Q des $\mathbb{Z}^2$ unterschiedlich dunkel einfärben, je nach Intensität der Berührung durch g.

Computer Vision ist eine ausgesprochen praxisnahe Disziplin. Als Konsequenz darf man sich bei Fragen einer exakten Begriffsbildung nicht in philosophischen Überlegungen verlieren, sondern muss pragmatische Lösungen finden. Es wird nicht um des Definierens willen definiert werden, sondern nur für eine in der Praxis notwendige Präzision im Denken und Handeln. In vielen Büchern zur Computer Vision werden Begriffe, etwa wie *Primärvalenz* o. Ä., ohne Erläuterung verwendet. Wir werden hier hingegen versuchen, alle vorkommenden technischen Begriff möglichst zu erläutern und nicht nur einfach zu verwenden. Dieses Buch soll ein einführendes Lehrbuch in die Computer Vision sein und nicht ein Nachschlagewerk.

In den Vorlesungen, auf denen dieses Buch aufbaut, wurde großen Wert darauf gelegt, die vorgestellten Werkzeuge der Bildverarbeitung nicht nur aufrufen und benutzen, sondern auch selbst erstellen und implementieren zu können. Hierzu ist zurzeit C++ die Sprache der Wahl. Eine Souveränität im Programmieren ist in der Bildverarbeitung absolut notwendig. Wenn man im Berufsleben in einem Team ein größeres Bildanalyseprojekt durchführt, so ist zu Beginn meist nicht klar, welche Techniken der Computer Vision sinnvoll einzusetzen sind. Häufig müssen bekannte Techniken für ein spezielles Problem modifiziert und mit anderen neu kombiniert werden. Computer Vision stellt zurzeit leider keinen Baukasten zur Verfügung, aus dem man zur Lösung eines Problems mit seinem Fachwissen nur zu entscheiden braucht, welches Tool aus dem Baukasten man mit welchen Parametern optimal mit irgendwelchen anderen Tools zur Lösung kombiniert. Solch ein baukastenartiges Vorgehen mag wünschenswert und in Zukunft vielleicht erreichbar sein, aktuell ist man aber noch nicht so weit. Unter http://wbip.uni-koblenz.de/ existiert ein eingeschränkter, experimenteller, webbasierter Bildverarbeitungsbaukasten mit einer grafischen Programmierumgebung, in der man verschiedene Tools laden, parametrisieren und verbinden kann. Es wird empfohlen, damit zu spielen und die im Buch vorgestellten Algorithmen mit diesem Baukasten – so weit sie bereits integriert sind – an eignen Bildern zu testen und dadurch in ihren Möglichkeiten und Restriktionen besser zu verstehen.

Fragen zur Echtzeitfähigkeit der Programme spielen fast überall eine wesentliche Rolle. Dies wird neuerlich gern vernachlässigt, da die Rechner immer schneller werden und mehr Daten schnell in immer größer werdenden Caches gespeichert werden können. Aber auch die zu verarbeitenden Bilddaten werden immer umfangreicher. In den 90er-Jahren wurde noch mit Halbbildern von 256×512 Pixeln und 256 verschiedenen Farben gearbeitet, heute sind Bildgrößen von mindestens 1920×1080 Pixeln mit 68 Milliarden Farben und über 4000 Graustufen und 200 Bildern pro Sekunde zu behandeln. In Ultra High Definition Fernsehgeräten entstehen noch mehr Daten in kürzeren Zeiträumen. In der Astronomie und Physik ist die anfallende Bilddatenmenge um ein Vielfaches größer. Daher kann man nicht einfach die gefundenen Algorithmen eins zu eins zu ihrer mathematischen Struktur in ein Programm übernehmen. Um gute Laufzeiten zu erhalten, sind die Algorithmen zu optimieren. In Vorlesungen zur Bildverarbeitung sollten daher auch Optimierungstricks der Informatik aufgezeigt werden, die nicht von der derzeitigen Hardware abhängen, sondern generell sinnvoll sind und selbstverständlich sein sollten.

Dieses Buch wendet sich zwar hauptsächlich an Anfänger, zugleich wird großen Wert auf einen systematischen Aufbau mit präzisen Begriffen gelegt. Diese Begriffe werden aber in verschiedenen Büchern teilweise unterschiedlich eingeführt. Diese Unterschiede sind zwar meist marginal, haben aber dennoch weiter reichende Effekte. Das geht so weit, dass eine Aussage im Buch A bei leicht unterschiedlich gewählten Begriffen im Buch B falsch werden kann. Hier existieren zwei Möglichkeiten im Vorgehen: Man definiert seine Grundbegriffe konsistent und ignoriert Alternativen. Dies ist sicher für Leser angenehm, die sich auf ein Buch konzentrieren und andere Literatur so gut wie nicht wahrnehmen wollen. Oder man erwähnt auch die Alternativen und möglichen Verwechslungsgefahren. Das ist für Leser wichtig, die mehrere Bücher zum gleichen Thema lesen. Für Leser nur eines Buches mag es hingegen verwirrend sein. Hier in diesem Buch werden häufig Alternativen vorgestellt, um vielseitige Leser zu unterstützen.

1.2.2 Inhalte

Das Buch beginnt mit einigen wenigen physikalischen Grundlagen, die zum Verständnis von Licht notwendig sind, und stellt danach das menschliche Auge vor. Das Phänomen der Farbe und der menschlichen Farbwahrnehmung wird einigermaßen detailliert dargestellt. Dies dient hauptsächlich dazu, die prinzipiellen Unterschiede des menschlichen Sehens und der Bildaufnahme mittels technischer Rezeptoren zu verstehen, um so Probleme und Lösungsmöglichkeiten im Rechnersehen besser einschätzen zu können.

Danach werden ein formaler Bildbegriff und erste elementare Eigenschaften von Bildern vorgestellt. Da dieses Buch als Einführung in die Computer Vision gedacht ist, bewegt es sich in der Systematik eher vom Einfachen zum Komplexeren, anstatt einen Aspekt sofort in der Tiefe abzuschließen und dann den nächsten zu behandeln. So beginnt etwa die Bildvorverarbeitung mit einfachen Lookup-Tabellen und Manipulationen im Wertebereich von Bildern. Ein nächstes Gebiet sind lokale Techniken, bei denen die

Manipulation eines Pixels P nur von einer lokalen Nachbarschaft um P abhängt. Diese Nachbarschaften sind fast immer sogenannte Fenster um P. Dies führt zu linearen und nicht linearen Filtern und anschließend zu morphologischen Bildoperationen.

Es werden immer komplexere Verarbeitungs- und Analysetools vorgestellt, wie Fourier-Transformation, Hough-Transformation, Canny-Kantendetektor, Eckendetektoren und diverse Segmentierungstechniken. Zur Bildanalyse werden verschiedene Techniken zu einer Merkmalsextraktion erläutert. Einfache Merkmale im Bild sind etwa Kanten und Eckpunkte sowie dessen Segmente selbst. Einfache Merkmale von Regionen und Segmenten sind etwa deren Ränder, beschrieben durch einen Freeman-Code, deren Flächen, beschrieben durch diverse Hüllen oder Skelette, etc. Als höhere Merkmale im Bild behandeln wir Shape Context, SIFT und Texturmerkmale. Damit ist man bereits in das Gebiet der Bildanalyse eingedrungen, das aber in dieser Einführung nicht noch weiter vertieft wird.

1.3 Einige Lehrbücher

Es folgt hier ein kurzer Überblick mit stichwortartiger Inhaltsangabe über weitere Lehrbücher zum Thema Computer Vision, die zur Erstellung dieses Buches verwendet wurden.

Abmayr [1]: Leicht verständliche, recht einfache Einführung in die digitale Bildverarbeitung. Ohne Canny, Hough oder Segmentiertechniken.

Ballard und Brown [5]: Großer Überblick aus dem Jahr 1982 über den Stand der Bildverarbeitung und -analyse der damaligen Zeit mit vielen (heute aber teilweise veralteten) Techniken.

Bunke [12]: Es werden diverse Methoden der 70er-Jahre beschrieben, ohne tiefer erklärt zu werden.

Castleman [16]: Es wird sehr viel von der Bildaufnahme bis zur Mustererkennung erwähnt, ohne in die Tiefe zu gehen. Beispielsweise werden Co-Occurrence Matrizen auf einer halben Seite, Momente auf weniger als einer Seite nur für den kontinuierlichen Fall angegeben, ohne Erklärung, wozu sie dienen. Viel Mathematik, keinerlei Algorithmen. Nicht als Lehrbuch für Anfänger, aber als Nachschlagewerk zu verwenden.

Costa und Cesar [18]: 600 Seiten nur zum Thema „Shape" mit einer Einführung in die verwendete Mathematik.

Davies [19]: Schwerpunkt liegt auf Ecken, Shapes, Skeletten, Detektion von Formen, wie Linie, Kreis, Ellipse, Polygon, Löcher. Wenig Mathematik.

Duda, Hart und Stork [23]: Sehr ausführliches Buch zur Mustererkennung, einfache Mathematik mit angegebenen Algorithmen. Gut für Informatiker geeignet.

Fischler und Firschein [25]: Enthält K.I., Neurophysiologie, Wissensrepräsentation, formales Schliesen, Lerntheorie, etwas Bildverarbeitung, aber auch Turing-Maschinen, unentscheidbare Probleme, Gödels Unvollständigkeitssatz werden erwähnt, ohne explizit angegeben zu werden. Ein Beitrag zur Philosophie der Computervisualistik.

Forsyth und Ponce [26]: Physikalisch orientierte Bildverarbeitung von Kamerakalibrierung über Radiometrie, statistische Klassifizierer zur gesamten Computer Vision, ohne in die Tiefe zu gehen, ohne viel zu erläutern. Mathematik wird vorausgesetzt.

Gonzales und Woods [31]: Gute Darstellung für Informatiker. Nicht mit Mathematik überfrachtet. Viele Bildbeispiele, auch aus der Medizin. Ausführliche Transformationen im Frequenzbereich, Bildkompression und Morphologie. Wasserscheidentransformation wird ausführlich erläutert, andere Segmentiertechniken werden aber nur stiefmütterlich behandelt.

Haberäcker [34]: Gut verständliches Lehrbuch für Anfänger. Tiefere Mathematikkenntnisse werden nicht benötigt. Gewöhnungsbedürftige Bezeichner. Elementarste Datenreduktion. Endet etwa mit der Hough-Transformation.

Haberäcker et al. [81]: Dies ist eine Erweiterung des mittlerweile veralteten Klassikers von Haberäcker von 1991 mit anderen Schwerpunkten in der Stoffauswahl. So kommen z. B. Horovitz und Pavlidis mit Split-and-Merge gar nicht explizit vor, verborgen aber dennoch als Bildsegmentierung mit Quad-Trees. Farbräume werden etwas stiefmütterlich dargestellt. Das CIE-Farbmodell wird auf 2 Seiten vorgestellt, ohne die Primärfarben zu erläutern. Das YIQ-Farbmodell erhält 5 Sätze, das HSI-Modell 1,5 Seiten, aber ohne auf dessen Unstetigkeiten hinzuweisen.

Hill und Kelley [45]: Ein Lehrbuch zur Computergrafik mit zwei für die Bildverarbeitung interessanten Kapiteln zur Vektorgeometrie und Farbe.

Jähne und Haußecker [51]: 17 ausgewählte Kapitel von unterschiedlichen Autoren zu Themen der physikalisch orientierten Bildverarbeitung.

Jain [50]: Es ist eher ein Nachschlagewerk als ein Lehrbuch. Es liegt näher an einer ingenieurmäßigen als informatiknahen Bildverarbeitung. Argumentiert wird zumeist im kontinuierlichen $\mathbb{R}^2$. Große Stofffülle von Transformationen in den Frequenzraum, Filter, stochastische Methoden, Bildanalyse bis zur Bildrekonstruktion und -kompression. Dafür keine Standardtechniken der Informatik wie generelle Hough-Transformation oder Canny. Keine Segmentiertechniken, auch keine Snakes etc.

Klette [54]: Umfangreiches Lehrbuch zur Computer Vision. Klette ist eher für Ingenieure, mein Buch eher für Informatiker geeignet. Bei mir gibt es weniger Stoff, dieser wird aber vertieft dargestellt. Klette behandelz z. B. kaum Segmentierung, es kommen weder Wasserscheidentransformation, Split-and-Merge, CSC oder verfeinerte Region-Growing-Techniken vor, dafür aber physikalisch motivierte Techniken der Energieminimierung.

Korn [55]: Kleines Lehrbuch, wie der Mensch sieht. Ohne Rechnersehen.

Levin [63]: Interessant in seinem Schwerpunkt auf Sehen in biologischen Systemen, einschließlich Farbwahrnehmung. Recht wenig zu Verarbeitung und Analyse digitaler Bilder.

Lindeberg [64]: 398 Seiten nur zum Thema Scale-Space aus Perspektive der Physik, Ingenieurwissenschaft.

Marr [70]: Sagt von sich selbst: „A computational investigation into the human representation and processing of visual information." Interessante Beiträge zum menschlichen

Sehen aus der Warte der Psychologie und KI. Viel zu LoG, DoG, zero crossing. Keinerlei Algorithmen oder Mathematik. Zeigt die eher philosophische Vorgehensweise der Computer Vision in den 70er-Jahren.

Niemann und Bunke [80]: Ein KI-Buch mit Kapiteln zu formaler Logik, semantische Netze, Kontroll- und Suchalgorithmen, Wissenserwerb etc, und einer Anwendung in der medizinischen Bildverbeitung und Sprachverarbeitung.

Paulus [86]: Lehrbuch zu technischen Methoden der Objekterkennung. Es beinhaltet Signalverarbeitung, Sensoren, Kalibrierung, Tiefenmessung, Farbräume, Klassifikation, semantische Netze und zeigt einige interessante Anwendungsfälle. Der Inhalt der Bildverarbeitung wie in diesem Buch ist auf etwa 50 Seiten knapp zusammengefasst.

Paulus und Hornegger [87]: Ein Lehrbuch speziell für Informatiker, das sowohl in Softwareentwicklung mit C++, als auch Bildverarbeitung und Mustererkennung einführt. Sehr viel Stoff, der aber auf nur etwa 350 Seiten meist nur angerissen werden kann.

Pavlidis [88]: Zahlreiche Algorithmen in Pseudocode für Fragen der Bildverarbeitung und Computergrafik.

Pinz [91]: Recht knappe, aber leicht verständliche Einführung von Neurophysiologie über digitale Bildverarbeitung zu Ansätzen von Bildverstehen, einschließlich Canny, Hough, Snakes etc.

Pratt [93]: Über 700 Seiten aus Sicht der Mathematik: mathematische Methoden, Bildverarbeitung, -analyse und -kompression. Keine Algorithmen, keine Morphologie, kein Canny, Hough wird auf einer Seite behandelt.

Richter [98]: Schönes Lehrbuch von über 200 Seiten nur zum Thema Farbe. Vom Wesen der Farbe über den Farbreiz, Normvalenzsystem zur Farbmetrik mit Umrechnungstabellen.

Russ [104]: Ein umfangreiches Handbuch zur gesamten Computer Vision, kein Lehrbuch. Wenig Mathematik, für Informatiker leicht verständlich.

Schmidt [106]: Leicht verständliches und detailreiches kleines Lehrbuch mit Beiträgen von fünf Autoren zum Nervensystem des Menschen.

Soille [113]: Es werden ausschließlich Bildverarbeitungs- und -analyseverfahren vorgestellt, die auf Morphologie aufbauen.

Szeliski [116]: Nachschlagewerk von fast 700 Seiten Text zu allen wichtigen Gebieten der Computer Vision, von Vorverarbeitung über Struktur aus Bewegung zu Recognition. Als Lehrbuch werden die vielen Gebiete aber jeweils nur recht kurz angerissen.

Tanimoto und Klinger [117]: Sieben Kapitel unterschiedlicher Autoren, die ausgewählte Teile der Computer Vision der 70er-Jahre wiedergeben.

Tönnies [119]: Deutsches Lehrbuch zur Bildverarbeitung, dessen Inhalte zu diesem Buch sehr ähnlich sind. Es empfiehlt sich als Ergänzung, da gleiche Sachverhalte zumeist unterschiedlich dargestellt werden.

Trucco und Verri [120]: Eine recht eigenwillige Auswahl von Aspekten der Bildverarbeitung mit Canny vor Sobel vor der Hough-Transformation vor Kamerakalibrierung. Viel Mathematik. Viele Algorithmen, aber nur auf sprachlicher Ebene, auch nicht als Pseudocode. Etwa die Hälfte des Buchs bezieht sich auf 3D-Bildverarbeitung.

Wooldridge [123]: Ein sehr altes Lehrbuch für Laien über Gehirnvorgänge mit einer Darstellung der Experimente zum Sehen bei Fröschen (am MIT) und Katzen (von Harvard).

Wyszecki und Stiles [124]: **Das** Lehrbuch und Nachschlagewerk zu Farbe. Alles dazu auf ca. 700 Seiten, von der Physiologie des Auges über Farbräume bis zu Colorimetrie. Mit fast 200 Seiten Tabellen.

Young und Fu [125]: 27 Kapitel von unterschiedlichen Autoren, etwa zu Bayes Klassifikation, Cluster-Analyse, Mustererkennung, Computer Vision, Bilddatenbanksystemen, Parallelarchitektur, Computertomografie. Stellt auf fast 700 Seiten ausgewähltes Wissen dieser Zeit dar, ohne es zu erklären. Zum Beispiel eine Seite für die Fourier-Transformation vor einer Seite für Histogramm-Equalization; es wird z. B. vorausgesetzt, dass Fourier-Transformation bekannt ist, und nur an diversen Stellen dann gesagt, dass sie hier eingesetzt werden kann.

Zeppenfeld [126]: Einfache Einführung in 2D- und 3D- Computergrafik und Java-Programmierung.

Allgemeine Begriffe

2

2.1 Einige Grundbegriffe aus der Physik

2.1.1 Maßeinheiten

Wir werden es teilweise mit sehr großen und sehr kleinen Zahlen zu tun haben, etwa bei der Frequenz und Wellenlänge von Licht. Die folgende Tab. 2.1 gibt die wichtigsten Einheiten mit ihren Namen und Abkürzungen wieder. Das amerikanische Namensystem wird neben der USA ebenfalls in einigen wenigen Ländern wie Puerto Rico, Brasilien und der Türkei verwendet. Hierbei wird das Wort billion für eine Milliarde verwendet.

Die große Mehrheit der Länder verwendet das sogenannte *logarithmische Zillionensystem* der französischen Mathematiker Nicolas Chuquet und Jacques Peletier du Mans, das auch *lange Leiter* genannt wird, da hier in Sechsergruppen gezählt wird. Für das Tausendfache aller Millionen-Potenzen wird die Endung -illiarde statt -illion verwendet. Es wird also in Stufen $10^{x \cdot 6}$ mit den Namen *X-illon* und $10^{3+x \cdot 6}$ mit den Namen *X-illiarde* gezählt, wobei X auf lateinisch ausgedrückt wird. So sind 10^{31} entsprechend zehn Quintillionen wegen

$$10^{31} = 10 \cdot 10^{30} = 10 \cdot 10^{5 \cdot 6},$$

und $10^{35} = 100 \cdot 10^{5 \cdot 6 + 3}$ sind dementsprechend einhundert Quintilliarden.

Das amerikanische System benutzt die *kleine Leiter*. Sie hat sich generell in englischsprachigen Finanzkreisen durchgesetzt. Hier wird in Schritten $(10^3)^{1+x}$ gezählt mit dem Namen *X-illion*, wobei X wieder lateinisch ausgedrückt wird. Bei $x = 0$ spricht man von *thousand*, bei $x = 1$ von *million* und erst für $x \geq 2$ kommen die lateinischen Bezeichner zum Tragen. Wie etwa *billion* für $x = 2$, also $(10^3)^{1+2} = 10^9$. Dementsprechend heißt $10^{31} = 10 \cdot (10^3)^{1+9}$ in den USA *ten nonillion*.

Wir verwenden die Abkürzungen für physikalische Einheiten wie in Tab. 2.2 gezeigt. Für das Kilogramm und die Nanosekunde gilt also: $1\,\text{kg} = 10^3\,\text{g}$, $1\,\text{ns} = 10^{-9}\,\text{s}$. Da s sowohl die Abkürzung für Sekunde also auch die übliche Variable für Entfernung dar-

© Springer-Verlag Berlin Heidelberg 2015
L. Priese, *Computer Vision*, eXamen.press, DOI 10.1007/978-3-662-45129-8_2

Tab. 2.1 Größen und ihre technischen, deutschen und amerikanischen Namen

Abk.	Wert	technisch	deutsch	amerikanisch
da	10^1	Deka	Zehn	ten
h	10^2	Hekto	Hundert	hundred
k	10^3	Kilo	Tausend	thousand $(10^3)^{1+0}$
M	10^6	Mega	Million $(10^6)^1$	million $(10^3)^{1+1}$
G	10^9	Giga	Milliarde	billion $(10^3)^{1+2}$
T	10^{12}	Tera	Billion $(10^6)^2$	trillion $(10^3)^{1+3}$
P	10^{15}	Peta	Billiarde	quadrillion $(10^3)^{1+4}$
E	10^{18}	Exa	Trillion $(10^6)^3$	quintillion $(10^3)^{1+5}$
d	10^{-1}	Dezi	Zehntel	tenth
c	10^{-2}	Zenti	Hundertstel	hundredth
m	10^{-3}	Milli	Tausendstel	thousandth
μ	10^{-6}	Mikro	Millionstel	millionth
n	10^{-9}	Nano	Milliardstel	billionth
p	10^{-12}	Piko	Billionstel	trillionth
f	10^{-15}	Femto	Billiardstel	quadrillionth
a	10^{-18}	Atto	Trillionstel	quintillionth

Tab. 2.2 Einheiten

Größe	Einheit	Abk.	Dimension	Variable
Länge	Meter	m	L	s
Zeit	Sekunde	s	T	t
Masse	Gramm	g	M	m
Wellenlänge	Meter	m	L	λ
Frequenz	Hertz	Hz	T^{-1}	f
Energie	Joule	J	$L^2 \cdot M \cdot T^{-2}$	E
Energie	Elektronenvolt	eV	$L^2 \cdot M \cdot T^{-2}$	E

stellt, werden wir meistens *sec* als Abkürzung für Sekunde verwenden. Etwas Vorsicht ist geboten, da in der Physik die Einheit der Masse das Kilogramm ist, entsprechend dem physisch vorhandenen Urkilogramm in Paris. Von der Logik her ist aber das Gramm die bessere Einheit. Ein Problem ergibt sich nur dann, wenn man in Formeln die Einheiten weglässt, wie es allerdings in der Physik weit verbreitet ist.

Um eine Vorstellung dieser Größen zu erhalten, finden sich in Tab. 2.3 einige Beispiele für Längen und in Tab. 2.4 einige Zuordnungen von Zeiten zu der in dieser Zeit vom Licht im Vakuum zurückgelegten Strecke. In der Tab. 2.3 mag vielleicht die geschätzte Größe des sichtbaren Universums am meisten überraschen, da das Alter des Universums auf knapp unter 14 Milliarden Jahre gesetzt wird und man daher auch 14 Milliarden Lichtjahre als Obergrenze des Radius des Sichtbaren erwarten könnte. Dieser einfache Gedankengang berücksichtigt aber nicht die zunehmende Expansion des Universums, die zu diesem deutlich größeren Durchmesser führt.

Tab. 2.3 Größenvergleiche

Größe	Beispiele dieser Größenordnung
$1\,l_p = 1{,}6 \cdot 10^{-33}$ m	Plancklänge
$< 10^{-18}$ m	Elektron, Quark, eventuell punktförmig ohne Größe
10^{-17} m	Reichweite der schwachen Kraft, verantwortlich für radioaktiven Zerfall
10^{-15} m	Proton, Reichweite der starken Kraft, verbindet Quarks
10^{-14} m	Atomkern
10^{-10} m (1 Å, 0,1 nm)	Atom
0,15 nm	Atomabstand im Diamanden
1 nm	Radius der DNA-Helix
10 nm	Dicke einer Zellmembran
100 nm	HIV-Virus
200 nm	Länge E.Coli-Bakterium
1000 nm	Zigarettenrauchpartikel
7000 nm	Dicke von Spinnenseide
100.000 nm	Dicke eines menschlichen Haares
90 Milliarden Lichtjahre $\approx 9 \cdot 10^{26}$ m	geschätzter Durchmesser des sichtbaren Universum

Tab. 2.4 In dieser Zeit vom Licht zurückgelegte Strecke

Zeit	Strecke
$1\,t_P = 5 \cdot 10^{-44}$ sec (Planckzeit)	Plancklänge
10 fsec	3 µm
1 nsec	30 cm
1 millisec	300 km

2.1.2 Elektromagnetische Wellen

Während Schall- und Wasserwellen ein Medium zur Fortpflanzung benötigen, bewegen sich elektromagnetische Wellen im Vakuum mit Lichtgeschwindigkeit c_0 fort. Die *Wellenlänge* λ einer Welle ist die Entfernung zwischen zwei benachbarten Orten gleicher Phase, also beispielsweise zwischen zwei Wellenbergen, ihre *Frequenz* f ist die Anzahl der Schwingungen pro Sekunde und die Ausbreitungs- oder Phasengeschwindigkeit c ist die Geschwindigkeit eines Ortes gleicher Phase. Es gilt

$$\lambda = \frac{c}{f}.$$

Statt mittels Wellenlänge und Frequenz werden in der Physik elektromagnetische Wellen auch über deren *Energie* gemessen, die sich aus

$$E = h \cdot f = h \cdot \frac{c}{\lambda}$$

berechnet, wobei h das *plancksche Wirkumsquantum* ist mit

$$h \approx 6{,}626 \cdot 10^{-34}\,\text{J} \cdot \text{sec} \approx 4{,}136 \cdot 10^{-15}\,\text{eV} \cdot \text{sec}.$$

h besitzt die Dimension von Energie mal Zeit. Statt h wird auch das so genannte *reduzierte plancksche Wirkungsquantum* $\hbar$ verwendet, für das gilt

$$\hbar = \frac{h}{2\pi} \approx 1{,}055 \cdot 10^{-34}\,\text{J} \cdot \text{sec} = 6{,}582 \cdot 10^{-16}\,\text{eV} \cdot \text{sec}.$$

Energie wird in Joule, J, oder Elektrovolt, eV, gemessen mit

$$1\,\text{eV} \approx 1{,}602 \cdot 10^{-19}\,\text{J}.$$

Bei Schallwellen benutzt man statt λ auch L als Variable für die Wellenlänge. Elektromagnetische Wellen bewegen sich im Vakuum mit der Lichtgeschwindigkeit

$$c \approx 2{,}9979 \cdot 10^{8}\,\frac{\text{m}}{\text{sec}} \approx 300.000\,\frac{\text{km}}{\text{sec}} \approx 1\,\text{Milliarde}\,\frac{\text{km}}{\text{Stunde}}.$$

Licht bewegt sich in anderen Medien mit einer geringeren Geschwindigkeit. Für Luft gilt etwa

$$c_{\text{L}} \approx \frac{c_0}{1{,}0003},$$

für Wasser

$$c_{\text{W}} \approx 0{,}75 \cdot c.$$

Im Wasser beträgt die Geschwindigkeit des Lichts also nur etwa 3/4 der Geschwindigkeit im Vakuum und es existieren Teilchen, die sich im Wasser schneller als Licht bewegen können. So wird das bläuliche *Tscherenkow*-Licht in Kernkraftwerken durch Elektronen erzeugt, die sich im Wasser schneller als mit c_{W} bewegen.

Der Frequenzbereich von elektromagnetischen Wellen umfasst viele Größenordnungen. Die Wellenlängen können von einigen Trillionstel Meter bis zu mehreren Tausend Kilometer reichen. Die Angaben der Wellenlängenbereiche in Tab. 2.5 variieren von Quelle zu Quelle leicht.

Auf dem einen Extrem der Skala liegen *Längstwellen* (engl. *Very Low Frequency*, abgekürzt als VLF) im Frequenzbereich unter 30 kHz, also mit Wellenlängen über 10 km und extreme Längstwellen (*Extremly Low Frequency*, ELF, 30 bis 3 Hz) mit Wellenlängen bis zu 100.000 km. Im Bereich 50 bis 60 Hz sendet Wechselstrom. Beispiele noch niedriger Frequenzen finden sich in den Gehirnaktivitäten von 0,4 bis 3,5 Hz (Delta-Wellen im Tiefschlaf, Koma) oder 4 bis 7 Hz (Theta-Wellen im Traumschlaf). Da Längstwellen einige Dutzend bis Hunderte Meter ins Meerwasser eindringen, werden sie z. B. zur Kommunikation mit U-Booten genutzt. Ein existierender VLF-Sender sendet mit 82 Hz, also einer Wellenlänge von 3656 km.

Tab. 2.5 Namen von elektromagnetischen Wellen

Name	Wellenlänge	Frequenz/Energie
Gammastrahlung	$\leq 10\,\mathrm{pm}$	$\geq 200\,\mathrm{keV}$
Röntgenstrahlung	0,01 bis 15 nm	30 EHz bis 20 PHz, 120 keV bis 80 eV
Ultraviolettes Licht (UV)	15 bis 100 nm	bis 3 PHz, 12 eV
Sichtbares Licht		
Violett	400 bis 420 nm	750 THz, 3,1 eV bis 710 THz, 3 eV
Blau	420 bis 490 nm	bis 610 THz, 2,5 eV
Grün	490 bis 575 nm	bis 520 THz, 2,2 eV
Gelb	575 bis 585 nm	bis 512 THz, 2,1 eV
Orange	585 bis 650 nm	bis 460 THz, 1,9 eV
Rot	650 bis 750 nm	bis 400 THz, 1,7 eV
Infrarotes Licht (IR)		
nahes Infrarot (A)	750 bis 1400 nm	bis 210 THz, 890 meV
nahes Infrarot (B)	1400 bis 3000 nm	bis 100 THz
nahes Infrarot (C)	3 bis 10 µm	bis 30 THz
fernes Infrarot	10 µm bis 1 mm	bis 300 GHz
Mikrowellen		
Millimeterwellen (EHF)	1 bis 10 mm	bis 30 GHz
Zentimeterwellen (SHF)	10 bis 100 mm	bis 3 GHz
Radio-/Fernsehwellen		
Dezimeterwellen (UHF)	0,1 bis 1 m	bis 300 MHz
Ultrakurzwellen (VHF)	1 bis 10 m	bis 30 MHz
Kurzwellen (HF)	10 bis 100 m	bis 3 MHz
Mittelwellen (MF)	100 bis 1000 m	bis 300 kHz
Langwellen (LF)	1 bis 10 km	bis 30 kHz
Längstwellen (VLF)	10 bis 100 km	bis 3 Hz
Extreme Längstwellen (ELF)	10.000 bis 100.000 km	bis 3 Hz

Auf dem anderen Extrem findet sich Gammastrahlung. Mit Gammastrahlung bezeichnet man elektromagnetische Strahlung einer Energie oberhalb von etwa 200 keV, also mit Wellenlängen kleiner als etwa 10 pm.

Kosmische Strahlung besteht nicht aus elektromagnetischen Wellen, sondern aus Protonen und ionisierten Atomkernen, die sich mit annähernd Lichtgeschwindigkeit bewegen. Indirekt gemessen wurden bereits extragalaktische Teilchen mit bis zu 10^{20} eV. Allerdings sind sie so selten, dass man für eine feste Fläche von 1 qm nur in allen paar Jahrhunderten U erwarten darf, dass solch ein Teilchen diese Fläche passiert, wobei hier U das Alter des Universums ist. Im Jahr 2010 wurden am CERN bereits Protonen einer Energie von 3,5 TeV erzeugt. 1 TeV entspricht etwa der kinetischen Energie einer fliegenden Mücke. Dazu wurden Protonen bis in die Nähe der Lichtgeschwindigkeit beschleunigt, so dass ein einzelnes Proton die kinetische Energie von ca 3 fliegenden Mücken erhielt. Ziel am CERN sind 14 TeV.

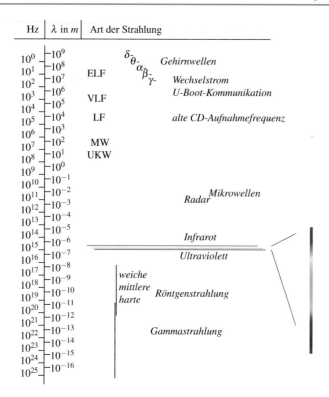

Abb. 2.1 Das Spektrum der Wellenlängenvon 1 bis 10^{25} Hz. Der kleine Bereich des sichtbaren Lichts ist farbig dargestellt

Röntgenstrahlung überdeckt einen Wellenlängenbereich von ca 10^{-12} bis 10^{-8} m. Sie überschneidet sich mit ultravioletter Strahlung (im niederen energetischen Bereich) und Gammastrahlung (im höheren energetischen Bereich).

Das sichtbare Licht nimmt nur einen winzigen Ausschnitt aus diesem Spektrum ein und liegt für den Menschen im Wesentlichen zwischen 400 nm (violett) und 700 nm (rot).

Wir wollen in der Abb. 2.1 die Frequenzen von 1 bis 10^{25} Hz, also den Wellenlängenbereich von 10^{-16} (Gammastrahlung von 100 am) bis 10^9 m (ELF), betrachten. Das sind 26 Größenordnungen oder 10^{26} Einheiten. In dieser Tabelle ist wie üblich der Maßstab logarithmisch.

Das für den Menschen sichtbare Licht nimmt in diesem Spektrum einen Bereich von etwas mehr als 300 nm ein, das sind gerade 3 mal 2 Größenordnungen. Prozentual sind 300 von 10^{26} Einheiten 3 Quadrillionstel. Also ist das menschliche Auge nur in einem 3 Quadrillionstel des hier betrachteten Wellenlängenbereichs empfindlich.

Elektromagnetische Wellen unterschiedlicher Frequenzen haben durchaus unterschiedliche optische Eigenschaften. So lassen sich Gamma- und Röntgenstrahlen nicht mittels Glaslinsen bündeln oder mittels Spiegel reflektieren. Ein Gammastrahlenteleskop wie das

MAGIC (*Major Atmospheric Gamma-Ray Imaging Cherenkov Telescop*) auf La Palma misst Gammastrahlen indirekt über entstehende Sekundärteilchen bei der Wechselwirkung mit Atomen der Hochatmosphäre. Ein *Wolter-Teleskop* bündelt Röntgenstrahlung mittels schmaler werdender tubusartiger Hohlkörper aus Metall einer geometrischen Form von Rotationsparaboloiden, an denen streifende Röntgenstrahlen reflektiert werden. So lassen sich Linsen etwa für Röntgensatelliten simulieren.

Neben dem Modell von Licht als elektromagnetischer Welle gibt es in der Quantenelektrodynamik das Modell von Licht als Teilchen, dem Photon. Unterschiedliche Wellenlängen im Wellenmodell entsprechen unterschiedlichen Energien im Teilchenmodell. Ein Photon ist masselos und bewegt sich stets mit Lichtgeschwindigkeit. Die Tatsache, dass Photonen eine Energie, aber keine Masse besitzen, scheint der berühmten Gleichung

$$E = m \cdot c^2$$

zu widersprechen. In dieser Gleichung ist E aber die *Ruheenergie*, die für Photonen so nicht existiert, da diese sich nicht langsamer als mit Lichtgeschwindigkeit bewegen können. Die geringeren Geschwindigkeiten c_L, c_W von Licht in Luft oder Wasser sind damit erklärbar, dass Photonen mit Molekülen in Wechselwirkung treten: Elektronen absorbieren und emittieren Photonen, und dieser Vorgang dauert eine gewisse Zeit. Zwischen den Wechselwirkungen mit Elektronen bewegen sich Photonen aber auch in allen Medien mit c_0. Diese Vorgänge sind aber noch viel komplexer. Für Nichtphysiker sind sie schön beschrieben in der hochinteressanten Einführung in die Quantenelektrodynamik in dem kleinen Buch QED des Physiknobelpreisträgers Richard Feynman [24].

Sehen und Fotosensoren

3

Biologische und technische Fotosensoren sind sehr unterschiedlich aufgebaut. Wir werden ausführlicher das menschliche Sehen und insbesondere die menschliche Farbwahrnehmung betrachten. Technische Fotosensoren werden hingegen nur grob behandelt werden. Der Grund dafür ist, dass sich technische Sensoren ständig verändern und schnell weiterentwickeln und es nicht Aufgabe einer Universität oder eines einführenden Lehrbuchs sein kann, den jährlichen Status quo in der Technik von Rechnern oder Kameras zu vermitteln.

3.1 Menschliches Sehen

Zum menschlichen Sehen gehören die Bildaufnahme und Vorverarbeitung im Auge sowie die Weiterverarbeitung im Gehirn.

3.1.1 Auge

Das menschliche Auge (*Oculus*) ist relativ kugelförmig mit einem Durchmesser von ca. 23 mm. Der *Augapfel* umschließt den flüssigen *Glaskörper* und die mit *Kammerwasser* gefüllten *Augenkammern*. Die Augenkammern befinden sich im vorderen Teil von der *Hornhaut* bis zur *Linse*. Der Bereich von der Hornhaut bis zur *Regenbogenhaut (Iris)* wird *vordere*, der zwischen Iris und *Linse hintere* Augenkammer genannt. In der Mitte der Iris befindet sich die größenveränderliche lichtdurchlässige *Pupille*. Die Größenveränderung dient der Anpassung an die herrschende Helligkeit. Hinter Iris und Pupille liegt die Linse. Die Wölbung der Linse lässt sich über Muskeln verändern, so dass eine Fokussierung ermöglicht wird. Diese Fähigkeit nimmt im Alter ab, so dass für die Nahsicht eine Lesebrille erforderlich wird. Bei einer Operation zur Behebung des *grauen Stars (Katarakt)*, einer Trübung der Linse, wird diese durch eine feste künstliche Linse ersetzt. Dadurch geht die

© Springer-Verlag Berlin Heidelberg 2015
L. Priese, *Computer Vision*, eXamen.press, DOI 10.1007/978-3-662-45129-8_3

Abb. 3.1 Schema eines menschlichen Auges, nicht maßstabgerecht. So ist der Durchmesser des Auges etwa 23 mm, die Dicke der Netzhaut nur 0,2 mm. Nach [46, 76].

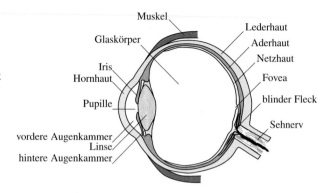

Fokussierfähigkeit komplett verloren und es bedarf einer Brille für Nahsicht oder Fernsicht, je nach Auswahl der implantierten Linse. Abbildung 3.1 gibt einen schematischen Schnitt von oben durch das menschliche Auge wieder.

Der Augapfel wird von drei Schichten umfasst, und zwar von

- der äußeren *Lederhaut (Sclera)* mit einer Dicke bis über 1 mm, die vorne in die durchsichtige *Hornhaut (Cornea)* mit einer Dicke von ca. 0,6 mm übergeht,
- der mittleren *Aderhaut (Chorioidea, Choroidea)* mit einer Dicke von 0,1 bis 0,3 mm, und
- der inneren *Netzhaut (Retina)* mit einer Dicke von etwa 0,1 bis 0,6 mm.

Zwischen Linse und Netzhaut befindet sich der *Glaskörper*, der aus einer Flüssigkeit besteht. Die Lederhaut (auch *weiße Augenhaut* genannt) umschließt das Auge und gibt ihm mit dem Glaskörper zusammen Stabilität. In der Aderhaut liegen die Arterien und Venen zur Versorgung der Netzhaut. Die Netzhaut selbst besteht aus mehreren Schichten. Direkt an der Aderhaut befinden sich in der Netzhaut die lichtempfindlichen Sensoren des Auges und in der Netzhaut **vor** diesen Fotorezeptoren werden die Reaktionen der Sensoren in mehreren Nervenschichten gesammelt, vorverarbeitet und zum *Sehnerv (Nervus Opticus)* gesammelt. Die Sensoren des Auges liegen also nicht auf der inneren Schicht der Netzhaut, sondern auf der äußeren, zur Aderhaut hin. Der lichtempfindliche Teil der Fotosensoren liegt am nächsten zur Aderhaut, also in der Netzhaut am weitesten vom Lichteintritt entfernt. Der Vorteil liegt in einer besseren Energieversorgung der Rezeptoren durch die unmittelbar angrenzende Aderhaut. Ein Vorteil, der den Nachteil einer Lichtabsorption durch die Nervenschichten vor der Rezeptorenschicht wettzumachen scheint. Zur Verbesserung des Nachtsehens befinden sich bei manchen Tieren Reflektoren auf der Aderhaut, die das eingefallene Licht, das die vorgelagerten Fotorezeptoren nicht getroffen hat, für eine zweite Chance reflektieren. Der Sehnerv durchdringt im *blinden Fleck (Papille)* die Aderhaut und führt in das weitere *Gehirn (Cerebrum)*. Der blinde Fleck hat einen Durchmesser von fast 2 mm. Aus ihm treten neben den Nerven auch Blutgefäße ins Auge. Physiologisch ist das Auge selbst ein Teil des Gehirns und zwischen Auge und Gehirn existiert keine *Blut-Hirn-Schranke*.

3.1.2 Retina

Die Netzhaut bedeckt mit ca. $1100\,\mathrm{mm}^2$ den Großteil des Inneren des Augapfels. Ihre Dicke variiert von ca. $0{,}1\,\mathrm{mm}$ am gelben Fleck über $0{,}2\,\mathrm{mm}$ am Äquator bis hin zu $0{,}6\,\mathrm{mm}$ am Sehnerv. Sie besteht von außen nach innen aus einer Schicht Rezeptoren und mehreren Schichten Nervengeflecht.

Fotorezeptoren

Die Rezeptoren werden nach Funktionalität und Form in *Zapfen (Cones)* und *Stäbchen (Rods)* unterteilt, wobei der Name die Form wiedergibt. Stäbchen sind etwa $1\,\mu\mathrm{m}$ dick und $40\,\mu\mathrm{m}$ lang, Zapfen etwas kürzer. Der lichtempfindliche Teil der Zapfen und Stäbchen befindet sich an deren äußeren Ende zur Aderhaut hin. Die Stäbchen dienen zur Rezeption von Helligkeit, die Zapfen für Farbe. Dabei sind die Stäbchen etwa 10^4-mal empfindlicher als die Zapfen. Damit dienen die Stäbchen zum Nachtsehen (*skotopisches Sehen*) und die Zapfen zum Farbsehen (*photopisches Sehen*) am Tag. Im Nachtsehen sind keine Farben mehr wahrnehmbar (nachts sind alle Katzen grau). Das menschliche Auge besitzt ca. $120\cdot10^6$ Stäbchen, aber nur ca. $5\cdot10^6$ Zapfen. Sie sind über die Netzhaut nicht gleichverteilt. Am Rand überwiegen die Stäbchen, nahe dem Zentrum die Zapfen. Nahe dem optischen Zentrum befindet sich der *gelbe Fleck (Macula Lutea)* von ca. $5\,\mathrm{mm}$ Durchmesser und in dessen Mitte mit ca. $1{,}5\,\mathrm{mm}$ Durchmesser die *Sehgrube (Fovea Centralis)*. Am äußeren Rand der Macula sind die Stäbchen am dichtesten gepackt, inmitten der Fovea befinden sich aber nur noch sehr dicht gepackte Zapfen ohne Stäbchen. Daher muss man nachts, wenn man ein Objekt erkennen will, knapp daneben fixieren. Da das schärfste Sehen im gelben Fleck stattfindet, bewegt sich das Auge ständig mit kleinen zittrigen Bewegungen und erzeugt so die Illusion, dass wir überall im Blickfeld scharf sehen. Der Mensch besitzt in der Fovea etwa 170.000 Zapfen pro mm^2, der Bussard hingegen eine Million. Damit kann der Mensch noch zwei Punkte im Winkelabstand von einer Minute ($=1/60°$) unterscheiden. Zum Größenvergleich, der Vollmond nimmt im Himmel $0{,}5°$ ein. Außerhalb der Sehgrube sieht der Mensch recht schlecht, was auf Grund der stets vorhandenen schnellen Augenbewegung, die eine Abtastung des Sehfeldes darstellt, nicht wahrgenommen wird.

Der Mensch besitzt drei Arten von Zapfen, die auf unterschiedliche Wellenlängen reagieren. Diese sind

- S-Zapfen (für **s**hort wave lenght) mit einer Empfindlichkeit hauptsächlich im blauen Bereich und einem Empfindlichkeitsmaximun bei 420 nm,
- M-Zapfen (**m**edium wave lenght) für den grünen Bereich mit maximaler Empfindlichkeit bei 534 nm und
- L-Zapfen (**l**ong wave lenght) für den roten Bereich mit maximaler Empfindlichkeit bei 564 nm.

Abbildung 3.2 (nach [5]) zeigt die Verteilung der Empfindlichkeit der drei Zapfenarten. Der Verlauf ist nur grob dargestellt.

Abb. 3.2 Spektrale Empfindlichkeit der menschlichen
Farbsensoren. *Blau*: S-Zapfen,
grün: M-Zapfen, *rot*: L-Zapfen

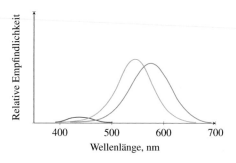

Tab. 3.1 Die Fotorezeptoren des menschlichen Auges

Zapfen	Stäbchen
cones	rods
farbempfindlich	hell-dunkel-empfindlich
Tagsehen, photopisch	Nachtsehen, skotopisch
ca. 6 Millionen Stück	ca. 120 Millionen Stück pro Auge
wenige außerhalb der Sehgrube	keine innerhalb der Sehgrube
Auflösung bis $1/60°$	ca. 10.000-mal helligkeitsempfindlicher als Zapfen

Die Empfindlichkeit der M-Zapfen (grün) ist leicht höher als die der L-Zapfen (rot) und diese wiederum deutlich höher als die der S-Zapfen (blau). Ferner ist die Empfindlichkeit der Stäbchen ca. 10.000-mal höher als die der Zapfen. Es überrascht, wie eng benachbart die Empfindlichkeitsspektren der M- und L-Zapfen sind. Die maximale Empfindlichkeit des menschlichen Auges liegt bei 555 nm in Grün. Daher wird in Nachtsichtgeräten gerne eine grüne Darstellungen gewählt. Andere Lebewesen besitzen Zapfen anderer Sensibilitäten oder weitere Zapfentypen zur Wahrnehmung etwa im UV-Bereich. Generell wandeln diese biologischen Fotorezeptoren Licht in frequenzmodulierte Nervenimpulse um. Tabelle 3.1 fasst diese Fakten zusammen.

Nerven der Retina

Die einzelnen Fotorezeptoren der Retina sind durch die Ader- und Lederhaut von einem direkten Zugang zum weiteren Gehirn getrennt und mit diesem nur über den Sehnerv verbunden. Ein Sehnerv besteht aus etwa einer Million Nervenzellen, wohingegen ein Auge ca. 125 Millionen Fotorezeptoren besitzt. Also findet bereits im Auge eine Bildvorverarbeitung statt.

Abbildung 3.3 visualisiert den Aufbau der Retina zwischen der Aderhaut und dem Glaskörper schematisch. Die Sensoren, Zapfen und Stäbchen, liegen im Inneren direkt an der Aderhaut. Dann folgt ein Nervengeflecht von Horizontalzellen, Bipolarzellen und Amakrinzellen. Horizontale Zellen verbinden die Lichtrezeptoren untereinander, amakrine hingegen Ganglienzellen. Die Ganglienzellen schließen dieses Nervengeflecht zum Glaskörper hin ab. Ihre Axone bilden den Sehnerv, der im blinden Fleck durch die Ader- und Lederhaut ins Gehirn gelangt. Zu beachten ist, dass die Abbildung nur schematisch,

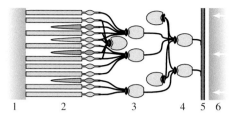

Abb. 3.3 Der schematische Schichtaufbau der Retina. 1 Aderhaut, 2 Rezeptorschicht aus Zapfen und Stäbchen, 3 Nervengeflecht, 4 Schicht von Ganglienzellen, 5 Axone zum Sehnerv, 6 Glaskörper mit Richtung des Lichteinfalls

nicht aber maßstabgerecht ist und extrem vereinfacht. So sind in Wirklichkeit ca. 100-mal so viele Rezeptoren (Zapfen plus Stäbchen) wie Ganglienzellen zum Sehnerv vorhanden und die Zapfen sind ca. 40-mal länger als breit. Die farbige Darstellung der Zapfen soll nur andeuten, dass diese für das Farbsehen zuständig sind. Eine Unterteilung des Nervengeflechts zwischen den Sensoren (Zapfen und Stäbchen) und dem Glaskörper in weitere 4 Schichten von Horizontalzellen, Bipolarzellen, Amakrinzellen und Ganglienzellen ist nur ein vereinfachendes Modell. Diese Abbildung zeigt aber, dass die eigentlichen Lichtsensoren **hinter** einem Nervengeflecht liegen. Man würde diese Sensoren eher **vor** diesem Nervengeflecht beim Glaskörper erwarten, da dort mehr Licht vorliegt. Aber offensichtlich ist die Nähe der Sensoren zur Energieversorgung auf der Aderhaut evolutionär vorteilhafter.

Die Sehnerven beider Augen treffen sich nahe dem Gehirnzentrum in der Sehnervkreuzung (*Chiasma opticum*), vgl. Abb. 3.4.

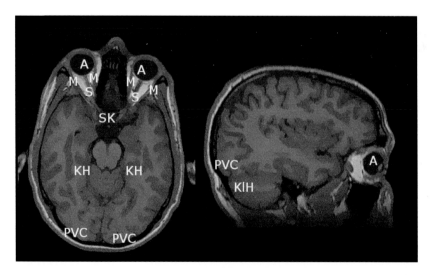

Abb. 3.4 Die beiden Sehnerven und Orte des Sehen. A = Auge, KH = seitliche Kniehöcker, KlH = Kleinhirn, M = Augenmuskel, S = Sehnerv, SK = Sehnervkreuzung, PVC = primärer visueller Cortex

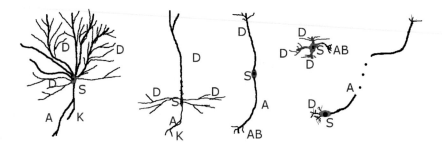

Abb. 3.5 Diverse Formen von Nervenzellen, nur schematisch. A = Axon, AB = Axonbaum, D = Dendriten, K = Kollateral, S = Soma

Hier werden die Nerven, die Bildinformationen aus der rechten Seite des Sehfeldes sowohl des rechten als auch linken Auges tragen, an die linke Gehirnhälfte weitergeleitet. Entsprechend werden die Informationen aus den linken Seiten des Gesichtsfeldes beider Augen an die rechte Gehirnhälfte weiter geführt. In beiden Gehirnhälften gelangen die Sehnerven zum *seitlichen Kniehöcker (Corpus geniculatum laterale)* von je etwa 1,5 Millionen Zellen. Die Nervenfasern der Kniehöcker erreichen dann das *primäre Sehfeld (primärer visueller Cortex)*, auch *Sehrinde* genannt, von ca. 200 Millionen Nerven im Hinterhauptslappen (Okzipitallappen) am Hinterkopf oberhalb des Kleinhirns, wo die Bildverarbeitung im Wesentlichen stattfindet. Die Sehrinde ist nur ca. 1,5 bis 2 mm dick.

3.1.3   Nervenzellen

Nervenzellen werden auch *Ganglienzellen* oder *Neurone* genannt. Ihre Form kann sehr unterschiedlich sein. Abbildung 3.5 zeigt schematisch verschiedene Möglichkeiten dieser Formen, sehr frei nach dem Buch Gray's Anatomy [33].

Generell werden drei Teile eines Neurons unterschieden:

- ein *Zellkörper (Soma)* mit dem *Zellkern (Nucleus)* als zentrale Schaltstelle,
- ein mehr oder weniger ausgeprägtes Geflecht von einigen Tausend fadenförmigen *Dendriten*, die zur Signalaufnahme dienen, und
- ein ebenfalls fadenförmiger Ausgang, das *Axon (Neurit)*, das sich meist am Ende in *Kollaterale* in einem *Axonbaum* aufteilt.

Die Größe des Soma liegt typischerweise bei einigen μm, die Länge der Dendriten reicht bis einige Hundert μm. Die Länge der Axone ist sehr unterschiedlich und reicht von einigen μm bis zu einigen Metern (etwa zur Steuerung entfernter Muskeln). Das Axon und dessen Axonbaum verbindet eine Nervenzelle mit anderen Zellen, typischerweise mit weiteren Nervenzellen, Muskelzellen oder Drüsenzellen. Diese Verbindungsstelle wird *Synapse* genannt. Eine Synapse, die ein Axon mit einer Muskelzelle verbindet, heißt auch *neuromuskuläre Endplatte*. Die Synapse eines Axons mit einem Dendriten heißt *axo-*

Tab. 3.2 Typisches Neuron

Dendriten	Signalzufuhr, Länge 200 bis 300 μm, Anzahl 2000 bis 16.000, excitatorisch oder inhibitatorisch,
Soma	erzeugt Ausgangssignal nach 0-1-Prinzip mit Schwellwert, etwa 30 μm im Durchmesser,
Axon	leitet Signale frequenzmoduliert weiter, Länge 50 μm bis einige Meter, myelinisiert mit Ranvier'schen Schnürringen oder unmyelinisiert, kann sich aufteilen in Kollaterale, endet in Synapsen.

dendritisch, direkt mit einem Soma *axo-somatisch*, zwischen zwei Axonen entsprechend *axo-axonisch*. Dendriten können viele kurze *Dornenfortsätze* besitzen, die jeweils mit einer Synapsenverbindung enden. Hierüber sind sogar *dendro-dendritische* Synapsenverbindungen möglich. Ein einzelnes Axon und ein einzelner Dendrit besitzen in der Regel sehr viele synaptische Verbindungen. In der Synapse wird ein ankommendes elektrisches Signal nicht unmittelbar weitergeleitet, sondern führt zu einer chemischen Reaktion, in der Botenstoffe aus der *präsynaptischen Endung* des Axons ausgeschüttet werden und über einen *synaptischen Spalt* die Membran auf der postsynaptischen Seite des Empfängers erreichen. In diese chemische Verbindung greifen Nervengifte und Drogen ein.

Ein im Soma erzeugtes elektrisches Signal wird über das Axon weitergeleitet. Ein *myelinisiertes* Axon ist von einem Fett-Eiweiß-Gemisch umgeben, dem *Myelin* oder der *Markscheide*. Das Myelin ist in regelmäßigen Abständen von etwa 1 bis 2 mm von den *Ranvier'schen Schnürringen* unterbrochen. Axone ohne umgebendes Myelin heißen *marklos* oder *unmyelinisiert*. In den Ranvier'schen Schnürringen findet eine Signalverzögerung statt. Oder umgekehrt kann man sagen, dass das Myelin einer Erhöhung der Signalgeschwindigkeit im Axon dient. Die Signalgeschwindigkeit in unmyelinisierten Nerven beträgt zwischen 0,5 und 2 m/sec, in myelinisierten aber bis zu 120 m/sec. Die Ganglienzellen im Auge besitzen erst außerhalb des Auges im Sehnerv Axone mit Markscheide, nur so können ca. eine Million Axone und zusätzlich Blutgefäße durch den blinden Fleck von weniger als 2 mm Durchmesser gelangen.

Manche Dendriten sind *anregend (excitatorisch)*, andere *hemmend (inhibitorisch)*. Ein Neuron sendet ein Einheitssignal über das Axon, falls hinreichend viele (über einem gewissen Schwellwert liegende) seiner excitatorischen und hinreichend wenige seiner inhibitorischen Dendriten ein Signal erhalten haben. Hierbei gilt das *0-1-Prinzip*, nachdem die Stärke des ausgehenden Axonsignals stets gleich ist und nicht von der Anzahl der anregenden Inputsignale abhängt. Entweder erfolgt eine Reaktion, ein Output (1), oder nicht (0). Eine starke Anregung einer Nervenzelle führt nicht zu einem erhöhten Axonsignal, sondern zu vielen aufeinanderfolgenden gleich starken Axonsignalen in einem Abstand von wenigen msec (Frequenzmodulation der Reaktion). Tabelle 3.2 fasst die wichtigsten Eigenschaften einer Nervenzelle kurz zusammen.

Man nahm bislang an, dass Nervenzellen die einzigen Körperzellen sind, die nicht nachwachsen können, und dass Lernen nur durch neue Verbindungen, eine Aufgabe alter Verbindungen oder Veränderungen der Schwellwerte der Somata stattfindet. Heute hält man allerdings auch die Neubildung von Neuronen im Gehirn für möglich. Die Anzahl der Neuronen im Gehirn wird neuerdings auf deutlich über 100 Milliarden bis zu einer Billion geschätzt.

3.1.4 McCulloch-Pitts-Netzwerke

Formale Neuronen wurden von McCulloch und Pitts [72] in den 40er-Jahren des 20. Jahrhunderts als Abstraktion von Nervenzellen entwickelt. Netzwerke dieser formalen Neuronen, sogenannte McCulloch-Pitts-Netze, haben die Theorie der endlichen Automaten in der Theoretischen Informatik stark beeinflusst.

Ein *formales Neuron N* ist ein Tupel

$$N = (E, I, s, o)$$

- von einer endlichen Menge E von *erregenden Eingängen*, E darf auch leer sein,
- einer endlichen Menge I von *inhibitorischen Eingängen*, I darf auch leer sein,
- einem *Schwellwert* $s \in \mathbb{N}$ und
- einem *Ausgang* $o \notin E \cup I$.

Ein *Zustand* von $E \cup I$ ist ein Vektor $x = (x_1, \ldots, x_{|E|+|I|}) \in \{0,1\}^{|E|+|I|}$, der beschreibt, auf welchen Eingängen sich ein Signal (Zustand 1) befindet. N wird die Schaltfunktion

$$f_N : \{0,1\}^{|E|+|I|} \to \{0,1\}, \text{ mit}$$
$$f_N(x) = 1 \iff \sum_{e \in E} x(e) - \sum_{i \in I} x(i) \geq s$$

zugeordnet.

Die Eingänge $e \in E \cup I$ und der Ausgang o werden als Leitungen wie in der Theorie der Schaltnetze betrachtet, die ein Signal 0 oder 1 tragen. Die Schaltfunktion f_N sagt, wann das Signal 1 zu einem Zeitpunkt $t+1$ auf den Ausgang o gelegt werden soll; nämlich dann, wenn zum Zeitpunkt t die Differenz der anliegenden 1-Signale auf den erregenden Eingängen zu denen auf den inhibitorischen Eingängen größer als der Schwellwert s ist. In anderen Worten, es müssen mindestens s anregende Signale mehr als inhibitorische Signale am Neuron anliegen, damit es ein Ausgabesignal auf den Ausgang o zum nächsten Zeitpunkt aussendet.

Abbildung 3.6 zeigt die grafische Darstellung eines formalen Neurons. Erregende Eingänge enden in einer Spitze, inhibitorische in einem kleinen Kreis. Der größere Kreis

Abb. 3.6 Ein formales Neuron

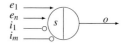

Tab. 3.3 Einige formale Neurone

Formales Neuron	Wirkung
(Neuron mit Schwellwert 1, ein Eingang, ein Ausgang)	Delay-Element
(Neuron mit Schwellwert 2, zwei Eingänge)	Und-Element
(Neuron mit Schwellwert 1, zwei Eingänge)	Oder-Element
(Neuron mit Schwellwert 0, ein inhibitorischer Eingang)	Nicht-Element
(Neuron mit Schwellwert 2, Eingänge a, b erregend, c inhibitorisch)	$a \wedge b \wedge \neg c$
(Neuron mit Schwellwert 1, Eingänge a, b erregend, c inhibitorisch)	$(\neg c \wedge (a \vee b)) \vee (a \wedge b \wedge c)$

soll das Soma repräsentieren. Der Schwellwert s wird als Zahl in das Soma geschrieben. Der senkrechte Strich zwischen Input- und Outputleitungen deutet einen Takt Zeitverzögerung an.

Tabelle 3.3 zeigt einige formale Neuronen und deren Wirkung.

In der Literatur kommt auch eine weitere Variante vor, in der ein formales Neuron dann schaltet, wenn keine Signale auf den inhibitorischen und mindestens s Signale auf den erregenden Leitungen liegen. Beide Modelle sind für die folgenden Überlegungen gleichwertig.

Man spricht von einem *McCulloch-Pitts-Netzwerk*, wenn man formale Neuronen wie Schaltelemente zu Schaltwerken und -netzen wie üblich verbindet. Alle Schaltelemente besitzen eine Einheitsverzögerung und die Signalverzögerung auf den gerichteten Leitungen wird vernachlässigt. Die gerichteten Leitungen können wie in einem Axonenbaum ohne zusätzliche Verzögerung der Signale in weitere gerichtete Leitungen aufgefächert werden. Eine einheitliche Zeitverzögerung findet in allen formalen Neuronen statt und nirgends sonst. Da sich jedes Schaltwerk aus Delay-, Und- und Nicht-Element aufbauen lässt und diese Elemente sich als formales Neuron darstellen lassen, sind McCulloch-Pitts-Netzwerke *endlich berechnungsuniversell*. Das heißt, man kann mit ihnen jeden endlichen Automaten simulieren.

Die bekannten *neuronalen Netze* aus der Mustererkennung bauen auf McCulloch-Pitts-Netzwerken auf. Zusätzlich haben in neuronalen Netzen die Verbindungsleitungen dann noch Gewichte aus $\mathbb{N}$, die in die Summenbildung mit eingehen. Diese Gewichte und die Schwellwerte können sich in der Lernphase eines neuronalen Netzes ändern.

3.1.5   Bildvorverarbeitung in der Retina

Mit McCulloch-Pitts-Netzwerken besitzt man ein elegantes Werkzeug, die Retina formal
zu modellieren. Abbildung 3.7 zeigt zwei rückkopplungsfreie McCulloch-Pitts-Netzwerke, die man kanonisch in Schichten anordnen kann. Die Schicht 0 entspricht auf der Retina
der äußersten Schicht der Zapfen und Stäbchen. Bei Detektion von Hell wird ein Signal 1
ausgesendet, bei Detektion Dunkel ein Signal 0. Den letzteren Fall stellt man sich besser
so vor, dass bei keiner Detektion von Hell auch kein Signal 1 ausgesendet wird. Die letzte Schicht entspricht den Ganglienzellen, deren Axone zum Sehnerv gebündelt werden,
die Schichten dazwischen entsprechen den inneren Nervenschichten der Retina. In diesen
Retinaschichten findet eine Bildvorverarbeitung statt.

Abbildung 3.7 zeigt links ein McCulloch-Pitts-Netz, das auf einer hexagonalen Anordnung von Fotorezeptoren (oval gezeichnet) einen dunklen Punkt erkennt. Ein dunkler Punkt muss hierbei von mindestens fünf hellen Nachbarpunkten umgeben sein. Auf
Schicht 1 kann zum Zeitpunkt $t + 1$ durch ein Nicht-Element festgestellt werden, ob der
mittlere Rezeptor auf Schicht 0 den Wert 0 zum Zeitpunkt t ausgibt, und ebenso durch ein
Element mit Schwellwert 5, dass mindestens fünf Nachbarrezeptoren den Wert 1 detektiert
haben. Auf Schicht 2 werden beide Ereignisse und-verknüpft.

Betrachten wir das rechte McCulloch-Pitts-Netz in Abb. 3.7. Auf Schicht 0 befinden
sich wieder die Fotorezeptoren, die hier der Einfachheit halber nur linear angeordnet sind.
Auf Schicht 1 werden dunkle Punkte wie folgt detektiert: Ein Neuron dieser Schicht sendet
zum Zeitpunkt $t + 1$ ein Signal 1, falls der Sensor unter ihm zum Zeitpunkt t kein Licht
detektiert, der rechte und linke Nachbarsensor aber zum Zeitpunkt t Licht detektieren.

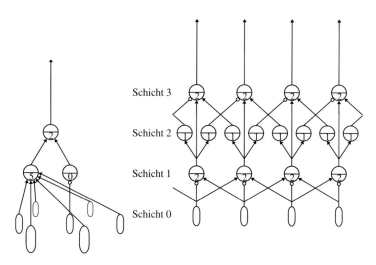

Abb. 3.7 Linkes Netz: Detektion eines dunklen Punktes durch hexagonal angeordnete Rezeptoren;
rechtes Netz: Detektion einer Bewegung eines dunklen Punktes nach links in linear angeordneten
Rezeptoren

Auf Schicht 2 findet in den Neuronen nur eine Taktverzögerung statt. Auf Schicht 3 gibt ein Neuron zum Zeitpunkt $t + 3$ ein Signal 1 aus, falls zum Zeitpunkt $t + 2$ von links das Signal 0, von unten und rechts aber je das Signal 1 eintreffen. Also muss einen Takt zuvor zum Zeitpunkt $t + 1$ im unteren Neuron auf Schicht 1 ein dunkler Punkt detektiert wurden sein. Ebenso muss im rechten Nachbarneuron auf Schicht 1 ein dunkler Punkt detektiert wurden sein, wegen der Verzögerung auf Schicht 2 aber bereits zwei Takte vorher, also zum Zeitpunkt t. Im linken Nachbarneuron auf Schicht 1 durfte aber zum Zeitpunkt t kein dunkler Punkt detektiert werden. Damit reagiert ein Neuron auf Schicht 3 mit einer gewissen Verzögerung auf eine Bewegung eines dunklen Punktes von rechts nach links. Mit einem weiteren Neuron kann man die Axone nach Schicht 3 oder-verknüpfen und damit dem Gehirn direkt mitteilen, dass in einem gewissen Ortsbereich eine Bewegung eines dunklen Punktes nach links stattfindet.

Es wird hier nicht behauptet, dass die beiden gezeigten Strukturen so im menschlichen Auge vorliegen. Aber dass Bildvorverarbeitung in der Retina auch für den Menschen eine Rolle spielt, ist Fakt. Wir werden dies noch kurz in Abschn. 6.4.6 zur Differenzbildung von Gaußfiltern diskutieren, da man annimmt, dass genau dieser DoG-Prozess zur Detektion von Kanten bereits auf der Retina im menschlichen Auge stattfindet. Für Lebewesen mit kleinen Gehirnen wird eine Bildvorverarbeitung im Auge noch wichtiger. Komplexere Raum-Zeit-Ereignisse können zur Erregung in einer einzigen Nervenfaser und damit zu einer schnellen Gehirnreaktion führen. Ferner ist offenkundig, dass derartige Nervenschichten in der Retina eine schnelle evolutionäre Anpassung ermöglichen. Dies wird in neuronalen Netzen zu einem schnellen Erlernen neuer Muster ausgenutzt.

Welche Informationen der Fotorezeptoren nach Vorverarbeitung wirklich das Gehirn erreichen, ist teilweise in Tierexperimenten untersucht worden. Es wurden in diesen Versuchen Elektroden in den Sehnerv eingeführt. Dabei wurde probiert, an welchen Stellen auf welche optische Reize Reaktionen messbar sind. Als Erstes fiel auf, dass die Neuronen auch ohne optische Anregung ab und zu Impulse feuern. Bei erhöhter optischer Anregung steigt die Frequenz des Feuerns. Dabei ist an verschiedenen Orten im Sehnerv eine andere Art der Anregung erforderlich. Das bloße Eintreffen von viel Licht führt nicht zu einer sonderlich erhöhten Feuerfrequenz, ein klares Indiz auf das Vorhandensein zahlreicher inhibitorischer Dendriten.

Bereits in den 30er-Jahren des 20. Jahrhunderts wurden Experimente an Rezeptoren des Auges durchgeführt, etwa bei Pfeilschwanzkrebsen (horseshoe crab, Limulus polyphemus) vom späteren Nobelpreisträger Hartline [38, 39]. Da bei Pfeilschwanzkrebsen im Auge selbst keine Vorverarbeitung stattfindet, sondern die Axone der wenigen Rezeptoren direkt weiter zum Gehirn führen, konnten hier Eigenschaften der Rezeptoren selbst studiert werden. Die Vorverarbeitung im Auge hingegen studierten 20 Jahre später Lettvin, Maturana, McCulloch und Pitts [62] an Fröschen. Frösche bieten sich als Versuchstiere an, da sie keine Sehgrube besitzen und zum Scharfsehen daher nicht wie der Mensch schnelle, zittrige Augenbewegungen durchführen. Ferner besitzen Frösche eine direkte Verbindung der Retina zum Hirnstamm ohne zwischengeschaltete Kniehöcker. Außerdem war bekannt, dass der Frosch keine Nahrung erkennen kann, die sich nicht bewegt. Also schien der Frosch ein interessantes Versuchsobjekt zu sein. In Experimenten wurden Frösche im Inneren einer Hohlkugel aus Aluminium fixiert. Dann wurden verschieden geformte Stimulatoren auf die innere Hohlkugel platziert und mit Magneten von außen bewegt. Systematisch wurden die Stränge im Sehnerv mittels Elektroden abgetastet und die Reaktion einzelner Nerven im Sehnerv gemessen. Dabei konnte in [62] gezeigt werden, dass die Nerven auf der Retina in Fröschen bereits höhere Detektoren bilden für

- lokale harte Kanten und Kontraste,
- dunkle konvexe Kanten,
- richtungsunabhängige Bewegungen von Kanten,
- lokale Verdunklung oder eine rasche generelle Verdunklung.

Die stärkste Erregung tritt bei Verdunklung ein (Vögel als Feinde). Hierbei bedeutet eine starke Erregung natürlich wegen des 0-1-Prinzips eine rasche Folge von Einheitssignalen auf den gemessenen Nerven.

Die ersten beiden Reaktionen wurden an unmyelinisierten, die beiden letzteren an myelisierten Axonen gemessen. Das Gehirn des Frosches erfährt also nicht die Rezeptoreninformation des Auges, sondern eine bereits im Auge stattgefundene Verarbeitung. Der Titel des berühmten Artikels war auch „What the frogs eye tells the frogs brain".

Beim Menschen weiß man, dass die Fotorezeptoren auf Hell-Dunkel (Stäbchen) und im Rot-Grün-Blau-Bereich reagieren. Damit haben wir auf der Rezeptorenseite ein Rot-Grün-Blau-Farbmodell (RGB), das wir in Abschn. 3.2.4 näher erläutern. Man geht aber davon aus, dass über die Sehnerven ins Gehirn nicht RGB-Information übertragen wird, sondern Farbinformation nach dem Hering'schen Gegenfarbmodell, auf das wir in Abschn. 3.2.5 eingehen. Dieses Gegenfarbmodell baut auf einem Hell-Dunkel-, einem Rot-Grün- und einem Blau-Gelb-Prozess auf. Die Übersetzung vom RGB-Farbraum in diesen Gegenfarbraum findet in der Retina statt.

Der Mensch nimmt Kontraste schlecht mit den Zapfen (Farbsehen), aber gut mit den Stäbchen wahr. Das Bild oben links in Abb. 3.8 wurde in den HSV-Farbraum konvertiert, vgl. Abschn. 3.2.4. Einmal wurde die Farbinformation in den Kanälen H (für Farbton) und S (für Sättigung) verschmiert und mit der originalen Helligkeitsinformation im V-Kanal wieder zu einem Bild zusammengesetzt (unten), zum anderen wurde die Originalinformation im H- und S-Kanal unverändert mit der verschmierten Helligkeitsinformation wieder zusammengesetzt (oben rechts). Verschmiert (geglättet) wurde jeweils mit einem Mittelwertfilter $\mathbf{K}^{(2)}_{\mu,9}$ mit Radius 9, der auf einem 19×19-Fenster arbeitet und speziell für den H-Kanal in Polarkoordinaten arbeitet, vgl. Abschn. 6.2.4. Das in der Helligkeit geglättete Bild ist deutlich verschwommener. Das Original und die Glättung in Farbton und Sättigung unterscheiden sich fast gar nicht. Das in Farbton und Sättigung verschmierte Bild (unten) ist größer dargestellt, dennoch sind hier keine Auffälligkeiten zu bemerken. Das zeigt, dass die Helligkeitsinformation und nicht die Farbinformation den Kontrast bestimmt.

Abb. 3.8 Verschieden Glättungen in den HSV-Kanälen. Original oben links. Glättung in der Helligkeit, oben rechts, und in Farbton und Sättigung, unten

3.1.6 Optische Täuschungen

Optische Täuschungen erlauben gewisse Rückschlüsse auf die Bildvorverarbeitung in der Retina und die Bildverarbeitung im Gehirn. Bekannt ist der Effekt der *Machbänder*, siehe Abb. 3.9. Alle sieben Bänder sind gleichmäßig mit Grau eingefärbt, und zwar mit den Grauwerten 10, 50, 90, 130, 170, 210 und 250. Das letzte Band ist dabei so hell, dass es von der Farbe des Papier kaum unterschieden werden kann. Wir empfinden das Grau am Übergang zu einem dunkleren Grau als heller als in der Bandmitte. Am Übergang zu einem helleren Grau wirkt das Grau dunkler, als es ist. In den Kreuzungspunkten der schwarzen Streifen finden sich hin und her springende helle Flecken, im inversen Gitterbild sieht man entsprechend dunkle Flecken in den Schnittpunkten der weißen Bänder.

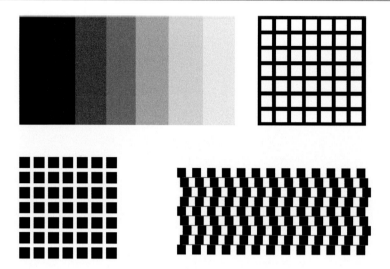

Abb. 3.9 Machbänder (oben links) (benannt nach dem Physiker Ernst Mach), Hermann-Gitter [44] mit springenden Punkten (oben rechts und unten links), Münsterberg-Täuschung [78]: die roten Linien sind alle gerade und parallel (unten rechts)

In gewissen Umgebungen wirken gerade Parallelen gewellt. Optische Täuschungen lassen sich im Internet besser darstellen als in einem Buch, man schaue sich dazu diverse Webseiten an, z. B. http://www.michaelbach.de/ot/index.html.

3.2   Farbe

Wir haben im Abschn. 3.1 mehrfach über Farbe gesprochen. Allerdings ist Farbsehen ein derart komplexes Phänomen, dass wir ihm einen eigenen Abschnitt widmen.

3.2.1   Farbwahrnehmung

Der Mensch kann über seine Stäbchen *achromatisches* (farbloses) und über die Zapfen *chromatisches* (farbiges) Licht wahrnehmen. Licht wird mit verschiedenen Maßen gemessen. *Radiometrische* Begriffe wie *Strahlungsstärke* oder *Strahlungsintensität* sind von der menschlichen Wahrnehmung unabhängige physikalische Eigenschaften der Lichtquellen. *Fotometrische* Begriffe berücksichtigen zusätzlich das menschliche Helligkeits- und Farbempfinden. Beispiele radiometrischer Begriffe sind die *Strahlungsstärke* oder *Strahlungsintensität* und *Strahlungsdichte* oder *Radianz*. Im Fall von Lichtstrahlung spricht man dann von *Lichtstärke* oder *Lichtintensität*. Beispiele fotometrischer Begriffe sind *Lichtstrom, Beleuchtungsstärke, Leuchtdichte* und *Lichtstärke*. Einige Einheiten, die gerne verwechselt werden, sind *Lumen* für den Lichtstrom, der die Strahlungsleistung einer

Lichtquelle mit der menschlichen Empfindlichkeit in den unterschiedlichen Wellenlängen gewichtet, *Lux* für Beleuchtungsstärke, die die Lichtstärke durch das Quadrat der Entfernung dividiert, und *Candela* für Leuchtdichte, die Lumen pro Raumwinkel misst. Alle drei sind fotometrische Einheiten. Ein gelbes Licht gleicher radiometrischer Strahlungsintensität wie ein rotes Licht erscheint dem Menschen heller, besitzt also einen größeren fotometrischen Wert.

Der Mensch nimmt Helligkeit logarithmisch in einem sehr großen radiometrischen Helligkeitsbereich wahr. Setzen wir die kleinste wahrnehmbare Lichtintensität auf 1 (10^0), so können wir als hellstes Licht eine Lichtintensität von 10 Millionen (10^7) wahrnehmen. Damit ist das menschliche Auge in einem Bereich von acht Potenzen sensibel. Der Helligkeitsunterschied der Lichtintensitäten 100 und 120 wird als gleich wahrgenommen wie der der Intensitäten 100.000 und 120.000, da er jeweils 20 % beträgt. Unterschiede bis 10 % sind wahrnehmbar. Dies hat natürlich Konsequenzen für die Ansteuerung von Monitoren. Will man 256 Grauwerte $g_0, \ldots, g_{255}$ im gleichen Helligkeitsabstand ansteuern und ist die minimale Energie $I_{min}(> 0)$ für Schwarz (g_0) und die maximale I_{max} für Weiß (g_{255}), so muss man die Energie $r^i \cdot I_{min}$ mit $r = (I_{max}/I_{min})^{1/255}$ aufwenden, um den Grauwert g_i darzustellen. Damit ist der Unterschied der Energien für zwei aufeinanderfolgende Grauwerte im Quotienten stets gleich r und der Mensch empfindet alle Helligkeitsunterschiede aufeinanderfolgender Grauwerte als gleich. Die radiometrischen und fotometrischen Einheiten und Unterschiede werden in diesem Buch über digitale Bildverarbeitung und -analyse keine Rolle spielen und nicht weiter vertieft.

Eine *Spektralfarbe* oder ein *monochromatisches* Licht ist Licht eines sehr engen Wellenlängenbereichs. Licht von exakt einer festen Wellenlänge ist aus quantenphysikalischen Gründen nicht möglich, minimale Schwankungen sind unvermeidlich. Eine Mischung von Licht verschiedener Spektralfarben (gleichwertig: von Photonen unterschiedlicher Energie) heißt *polychromatisch* oder *spektralbreitbandig*. Das Wort *chroma* allein hat eine Reihe von Bedeutungen, etwa Buntheit, Farbton, Farbart oder nur Sättigung, und wird daher alleinstehend im Buch nicht verwendet.

Licht unterschiedlicher Wellenlängen hat unterschiedliche Brechungseigenschaften. Diese gestatten es, Licht mittels Prismen oder Beugungsgitter in seine unterschiedlichen Wellenlängen zu zerlegen. In einem *Spektrometer* wird das aufgenommene Licht durch ein Beugungsgitter zerlegt und für jeden Wellenlängenbereich einer Breite von beispielsweise 2 nm wird die einfallende Energie gemessen. Damit misst ein Spektrometer in einem gerätetypischen Spektralbereich mit einer gerätetypischen Auflösung die Spektralenergieverteilung von Licht. Für einen Bereich von etwa 300 bis 1800 nm waren um das Jahr 2010 recht einfache Spektrometer erhältlich. Für höhere Wellenlängen werden die Spektrometer aufwändiger und benötigen im infraroten Bereich eine Kühlung. Alle Lichtquellen haben ihre charakteristische Spektralverteilung.

Wie kommt die Farbe von Objekten zustande, die selbst kein Licht erzeugen? Farbe ist keine physikalische Eigenschaft dieser Objekte, wie etwa deren Masse, sondern ein Sinneseindruck des Menschen. Nicht alles auf ein Objekt auftreffende Licht wird reflektiert, manche Wellenlängen werden mehr oder weniger stark absorbiert. So besitzen Molekü-

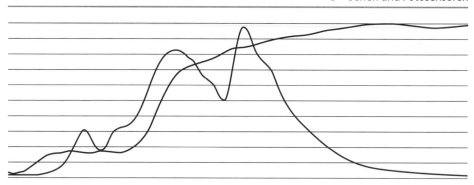

Abb. 3.10 Spektrum an einer Stelle auf a) einer Bananenschale (*blau*) und b) einem Bild dieser Bananenschale auf einem LCD-Monitor (*rot*)

le mehrere verschiedene für sie charakteristische Frequenzen (Eigenschwingungen), in denen sie schwingen können, je nach ihrer dreidimensionalen Form und internen Bindungen. Fällt nun polychromatisches Licht vieler Frequenzen auf diese Moleküle, so regen die Wellenlängen der Eigenschwingungen die Moleküle zu Schwingungen an. Damit wird in diesen Frequenzen Energie absorbiert, was als Tal im Reflexionsspektrum messbar wird. Diese simple Tatsache wird zum berührungslosen Messen von Materialeigenschaften ausgenutzt.

Das von einem Objekt an einer Stelle reflektierte Spektrum liefert den Farbeindruck an dieser Stelle. Es sei Φ die Abbildung

$$\Phi : \text{ Spektralenergieverteilung } \rightarrow \text{ empfundene Farbe}$$

von den messbaren Reflexionsspektren zur vom Menschen empfundenen Farbe. Φ ist nicht injektiv; recht unterschiedliche Spektren können den gleichen Farbeindruck erzeugen. Derartige Farben, die unterschiedliche Spektren besitzen, aber als gleich empfunden werden, nennt man *bedingt gleich* oder *metamer*. Zwei metamere Farben, die unter einer Beleuchtungsquelle gleich aussehen, können unter anderen Beleuchtungen durchaus verschieden aussehen. Abbildung 3.10 zeigt zwei Spektren im sichtbaren Bereich von 380 bis 780 nm von sehr ähnlich aussehenden Farben. Beide Spektren stammen von einer Stelle auf einer gelben, reifen Banane. Das blau eingefärbte Spektrum ist von einer echten Banane, das rote hingegen von einem Bild dieser Banane auf einem LCD-Monitor.

Es ist nun nicht so, dass eine Erregung von S-Zapfen (Empfindlichkeit im blauen Bereich, vgl. Abb. 3.1) den Eindruck Blau widerspiegelt, von M-Zapfen den Eindruck Grün und von L-Zapfen den Eindruck Rot. Vielmehr ist der Unterschied in der Anregung aller drei Sorten von Zapfen verantwortlich für den Farbeindruck. Grob gilt, dass Anregung nur von S-Zapfen den Eindruck Violett bewirkt. Von S- und M-Zapfen zusammen Blau und Blaugrün. Für Gelb bedarf es der Anregung von M- und L-Zapfen und für Purpur von S- und L-Zapfen. Menschen mit nur 2 Sorten von Zapfen können manche Farben gar nicht wahrnehmen. Im seltenen Fall, dass nur Stäbchen und eine Sorte von Zapfen vorliegen, ist ein Farbsehen nicht mehr möglich.

Weißes Licht ist polychromatisch. Schon Newton zerlegte weißes Licht mittels Prismen in seine Spektralfarben und setzte diese additiv mittels Linsen wieder in weißes Licht zusammen. Um Weiß zu erhalten, genügt etwa eine additive Mischung von Rot, Grün und Blau gleicher und hoher Intensität. Unser Sehsinn funktioniert additiv. Zwei (oder mehrere) eng (räumlich oder zeitlich) benachbarte Farben f_1, f_2 werden zu einer neuen Farbe f_{1+2} vermischt und die Ausgangsfarben f_1 und f_2 sind nicht sichtbar. Ein Beispiel eines nicht additiven Sinnes ist unser Gehör. Gleichzeitige Töne unterschiedlicher Frequenz werden nicht additiv zu einem einzelnen neuen Ton zusammengefasst, sondern einzeln wahrgenommen.

Interessant ist die Tatsache, dass unser Farbempfinden recht unabhängig von der Lichtquelle ist. So ist das Spektrum von Sonnenlicht unterschiedlich zu dem verschiedener technischer Lichtquellen, die untereinander wiederum sehr unterschiedlich sein können (wie etwa von Glühbirnen und Energiesparlampen). Selbst Tageslicht hat je nach Bewölkung und Tageszeit eine andere spektrale Energieverteilung. Damit reflektiert ein Objekt unter unterschiedlichen Lichtquellen auch verschiedene Spektren. Das menschliche Gehirn kompensiert dies aber (*Farbkonstanz*), und ein Rot wird normalerweise auch unter verschiedenen Lichtquellen als Rot wahrgenommen. Dazu müssen aber mehrere verschiedene Farben gleichzeitig zu sehen sein. In älteren Fotoapparaten musste eingestellt werden, ob Tages- oder Kunstlicht vorliegt, bzw. unterschiedliches Filmmaterial dafür verwendet werden.

3.2.2 Colorimetrie

Colorimetrie vermisst den menschlichen Farbeindruck. Die Farbe polychromatischen Lichts ist ein Sinneseindruck. Hingegen kann die Farbe von monochromatischem Licht einer Wellenlänge λ als eine physikalische Eigenschaft aufgefasst werden, die einfach äquivalent zur Wellenlänge λ selbst ist. So kann man vermessen, welchen Farbeindruck etwa das additive Mischen monochromatischer Farben bewirkt. Additives Mischen von Ausgangsfarben kann man technisch leicht erreichen. Etwa durch Projektion der Farben auf den gleichen Ort, durch Anregen sehr eng benachbarter Farbquellen (wie im Monitor) oder durch einen schnellen Wechsel der Ausgangsfarben am gleichen Ort.

3.2.3 Der CIE-Farbraum

Von der *Commission Internationale de l'Éclairage* wurden 1931 verschieden Messexperimente an Menschen vorgenommen und die Ergebnisse führten zum *Normfarbraum CIE*. Dazu wurde den Probanden monochromatisches Licht einer festen Wellenlänge λ neben einer additiven Mischung von monochromatischem rotem, grünem und blauem Licht ge-

zeigt. Das monochromatische und gemischte Licht wurde je auf eine Hälfte einer Scheibe
eines Durchmessers von 2° des Sehfeldes projiziert, was der Größe einer 1-Euro-Münze
in der ausgestreckten Hand entspricht. 1964 wurden die Versuche mit einer 10° Scheibe
(Größe eines DIN-A4-Blattes in 30 cm Entfernung) wiederholt. Man muss bei CIE-Daten
darauf achten, ob es sich um die Daten von 1931 oder die unterschiedlichen von 1964 für
Weitwinkelsehen handelt.

Das gewählte rote, grüne und blaue Licht (*Primärvalenzen* genannt) in den Untersu-
chungen von 1931 war von einer monochromatischen Farbe $\mathcal{R}$, $\mathcal{G}$ und $\mathcal{B}$ mit folgenden
Wellenlängen:

Primärvalenz	Wellenlänge λ
$\mathcal{R}$	700 nm,
$\mathcal{G}$	546,1 nm,
$\mathcal{B}$	435,8 nm.

Hierbei sind 435,8 nm und 546,1 nm die Wellenlängen der blauen bzw. grünen Spek-
trallinie einer Quecksilberdampflampe, die nur wenige enge Spektrallinien besitzt. Variiert
wurden die Intensitäten $\bar{r}, \bar{g}, \bar{b}$ der Valenzen $\mathcal{R}, \mathcal{G}, \mathcal{B}$ zu einer dreichromatischen Farbe
$f = \bar{r} \cdot \mathcal{R} + \bar{g} \cdot \mathcal{G} + \bar{b} \cdot \mathcal{B}$. Es wurde unter den Probanden gemittelt, welche Werte
$\bar{r}(\lambda), \bar{g}(\lambda), \bar{b}(\lambda)$ jeweils notwendig sind, um den Farbeindruck der monochromatischen
Farbe λ zu erreichen. Mit der Formel

$$f(\lambda) = \bar{r}(\lambda) \cdot \mathcal{R} + \bar{g}(\lambda) \cdot \mathcal{G} + \bar{b}(\lambda) \cdot \mathcal{B} \tag{3.1}$$

soll ausgedrückt werden, dass mit den Intensitäten $\bar{r}(\lambda), \bar{g}(\lambda), \bar{b}(\lambda)$ für jeweils $\mathcal{R}, \mathcal{G}, \mathcal{B}$
der Farbeindruck $f(\lambda)$ der monochromatischen Wellenlänge λ beim durchschnittlichen
Menschen erreicht werden kann. Überraschenderweise stellte sich heraus, dass mit diesen
gewählten Primärvalenzen (und auch mit allen anderen drei monochromatischen Primärvalenzen) nicht alle monochromatischen Farben gemischt werden können. So kann die
reine Farbe im Wellenlängenbereich von 438,1 bis 546,1 nm nicht mit $\mathcal{R}, \mathcal{G}, \mathcal{B}$ additiv
zusammengesetzt werden. Vielmehr muss man in diesem Bereich unterschiedlich viel $\mathcal{R}$
der reinen Farbe der Wellenlänge λ hinzumischen, um die aus $\mathcal{G}$ und $\mathcal{B}$ zusammensetz-
baren Farben erhalten zu können. Also gilt hier

$$f(\lambda) + \bar{r}(\lambda) \cdot \mathcal{R} = \bar{g}(\lambda) \cdot \mathcal{G} + \bar{b}(\lambda) \cdot \mathcal{B}.$$

Wir erhalten wieder Formel 3.1, wenn wir auch negative Werte für $\bar{r}$ zulassen. Die
Funktionen $\bar{r}(\lambda), \bar{g}(\lambda), \bar{b}(\lambda)$ nennt man die Spektren für das gewählte Primärvalenztripel
$\mathcal{R}, \mathcal{G}, \mathcal{B}$. Abbildung 3.11 (grober Verlauf, nach [63] aus [124]) gibt diese Werte $\bar{r}, \bar{g}, \bar{b}$ als
Funktion von λ wieder, mit negativen Werten für $\bar{r}$ unterhalb der Null-Linie. Diese Kurven
sind von Mensch zu Mensch zwar unterschiedlich, aber mit nur kleinen Unterschieden bei
normalsichtigen Menschen. Allerdings wird die quantitative Korrektheit der Messungen
aus 1931 heute angezweifelt.

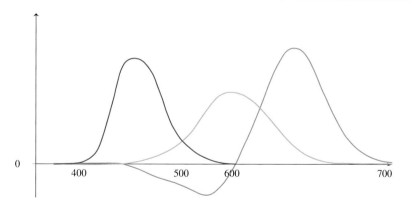

Abb. 3.11 $\bar{r}, \bar{g}, \bar{b}$ des CIE-Modells als Funktion der Wellenlänge λ in nm

Man kann negative Anteile vermeiden, wenn man nicht von drei monochromatischen Primärvalenzen ausgeht, sondern imaginäre, nicht existierende Farben als Primärvalenzen $\mathcal{X}, \mathcal{Y}, \mathcal{Z}$ wählt. Statt

$$f(\lambda) = \bar{r}(\lambda) \cdot \mathcal{R} + \bar{g}(\lambda) \cdot \mathcal{G} + \bar{b}(\lambda) \cdot \mathcal{B}, \text{ gilt nun}$$
$$f(\lambda) = \bar{x}(\lambda) \cdot \mathcal{X} + \bar{y}(\lambda) \cdot \mathcal{Y} + \bar{z}(\lambda) \cdot \mathcal{Z}. \tag{3.2}$$

Die imaginären Farben sind so gewählt, dass sich $\bar{x}, \bar{y}, \bar{z}$ aus $\bar{r}, \bar{g}, \bar{b}$ durch eine einfache lineare Transformation

$$\begin{pmatrix} \bar{x} \\ \bar{y} \\ \bar{z} \end{pmatrix} = M \cdot \begin{pmatrix} \bar{r} \\ \bar{g} \\ \bar{b} \end{pmatrix} \tag{3.3}$$

berechnen. Ferner sollen alle Werte $\bar{x}, \bar{y}, \bar{z}$ nicht negativ werden und der $\bar{r}\bar{g}\bar{b}$-Vektor $(1, 1, 1)^{\mathrm{T}}$ soll auch in den $\bar{x}\bar{y}\bar{z}$-Vektor $(1, 1, 1)^{\mathrm{T}}$ übersetzt werden. Das erreicht man mit der Matrix

$$M = \begin{pmatrix} 0{,}488718 & 0{,}31068 & 0{,}200602 \\ 0{,}176204 & 0{,}812985 & 0{,}010811 \\ 0 & 0{,}010205 & 0{,}989795 \end{pmatrix}$$

aus [92]. Letztlich interessieren die imaginären Farben $\mathcal{X}, \mathcal{Y}, \mathcal{Z}$ gar nicht, sondern nur die Koordinatentransformation 3.3. Wir werden $\mathcal{X}, \mathcal{Y}, \mathcal{Z}$ im folgenden Abschnitt zum RGB-Farbraum etwas genauer erläutern. Die drei Funktionen $\bar{x}(\lambda), \bar{y}(\lambda), \bar{z}(\lambda)$ nennt man auch die Spektren der Primärvalenzen $\mathcal{X}, \mathcal{Y}, \mathcal{Z}$. Der Verlauf dieser Spektren als Funktionen von λ ist in Abb. 3.12 (grober Verlauf, nach [63] aus [124]) gezeigt.

Die gezeigten Verläufe der Spektren der beiden Primärvalenztripel und deren Umrechnungsmatrix gelten für die CIE-Daten von 1931. Für die Untersuchung in 1964 sehen diese Daten unterschiedlich aus.

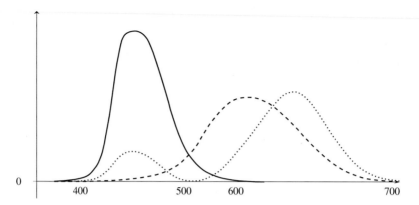

Abb. 3.12 $\bar{x}$ *(gepunktete Linie)*, $\bar{y}$ *(gestrichelte Linie)*, $\bar{z}$ *(durchgezogene Linie)* des CIE-Modells als Funktionen der Wellenlänge λ in nm

Abb. 3.13 Farbeindruck als additives Mischen

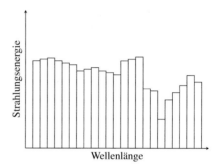

Es sei $I_\lambda = [\lambda - \Delta\lambda, \lambda + \Delta\lambda]$ ein Wellenlängenbereich, dessen Farben $f(\lambda - \Delta\lambda)$ und $f(\lambda + \Delta\lambda)$ vom Menschen nicht unterschieden werden. Der Farbeindruck soll also in ganz I_λ einheitlich sein. J sei eine Menge solcher Wellenlängebereiche I_λ, die den sichtbaren Bereich abdecken, und E_{I_λ} sei eine vorliegende Strahlungsenergie im Bereich I_λ. Wir betrachten nun die Farbe $f = \sum_{I_\lambda \in J} E_{I_\lambda}$, vgl. Abb. 3.13.

Der Farbeindruck von f ist gleich der additiven Mischung der Farbeindrücke in den einzelnen Bereichen I_λ. Damit ergibt sich mit Gl. 3.2 der Farbeindruck

$$f = \sum_{I_\lambda \in J} E_{I_\lambda} \cdot f(\lambda)$$

$$= \sum_{I_\lambda \in J} E_{I_\lambda} \cdot \left(\bar{x}(\lambda) \cdot \mathcal{X} + \bar{y}(\lambda) \cdot \mathcal{Y} + \bar{z}(\lambda) \cdot \mathcal{Z} \right)$$

$$= \left(\sum_{I_\lambda \in J} E_{I_\lambda} \cdot \bar{x}(\lambda) \right) \cdot \mathcal{X} + \left(\sum_{I_\lambda \in J} E_{I_\lambda} \cdot \bar{y}(\lambda) \right) \cdot \mathcal{Y} + \left(\sum_{I_\lambda \in J} E_{I_\lambda} \cdot \bar{z}(\lambda) \right) \cdot \mathcal{Z}.$$

Wir lassen nun $\Delta\lambda$ gegen null laufen und bezeichnen mit E_λ^f die Energie der Wellenlänge λ der Spektralenergieverteilung von f. Damit erhalten wir

$$f = X_f \cdot \mathcal{X} + Y_f \cdot \mathcal{Y} + Z_f \cdot \mathcal{Z}$$

mit

$$X_f = \int\limits_\lambda E_\lambda^f \cdot \bar{x}(\lambda)\, d\lambda\ , \quad Y_f = \int\limits_\lambda E_\lambda^f \cdot \bar{y}(\lambda)\, d\lambda\ , \quad Z_f = \int\limits_\lambda E_\lambda^f \cdot \bar{z}(\lambda)\, d\lambda\ .$$

Im CIE-$(\mathcal{X}, \mathcal{Y}, \mathcal{Z})$-Modell wird nun einem Farbeindruck f der dreidimensionale Wert (X_f, Y_f, Z_f) zugeordnet. Der Index f wird üblicherweise weggelassen. Dieses f zugeordnete Tripel (X, Y, Z) heißt auch *Tristimulus* von f. Der Tristimulus einer Farbe kann mittels eines *Colorimeters* gemessen werden. Der Farbeindruck zweier (hinreichend) verschiedener Tristimuli (X_1, Y_1, Z_1), (X_2, Y_2, Z_2) ist verschieden. Insbesondere besitzen unter einer Beleuchtung gleich aussehende (metamere) Farben auch den gleichen Tristimulus unter dieser Beleuchtung, obwohl ihre Spektralenergieverteilungen verschieden sind.

Durch Normierung kann man den Tristimulus auf zwei Dimensionen reduzieren. Dazu setzt man

$$x = \frac{X}{X + Y + Z}, \quad y = \frac{Y}{X + Y + Z}, \quad z = \frac{Z}{X + Y + Z}.$$

Es gilt $0 \leq x, y \leq 1$ und $z = 1 - (x + y)$, damit lässt sich eine Farbe auf den zweidimensionalen Wert (x, y) reduzieren, wodurch allerdings die Helligkeit der Farbe normiert wird. Das heißt, die aktuelle Helligkeit der Farbe geht in dieser Darstellung verloren. Man kann darüber streiten, ob die Helligkeit überhaupt eine Eigenschaft von Farbe ist. Dies variiert je nach Auffassung, was Farbe eigentlich sei, siehe die kleine Diskussion in Abschn. 3.2.4. Mit dieser zweidimensionalen Farbrepräsentation erhält man die CIE-Normfarbtafel mit dem berühmten Hufeisen, auf dessen Rand die gesättigten Farben liegen, vgl. Abb. 3.14.

Wählt man 2 Punkte auf dem Hufeisen, so kann man mit den entsprechenden beiden Farben additiv alle Farben auf der Geraden zwischen beiden Punkten mischen. Wählt man drei Punkte, so kann man mit diesen drei Farben additiv alle Farben im aufgespannten Dreieck mischen. Wegen der konvexen, ausgebeulten Form existieren also keine drei sichtbaren Farben, mit denen man alle anderen sichtbaren Farben mischen kann. In der Praxis arbeitet man mit drei Farben Rot, Grün, Blau, die relativ weit im Inneren des Hufeisens liegen. Darstellen kann man dann nur die Farben in dem davon aufgespannten relativ kleinen Dreieck. Daher entsprechen die dargestellten Farben am äußeren Rand des Hufeisens in Abb. 3.14 nicht den tatsächlichen brillanten Farben. In einem recht großen Bereich am äußeren Rand des Hufeisens sind die dargestellten Farben nach Innen hin eine Weile konstant, was dem Betrachter so nicht auffällt. Da man im Grün-Blau-Bereich der Wellenlänge rotes Licht dazu addieren musste, liegen die voll gesättigten Farben von Grün bis Blau sogar außerhalb des Hufeisens.

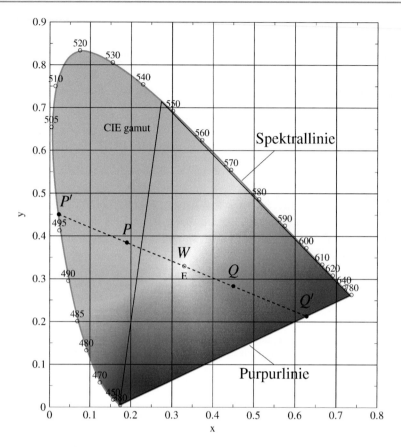

Abb. 3.14 CIE-Normfarbtafel

Interessant ist, dass Braun gar nicht als Farbe vorkommt. Braun ist eine dunkle warme Farbe, wie Gelb, Orange, Rot, aber auch Grün und Blau, in einer helleren Umgebung.

Man definiert für jede polychromatische Farbe eine sogenannte *dominante Wellenlänge* als diejenige Wellenlänge, die man bei Projektion vom Weißpunkt durch den Punkt der Farbe in der CIE-Normfarbtafel auf dem Hufeisenrand erhält. Würde die Projektion die Purpurlinie treffen, wählt man die Wellenlänge auf der gegenüberliegenden Hufeisenseite, gekennzeichnet mit ^{c} für komplementär. In Abb. 3.14 hat der Punkt P eine dominante Wellenlänge von 495 nm (P' liegt bei 495 und ist die Projektion vom Weißpunkt W durch P) und der Punkt Q somit von 495^c nm. Eine spektrale Energieverteilung, die den Farbeindruck von P wiedergibt, hat etwa überall ein gleichmäßig hohes Energieniveau mit einer einzelnen Spitze bei 495. Der Peak ist nicht übermäßig vom restlichen Niveau verschieden, da die Sättigung von P nicht hoch ist. Für den Farbeindruck von Q würde bei 495 statt einer Spitze ein Taleinschnitt sein.

Lab und Luv

Ein Nachteil dieses CIE-Farbraumes besteht darin, dass zwei Paare von Punkten (P_1, P_2), (Q_1, Q_2) mit gleichem euklidischem Abstand $(d_E(P_1, P_2) = d_E(Q_1, Q_2))$ – siehe Abschn. 4.2.2 – beim Menschen nicht notwendig den gleichen Farbunterschied in der Wahrnehmung bewirken. So besitzen kleine Abstände im CIE-Farbraum im gelben Bereich einen deutlich größeren Farbunterschied als im grünen Bereich. Unter *Gleichabständigkeit* versteht man, dass gleicher euklidischer Abstand stets den gleichen wahrgenommenen Farbunterschied bewirkt, egal wo man sich im Farbraum befindet. Dies kann man durch Verzerrung des CIE-Farbraumes (annähernd) erreichen und erhält so die gleichabständigen Farbräume Lab und Luv. Sie berechnen sich aus dem CIE-Farbraum mittels der angegebenen Umrechnung. X_W, Y_W, Z_W bezeichnet dabei die (X, Y, Z)-Werte des reinen Weiß (Referenzweiß). Der euklidische Abstand im dreidimensionalen CIE-Lab- oder CIE-Luv-Raum entspricht nun unserem Farbähnlichkeitsempfinden. Die Umrechnung in Lab und Luv ist wie folgt:

$$L = 116 \sqrt[3]{\frac{Y}{Y_W}} - 16,$$

$$a = 500 \left(\sqrt[3]{\frac{X}{X_W}} - \sqrt[3]{\frac{Y}{Y_W}} \right), \quad b = 200 \left(\sqrt[3]{\frac{Y}{Y_W}} - \sqrt[3]{\frac{Z}{Z_W}} \right)$$

$$u = 13L(u' - u'_W), \quad v = 13L(v' - v'_W) \quad \text{mit}$$

$$u' = \frac{4X}{X + 15Y + 3Z}, \quad u'_W = \frac{4X_W}{X_W + 15Y_W + 3Z_W},$$

$$v' = \frac{9Y}{X + 15Y + 3Z}, \quad v'_W = \frac{9Y_W}{X_W + 15Y_W + 3Z_W}$$

3.2.4 Weitere Farbräume

Neben dem CIE-Farbraum und seinen Varianten Lab und Luv stellen wir im Folgenden einige wichtige Farbräume aus der Bildverarbeitung und der Kunst kurz vor.

RGB

Der in der Informatik verbreitetste Farbraum ist der RGB-Farbraum. Der RGB-Farbraum arbeitet mit drei Grundfarben Rot, Grün und Blau. Man setzt 0 in einer Koordinate für das minimale und 1 für das maximale Energieniveau dieser Farbe und erhält als Modell einen Würfel. In Abb. 3.15 ist dieser RGB-Würfel schematisch dargestellt und in Abb. 3.16 farbig. Hierbei ist im linken Bild ein Blick von seitlich oben auf die Weißecke (1,1,1) und im rechten von seitlich unten auf die Schwarzecke (0,0,0) des Würfels zu sehen.

Natürlich sind auch im Inneren Farbverläufe. So läuft etwa die Graulinie auf der Diagonalen von der weißen zur schwarzen Ecke. Jedes Tripel (a, b, c), $0 \leq a, b, c \leq 1$, ist eine Farbe im RGB-Modell und besitzt die Intensität a in Rot, b in Grün und c in Blau.

Abb. 3.15 Das RGB-Modell, schematisch

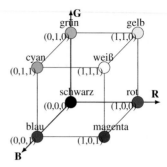

Der RGB ist ein *additiver Farbraum*. Es gelten die Regeln der additiven Farbmischung:

$$\text{Rot} + \text{Grün} = \quad \text{Gelb},$$
$$\text{Rot} + \text{Blau} = \text{Magenta},$$
$$\text{Blau} + \text{Grün} = \quad \text{Cyan}.$$

Eine Farbe (r, g, b) mit dem Wert 0 in einer oder zwei Koordinaten ist voll gesättigt. Sättigung beschreibt den Abstand zur Grauwertachse und darf nicht mit Helligkeit verwechselt werden. So ist die RGB-Farbe (1, 0,3, 1) gleich hell wie (1,0,1) (reines, helles Magenta), aber weniger gesättigt, da die Zumischung von Grün Magenta in Richtung Weiß verschiebt. Die Farbe Weiß (1,1,1) ist optimal hell und dabei völlig ungesättigt.

Der RGB-Farbraum folgt aus den Untersuchungen zum CIE-Farbraum. Aus den Gl. 3.1 und 3.2 folgt, dass man $\mathcal{R}, \mathcal{G}, \mathcal{B}$ und $\mathcal{X}, \mathcal{Y}, \mathcal{Z}$ als zwei Basen des dreidimensionalen Farbraums auffassen kann, in dem eine Farbe einmal die Koordinaten $\bar{r}, \bar{g}, \bar{b}$ und einmal $\bar{x}, \bar{y}, \bar{z}$ besitzt. Die Koordinatentransformation von $\bar{r}, \bar{g}, \bar{b}$ nach $\bar{x}, \bar{y}, \bar{z}$ geschieht mit der Matrix

$$M = \begin{pmatrix} 0{,}49 & 0{,}31 & 0{,}20 \\ 0{,}18 & 0{,}81 & 0{,}01 \\ 0 & 0{,}01 & 0{,}99 \end{pmatrix},$$

Abb. 3.16 Der RGB-Farbwürfel von zwei Seiten betrachtet, aus Balthasar [6] und persönlicher Kommunikation mit freundlicher Genehmigung des Autors und des Verlags Fölbach

gerundet auf die zweite Nachkommastelle, vgl. Gl. 3.3. Die inverse Matrix ist dann

$$M^{-1} = \begin{pmatrix} 2{,}37 & -0{,}90 & -0{,}47 \\ -0{,}53 & 1{,}44 & 0{,}09 \\ 0{,}00 & -0{,}01 & 1{,}01 \end{pmatrix}.$$

Damit erhält man umgekehrt die Basis $\mathcal{X}, \mathcal{Y}, \mathcal{Z}$ als Linearkombination der Basis $\mathcal{R}, \mathcal{G}, \mathcal{B}$ durch

$$\begin{pmatrix} \mathcal{X} & \mathcal{Y} & \mathcal{Z} \end{pmatrix} = M^{-1},$$

da $\begin{pmatrix} \mathcal{R} & \mathcal{G} & \mathcal{B} \end{pmatrix}$ die Einheitsmatrix ist. So wird z. B. die Primärvalenz $\mathcal{X}$ zum Basisvektor $(2{,}73, \ -0{,}53, \ 0)^{\mathrm{T}}$, der außerhalb des RGB-Farbwürfels liegt. Interpretieren wir $\mathcal{R}$ und $\mathcal{G}$ wieder als Wellenlänge, so entspricht $\mathcal{X}$ der imaginären Farbe 2,73 mal 700 nm minus 0,53 mal 546,1 nm, die natürlich keinen Sinn ergibt. Sich $\mathcal{R}, \mathcal{G}, \mathcal{B}$ als die Einheitsvektoren im $\mathbb{R}^3$ vorzustellen und $\mathcal{X}, \mathcal{Y}, \mathcal{Z}$ entsprechend als Koordinaten im $\mathbb{R}^3$ macht durchaus Sinn, nur kann man den Koordinaten $\mathcal{X}, \mathcal{Y}, \mathcal{Z}$ dann nicht mehr Farben zuordnen. Daher die Bezeichnung imaginäre Farben.

Monitore verwenden einen additiven Farbraum. In Abb. 3.10 erkennt man im rot dargestellten Spektrum deutlich die Überlagerung der drei Spektren der in diesem LCD-Monitor verwendeten drei Grundfarben. Man kann auf Bildschirmen Farben auf unterschiedliche Art erzeugen, etwa mit Kathodenstrahlröhren, LCD-Displays, Plasma- oder OLED-Technik. Es werden meistens drei Grundfarben im Rot-, Grün- und Blau-Bereich gewählt, die je nach technischer Ausführung der Leuchtmaterialien verschiedene Spektren besitzen. Farben, die in verschiedenen Monitoren mit unterschiedlichen Grundfarben dargestellt werden können, sind daher metamer.

CMY

Die Additionsregeln im RGB mögen im ersten Moment verblüffen, kennt man doch aus dem Malkasten der Schulzeit, dass man Grün durch Mischen aus Blau und Gelb erhält. Beim Malen und in der Drucktechnik arbeitet man aber in einem subtraktiven Farbraum. Der Farbeindruck Gelb wird beispielsweise gewonnen, indem vom weißen Licht der Umgebung manche Wellenlängen weniger reflektiert werden, so dass der Eindruck Gelb entsteht. Eine blaue und eine gelbe Malfarbe zeichnen sich dadurch aus, dass die blaue und gelbe Farbe gewisse Wellenlängen schlechter reflektieren. Beim Mischen der blauen und gelben Malfarbe wird vom weißen Licht mehr absorbiert als von blauer und gelber Malfarbe allein, mit einem resultierenden Farbeindruck Grün. Wir haben hier einen *subtraktiven Farbraum*. Der bekannteste subtraktive Farbraum ist der CMY. Die drei Basisfarben sind **C**yan, **M**agenta und Gelb (**Y**ellow).

Betrachten wir einmal die acht Eckpunkte im RGB-Würfel, so besitzen diese Farben die Koordinaten aus Tab. 3.4. Die Koordinaten im CMY-Modell sind also (1,1,1) minus die RGB-Koordinate. Die Komplementärfarbe einer Farbe X erhält man, wenn man aus Weiß die Farbe X weglässt (subtrahiert).

Tab. 3.4 Farbkoordinaten im RGB- und CMY-Farbraum

Farbe	RGB-Koordinate	CMY-Koordinate	Komplementärfarbe
Schwarz	000	111	Weiß
Blau	001	110	Gelb
Grün	010	101	Magenta
Cyan	011	100	Rot
Rot	100	011	Cyan
Magenta	101	010	Grün
Gelb	110	001	Blau
Weiß	111	000	Schwarz

Stellen wir uns in einem Gedankenexperiment einen Malkasten vor, der perfekt dem CMY-Modell entsprechen soll. Cyan absorbiert hier Rot und Gelb absorbiert Blau. Mischt man in diesem Farbkasten Cyan mit Gelb, so werden sowohl Rot als auch Blau absorbiert, und man erhält Grün: $(1, 1, 1) - ((1, 0, 0) + (0, 0, 1)) = (0, 1, 0)$.

CMYK

Die Farbe Schwarz wird theoretisch durch Mischen aller drei Farben Cyan, Magenta und Gelb erreicht, was im Druck in der Praxis wegen der Spektren der verwendeten Farbpigmente meist zu einem dunklen Braun wird. Daher wird im CMYK-Farbraum als vierte Dimension Schwarz (**K**ey, manche sagen auch Blac**K**) zusätzlich verwendet. CMYK-Drucker benutzen vier Farbpatronen. Im Vierfarb-Offsetdruck wird häufig in der Reihenfolge Schwarz, Cyan, Magenta, Gelb viermal hintereinander gedruckt. Im Kunstdruck werden je nach Aufgabenstellung weitere Farben verwendet. Über ein Dutzend sind nicht ungewöhnlich. Ein Poster eines Bildes etwa von Gustav Klimt mit einem Goldanteil ließe sich nur sehr unzureichend mittels Schwarz, Cyan, Magenta und Gelb allein drucken.

YUV und YIQ

YUV entsteht durch eine Koordinatentransformation aus RGB mit

$$Y = 0{,}299R + 0{,}587G + 0{,}114B,$$
$$U = 0{,}493(B - Y),$$
$$V = 0{,}877(R - Y).$$

Man findet aber auch andere Umrechnungstabellen. Varianten von YUV sind YIQ und die alten analogen Fernsehnormen NTSC (amerikanisch), PAL (deutsch) und SECAM (französisch). Ein Vorteil eines separaten Helligkeitskanals war dabei in der Einführungszeit von Farbfernsehgeräten, dass die Y-Signale von den älteren Geräten für ein Grauwertbild empfangen werden konnten. Die Kanäle U und V wurden auf einer neuen Frequenz für Farbfernsehgeräte übertragen. Diese Farbmodelle sind heute in der digitalen Technik

Abb. 3.17 Der Farbverlauf von $0°$ bis $360°$ im H-Kanal

uninteressant geworden. I und Q sind Drehungen der Kanäle U und V um $33°$. Die Umrechnung von YUV nach YIQ erfolgt durch Multiplikation:

$$\begin{pmatrix} Y \\ I \\ Q \end{pmatrix} = \begin{pmatrix} 1 & 0 & 0 \\ 0 & -\sin 33° & \cos 33° \\ 0 & \cos 33° & \sin 33° \end{pmatrix} \begin{pmatrix} Y \\ U \\ V \end{pmatrix}.$$

HSV

Das HSV-Farbmodell wurde in den 70er-Jahre des letzten Jahrhunderts von Alvy Ray Smith entwickelt, siehe [111], wo sich Umrechnungsalgorithmen von RGB nach HSV und zurück finden. Das Modell orientiert sich an den Begriffen einer Farbigkeit (Farbton), Sättigung und Helligkeit, wie es auch in der Kunst üblich ist. Seine Kanäle sind

H (hue)	für die Farbigkeit, den Farbton,
S (saturation)	für die Sättigung der Farbe,
V (value)	für die Helligkeit.

H wird in Winkelgrad von 0 bis 360 gemessen. Der Farbverlauf von 0 bis $360°$ ist in Abb. 3.17 gezeigt. Die sechs Grundfarben von RGB und CMY lassen sich dort ablesen:

Farbe	Rot	Gelb	Grün	Cyan	Blau	Magenta	Rot
Winkel	0	60	120	180	240	300	360

Die Sättigung S und Helligkeit V werden im Intervall $[0, 1]_{\mathbb{Q}}$ gemessen, mit 0 für ungesättigt bzw. dunkel und 1 für voll gesättigt bzw. maximal in der Helligkeit. In der Malerei arbeitet man mit reinen Farbpigmenten (H-Kanal), die durch Beimischen von Weiß (tints) aufgehellt (S-Kanal) und durch Beimischen von Schwarz (shades) abgedunkelt (V-Kanal) werden, was in den drei Kanäle H,S,V widergespiegelt wird. In der Physik sind die voll gesättigten Farben die monochromatischen einer Wellenlänge.

Bei einer Berechnung von Farbähnlichkeit ist etwas Sorgfalt nötig. Die beiden voll gesättigten rötlichen HSV-Farben $(355, 1, 1)$ und $(4, 1, 1)$ haben wegen $0° = 360°$ den Winkelabstand von $9°$, und nicht etwa von $351°$. Entsprechend berechnet sich der euklidische Abstand zwischen zwei HSV-Werten (h_i, s_i, v_i), $i = 1,2$ aus der Wurzel aus $(\min\{|h_1 - h_2|, 360 - |h_1 - h_2|\})^2 + (s_1 - s_2)^2 + (v_1 - v_2)^2$.

Mathematisch ist wegen $0° = 360°$ der HSV-Farbraum ein Zylinder, schematisch dargestellt in Abb. 3.18. Auf dem äußeren Mantel liegen die voll gesättigten Farben ($s = 1$), auf der Mittelachse ($s = 0$) liegt die Grauwertachse, nach oben werden die Farben heller.

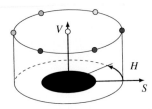

Abb. 3.18 Schematische Darstellung des HSV-Zylindermodells. Allerdings ist die Farbe auf der kompletten untersten Scheibe (v=0) schwarz und nicht nur wie eingezeichnet in einem Teil

Auch im HSV-Farbraum bewirken zwei Punktpaare mit gleichem euklidischen Abstand nicht einen gleichen Eindruck der Farbähnlichkeit und eine Gleichabständigkeit ist nicht erreicht. Im HSV-Farbraum können verschiedene Werte mit einem euklidischen Abstand > 0 den gleichen RGB-Wert darstellen, denn Grau, Weiß und Schwarz besitzen im HSV-Farbraum mehrere Koordinaten. So ist $(h, 0, 1)$ stets Weiß und $(h, s, 0)$ stets Schwarz, egal wie man h und s wählt. Bei einer völlig ungesättigten Farbe $(h, 0, v)$ liegt kein Farbton mehr vor und wir sind im Graubereich, dessen RGB-Grauwert nur von v abhängt und nicht von h. Am besten versteht man die Bedeutung der drei Kanäle des HSV-Modells, wenn man sich die Umrechnungen von und nach RGB anschaut.

Umrechnung RGB nach HSV
Es sei (r, g, b), $0 \leq r, g, b \leq 1$, eine Farbe im RGB-Raum, die wir nach (h, s, v) im HSV-Farbraum umrechnen wollen. Weiter seien max der maximale Wert von r, g, b und min deren minimaler Wert. Die Helligkeit v bestimmt sich einfach zu

$$v := \max .$$

Gilt $\max = \min > 0$, so ist $r = g = b$ und es liegt Weiß bei $\max = 1$ und Grau bei $\max < 1$ vor und h ist eigentlich undefiniert. Häufig wird daher auch der Wert undefiniert im H-Kanal zugelassen. Wir setzen in diesem Fall aber einfach $h := 0$ und $s := 0$. Ist $\max = 0$, so liegt Schwarz vor und wir setzen $h := s := v := 0$.

Es sei nun $\min \neq \max \neq 0$. Dann wählt man als Wert s der Sättigung

$$s := (\max - \min)/\max .$$

Die Bestimmung des Farbwinkels h ist jetzt etwas aufwändiger. Man setzt

$$h' := \begin{cases} (g - b)/(\max - \min), & \text{für } r = \max, \\ 2 + (b - r)/(\max - \min), & \text{für } g = \max, \\ 4 + (r - g)/(\max - \min), & \text{für } b = \max, \end{cases}$$

Abb. 3.19 Der HSV-Zylinder, aus Balthasar [6] mit freundlicher Genehmigung des Autors und des Verlags Fölbach

und h ergibt sich als

$$h := h' * 60 \qquad \text{bzw. als}$$
$$h := h' * 60 + 360, \quad \text{falls } h' \cdot 60 \text{ negativ ist.}$$

Konsequenzen dieser Umrechnung

Betrachten wir die RGB-Farbe $f_1 = (1, 1, 0{,}3)$. Das Maximum liegt bei Rot und Grün und es ist egal, ob wir in der obigen Fallunterscheidung die erste oder zweite Zeile nehmen. Als Hue-Wert ergibt sich in beiden Fällen 60° (Gelb) und der Blauanteil von 0,3 sorgt dafür, dass die Farbe mit $s = 0{,}7$ nicht voll gesättigt ist. Bei $f_2 = (1, 0{,}9, 0{,}3)$ haben wir die gleiche Sättigung 0,7 aber der Farbwinkel verschiebt sich von Gelb etwas nach Rot zu 51,4°. Für $f_3 = (1, 0{,}9, 0{,}4)$ nimmt die Sättigung ab und der Farbwinkel verschiebt sich zu 50° noch näher an Rot. Für $f_4 = (1, 0{,}9, 0{,}9)$ erhalten wir Rot mit dem Farbwinkel 0°, da die Einflüsse von Grün und Blau sich aufheben, aber die Sättigung sinkt auf 0,1, das Rot wird ein zartes Rosa und nähert sich Weiß. Also gilt im HSV-Raum: $f_1 = (60, 0{,}7, 1)_{\text{HSV}}$, $f_2 = (51{,}4, 0{,}7, 1)_{\text{HSV}}$, $f_3 = (50, 0{,}6, 1)_{\text{HSV}}$ und $f_4 = (0, 0{,}1, 0{,}9)_{\text{HSV}}$. Die Helligkeit in f_1, f_2, f_3 ist maximal ($v = 1$), sie liegen auf dem oberen äußeren Kreisabschluss des Zylinders. f_4 liegt im Inneren des Zylinders.

Bei stark ungesättigten Farben wird die Berechnung von h wegen Rundungsfehler ungenau. Mathematisch gesehen liegt eine Unstetigkeit im Farbwinkel auf der Grauwertachse vor. Bei sehr kleinen Helligkeitswerten wird die Berechnung eines Schwarzpunktes auf den unteren Kreisscheiben instabil. Abbildung 3.19 visualisiert den HSV-Zylinder und diese Instabilitäten sehr schön. Hierzu wurde ein RGB-Würfel mit 256^3 Farbwerten in den HSV-Zylinder umgerechnet und dieser dreidimensionale HSV-Raum wurde gerendert. Trotz recht dicht liegender RGB-Werte entstehen so Ausfransungen in den instabilen unteren Schichten des HSV. In dieser Abbildung hat zur deutlicheren Visualisierung die V-Achse eine andere Skalierung als die S-Achse. Die Farbwinkel sind im Uhrzeigersinn dargestellt.

Umrechnung HSV nach RGB

Es sei (h, s, v) eine Farbe im HSV-Farbraum, die wir nach (r, g, b) umrechnen. Für $x \in \mathbb{Q}$ ist $\lfloor x \rfloor := \text{trunc}(x)$ der ganzzahlige Anteil von x.

Im Fall $s = 0$ setzt man $r := g := b := v$. Im Fall $s > 0$ ersetzt man einen H-Wert von $h = 360$ durch $h := 0$ und geht wie folgt vor:

$$h := h/60,$$
$$rest := h - \lfloor h \rfloor,$$
$$p := v * (1 - s),$$
$$q := v * (1 - (s * rest)),$$
$$t := v * (1 - (s * (1 - rest))),$$

und man setzt

$$(r, g, b) := \begin{cases} (v, t, p), & \text{für } \lfloor h \rfloor = 0, \\ (q, v, p), & \text{für } \lfloor h \rfloor = 1, \\ (p, v, t), & \text{für } \lfloor h \rfloor = 2, \\ (p, q, v), & \text{für } \lfloor h \rfloor = 3, \\ (t, p, v), & \text{für } \lfloor h \rfloor = 4, \\ (v, p, q), & \text{für } \lfloor h \rfloor = 5. \end{cases}$$

Konsequenzen dieser Umrechnungen

Der H-Kanal besitzt die sehr hilfreiche Eigenschaft, invariant gegen Addition und Multiplikation mit Skalaren zu sein. Es sei $hue(r, g, b)$ der zu der RGB-Farbe (r, g, b) gehörende Winkel im H-Kanal des HSV-Modells. Ändert man im RGB-Modell (r, g, b) durch Multiplikation oder Addition mit einem Skalar, so ändert sich $hue(r, g, b)$ im HSV-Raum nicht. Es gilt, wie man leicht nachrechnet,

$$hue(a \cdot r, a \cdot g, a \cdot b) = hue(r, g, b),$$
$$hue(a + r, a + g, a + b) = hue(r, g, b),$$

für $a \in \mathbb{R}$, solange der Wertebereich nicht verlassen wird, d. h. wenn

$$0 \leq a \cdot r, a \cdot g, a \cdot b, a + r, a + g, a + b \leq 1 \text{ gilt.}$$

Die HSV-Werte $(5, 0{,}8, 0)_{\text{HSV}}$ und $(184, 0{,}1, 0)_{\text{HSV}}$ repräsentieren beide Schwarz mit dem RGB-Wert $(0,0,0)$ und besitzen daher im RGB-Modell den euklidischen Abstand 0. Auf den unteren Schichten im Zylinder befinden sich immer weniger unterscheidbare RGB-Farben. Daher wählt man zur Darstellung des HSV-Raums oft einen Kegel, in dem die Kreisscheiben mit gleichem V-Wert nach unten kleiner werden, wie in der schematischen Abb. 3.20 dargestellt. Mathematisch gesehen ist das HSV-Modell aber ein Zylinder; ein HSV-Kegelmodell existiert gar nicht.

Abb. 3.20 Falsche schematische Darstellung des HSV-Modells als Kegel

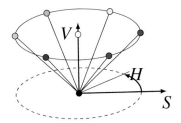

Die Anordnung der Farben im HSV-Raum entspricht der Anordnung der Farben in den Ecken des RGB-Würfel, wenn man sich diesen von der Weißecke aus betrachtet. Abbildung 3.21 visualisiert diese Transformation vom RGB-Würfel zum virtuellen HSV-Kegel.

Mischen in Farbräumen

Will man zwei Farben f_1, f_2 in einem additiven Farbraum in einem Verhältnis a, b mit $a + b = 1$ zu $af_1 + bf_2$ mischen, so konvertiert man beide Farben am besten in einen gleichabständigen additiven Farbraum, wie etwa Lab, mischt dort und konvertiert die erhaltene Farbe in den Ausgangsfarbraum zurück. Der Farbmittelwert zweier Farben ist das Mischergebnis mit $a = b = 1/2$. Da Farbräume mehrkanalig sind, kann man auch in jedem Kanal unabhängig mischen. Die Ergebnisfarbe muss allerdings dann nicht mehr der erwarteten Mischfarbe nach dem menschlichen Farbempfinden entsprechen. Im RGB ist

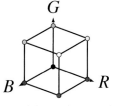

(a) Schritt 1: RGB-Modell

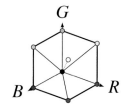

(b) Schritt 2: Nur neue Markierung; alle Kanten nach Weiß führen nun nach Schwarz

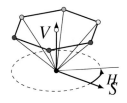

(c) Schritt 3: Verzerrung des Farbraums

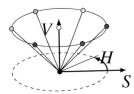

(d) Schritt 4: Drehung von Rot auf $0°$

Abb. 3.21 Darstellung einer visuellen Transformation des RGB-Modells zum falschen HSV-Kegelmodell

der Mittelwert zwischen reinem Rot $(1,0,0)$ und reinem Blau $(0,0,1)$ damit $(0,5, 0 , 0,5)$, also ein Violett. Allerdings ist im Gegensatz zum Mischen, wobei wir den Wert $(1,0,1)$ erwarten, jetzt die Helligkeit heruntergesetzt. Das gilt auch für Farbmittelwerte. Ein neues Problem kommt hinzu, wenn einer der Farbkanäle nicht linear, sondern zyklisch angeordnet ist, wie etwa der H-Kanal im HSV-Farbraum. Das Mitteln und auch Mischen ist hier eigentlich nur dann sinnvoll, falls die beiden Hue-Werte relativ ähnlich sind. Reines Rot $(0,1,1)$ und Blau $(240,1,1)$ sollte man nicht zu $(120, 0,5, 0,5)$ mitteln oder zu $(120,1,1)$ mischen, da dann ein unsinniges Grün entsteht. Wir untersuchen daher drei mögliche Mittelwertbildungen im H-Kanal genauer.

Mittelwerte im HSV-Farbraum

Es seien $f_i = (h_i, s_i, v_i)$, $1 \leq i \leq n$, Farben im HSV-Farbraum. Man kann einen Mittelwert $\mu(f_1, \ldots, f_n)$ dieser Farben bilden als

$$\mu(f_1, \ldots, f_n) = (\mu(h_1, \ldots, h_n), \mu(s_1, \ldots, s_n), \mu(v_1, \ldots, v_n)).$$

Hierbei ist für Elemente $a_i \in \mathbb{R}$ der Mittelwert definiert als

$$\mu(a_1, \ldots, a_n) := \frac{\sum_{i=1}^n a_i}{n}.$$

Das ist für $\mu(s_1, \ldots, s_n)$, $\mu(v_1, \ldots, v_n)$ völlig unkritisch. Was aber leistet $\mu(h_1, \ldots, h_n)$ für zyklische Werte in H mit $360° = 0°$? Damit erhält man beispielsweise

$$\mu(350°, 10°, 12°) = \frac{372°}{3} = 124°,$$

entgegen der Vorstellung von $\mu(350°, 10°, 12°) = \mu(-10°, 10°, 12°) = 4°$. Als *arithmetischen Mittelwert* μ_a kann man

$$\mu_a(h_1, \ldots, h_n) := \frac{\left(\sum_{i=1}^n h_i\right) \bmod 360°}{n}$$

setzen. Damit ergibt sich wie gewünscht

$$\mu_a(350°, 10°, 12°) = \frac{372° \bmod 360°}{3} = 4°.$$

μ_a besitzt aber andere gravierende Nachteile. Insbesondere sind diese Werte instabil. So gilt:

$$\mu_a(90°, 271°) = \frac{361° \bmod 360°}{2} = 0.5°,$$

$$\mu_a(90°, 269°) = \frac{359° \bmod 360°}{2} = 179.5°.$$

Obwohl sich $271°$ und $269°$ nur um $2°$ unterscheiden liegen die Mittelwerte plötzlich $179°$ auseinander. Es gilt:

$$\lim_{h \to 0, h < 0} \mu(90°, 270° + h°) = 180° \neq \lim_{h \to 0, h > 0} (90°, 270° + h°) = 0°.$$

Stellen wir uns als Gedankenexperiment vor, wir hätten einen „natürlichen" Mittelwert μ_n definiert, für den die folgenden für Winkel im Kreis erwünschten sechs Gleichungen gelten:

$$\mu_n(30°, 40°) = 35°, \ \mu_n(10°, 40°) = 25°, \ \mu_n(30°, 200°) = 115°,$$
$$\mu_n(10°, 200°) = 285°, \ \mu_n(35°, 285°) = 340° \ \text{und} \ \mu_n(25°, 115°) = 70°.$$

Es soll $\mu_n(35°, 285°) = 340°$ gelten und nicht $\mu_n(35°, 285°) = 160°$, da der Winkel entgegen dem Uhrzeigersinn von $35°$ bis $285°$ schon $250°$ beträgt, im Uhrzeigersinn aber nur $110°$. Der Winkel von $340°$ ist also gleich weit $55°$ von $285°$ und von $35°$ entfernt. $160°$ hingegen ist gleich weit $125°$ von $285°$ und $35°$ entfernt. Daher kann man $340°$ als einen natürlicheren Mittelwert von $35°$ und $285°$ auffassen als $160°$. Analog ist $285°$ ein natürlicherer Mittelwert von $10°$ und $200°$ als $105°$. $285°$ ist von $10°$ und $200°$ je $85°$ entfernt, $105°$ ist von beiden aber je $95°$ entfernt.

Gelten diese Gleichungen, dann kann man μ_n nicht für vier Winkel so definieren, dass ebenso beide folgenden „natürlichen Gleichungen" gelten:

$$\mu_n(\alpha, \beta, \delta, \gamma) = \mu_n(\delta, \beta, \alpha, \gamma) \ \text{und}$$
$$\mu_n(\alpha, \beta, \delta, \gamma) = \mu_n(\mu_n(\alpha, \beta), \mu_n(\delta, \gamma)).$$

Das sieht man wie folgt:

$$\text{Es sei} \ \mu_n(10°, 40°, 30°, 200°) = \mu_n(30°, 40°, 10°, 200°) \, , \text{aber}$$
$$\mu_n\big(\mu_n(10°, 40°), \mu_n(30°, 200°)\big) = \mu_n(25°, 115°) = 70°,$$
$$\mu_n\big(\mu_n(30°, 40°), \mu_n(10°, 200°)\big) = \mu_n(35°, 285°) = 340°.$$

Man arbeitet für Winkel auch mit einem *circulären Mittelwert* μ_c, definiert als

$$\mu_c(h_1, \ldots, h_n) := \arctan \frac{\mu(\sin h_1, \ldots, \sin h_n)}{\mu(\cos h_1, \ldots, \cos h_n)} = \arctan \frac{\sum_{i=1}^n \sin h_i}{\sum_{i=1}^n \cos h_i}.$$

Man benutzt allerdings $\operatorname{atan_2}(a, b)$ statt $\arctan a/b$, vgl. Abschn. 6.4.3. Dieser Mittelwert μ_c ergibt sich, wenn man die Winkel h_i als Polarkoordinaten p_i mit Radius 1, also auf dem Einheitskreis, auffasst, in kartesische Koordinaten k_i übersetzt, hier wie gewöhnlich zu $k = \mu(k_1, \ldots, k_n)$ mittelt und schließlich den gefundenen Mittelwert k in Polarkoordinaten p zurücküberetzt. p muss nicht mehr auf dem Einheitskreis liegen und ein Winkel von p ist nicht definiert, wenn $\sum_{i=1}^{n} \cos h_i = 0$ gilt. μ_c muss nicht mit μ_a oder μ_n übereinstimmen. So gilt etwa

$$\mu_a(358°, 9°, 11°) = 6° \qquad \neq \qquad 6.006° = \mu_c(358°, 9°, 11°),$$
$$\mu_a(5°, 5°, 80°) = 30° \qquad \neq \qquad 27.47° = \mu_c(5°, 5°, 80°).$$

Allerdings gilt für zwei Winkel α, β stets $\mu_c(\alpha, \beta) = \mu_a(\alpha, \beta)$.

Dies sieht man etwa wie folgt. Es gilt $\tan \gamma = \tan(\gamma \bmod 180°)$, und man definiert den Tangens nur im Intervall $]-90°, 90°[$, um Unstetigkeiten bei Vielfachen von $90°$ zu vermeiden. Ferner gelten für Sinus und Cosinus die Summenformeln

$$\sin \alpha + \sin \beta = 2 \sin \frac{\alpha + \beta}{2} \cos \frac{\alpha - \beta}{2},$$
$$\cos \alpha + \cos \beta = 2 \cos \frac{\alpha + \beta}{2} \cos \frac{\alpha - \beta}{2}.$$

Damit folgt

$$q \frac{\sin \alpha + \sin \beta}{\cos \alpha + \cos \beta} = \frac{\sin \frac{\alpha+\beta}{2} \cos \frac{\alpha-\beta}{2}}{\cos \frac{\alpha+\beta}{2} \cos \frac{\alpha-\beta}{2}} = \tan \frac{(\alpha + \beta) \bmod 360°}{2}, \text{ also}$$

$$\arctan \frac{\sin \alpha + \sin \beta}{\cos \alpha + \cos \beta} = \mu_a(\alpha, \beta).$$

Das Gegenfarbmodell

Ein bekanntes psychologisches Farbmodell ist das *Gegenfarbmodell* des Physiologen *Hering* (1834–1918), das er in verschiedenen Publikationen vorgestellt hat, posthum auch publiziert in [42]. Hering geht von den vier Grundfarben Rot, Grün, Blau und Gelb aus, weshalb sein Modell auch als *Vierfarbentheorie* bekannt ist. Hering stellte fest, dass eine Mischung von Rot und Grün zu Gelb nicht der menschlichen Erfahrung entspricht. Für Hering ist ebenfalls Gelb eine elementare Farbe, Mischungen von Rot und Grün lehnt er für die menschliche Empfindung ab. So existiert kein grünliches Rot, wohl aber ein gelbliches Rot und gelbliches Grün. Ebenfalls existiert kein bläuliches Gelb, wohl aber ein bläuliches Grün und bläuliches Rot.

Hering geht von einem Farbeindruck aus, der nicht von einzelnen Zapfen, sondern der räumlichen Kombination der Erregungen der dortigen S-, M- und L-Zapfen bestimmt wird. Die Differenz der Erregungen der M- und L-Zapfen liefert einen Rot-Grün-Prozess, deren Summe den Farbeindruck Gelb. Die Differenz zwischen den S-Zapfen und der Summe der M- und L-Zapfen bestimmt einen Blau-Gelb-Prozess, die Summe der Erregungen aller Zapfenarten einen Schwarz-Weiß- oder Helligkeitsprozess.

Da die Absorptionsspektren der M- und L-Zapfen sehr ähnlich und nur leicht im Spektrum verschoben sind, ist die Aktivität dieser beiden Rezeptoren stark korreliert. Die drei Gegenprozesse des Gegenfarbmodells bewirken eine Dekorrelation schon im Auge. Der

offensichtliche Widerspruch zum RGB-Modell ist leicht lösbar, was von Kries [56] bereits
Ende des 19. Jahrhundert in seiner *Zonentheorie* postuliert hatte und heute akzeptiert ist:
Das RGB-Modell passt zu den einzelnen menschlichen Rezeptoren auf der Retina, das
Gegenfarbmodell zu der postrezeptoralen Kodierung der Farbinformation, ebenfalls auf
der Retina, die dann über den Sehnerv das Gehirn erreicht.

Das YUV-Modell folgt offensichtlich mit seinen drei Kanälen dieser Idee eines Kanals
für Helligkeit und zwei weiterer für verschiedene Farbdifferenzprozesse.

Konvertierung in Grauwerte

Häufig ist es sinnvoll, ein Farbbild in ein Grauwertbild zu konvertieren. Liegt das Bild im
HSV-Farbraum vor, so nimmt man einfach den V-Kanal als konvertiertes Grauwertbild.
Im Lab oder Luv wählt man den Kanal L, in YUV oder YIQ den Kanal Y. Für ein RGB-
Bild sind u. a. folgende drei Techniken gebräuchlich, eine Farbe (r, g, b) in einen Grauwert
v umzurechnen:

$$v := \max(r, g, b) \text{ oder}$$

$$v := \frac{r + g + b}{3} \text{ oder genauer}$$

$$v := 0{,}299 \cdot r + 0{,}587 \cdot g + 0{,}114 \cdot b.$$

Die erste Formel benutzt der HSV-Farbraum zur Bestimmung der Helligkeit V aus einem RGB-Bild. Die zweite berücksichtigt nicht das menschliche Helligkeitsempfinden in
verschiedenen Farben. Die letzte Gleichung berücksichtigt dies und wird für die Umrechnung von RGB nach YUV und YIQ für den Helligkeitskanal Y benutzt. Für die Helligkeit
existieren aber weitere Formeln, wie

$$v := 0{,}212 \cdot r + 0{,}715 \cdot g + 0{,}072 \cdot b,$$

$$v := (0{,}212 \cdot r^{2,2} + 0{,}715 \cdot g^{2,2} + 0.072 \cdot b^{2,2})^{1/2,2}.$$

Bei diesen genannten Umrechnungen gibt es zu jeder Methode Beispiele von benachbarten Bildteilen unterschiedlicher Farbe, die beide in den gleichen Grauwert konvertiert und
somit im Grauwertbild ununterscheidbar werden. Will man das vermeiden, muss man einer gleichen Farbe unterschiedliche Grauwerte zuordnen je nach ihrer Lage zu anderen
Farben. Zur Reduktion hochkanaliger Bilder auf einkanalige oder niederkanalige existieren diverse Artikel.

Zum Farbbegriff

Der Begriff Farbe wird sehr unterschiedlich benutzt. Im RGB-Farbraum entspricht jede
Koordinate (r, g, b) mit $1 \leq r, g, b \leq 1$ einer Farbe. Damit sind auch Schwarz $(0,0,0)$ und
Weiß $(1,1,1)$ Farben. Vielfach werden Weiß und Schwarz aber nicht als Farben betrachtet.
Will man die Grautöne explizit nicht zu den Farben zählen, so spricht man auch von *Bunt-
farben* oder *chromatischen* Farben. Physikalisch begründen lässt sich das damit, dass es

Abb. 3.22 Intuitives Farbmodell der Kunst

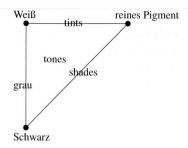

kein monochromatisches Licht der Farbe Weiß oder Schwarz gibt (allerdings auch nicht für Braun). Farben sind in dieser Vorstellung mehr die Farbtöne des Hue-Kanals. Man kann auch den auf zwei Dimensionen reduzierten Tristimulus im CIE-Hufeisen als Raum der Farben betrachten. In diesem zweidimensionalen Farbraum ist die aktuelle Helligkeit dann ein zusätzliches Attribut für eine Farbe, während die Helligkeit inhärenter Bestandteil einer Farbe etwa im dreidimensionalen RGB-Farbraum ist. Wir wollen im Folgenden eine Farbe einfach mit den Koordinaten in dem gewählten Farbraum identifizieren. Genau genommen erhalten wir damit aber leider in unterschiedlichen Farbräumen eventuell einen unterschiedlichen Farbbegriff, ersparen uns aber philosophische Diskussionen darüber, was Farbe eigentlich sei.

3.2.5   Farbe in Kunst und Psychologie

In Kunst, Philosophie und Wissenschaft existieren zahlreiche Farbmodelle. Silvestrini und Fischer stellen in [110] 70 solcher Systeme vor. In der Kunst werden die reinen Farben häufig nach technischen Möglichkeiten der Herstellung der Farbpigmente unterschieden. Der Begriff *Farbton (hue)* gibt den Aspekt der Farbe als Mischungsverhältnis reiner Farbpigmente wieder. Durch Hinzufügen von Weiß werden diese reinen Pigmente aufgehellt. Das ist nicht im Sinn einer stärkeren Spektralenergie zu verstehen, sondern als pastellartige, ungesättigte Mischung. Durch Hinzufügen von Schwarz werden Pigmente abgedunkelt. Man spricht von *Aufhellen (tints)* beim Zufügen von Weiß, von *Abschatten (shades)* beim Zufügen von Schwarz und von *Tönen (tones)* beim Zufügen von beiden. Zu beachten ist, dass der Begriff Farbton als Mischen von reinen Farbpigmenten eine völlig andere Bedeutung hat als der Begriff Tönen bei Zufügen von Schwarz und Weiß. Abbildung 3.22 visualisiert dieses intuitive, nicht quantifizierte Modell.

Der amerikanische Maler A. H. Munsell entwickelte um 1900 ein sehr erfolgreiches Farbspezifikationssystem. Munsell unterscheidet 10 Hauptabstufungen in reinen Farben (d. h. im H-Kanal des HSV-Farbraumes), die um je 10 weitere Werte ergänzt werden können, und 10 Abstufungen in der Helligkeit (V-Kanal). In der Sättigung (chroma bei Munsell genannt) sind je nach Farbe unterschiedliche Abstufungen von 0 bis 12 oder 14 möglich. Munsell soll ursprünglich eine Kugel als Farbmodell angestrebt haben, sein Modell wurde aber ein unsymmetrischer Torso. Munsell legte als Maler mit einem sehr guten Farbempfinden großen Wert auf Gleichabständigkeit in seinem Modell. Diese Gleichabständigkeit konnte er sehr gut erreichen und er stellte seine Farben in einem *Book of Colors* vor. Munsells Buch ist eine Sammlung von Farbtafeln. Es wurde häufig neu aufgelegt. In einer Version von 1929, herausgegeben von seinem Sohn, werden etwas über 1000 dieser möglichen Farben ausgedruckt. Die Zahl der verwendeten Hues wurde im Lauf der Zeit von 20 auf 40 (bis 1950) erhöht. Ursprünglich wurden die Farben auf matte, später auch auf brillante Oberflächen gedruckt. Es liegen neuere käufliche Versionen dieses Buches als Ringbuch mit farbig bedruckten Einlagen vor. Die Farbfächer in Möbelgeschäften und Baumärkten folgen dieser Idee, ebenso die Lab- und Luv-Farbräume.

Maerz und Paul [68] stellten 1930 das Buch Dictionary of Color mit 56 Platten zu jeweils 72 Farbbeispielen vor. Zu diesen ca. 4000 Farbbeispielen vergaben sie etwa 3000 englische Namen, wie etwa Butternut, Sherry Brown, Bone Brown, Ibis Red, Mouse Grey.

Um 1980 schlugen Berk, Brownstone und Kaufman [9] ein neues sprachliches Konzept zur Bezeichnung von Farben vor, das mit Adjektiven für die Sättigung (wie *grayish, moderate, strong, vivid*) und Helligkeit (wie *very dark, dark, medium, light, very light*) und Grundfarben (wie Schwarz, Weiß, Grau, Rot, Orange, Gelb, Grün, Blau, Violett) arbeitet.

Es existieren auch in manchen Sprachen gesonderte Sprachnamen, die sich im Deutschen nicht finden. So ist *Hellblau* im Russischen голубой, wobei голубой keinen Bezug zu *Blau* (синий) oder *hell* (светло, яркий, ясно) besitzt.

Wir gehen hier kurz auf unterschiedliche künstlerische und technische Namen für Farben in Deutsch am Beispiel Blau ein. Zu Blau findet man unterschiedliche Farbnamen wie etwa Mayablau, Ägyptisch Blau, Lapislazuliblau, Preußisch Blau, Königsblau, Himmelblau, Persisch Blau, Azurblau, Nachtblau, Ultramarinblau, Enzianblau etc. Diese Namen können sich auf unterschiedliche Aspekte beziehen, wie den Sinneseindruck, die Herstellungsart oder den historischen Ursprung.

Mayablau ist eine künstlich erzeugte, gegen Hitze, Säuren, Basen und Verwitterung äußerst widerstandsfähige Farbe, die von den Mayas zu rituellen Handlungen benutzt wurde. Ihre Herstellung ist äußerst komplex, geriet in Vergessenheit und wurde vor Kurzem neu entschlüsselt. Ägyptisch Blau wurde im Altertum im Wesentlichen aus dem Mineral *Cuprorivait ($CaCuSi_4O_{10}$)* gewonnen, das auch ein Hauptbestandteil von Mayablau ist. Ägyptisch Blau gilt als eines der ältesten künstlichen Farbpigmente. Im Altertum war es sehr schwer, die Farbe Blau herzustellen. So wurde es auch aus dem zerriebenen Halbedelstein *Lapislazuli* gewonnen, der im Altertum nur in einer bekannten Mine in Afghanistan abgebaut wurde und entsprechend teuer und begehrt war. Persisch Blau ist ein zuerst herb dann fein schmeckendes Speisesalz von zarter blauer Farbe aus der Provinz Semnan im Iran. Preußisch Blau ist ein modernes künstliches Pigment, hergestellt aus einer Lösung von Eisen(III)-Salz und gelbem Blutlaugensalz. Der entstehende Farbton ist wegen seiner hohen Sättigung nicht auf Farbmonitoren darstellbar, kann aber in etwa im RGB-Raum durch den Wert (35, 44, 63) angenähert werden.

Diese Farbnamen bezeichnen also technische Produkte. Ultramarinblau ist der Name des Blau am kurzwelligen Ende des Blauspektrums, andere Namen dafür sind Universal-

Preußisch Blau, angenähert

blau, Königsblau, Lasurblau und Pfaublau. Gewonnen wurde Ultramarinblau meist aus
Lapislazuli. Künstlich erzeugt wurde es später im Meisner Lasurblau. Ultramarin ist auch
der künstlerische Name für den Farbeindruck von zerriebenem Lapsilazuli. Enzianblau
beschreibt die Farbe der Blüte des Enzian. In der Kunst ist Ultramarin und Königsblau
ein sehr intensives, stark gesättigtes Blau, im Gegensatz zu Himmelsblau, das ein zartes
Pastellblau von geringer Sättigung ist. Azurblau ist ein kühles tiefes Blau von höherer
Sättigung als normales Himmelsblau. Der Name der Côte d'Azur bezieht sich auf das
strahlende Blau des dortigen Himmels. Nachtblau ist hingegen ein ins Schwarze überge-
hendes Blau.

3.3   Technische Fotosensoren

Im Folgenden gehen wir nur kurz auf die derzeitigen Prinzipien bei technischen Fotosensoren ein und zeigen die grundsätzlichen Unterschiede zum menschlichen Sehen auf.
Wir werden uns nicht mit aktuellen technischen Systemen oder Formaten beschäftigen, da
diese sich im raschen Abstand ändern und zu schnell veralten.

3.3.1   Bildsensoren

Ein *optoelektronischer Sensor* ist ein technisches Gerät, das die Umwandlung von optischer Energie (Photonen) in elektrische bewirkt. Dabei bezieht sich optisch nicht nur auf
den sichtbaren Wellenlängenbereich. Ältere Sensoren sind *Photomultiplier*, die mittels
Röhren arbeiten und auch heute noch in vielen Anwendungsbereichen eine bedeutende
Rolle spielen. Auf eine Fotokathode auftreffende Photonen lösen Elektronen aus deren
Oberfläche, die in mehreren Kaskaden verstärkt und dann gemessen werden. Teilweise
können so sogar einzelne Photonen detektiert werden. Dabei ergibt sich, wie auch in
modernen Sensoren, das Problem des *Dunkelstroms*, da auch thermische Effekte ohne
Lichteinwirkung Elektronen aus der Kathode herausbrechen. Anwendungen finden Pho-
tomultiplier in der Detektion von Elementarteilchen oder geringsten Lichtblitzen in der
Physik und Astronomie.

Die am häufigsten eingesetzten optoelektronischen Halbleitersensoren sind die *CCD*-
Sensoren (von **C**harge-**C**oupled-**D**evice),die mit dem *inneren fotoelektrischen Effekt* ar-

beiten. Dem gleichen Prinzip folgen *CMOS*-Sensoren (von **C**omplementary **M**etal **O**xide **S**emiconductor). Beide sind in einem über den sichtbaren Bereich hinausgehenden Wellenlängenbereich sensibel. Der Empfindlichkeitsbereich von CCD geht je nach Bauart von ca. 300 bis etwas über 1000 nm mit einem Empfindlichkeitsmaximum im Grün bei ca. 550 nm. Der Empfindlichkeitsbereich bei CMOS liegt ebenfalls zwischen ca. 350 und 1000 nm mit einem Empfindlichkeitsmaximum häufig im nahen Infrarot-Bereich. Man kann sich einen CCD- und CMOS-Sensor als einen Eimer vorstellen, der einen Regen von Photonen auffängt (die *Ladung* des Sensors) und die aufgefangene Ladung als elektrischen Strom einer gewissen Stärke proportional zur aufgefangenen Photonenmenge weiter gibt. Damit ergeben sich sofort einige Fragen:

Wie lange misst man (Belichtungszeit), wie beendet man die Messung, wie leert man den Eimer danach für die nächste Messung, was geschieht bei einem Überlaufen (*Blooming*-Effekt) des Eimers?

Unter einem technischen *Bildsensor* versteht man meist eine ein- oder zweidimensionale Anordnung von einzelnen Fotosensoren zu einer Zeile (*Zeilensenor*) oder Matrix (*Flächensensor*). Zeilensensoren werden hauptsächlich in Scannern eingesetzt, Flächensensoren in digitalen Kameras und Camcordern. Unter einem *Pixel* versteht man bei diesen technischen Bildsensoren eine Elementarzelle der Zeile oder des Arrays, in der sich ein Fotosensor plus weitere Elektronik befindet. Es ist unbedingt zu beachten, dass der Begriff Pixel in späteren Kapiteln eine völlig andere Bedeutung haben wird als hier im technischen Bereich.

In einem CCD-Bildsensor wird eine Messung ausgelesen, indem die Ladung eines Sensors wie in einem Schieberegister zeilenweise zum benachbarten Sensor weitergegeben wird. Anschließend wird die zeilenweise gewonnene Information Zeile für Zeile untereinander ausgelesen. Damit besteht kein unmittelbarer Zugriff auf die in einem Pixel gemessene Ladung.

CMOS-Bildsensoren, auch *APS (Aktive Pixelsensoren)* genannt, arbeiten nicht wie ein Schieberegister. Vielmehr gehört hier zu jedem Pixel neben dem lichtempfindlichen Sensor noch eine erweiterte Elektronik zur individuellen Signalverstärkung und zum Auslesen der Ladungsinformation des einzelnen Sensors. Selbst weitere Vorverarbeitungsschritte sind hier pro Pixel möglich. Dies verringert die Anfälligkeit gegen Blooming, aber ebenso die Lichtempfindlichkeit, da für die eigentliche Fotodiode weniger Fläche zur Verfügung steht. Dieses Problem kann durch Mikrolinsen gelöst werden, die möglichst viel der Pixeloberfläche überdecken und das Licht auf den fotoempfindlichen Teil bündeln. Auf einem CMOS-Flächensensor einer 1-Chip-Kamera befinden sich pro Pixel auf dem Silikonsubstrat typischerweise

- eine Fotodiode als Sensor,
- ein Verstärker,
- eine Reset-Einrichtung,
- ein Spalten- und ein Zeilenbus zum Auslesen sowie
- eine Mikrolinse.

Die Vorteile von CMOS-Bildsensoren gegenüber CCD-Bildsensoren sind

- eine etwas höhere Ähnlichkeit zur Retina wegen der Möglichkeit einer gewissen Vorverarbeitung direkt auf dem Pixel,
- individuelle Auslesbarkeit einzelner Pixel,
- damit höhere Bildraten
- bei deutlich geringeren Blooming-Effekten.

Erkauft werden diese Vorteile durch eine komplexere Elektronik pro Pixel und damit weniger Platz für den fotoempfindlichen Sensor. Wegen der individuellen Verstärkungselektronik pro Pixel ergeben sich unumgängliche Schwankungen in der Verstärkungsleistung der einzelnen Pixel. Damit besitzen CMOS-Sensoren ein insgesamt schlechteres Rauschverhalten als CCD-Sensoren. Sowohl in CCD- als auch CMOS-Sensoren treten durch thermische Molekuarbewegungen zusätzliche Ladungen auf, die einen Dunkelstrom bewirken. Vor 2005 wurden für Camcorder und digitale Kameras fast ausschließlich CCD-Sensoren eingesetzt, seither geht die Tendenz eher in Richtung der Verwendung von CMOS.

3.3.2 Farbsensoren

Das menschliche Sehen wird durch vier unterschiedliche Sensoren im Auge erreicht, und zwar Stäbchen für skotopisches Sehen (Helligkeit) und drei Sorten von Zapfen für das photopische Sehen, die je eine andere Empfindlichkeitsverteilung über die Wellenlängen besitzen. Im Gegensatz dazu verwendet man in technischen Bildsensoren üblicherweise nur eine Sorte von Sensoren, auch bei Farbbildsensoren. Damit bedarf es zusätzlicher Tricks, um Farbe messen zu können. Dieselben Tricks werden sowohl für Zeilen- als auch Flächensensoren benutzt. Wir beschränken uns hier auf Flächensensoren.

3-Chip-Kameras. Hierbei wird durch eine Kombination von Prismen hinter dem Objektiv der Strahlengang in drei Strahlengänge aufgeteilt und jeder wird zu einem anderen Flächensensor geführt. Dabei befindet sich vor jedem der drei Flächensensoren ein unterschiedliches Flächenfilter, das jeweils nur für eine Spektralverteilung im roten, grünen und blauen Bereich durchlässig ist. Wichtig ist eine stabile mechanische Verbindung der drei Flächensensoren untereinander, damit sich diese bei Erschütterungen nicht gegeneinander bewegen. Bei solchen Bewegungen könnte die Ortszuordnung der Koordinaten der einzelnen Pixelsensoren auf jedem Flächensensor nicht mehr korrekt erfolgen, was zu Fehlfarben führt.

1-Chip-Kameras. Kostengünstiger sind daher Kameras mit nur einem Flächensensor. In *Three-Shot*-Kameras werden in rascher Folge nacheinander drei Filter für drei Belichtungen über einen einzigen Flächensensor gelegt. Die drei zeitlich unterschiedlichen

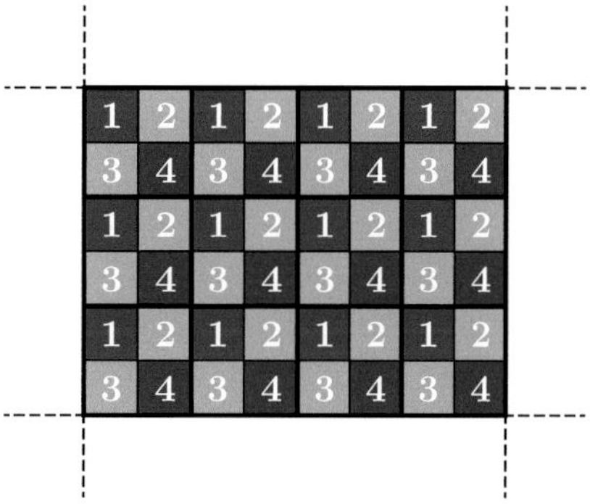

Abb. 3.23 1-Chip-Farbsensor
schematisch. 1 Makropixel
besteht aus 4 benachbarten
Pixel mit unterschiedlichen
Farbfiltern, hier beispielhaft in
Rot, Grün, Blau

Abb. 3.24 Rot-weiße Streifen
zum Testen der Auflösung

Aufnahmen werden zu einer Farbaufnahme kombiniert. Dies führt bei einer Aufnahme
von bewegten Objekten natürlich zu Verschmierungseffekten und Falschfarben.

Eine Alternative sind *Mosaikfilter* auf dem einzigen Flächensensor. Dazu liegt vor jedem Pixel des Flächensensors ein gesondertes Farbfilter, das gleichzeitig als Mikrolinse
aufgebaut sein kann. Vier benachbarte Pixel (mit den Koordinaten (x, y), $(x + 1, y)$,
$(x, y + 1)$ und $(x + 1, y + 1)$) bilden jeweils ein *Makropixel*, dessen beteiligte Pixel entsprechend auch als *Mikropixel* bezeichnet werden. Pro Makropixel werden die vier Werte
der beteiligten Mikropixel dann zu einem Farbwert hochgerechnet. In der Abb. 3.23 wird
die in der Praxis gern verwendetet *Bayer-Matrix* (oder das *Bayer-Filter*) gezeigt, benannt
nach ihrem Erfinder Bryce E. Bayer.

Ein Makropixel muss nicht in der oberen rechten Ecke mit einem Mikrosensor vom Typ
1 wie in Abb. 3.23 beginnen, sondern kann auch mit einem Typ 2, 3 oder 4 beginnen. Es
sei ein Makropixel durch die Koordinate (x, y) seines oberen linken Mikropixels definiert.
Ein Flächenchip mit je einem Mikropixel auf $[0, N[\times [0, N[$ besitzt genau $(N-1) \cdot (N-1)$
viele Makropixel, also (bis auf den Rand) genau so viele wie Mikropixel. Die vier Makropixel mit den Koordinaten (x, y), $(x+1, y)$, $(x, y+1)$ und $(x+1, y+1)$ überlappen sich
paarweise in einem oder zwei Mikropixel, was natürlich zu einer schlechteren Auflösung
als bei 3-Chip-Kameras führt. Sich überlappende Makropixel sind nicht mehr unabhängig,
da sie mindestens ein Mikropixel gemeinsam besitzen. Man überlegt sich leicht folgendes
Gedankenexperiment:

Wir fotografieren ein senkrecht rot-weiß gestreiftes Muster, vgl. Abb. 3.24. Wir nehmen dabei an, dass die Pixelgrenzen des Flächensensors mit den Grenzen der Streifen bei einer Aufnahme zusammenfallen. Besitzen die Streifen eine Breite von zwei Pixel, so werden sie von einer 1-Chip-Kamera korrekt aufgenommen. Bei einer Breite von einem Pixel werden sie von einer 3-Chip-Kamera korrekt aufgenommen, aber nicht mehr von einer 1-Chip-Kamera. Fällt in einer 1-Chip-Kamera der rote Streifen auf die Mikro-Sensoren vom Typ 1 und 3, wird theoretisch einmal Rot (rotes Licht durch Rotfilter) und nichts (rotes Licht durch Grünfilter) detektiert; fällt er auf die Mikrosensoren vom Typ 2 und 4 wird gar nichts detektiert. Da die Grenzen von verschiedenfarbigen Flächen nicht exakt zwischen zwei Kamerapixel fallen, entstehen in der Praxis bei einer Aufnahme immer Fehlfarben in diesem Grenzbereich, die aber erst bei starker Vergrößerung sichtbar werden und normalerweise nicht auffallen.

Im klassischen Filmmaterial befinden sich Schichten verschiedener Farbempfindlichkeit übereinander. Hier werden also nicht wie im Mosaikfilter unterschiedliche Farben nebeneinander gemessen, sondern übereinander. Dies wird auch in neueren Farbbildsensoren nachgespielt, wo drei übereinanderliegende Halbleiterschichten auf die unterschiedliche Eindringtiefe verschiedener Wellenlängen reagieren (*AgBr-Technik*). Hierbei liegt ein Halbleiter als Sensor für Blau über einem für Grün und über einem dritten für Rot. 2006 erschien als High-End-Kompaktkamera die *Sigma DP1* mit einem *Foveon-X3-Sensor* von 2652×1768 Pixeln mit jeweils drei Schichten.

Unterschiede menschliches Sehen – technische Sensoren

Die wesentlichen Unterschiede zwischen menschlichem Sehen und dem Messen mit technischen Bildsensoren sind hier kurz zusammengestellt:

Menschliches Sehen	Technischer Bildsensor
4 Sensortypen	1 Sensortyp mit unterschiedlichen Filtern
inhomogene Sensorverteilung	homogene Verteilung
höchste Auflösung in der Sehgrube	homogene Auflösung
erhebliche Bildvorverarbeitung	keine Bildvorverarbeitung oder
in der Retina	sehr wenig (CMOS)
keine direkte Verbindung vom Rezeptor zur Sehrinde	Zugriff auf jeden Sensormesswert

Das digitale Bild

4

Man kann sehr lange diskutieren, was ein Bild eigentlich sei. Von Forderungen nach einer haptischen Erfahrbarkeit eines Bildes bis zum reinen philosophischen Bildnis werden die unterschiedlichsten Vorstellungen geäußert. Wir werden hier eine exakte formale Definition für ein Bild geben, die den Anforderungen in der Bildverarbeitung gerecht wird. Natürlich muss eine allgemeine Bilddefinition recht abstrakt werden. Eine Instanz dieses Bildbegriffs wird dann das digitale Bild sein.

4.1 Bilddefinition

4.1.1 Diverse Bildbegriffe

Ein *Schwarz-Weiß-Bild* ist ein Bild, in dem nur die beiden nicht chromatischen Farben Schwarz und Weiß ohne Grauwertunterteilung benutzt werden. Es ist ein *Binärbild*, das nur zwei Werte besitzt. Meist wird Schwarz als Wert 0 und Weiß als Wert 1 geführt, selbst dann wenn intern ein Integerwert von 255 für Weiß benutzt wird. In einem *Grauwert-Bild* werden neben Schwarz und Weiß auch die Grauwerte verwendet. Üblich sind die Werte 0 bis 255 in einer 8-Bit-Darstellung oder eine 12-Bit-Version in medizinischen Aufnahmen wie CT oder MR. Alte Schwarz-Weiß-Fernsehgeräte liefern nicht etwa Schwarz-Weiß-Bilder, sondern Grauwertbilder. Digitale *Farbbilder* besitzen dreidimensionale Werte und sind damit spezielle *3-Kanal-Bilder*. Je nach gewähltem Farbraum können ein R-, G- und B-Kanal benutzt werden oder je einer für H, S und V etc. In *Multispektralbildern* kommen meist mehr als drei Kanäle zum Einsatz. In den alten LANDSAT-Satelliten wurden Kameras mit 4 Kanälen benutzt, und zwar in den Bereichen

- 500 bis 600 nm (Blau-Grün),
- 600 bis 700 nm (Gelb-Rot),

© Springer-Verlag Berlin Heidelberg 2015
L. Priese, *Computer Vision*, eXamen.press, DOI 10.1007/978-3-662-45129-8_4

- 700 bis 800 nm (Rot-Infrarot) und
- 800 bis 1100 nm (Infrarot).

Viele eindrucksvolle astronomische Bilder stammen nicht notwendig von einer einzigen Kamera, sondern sind aus verschiedenen Aufnahmen in unterschiedlichen Spektralbereichen mit Belichtungszeiten von Minuten und Stunden entstanden und zur Visualisierung in sichtbare Farben umgerechnet wurden.

In *Mehrkanalbildern* können, neben Kanälen für unterschiedliche Spektren, auch weitere Informationen gespeichert, gesendet oder verarbeitet werden. Bekannte Beispiele sind in der Vermessungstechnik Aufnahmen mit Kanälen für Höhenlinien, Straßenzüge etc. In *Tiefenkameras* wird neben der Farbe in einem vierten Kanal auch die Entfernung jedes einzelnen Bildpunktes vermessen. Man spricht von *logischen Bildern*, wenn weitere Merkmale mit bestimmten logischen Bedeutungen pro Bildpunkt betrachtet werden. Das können Klassenmerkmale sein, etwa in segmentierten Bildern, semantische Annotationen in Straßenplänen, Strichzeichnungen, Gebäudeplänen etc.

Ein *Zeitreihenbild* ist eine Sequenz von Bildern, die man als ein einziges höher kanaliges Bild mit einem zusätzlichen Kanal für einen Zeitstempel auffasst. Eine Filmszene könnte man als Zeitreihenbild bezeichnen, allerdings ist diese Betrachtungsweise nicht üblich. Hingegen sind ältere CT-Aufnahmen Beispiele von Zeitreihenbildern: Es wurden hintereinander in räumlich versetzten Schichten (in der z-Achse) jeweils zweidimensionale Röntgenaufnahmen (in der x- und y-Achse) erstellt. Dabei war die Auflösung in der x- und y-Achse deutlich höher als in der z-Achse. In einer Analyse einer solchen CT-Aufnahme wurden die jeweiligen zweidimensionalen räumlich (und wegen der Aufnahmetechnik auch zeitlich) versetzten Bilder einzeln betrachtet und die einzelnen Analyseresultate in z-Richtung verknüpft. Damit ist eine Auffassung als Zeitreihenbild sinnvoll. In neueren CT- und MR-Aufnahmetechniken ist die Auflösung in der z-Achse aber nahe der Auflösung in der x- und y-Achse. Dies zeigt sich auch in den neuen Analysetechniken, in denen nicht mehr Schichten von 2D-Bildern hintereinander einzeln analysiert werden. Vielmehr werden jetzt bekannte 2D-Analysetechniken zu inhärent dreidimensionalen Techniken weiterentwickelt und eingesetzt. Daher spricht man hier nicht mehr von einem Zeitreihenbild, sondern lieber von einem *3D-Bild*.

4.1.2   Formale Bilddefinition

Es liegt auf der Hand, dass eine formale Definition eines Bildes, die alle die genannten Fälle umfasst, relativ abstrakt sein muss. Allerdings muss sie konkret genug für die Praxis einer Bildverarbeitung sein.

Allgemeine mathematische Notationen
Folgende mathematische Notationen werden in diesem Buch benutzt:

$\mathbb{N}$ für die Menge der natürlichen Zahlen,
$\mathbb{Z}$ für die Menge der ganzen Zahlen,
$\mathbb{R}$ für die Menge der reellen Zahlen,
$\mathbb{C}$ für die Menge der komplexen Zahlen,
$\mathbb{Q}$ für die Menge der rationalen Zahlen.

Wir fassen auch 0 als natürliche Zahl auf, also $\mathbb{N} = \{0, 1, 2, 3, \ldots\}$. Die ganzen Zahlen umfassen die natürlichen und die negativen natürlichen Zahlen. Für *Intervalle* werden die Grenzen mit [,] (einschließlich der Extremwerte) und],[(ausschließlich der Extremwerte) verwendet. Da wir in der digitalen Bildverarbeitung hauptsächlich mit ganzen Zahlen arbeiten, beziehen sich Intervalle ohne einen Index auf ganze Zahlen. Sind Intervalle reeller oder rationaler Zahlen gemeint, wird ein Index $\mathbb{R}$ oder $\mathbb{Q}$ verwendet. Intervalle komplexer Zahlen existieren nicht, da die komplexen Zahlen nicht angeordnet sind. $\lfloor x \rfloor$ ist die größte Zahl in $\mathbb{N}$, die kleiner oder gleich x ist, entsprechend ist $\lceil x \rceil$ die kleinste Zahl in $\mathbb{N}$, die größer oder gleich x ist. round x ist eine rationale oder natürliche Zahl in $\mathbb{Q}$, die im Rechner als Annäherung an eine reelle Zahl x benutzt wird. Generell gilt natürlich, dass die Resultate irgendwelcher Berechnungen stets auf Werte aus den gerade erlaubten Bereichen zu runden sind, ohne dass dies explizit gesagt werden wird. Damit gilt beispielsweise

$$[x, y] = \{n \in \mathbb{Z} \mid x \leq n \leq y\},$$
$$]x, y]_{\mathbb{R}} = \{r \in \mathbb{R} \mid x < r \leq y\},$$
$$]x, y[_{\mathbb{Q}} = \{q \in \mathbb{Q} \mid x < q < y\},$$
$$\lceil 2, 11 \rceil = 3,$$
$$\text{round } 2, 11 = 2,$$

falls man zu natürlichen Zahlen hin runden will.

Bildspezifische Notationen
Ein *Bild I* ist eine Abbildung

$$I: \text{Loc} \rightarrow \text{Val}$$

von einem *Ortsbereich* Loc in einen *Wertebereich* Val. Eine Abbildung $I: \text{Loc} \rightarrow \text{Val}$ ist mathematisch gesehen eine Teilmenge

$$I \subseteq \text{Loc} \times \text{Val},$$

für die zu jedem Ortswert $l \in \text{Loc}$ genau ein Wert $v \in \text{Val}$ mit $(l, v) \in I$ existiert, für den dann $v = I(l)$ geschrieben wird. Ein elementares *Bildelement* oder *Pixel P* von I ist somit einfach ein Element

$$P = (l, v) \in \text{Loc} \times \text{Val}.$$

loc und val sind die Projektionen loc: Loc × Val → Loc und val: Loc × Val → Val. Damit ist für ein Pixel $P = (l, v)$ der Ort loc$(P) = l$ und der Wert val$(P) = v$. Häufig meint man in der Literatur mit einem Pixel nur den Pixelort oder nur den Pixelwert, in diesem Buch ist aber ein Pixel durchgängig ein Paar von Pixelort und Pixelwert (mit Ausnahme des Pixelbegriffs bei technischen Flächensensoren, womit ein räumlicher Abschnitt bezeichnet wird, auf dem sich ein einzelner Fotosensor mit der notwendigen Elektronik befindet).

Die *Restriktion* $I_{|M}$ von I auf $M \subseteq$ Loc ist die Abbildung

$$I_{|M}\colon M \to \text{Val mit } I_{|M}(p) = I(p) \text{ für } p \in M.$$

Für $M \subseteq I$ ist $I_{|M} := I_{|\text{loc}(M)}$.

Für Bilder I, I' mit Wertebereich Val $\subseteq \mathbb{C}^k$ und $a \in \mathbb{C}$ sind $aI, I + a, I + I', I \cdot I', I^n, |I|$ die Bilder mit

$$(aI)(p) := a \cdot I(p),$$
$$(I + a)(p) := I(p) + a,$$
$$(I + I')(p) := I(p) + I'(p),$$
$$(I \cdot I')(p) := I(p) \cdot I'(p),$$
$$I^1(p) := I(p), \ I^{n+1}(p) := I^n(p) \cdot I(p),$$
$$|I|(p) := |I(p)|.$$

Die für Funktionen in der Mathematik üblichen Schreibweisen gelten genauso für Bilder, da diese per Definition Funktionen sind. Oft bezeichnet man mit $|M|$ auch die *Mächtigkeit* von M, das ist die Anzahl der Elemente von M. $|I|$ kann somit außer dem Bild der Absolutbeträge auch die Anzahl seiner Elemente bedeuten, also $|I| = |\text{Loc}_I|$. Die Bedeutung ist aber aus dem jeweiligen Zusammenhang klar erkennbar.

Wir werden versuchen, durchgängig folgende Variablen zu wählen:

I, B	ein Bild,
B	ein Binärbild, Bin, Menge von Bewegungen oder einen Basisvektor,
P	ein Pixel, sehr selten für eine Wahrscheinlichkeit (probability),
p, l	einen Ort im Ortsbereich,
v	einen Wert im Wertebereich,
i, j, n, m	natürliche Zahlen, speziell Zeilen (i) und Spalten (j),
x, y, z	räumliche Achsen und alle möglichen weiteren Zwecke.

Häufig sind die Mengen Loc und Val Kreuzprodukte weiterer aus dem Kontext bekannter Mengen

$$\text{Loc} = L_1 \times \ldots \times L_d, \quad \text{Val} = V_1 \times \ldots \times V_k.$$

Dann heißt d die *Dimension* und k die Zahl der *Kanäle* des Bildes I, V_i ist der i-te Kanal von I. Mit $I^{(i)}$ oder I^{V_i} bezeichnen wir dann die Projektion von I nur auf den i-ten Kanal. Formal: Die *i-te Projektion* π_i: Val $\to V_i$ ist für $1 \le i \le n$ definiert als

$$\pi_i(x_1, \ldots, x_k) := x_i.$$

Das Bild $I^{(i)} := I^{V_i} := \pi_i \circ I$ mit $(\pi_i \circ I)(p) := \pi_i(I(p))$ ist die Projektion von I auf den i-ten Kanal.

Als Wertebereich eines Kanals kommen in der Praxis Strings, etwa für Klassenbilder und logische Bilder, oder rationale Zahlen vor. Der Datentyp string ist meist das Ergebnis einer Bildanalyse oder dient als Information für die weitere Verarbeitung eines Bildes. So wird z. B. eine Bildoperation wie eine Glättung nie auf Kanäle vom Typ string angewendet. Wollen wir ein Bild I: Loc $\to$ Val manipulieren, nehmen wir üblicherweise Loc $\subset \mathbb{Z}^d$ und Val $\subset \mathbb{Q}^k$ an. Meistens untersuchen wir Farbbilder mit 3 Kanälen oder beschränken unsere Überlegungen auf einkanalige Bilder. Bilder werden wie folgt klassifiziert

- nach dem **Ortsbereich**:

Bildname	Eigenschaft von Loc
2D-Bild	Dimension = 2, Loc $=$ Loc$_1 \times$ Loc$_2$,
3D-Bild	Dimension = 3, Loc $=$ Loc$_1 \times$ Loc$_2 \times$ Loc$_3$,
Zeitreihenbild	3D-Bild mit dritter Dimension für Zeitstempel,
orthogonales Bild	Loc $\subseteq \mathbb{Z}^d$,

- nach dem **Wertebereich**:

Bildname	Eigenschaft von Val
Farbbild	Val $\subseteq \mathbb{N}^3$, meist Val $= [0, 2^n[^3$,
True-Color-Bild	Farbbild mit $n = 8$,
Grauwertbild	ein Kanal, meist Val $= [0, 2^n[$,
Deep-Color-Bild	Farb- oder Grauwertbild mit $n = 10, 12$ oder 16,
Binärbild	Val $= [0, 1]$ (oft auch Val $= \{0, 255\}$),
Klassenbild	Val $= [0, n]$, wobei val$(P) = i$ bedeutet, dass das Pixel P zur Klasse i gehört,
logisches Bild, Labelbild	Synonym für Klassenbild.

Deep-Color-Bilder werden auch als HD-Bilder bezeichnet, wobei HD für high definition steht. Meistens bezieht sich HD aber auf den Ortsraum und meint eine Mindestanzahl von 1920×1080 Pixeln.

Ein *digitales Bild* ist ein Bild I: Loc $\to$ Val mit endlichen Mengen Loc, Val von endlichen Objekten. Mit endlichen Objekten ist gemeint, dass man zwar häufig von Val $\subseteq \mathbb{R}$

spricht, aber nur endliche Approximationen round(x) von $x \in \mathbb{R}$ in einem digitalen
Bild verwendet. Das Gegenstück zu einem digitalen Bild ist ein *kontinuierliches Bild*
$I: \mathrm{Loc} \to \mathrm{Val}$, in dem Loc und Val kontinuierliche Mengen im $\mathbb{R}, \mathbb{R}^n, \mathbb{C}$ oder $\mathbb{C}^n$ sind. Da
ein Computer nur endliche Objekte verarbeiten kann, hat man hier das Modell, dass ein
Bild eigentlich ein kontinuierliches Objekt ist, von dem aber nur endlich viele Stützstellen
(die Pixel) als endliche Objekte bekannt sind.

Falls es nicht explizit anders gesagt wird, verstehen wir unter einem Bild stets ein
digitales Bild. Der *Typ* von I ist das Paar (Loc, Val) des Definitions- und Wertebereichs
von I. Ein (2D-, 3D-)*Standardbild* besitzt den Ortsbereich Loc $= [0, N[\times [0, M[$ oder
$[0, N[\times [0, M[\times [0, L[$ und den Wertebereich Val $= [0, 2^n[$ oder $[0, 2^n[^3$.

Konsequenterweise fällt z. B. der Kunstdruck nicht unter unseren Begriff eines digitalen Bildes, da im Kunstdruck auf eine Rasterung möglichst verzichtet werden soll und ein
kontinuierlicher Ortsraum Loc $\subseteq \mathbb{R}^2$ angestrebt wird. Ein kontinuierlicher Bildraum wird
in der Steindrucktechnik (*Lithografie*) auch erreicht. Am Rechner kann er z. B. mittels
einer frequenzmodellierten Rasterung simuliert werden.

4.2 Elementare Eigenschaften von Bildern

Wir werden einige Begriffe von Bildern hier präzise definieren. Dazu gehören etwa die
Nachbarschaft und Ähnlichkeit von Pixeln und einige einfache statistische Merkmale.

4.2.1 Nachbarschaft und Ähnlichkeit

Eine *binäre* Relation ρ auf einer Menge M ist eine Teilmenge $\rho \subseteq M \times M$. Statt $(a, b) \in \rho$
benutzt man üblicherweise die Infixschreibweise $a\,\rho\,b$. ρ heißt

$$\text{reflexiv} \; :\longleftrightarrow a\,\rho\,a \;,$$
$$\text{symmetrisch} \; :\longleftrightarrow (a\,\rho\,b \implies b\,\rho\,a) \text{ und}$$
$$\text{transitiv} \; :\longleftrightarrow (a\,\rho\,b \text{ und } b\,\rho\,c \implies a\,\rho\,c)$$

gilt für alle $a, b, c \in M$.

In der Mathematik versteht man unter einer *Ähnlichkeitsrelation* oder nur *Ähnlichkeit*
eine binäre, reflexive und symmetrische Relation. Ähnlichkeitsrelationen sind üblicherweise nicht transitiv, da man sonst mittels der Transitivität über eine Kette ähnlicher Werte
leicht zu unähnlichen gelangen könnte. Reflexive, symmetrische und transitive Relationen
heißen *Äquivalenzrelationen*. Da Pixel in einem Bild aus einem Ort und einem Wert bestehen, kann sich eine Ähnlichkeitsrelation bei Pixeln auf deren Ort, Wert oder beides
beziehen. Wir wollen das sauber unterscheiden und werden von einer Nachbarschaft reden, wenn sich die Relation auf den Ortsbereich bezieht, und von einer Ähnlichkeit, wenn
sie sich auf den Wertebereich bezieht. Das führt zu folgender Definition:

Eine *Nachbarschaft* λ in einem Bild $I: \text{Loc} \rightarrow \text{Val}$ ist eine binäre, symmetrische und reflexive Relation auf Loc, und eine *Ähnlichkeit* τ in I ist eine binäre, symmetrische und reflexive Relation τ auf Val.

Zwei Pixel P, P' heißen (λ-)benachbart, in Zeichen $P \lambda P'$, falls $\text{loc}(P) \lambda \text{loc}(P')$ gilt, und (τ-) ähnlich, in Zeichen $P \tau P'$, falls $\text{val}(P) \tau \text{val}(P')$ gilt. Damit sind die Eigenschaften Nachbarschaft und Ähnlichkeit von Pixelorten bzw. Pixelwerten auf Pixel selbst übertragen.

Die λ-Nachbarschaft $N_\lambda(P)$ um das Pixel P ist

$$N_\lambda(P) = \{P' \in I \mid P \lambda P'\}.$$

Unter einem *Nachbarpixel* von P versteht man ein Pixel aus der Nachbarschaft von P, das nicht mit P übereinstimmt. Obwohl die Nachbarschaft reflexiv ist und jedes Pixel damit mit sich selbst benachbart ist, soll ein Nachbarpixel von P verschieden von P sein.

Häufig verwendete Nachbarschaften in orthogonalen 2D-Bildern sind

- die *4er-Nachbarschaft*, λ_4, von P, bestehend aus dem Pixel P plus alle 4 direkten Nachbarpixel, formal ist $\lambda_4 \subset \mathbb{N} \times \mathbb{M}$ definiert als

$$(i, j) \; \lambda_4 \; (i', j') :\longleftrightarrow |i - i'| + |j - j'| \leq 1,$$

- die *5er-Nachbarschaft*, λ_5, ist ein Synonym für die 4er-Nachbarschaft, in der nur explizit gesagt wird, dass das zentrale Pixel auch zur Nachbarschaft gehört,
- die *8er- (9er-)Nachbarschaft*, λ_8 oder λ_9, ist die 4er-Nachbarschaft plus alle 4 diagonalen Nachbarpixel, formal

$$(i, j) \; \lambda_8 \; (i', j') :\longleftrightarrow \max(|i - i'|, |j - j'|) \leq 1.$$

In orthogonalen 3D-Bildern verwendet man oft

- die *6er- (7er-)Nachbarschaft*, λ_6, bestehend aus einem Pixel plus alle 6 direkten Nachbarn in x-, y- und z-Richtung, formal

$$(i, j, l) \; \lambda_6 \; (i', j', l') :\longleftrightarrow |i - i'| + |j - j'| + |l - l'| \leq 1,$$

- die *27er-Nachbarschaft*, λ_{27}, mit zusätzlich den diagonalen Nachbarn, formal

$$(i, , j, l) \; \lambda_{27} \; (i', j', l') :\longleftrightarrow \max(|i - i'|, |j - j'|, |l - l'|) \leq 1.$$

Damit bildet die 27er-Nachbarschaft um P einen Würfel der Kantenlänge 3 mit P im Zentrum.

Es sei $M \subseteq I$ eine Menge von Pixeln eines Bildes I und λ eine Nachbarschaft für I. Dann ist ein (λ-)*Weg in M* (von P_1 nach P_n) eine Folge $P_1, \ldots, P_n$ von Pixeln in M mit

$$P_i \; \lambda \; P_{i+1} \text{ und } P_i \neq P_{i+1} \text{ für } 1 \leq i < n.$$

M heißt *zusammenhängend*, falls je zwei Pixel in M durch einen Weg verbunden werden können, der M nicht verlässt. Je nach gewählter Nachbarschaft kann eine Menge M zusammenhängend sein oder nicht. Betrachten wir folgende Pixelmenge M (ein Pixel in M wird durch • dargestellt, • • soll zwei benachbarte Pixel in M darstellen) eines orthogonalen 2D-Bildes:

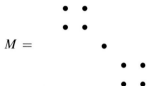

M ist bezüglich der 9er-Nachbarschaft zusammenhängend, aber nicht bezüglich der 4er. Es existieren noch ganz andere Nachbarschaftsbeziehungen. Betrachten wir etwa die ♞-Nachbarschaft aus dem Schachspiel: Zwei Pixelorte eines orthogonalen Bildes sind ♞-benachbart, wenn ein Springerzug beide verbindet. Bezüglich dieser ♞-Nachbarschaft ist die Menge M_1 **nicht** zusammenhängend, die Mengen M_2 und M_3 aber schon, denn der mittlere Pixelort in M_1 kann nicht von einem Randpixel über Springerzüge erreicht werden, in M_3 aber schon.

$$M_1 = \begin{matrix} \bullet & \bullet & \bullet \\ \bullet & \bullet & \bullet \\ \bullet & \bullet & \bullet \end{matrix}, \quad M_2 = \begin{matrix} \bullet & \bullet & \bullet \\ \bullet & & \bullet \\ \bullet & \bullet & \bullet \end{matrix}, \quad M_3 = \begin{matrix} \bullet & \bullet & \bullet \\ \bullet & \bullet & \bullet \\ \bullet & \bullet & \bullet \\ & \bullet & \end{matrix}.$$

Der Begriff einer Region wird in der Literatur unterschiedlich benutzt. Meist ist es eine zusammenhängende Menge von Pixeln mit zusätzlichen nicht formal definierten Eigenschaften. Diese zusätzlichen semantischen Eigenschaften lassen wir fort, um zu einer einfachen formalen Definition zu gelangen, und definieren:

Eine *Region* (oder auch λ-*Region*) R in einem Bild I ist eine (bezüglich einer Nachbarschaft λ) zusammenhängende Menge R von Pixeln in einem Bild.

Mit dieser Definition dürfen Regionen Löcher enthalten.

Ähnlichkeiten definiert man in der Praxis häufig über eine Klasseneinteilung oder über Schwellwerte mit einer Distanzfunktion.

Eine endliche *Partition* oder *Klasseneinteilung* einer Menge M ist eine Menge $\mathcal{K} = \{K_1, \ldots, K_n\}$ von Teilmengen $K_i \subseteq M$ mit

- $K_i \cap K_j = \emptyset$ für $1 \leq i, j \leq n, i \neq j$, und
- $M = K_1 \cup \ldots \cup K_n.$

Jedes Element aus M liegt damit in genau einer Klasse K_i aus $\mathcal{K}$. Elemente einer Klasse K_i heißen *äquivalent*. Zwei Klassen aus $\mathcal{K}$ sind entweder identisch oder disjunkt. Es sei nun $K_1, \ldots, K_n$ eine Partition von Val. Zwei Werte $a, b \in$ Val gelten bezüglich dieser Klasseneinteilung als ähnlich, wenn sie äquivalent sind, also in derselben Klasse K_i für ein i liegen.

Bei einer Ähnlichkeit über einem Schwellwert $s \in \mathbb{Q}$ und einer Distanz d gelten zwei Werte $a, b \in$ Val als $((d, s)\text{-})$ähnlich, falls deren Distanz unterhalb des Schwellwertes liegt, also $d(a, b) < s$ gilt. Oft wird auch $d(a, b) \leq s$ gefordert. Eine formale Definition einer Distanz folgt im nächsten Abschnitt.

In der Bildverarbeitung und Bildanalyse ist die Wahl einer günstigen Ähnlichkeit der Pixelwerte natürlich problemabhängig und verlangt eine gewisse Erfahrung. So hat man früher gern im Robocup (Fußballturnier für Roboter mit Kameras) eine Farbähnlichkeit zur Erkennung des roten Fußballes mittels einer Klasseneinteilung im RGB-Farbraum definiert. Aber jede Helligkeitsveränderung, etwa durch Ausfall einer Lampe oder durch auftretende Bewölkung bei Sonneneinstrahlung auf das Spielfeld, hat die RGB-Farbwerte verändert und damit möglicherweise auch deren Klassenzugehörigkeit. Der Ball konnte dadurch unsichtbar werden. Im Robocup ist daher eine Klasseneinteilung im HSV-Farbraum besser geeignet.

4.2.2 Distanzen

Da Distanzen in der Bildverarbeitung ständig benutzt werden, wollen wir sie in einem gesonderten Abschnitt behandeln. Es sei M eine Menge, dann spricht man generell von einer *Distanz* oder *Metrik* d auf M, falls $d\colon M \times M \to \mathbb{R}$ eine Abbildung ist, so dass für alle a, b, c in M gilt:

$$d(a, b) = 0 \Leftrightarrow a = b,$$
$$d(a, b) = d(b, a) \quad \text{(Symmetrie)},$$
$$d(a, c) + d(c, b) \geq d(a, b) \quad \text{(Dreiecksungleichung)}.$$

Die Symmetrie besagt, dass der Abstand von a nach b gleich dem Abstand von b nach a ist, und die Dreiecksungleichung fordert, dass der Abstand von a nach b über einen dritten Ort c nicht kürzer werden darf. Die Dreiecksungleichung erzwingt weiterhin, dass Abstände nur Werte ≥ 0 haben können. Der Abstand 0 kann nur zwischen gleichen Elementen bestehen.

Jede Distanz definiert über Schwellwerte einen Begriff einer Nähe. Die *Umgebung* $U_r(a)$ *vom Radius* r um einen Punkt $a \in M$ ist die Menge aller Punkte in M in einer Distanz kleiner gleich r zu a, also

$$U_r^d(a) := \{b \in M \mid d(a, b) \leq r\}.$$

Häufig verwendete Metriken im $\mathbb{R}^k$ mit $a = (a_1, \ldots, a_k)$, $b = (b_1, \ldots, b_k) \in \mathbb{R}^k$ sind

$$d(a,b) = \sqrt{\sum_{1 \leq i \leq k} (a_i - b_i)^2} \qquad \text{(euklidische Distanz)},$$

$$d(a,b) = \sum_{1 \leq i \leq k} (a_i - b_i)^2 \qquad \text{(SSD)},$$

$$d(a,b) = \sum_{1 \leq i \leq k} |a_i - b_i| \qquad \text{(Manhattan-Distanz)},$$

$$d(a,b) = \max_{1 \leq i \leq k} |a_i - b_i| \qquad \text{(Maximum-Distanz)},$$

$$d(a,b) = \begin{cases} 0 & \text{für } a = b \\ 1 & \text{für } a \neq b \end{cases} \qquad \text{(diskrete Distanz)}.$$

$U_r^d(a)$ bezeichnet man auch als den Kreis um a vom Radius r, selbst wenn es sich bei d nicht um die euklidische Distanz, sondern etwa um die Manhattan-Distanz handelt. Es wird einfach $U_r(a)$ geschrieben, wenn d aus dem Zusammenhang bekannt oder unwichtig ist. Will man in Bildverarbeitungsalgorithmen Pixel bezüglich deren euklidischer Abstände (im Orts- oder Wertebereich) vergleichen, wäre es unsinnig, noch eine Wurzel zu ziehen, und man wählt besser die zweite Distanz *Sum of Squared Differenzes, SSD*. Noch einfacher wird eine Implementierung mit der Maximum-Distanz, meist ohne viel an Genauigkeit zu verlieren. Die diskrete Distanz spielt in der Bildverarbeitung keine Rolle.

Es seien d eine Distanz auf Pixel, P ein Pixel und M, N Mengen von Pixeln eines Bildes I. Die d-Entfernungen von P zu M und von M zu N sind definiert als

$$d(P,M) := \min\{d(P,P') \mid P' \in M\},$$
$$d(M,N) := \min\{d(P,P') \mid P \in M, P' \in N\}.$$

Dies wird sowohl im Orts- als auch im Werteraum benutzt.

In einem diskreten Ortsraum Loc $\subseteq Z^d$ wählt man bezüglich einer Nachbarschaft λ als Distanz $d(P, P')$ häufig die Länge des kürzesten λ-Weges von P nach P'. Liegen P, P' in M und gilt $N, N' \subseteq M$, so sind die *(M-)geodätischen Entfernungen*

- $d_M(P, P')$ von P nach P',
- $d_M(P, N)$ von P nach N und
- $d_M(N, N')$ von N nach N'

definiert als die Längen der kürzesten Wege innerhalb von M (die also M nicht verlassen) von P nach P' bzw. von P zu einem Pixel in N bzw. zwischen zwei beliebigen Pixeln in N und N'. Liegen P und P' in zwei Teilen von M, die nicht zusammenhängend sind, also durch keinen Weg innerhalb von M verbunden werden können, so wird $d_M(P, P') := \infty$ gesetzt, analog für $d_M(P, N)$ und $d_M(N, N')$. Damit ist der Wertebereich von Distanzen $\mathbb{R}$, von geodätischen Distanzen aber $\mathbb{R} \cup \{\infty\}$.

Eine Distanz d auf Pixeln lässt sich auf unterschiedliche Art und Weise auf Bilder I, I': Loc $\to$ Val gleichen Typs übertragen. Allerdings interessieren jetzt zumeist Distanzen auf dem Wertebereich und nicht Ortsbereich. Derartige Möglichkeiten sind etwa:

$$d_1(I, I') := \frac{1}{|\text{Loc}|} \cdot \sum_{p \in \text{Loc}} d(I(p), I'(p)),$$

$$d_2(I, I') := \frac{1}{|\text{Loc}|} \cdot \sum_{p \in \text{Loc}} d(I(p), I'(p))^2,$$

$$d_3(I, I') := \frac{1}{|\text{Loc}|} \cdot \sqrt{\sum_{p \in \text{Loc}} d((I(p), I'(p))^2},$$

$$d_4(I, I') := \max\{d\big(I(p), I'(p)\big) \mid p \in \text{Loc}\}.$$

d_3 ist der *euklidische Abstand* von I und I' als $|\text{Loc}|$-dimensionale Vektoren aufgefasst. Das Quadrat davon ohne den Normierungsfaktor $1/|\text{Loc}|$ ist wieder die Sum of Squared Differences. Die *Normalized Sum of Squared Differences, NSSD,* ist dann SSD geteilt durch die Anzahl der Pixel, also d_2.

Mit all diesen Distanzen $d_i(I, I')$ lassen sich aber Ähnlichkeiten von Bildern nur unter größter Vorsicht messen. Betrachten wir zwei Bilder I, I': $[0, N[\times [0, M[\to Q^k$ mit $I'(i, j) = I(i + 1, j)$ für $i < n - 1$ und $I'(n - 1, j) = I(n - 1, j)$, wobei sich I' nur durch einen Shift um ein Pixel von I unterscheidet. Beide Bilder sind für große Werte N für einen Betrachter visuell identisch, können in diesen Ähnlichkeitsmaßen aber sehr weit auseinander liegen. In einer Bildanalyse werden weitere shift- und rotationsinvariante Maße wichtig.

4.2.3   Koordinatensysteme

In der Geometrie verwendet man ein zweidimensionales Koordinatensystem, in dem die x-Achse waagerecht und die y-Achse senkrecht dargestellt wird. Positive Werte laufen auf der x-Achse nach rechts und auf der y-Achse nach oben. Im dreidimensionalen Koordinatensystem kommt noch eine z-Achse hinzu, die senkrecht auf dem Bild steht. In manchen Modellen bewegt sich die z-Achse aus dem Bild heraus, in anderen führt sie in das Bild hinein. Wachsende positive Werte auf der z-Achse nähern oder entfernen sich je nach Modell vom Betrachter. Im geometrischen Koordinatensystem ist in der vektoriellen Darstellung die x-Achse stets die erste Koordinate, die y-Achse die zweite und die z-Achse die dritte.

Leider ist das in der Bildverarbeitung anders. Auch hier reden wir von einer x-, y- und z-Achse, die aber anders benutzt werden. Ebenfalls bewegt man sich bei steigenden x-Werten auf der x-Achse nach rechts, aber bei steigenden y-Werten bewegt man sich nach unten, bei steigenden z-Werten aus dem Bild heraus oder in das Bild hinein, je nach Autor. Abbildung 4.1 veranschaulicht die Situation für eine z-Achse ins Bild hinein (links

Abb. 4.1 Koordinatensysteme der Geometrie (*links*) und Bildverarbeitung (*rechts*) mit Nullpunkt in • und steigende Werte in → Richtung

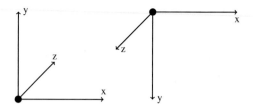

in einem *geometrischen Koordinatensystem*) und aus dem Bild heraus (rechts in einem *Bildverarbeitungs-Koordinatensystem*).

Bei der Darstellung eines 2D-Bildes folgt man also der Matrizendarstellung in der Mathematik. Hier ist eine $n \times m$-Matrix M eine Matrix aus n Zeilen und m Spalten und $M_{i,j}$ bezeichnet das Element in der i-ten Zeile an j-ter Stelle, repräsentiert als

$$\begin{pmatrix} M_{1,1} & \cdot & \cdot & \cdot & M_{1,m} \\ \cdot & \cdot & \cdot & \cdot & \cdot \\ \cdot & \cdot & \cdot & \cdot & \cdot \\ \cdot & \cdot & \cdot & \cdot & \cdot \\ M_{n,1} & \cdot & \cdot & \cdot & M_{n,m} \end{pmatrix}.$$

Analog wird meist ein 2D-Bild der Größe $N \times M$ dargestellt, nur dass die Indizes jetzt von 0 bis $N - 1$ und 0 bis $M - 1$ laufen. Die erste Zeile und Spalte werden also mit 0 adressiert. Wir werden hier zumeist das BV-Koordinatensystem aus Abb. 4.1 rechts verwenden. Soll das Koordinatensystem links verwendet werden, werden wir es ausdrücklich als geometrisches Koordinatensystem bezeichnen. Zu beachten ist, dass entgegen der geometrischen Vorstellung jetzt – wie in Matrizen – die y-Achse die Zeilen und die x-Achse die Spalten benennt, und dass daher jetzt die y-Achse die erste und die x-Achse die zweite Koordinate ist. Die z-Achse in 3D-Bildern bleibt die dritte Koordinate.

In der medizinischen Bildverarbeitung wird es noch unübersichtlicher. Hier geht man von dem Menschen aus, der aufgenommen wird. Die drei Achsen sind dann Links-Rechts, Anterior(Brustseite)-Posterior(Rückenseite) und Superior(Kopf)-Inferior(Fuß). Wohin man den Nullpunkt legt und wie man den Menschen darin ausrichtet, ist nicht normiert. Da gibt es so ziemlich alle vorstellbaren Varianten.

4.2.4   Bildformate

Noch schneller als technische Sensoren ändern sich die zur Speicherung verwendeten Bildformate. Da jeder im Bildverbeitungsgeschäft gezwungen ist, sich alle paar Jahre die Kenntnis über neue Bildformate selbst anzueignen, werden wir gar kein gängiges Bildformat im Detail vorstellen, sondern nur einige Prinzipien kurz erläutern. Zu unterscheiden sind 1-zu-1 Formate sowie Formate mit Kompression, wobei hier zwischen verlustfreier Kompression und solcher mit Verlust zu trennen ist.

1-zu-1 Repräsentation. Hierunter versteht man Datenformate, in denen jedes Pixel 1 zu 1 ohne Verschlüsselung repräsentiert wird. Man kann ein 3-kanaliges 2D-Farbbild $I: [0, N[\times [0, M[\rightarrow K_1 \times K_2 \times K_3$ von N Zeilen und M Spalten im Ortsbereich und drei Kanälen K_i im Wertebereich als $N \times M$-Matrix M_I mit drei Einträgen pro Matrixstelle darstellen, also $M_I(i, j) = \left(I^{K_1}(i, j), I^{K_2}(i, j), I^{K_3}(i, j) \right)$ (*interleaved* Modus), oder als drei Matrizen $M_I^{(1)}, M_I^{(2)}, M_I^{(3)}$ mit $M_I^{(k)}$ für Kanal k, d. h. $M^{(k)}(i, j) = I^{K_k}(i, j)$ (*planarer* Modus). Beide Varianten sind üblich. Die Matrix für ein Farbbild im RGB-Modell wird im interleaved Modus damit als Array der Form . . . ,Pixel$_i$-Rot-Grün-Blau,Pixel$_{i+1}$-Rot-Grün-Blau, . . . plus etwas Zusatzinformation über die Bildgröße und den Wertebereich abgespeichert. Mathematisch gesehen ist eine 1-zu-1-Darstellung eine Bijektion. Diese ist zusätzlich so einfach, dass man von einem praktischen Standpunkt aus gar nicht das Bild von seiner Repräsentation unterscheiden muss.

Kompression. Eine Bildkompression κ ist eine Abbildung

$$\kappa: \mathcal{J} \rightarrow \mathcal{D},$$

wobei $\mathcal{J}$ eine Menge von Bildern eines festen Bildtyps und $\mathcal{D}$ eine Menge von Bilddarstellungen für diesen Bildtyp ist. Im Gegensatz zur 1-zu-1-Darstellung muss hier eine Pixelinformation für ein $P \in I$ nicht einfach in $\kappa(I)$ auffindbar sein. So kann man in Zeitreihenbildern etwa nur die Änderungen zum Bild einer Zeitebene vorher speichern. Die Idee einer Bildkompression ist stets, dass die Kompression deutlich weniger Speicherplatz benötigt als eine direkte Speicherung von I. Zu einer Bildkompressionsfunktion κ gehört stets auch eine Dekompressionsfunktion

$$\hat{\kappa}: \mathcal{D} \rightarrow \mathcal{J}.$$

Gilt für jedes Bild $I \in \mathcal{J}$

$$\hat{\kappa}(\kappa(I)) = I,$$

so nennen wir κ eine *verlustfreie Kompression*, andernfalls eine Kompression mit Verlust oder eine *Reduktion*. Selbstverständlich wird für eine Reduktion κ auch erwartet, dass $\hat{\kappa}(\kappa(I))$ möglichst visuell ähnlich zu I sein soll. Diese Begriffe gelten auch für andere Objekte als Bilder. Das zurzeit bekannteste Reduktionsverfahren ist wohl MP3 von Karlheinz Brandenburg für Musik. Einfache Techniken zur verlustfreien Kompression bei Bildern sind Lauflängenkodierung, Lempel-Ziv-Algorithmen, [122, 127], die Huffman-Kodierung, [49] etc. Verlustfreie Kompression wird in den Bildformaten .gif, .tiff und .png verwendet. Dabei ist GIF aber auf maximal 256 verschiedene Farben beschränkt, die in einer variablen Farbtabelle abgelegt sind, die sich von Bild zu Bild ändern kann. Bekannte ältere Formate mit Datenverlust sind .jpeg und .mpeg.

4.3   Histogramme

Histogramme sind eine recht simple Methode zur ersten Auswertung und Visualisierung statistischer Daten. Es existieren zahlreiche Varianten, von denen wir einige für die Bildverarbeitung wichtige vorstellen.

4.3.1   Absolute und relative Histogramme

Die *Häufigkeit* $a_I(g)$ und *relative Häufigkeit* $p_I(g)$ des Vorkommens eines Wertes $g \in \text{Val}$ im Bild I ist

$$a_I(g) := |\{p \in \text{Loc} \mid I(p) = g\}|, \tag{4.1}$$

$$p_I(g) := \frac{a_I(g)}{|\text{Loc}|}. \tag{4.2}$$

Das *(absolute) Histogramm* H_I und das *(relative) Histogramm* h_I von I sind die Abbildungen

$$H_I \colon \text{Val} \to \mathbb{N} \text{ mit } H_I(g) = a_I(g), \tag{4.3}$$

$$h_I \colon \text{Val} \to [0,1]_{\mathbb{Q}} \text{ mit } h_I(g) = p_I(g). \tag{4.4}$$

Abbildung 4.2 zeigt oben ein Grauwertbild (links) mit seinem Histogramm (rechts) und unten das gleiche Motiv als RGB-Farbbild mit den drei Grauwerthistogrammen für die Kanäle R, G und B in den Farben Rot, Grün und Blau übereinandergelegt. Dieses Farbbild werden wir häufiger verwenden und als *Beispielgebäude 1* bezeichnen.

Derartige *RGB-Histogramme* für Farbbilder mittels Grauwerthistogramme für jeden Kanal sind aber häufig ungünstig. In Farbbildern entsteht der Farbeindruck eines Pixels P durch die Grauwerte in den drei Kanälen am gleichen Ort $\text{loc}(P)$. Diese Korrelation der Farbanteile zu einem Ort und damit zu einem Farbeindruck geht in diesen RGB-Histogrammen verloren und es fehlt die Information über die im Bild tatsächlich vorhandenen Farben. Stellen wir uns ein Bild mit drei gleich breiten Streifen in den Farben Rot, Grün und Blau der RGB-Werte $(1,0,0)$, $(0,1,0)$ und $(0,0,1)$ vor. Dann besitzen 1/3 aller Pixel pro Kanal den Wert 1 und 2/3 den Wert 0 und im relativen RGB-Histogramm sind die Grauwerthistogramme im R-, G- und B-Kanal identisch: bei 0 (Schwarz) ist der Wert 2/3, bei 255 (Weiß) ist er 1/3 und 0 sonst. Das gleiche relative RGB-Histogramm besitzt aber auch ein Schwarz-Weiß-Bild mit 1/3 aller Pixel in Weiß.

Damit empfiehlt es sich in den meisten Anwendungen, Farbbildhistogramme nicht über die einzelnen Kanäle zu definieren. Man könnte die Ausgangsdefinitionen 4.3 und 4.4 direkt wählen und zu jeder Farbe zählen, wie häufig sie im Bild vorkommt. Dies ist aber für

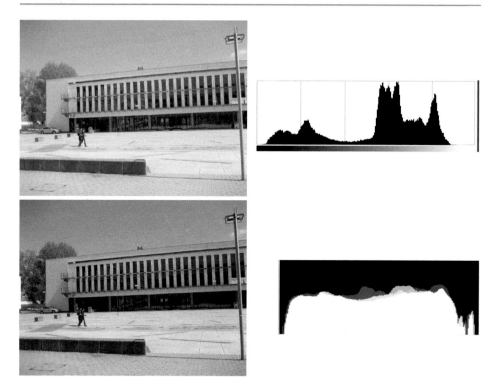

Abb. 4.2 Ein Grauwertbild und sein Histogramm, *oben*. Das Bild *unten* als RGB-Bild (*Beispielgebäude 1*) und die drei Histogramme seiner Kanäle übereinandergelegt

die Praxis unsinnig, da schon in True-Color-Bildern mit 8 Bits pro Kanal $2^{3 \cdot 8} = 2^{24}$, also über 16 Millionen Farben existieren können. Bei einer Bildgröße von etwa 1000×2000 Pixelorten würden damit gerade zwei Millionen Orte auf 16 Millionen Farben verteilt. Damit würde das Histogramm zu einer völlig unanschaulichen dünn besetzten Liste degenerieren. Hingegen ist für ein Grauwertbild mit typischerweise nur 256 Grauwerten und zwei Millionen Orten ein Histogramm sehr gut zur Visualisierung geeignet.

Man arbeitet daher gern mit einer Unterabtastung und teilt für ein Farbbild die Farben in n viele unterschiedliche Farbklassen auf, wobei n deutlich geringer als |Val| und |Loc| sein soll. Damit besteht das Histogramm auf der x-Achse aus n Klassen, zu denen auf der y-Achse abgetragen wird, wie viele Pixelorte einen Pixelwert in dieser Klasse besitzen. Es bietet sich etwa $n = 2^3 \cdot 2^3 \cdot 2^3$ an mit 8 Klassen pro Kanal, also mit 512 verschiedenen Farbklassen. Eine solche Klasse wird bei Histogrammen *Bin* genannt. Wir definieren ganz allgemein, unabhängig von der Problematik bei Farbbildhistogrammen, Histogramme mit Bins mittels Partitionen, vgl. Abschn. 4.2.1. Ein Bin ist dann einfach eine Klasse in einer Partition.

Ein *absolutes Histogramm* H_I *mit Bins* und ein *relatives Histogramm* h_I *mit Bins* $B_1, \ldots, B_n$ eines Bildes $I: \text{Loc} \to \text{Val}$ ist eine Abbildung

$$H_I: \{B_1, \ldots, B_n\} \to \mathbb{N}, \quad \text{mit} \quad H_I(B_i) := |\{p \in \text{Loc} \mid I(p) \in B_i\}|, \text{ bzw.}$$

$$h_I: \{B_1, \ldots, B_n\} \to \mathbb{N}, \quad \text{mit} \quad h_I(B_i) := \frac{H_I(B_i)}{|\text{Loc}|},$$

wobei die Bins $B_1, \ldots, B_n$ eine Partition von Val bilden müssen.

Offensichtlich gelten diese Definitionen ganz allgemein für statistische Stichproben und nicht nur für Bilder, was aber völlig unerheblich ist, da Stichproben und Bilder ontologisch betrachtet nichts anderes als endliche Funktionen sind. Anstatt alle statistischen Begriffe und Histogramme für endliche Funktionen zu definieren, sind wir bei dem Modell des Bildes geblieben.

4.3.2   Prozentuale Histogramme

Es existiert eine Vielzahl von Variationen von Histogrammen. Hat man z. B. die Bereiche zweier aufeinanderfolgender Bins auf $B_i = [1000, 1100[$ und $B_{i+1} = [1100, 1200[$ festgelegt und ein Wert 1095 wird gemessen, so hat man diverse Möglichkeiten. Man kann

- nur Bin B_i um 1 erhöhen,
- Bin B_i um x und Bin B_{i+1} um 1-x erhöhen, für einen Wert $0,5 < x < 1$.

Die zweite Möglichkeit berücksichtigt, dass der Wert 1095 zwar im Bin B_i liegt, aber sehr nahe an der Grenze zu Bin B_{i+1}. Dies führt zu *prozentualen* Histogrammen, deren Wertebereich nicht mehr in $\mathbb{N}$, sondern in $\mathbb{Q}$ liegt, genau wie für relative Histogramme. Der Name prozentuales Histogramm ist allerdings ad hoc und in der Literatur nicht üblich.

4.3.3   Akkumulierte Histogramme

Häufig ist es nützlich, die Anzahl der Messungen, deren Messwert unterhalb vorgegebener Werte liegt, in ein Histogramm einzutragen. Das *akkumulierte absolute Histogramm* $H_I^{akk}: \text{Val} \to \mathbb{N}$ und das *akkumulierte relative Histogramm* $h_I^{akk}: \text{Val} \to \mathbb{Q}$ von I sind definiert durch

$$H_I^{akk}(v) := \sum_{v' \in \text{Val}, v' \leq v} H_I(v') \text{ und}$$

$$h_I^{akk}(v) := \sum_{v' \in \text{Val}, v' \leq v} h_I(v').$$

$H_I(v)$ bzw. $h_I(v)$ misst, wie viele Pixel (prozentual) einen Wert kleiner oder gleich v besitzen.

Abb. 4.3 Räumliches Histogramm. *Schwarze Punkte* sind gesetzte Pixel

4.3.4 Räumliche Histogramme

Man muss für ein Histogramm nicht die gesamte Bildinformation ausnutzen. So lassen sich Histogramme nur für bestimmte Regionen eines Bildes erstellen oder entlang einer Geraden durch ein Bild. Für eine Menge $M \subseteq I$ von Pixeln in I sind entsprechend H_M und h_M die Histogramme nur der Pixel in M.

In Binärbildern werden häufig *räumliche Histogramme* verwendet. So kann man in einem 2D-Binärbild I der Größe $N \cdot M$ entlang der x-Achse zählen, wie viele Bildwerte 1 (oder 255) in der Spalte x vorkommen. In diesem Beispiel wird das Histogramm H_I eine Abbildung $H_I : [0, N[\rightarrow \mathbb{N}$ mit $H_I(j) = |\{i \,|\, I((i, j)) = 1\}|$. Diese Projektion muss nicht auf die x-Achse stattfinden. Sie kann auch auf die y-Achse oder auf eine Diagonale etc. führen. Abbildung 4.3 gibt dazu ein Beispiel. Die räumlichen Histogramme zählen hier die gesetzten Pixel pro Messachse. Wir wählen hier das geometrische Koordinatensystem und erhalten in diesem Bild die folgenden räumlichen Histogramme bezüglich der

x-Achse: $\ldots, 0, 0, 0, 1, 3, 4, 4, 4, 4, 4, 4, 5, 5, 4, 3, 4, 0, 0, 0, \ldots$

y-Achse: $\ldots, 0, 0, 0, 2, 4, 4, 4, 4, 4, 4, 4, 5, 5, 4, 5, 0, 0, 0, \ldots$

$45°$-Achse: $\ldots, 0, 0, 0, 2, 2, 2, 2, 2, 2, 2, 2, 2, 2, 2, 2, 2, 2, 2, 2, 2, 3, 4, 3, 2, 1, 0, 0, 0, \ldots$

In diesem Beispiel ist in der x- und y-Achse der Abstand 1, in der $45°$-Diagonalen aber $0,5 \cdot \sqrt{2}$. Daher ergeben sich für das $45°$-Histogramm mehr Bins. Die Histogramme in x- und y-Richtung unterscheiden sich, da der Pfeil, entgegen dem ersten Eindruck, bezüglich der $45°$-Achse nicht symmetrisch ist.

Generell darf man sein Phantasie hier nicht einschränken. Je nach Problemstellung können andere Histogrammarten wertvolle Informationen liefern. So kann man etwa zur Erkennung von Piktogrammen in runden Verkehrszeichen diese in Sektoren aufteilen und pro Sektor zählen, wie viele schwarze Pixel dort vorkommen.

4.3.5 Mehrdimensionale Histogramme

Ist der Wertebereich Val eines Bildes k-kanalig, Val $= V_1 \times \ldots \times V_k$, und liegt für jeden Kanal eine Partition $V_i = B_{i,1} \cup \ldots \cup B_{i,n_i}$ vor, so erhält man kanonisch eine k-dimensionale Binstruktur $(B_{1,1} \cup \ldots \cup B_{1,n_1}) \times \ldots \times (B_{k,1} \cup \ldots \cup B_{k,n_k})$ mit $\prod_{1 \leq i \leq k} n_i$ vielen Bins. Jedes k-dimensionale Bin hat die Form $B_{1,j_1} \times \ldots \times B_{k,j_k}$ mit $1 \leq j_i \leq n_i$ für $1 \leq i \leq k$.

Eine Anwendung findet dieses Vorgehen z. B. in der Analyse von Farbbildern im HSV-Farbraum wie folgt:

Man ignoriert die Helligkeit im V-Kanal und unterteilt den H-Kanal in n aufeinander-folgende Bins $H_1, \ldots, H_n$ mit $H_i = [h_i, h_{i+1}[$ und analog den S-Kanal in m aufeinander folgende Bins $S_1, \ldots, S_m$ mit $S_j = [s_j, s_{j+1}[$. Damit besitzt das Histogramm des Bildes den zweidimensionalen Definitionsbereich

$$\bigcup_{1 \le i \le n, 1 \le j \le m} H_i \times S_j$$

von $n \cdot m$ vielen Bins. In jedem Bin wird gemessen, wie viele Bildwerte in diesem Bin liegen. Die Bins besitzen damit selbst eine zweidimensionale Struktur mit einer H- und einer S-Achse. Bei einer Bildanalyse kann man diese räumliche zweidimensionale Anordnung ausnutzen, etwa mit der folgenden Technik des graphentheoretischen Clusterns in Abschn. 4.3.8. Ein Akkumulator in der Hough-Transformation zur Geradenbestimmung in Abschn. 9.3 ist nichts anderes als ein zweidimensionales Histogramm, dessen räumliche Anordnung zur Auswertung mit ausgenutzt wird.

4.3.6 Log-Polar-Histogramme

Log-Polar-Histogramme sind spezielle zweidimensionale räumliche Histogramme, in denen die zweidimensionalen Bins Sektoren in Kreisscheiben bilden, deren Radien exponentiell wachsen, Abbildung 4.4 zeigt ein Beispiel. Man gewinnt diese Binunterteilung wie folgt: Ohne Einschränkung betrachten wir (0,0) als Mittelpunkt aller folgenden Kreise. Man gibt einen maximalen $r_{\max}$ und minimalen $r_{\min}$ Radius und eine Anzahl k der gewünschten Kreisscheiben vor. Bei k Kreisscheiben brauchen wir $k + 1$ Radien $r_1 < \ldots < r_k < r_{k+1}$ und die i-te Kreisscheibe liegt zwischen den Radien r_i und r_{i+1}. Dazu setzt man

$$r_1 := r_{\min}, \ r_{i+1} := r_1 + a^i \text{ mit } a = \sqrt[k]{r_{\max} - r_{\min}}$$

und erhält für $i \ge 2$:

$$\frac{r_{i+1} - r_i}{r_i - r_{i-1}} = \frac{a^i - a^{i-1}}{a^{i-1} - a^{i-2}} = a,$$

$$r_{k+1} = r_1 + a^k = r_{\max}.$$

Der Abstand der Radien wächst also exponentiell. Das gilt noch nicht für den Abstand 0 zum innersten Radius r_1. Ferner legt man eine Anzahl s von Sektoren fest, wobei s ein Teiler von 360 sein soll. Es sei S_i der Strahl von (0,0) aus in Richtung $\alpha_i = i \cdot (360°/s)$. $S_{i,j}$ ist der Sektor der Kreisscheibe zwischen den Radien r_j und r_{j+1} und zwischen den Strahlen S_i und $S_{i+1 \bmod s}$. $S_{i,j}$ bildet nun ein Bin für ein Log-Polar-Histogramm. Man kann je nach Problemstellung den innersten Kreis mit Radius r_1 als ein Bin $S_{0,0}$ auffassen

Abb. 4.4 Eine Log-Polar-
Binstruktur

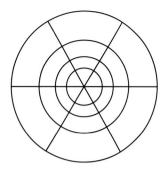

oder ebenfalls in s Sektoren zu Bins $S_{i,0}$ aufteilen. Abbildung 4.4 zeigt ein Beispiel einer
Binstruktur mit 24 Bins aufgeteilt in sechs Sektoren, dem inneren Kreis und drei Scheiben.
$\mathcal{B}^{logpol}_{k,r_{\min},r_{\max},s}$ sei die Menge aller Bins bei k Kreisscheiben mit dem minimalen Radius
$r_{\min}$, maximalen $r_{\max}$ und s Sektoren. Legt man den Nullpunkt einer Log-Polar-Struktur
auf einen Ort $p \in \text{Loc}$ eines zweidimensionalen Bildes I, so zählt das Log-Polar-Histogramm genauer nahe dem Ort p als bei weiter von p entfernten Orten. Damit erreicht
man eine Fokusierung auf ausgewählte Orte im Bild. Diese Eigenschaft werden wir in
Abschn. 12.1 nutzen.

4.3.7 Dynamische Histogramme

Die Schwierigkeit, gute Histogramme für ein Farbbild I zu erhalten, kann man auch mittels *dynamischer Histogramme* zu lösen versuchen. Diese Methode kann generell für
Bilder $I\colon \text{Loc} \to \text{Val}$ angewendet werden, auch wenn Val hochkanalig ist und damit
das Histogramm, das ja Val als Ortsraum besitzt, hochdimensional wird. In einem dynamischen Histogramm werden die Bins nicht a priori vorgegeben, sondern an jedes Bild
individuell angepasst. Vorgegeben wird nur die Anzahl k der verwendeten Bins.

Ein dynamisches Histogramm mit k Bins kann man mittels des k-*Means-Algorith-
mus* gewinnen. Vorausgesetzt wird ein Werteraum Val mit einer Distanzfunktion $d\colon \text{Val} \times
\text{Val} \to \mathbb{R}$, in dem ein Mittelwert μ_C und eine Varianz σ_C^2 bezüglich d in einer Menge
$C \subseteq \text{Val}$ von Werten berechnet werden kann. Das kann im HSV-Farbraum in der H-
Komponente wegen $0° = 360°$ schwierig werden. Mittelwert und Varianz werden im
folgenden Abschn. 4.4.1 eingeführt und behandelt. Der k-Means-Algorithmus arbeitet in
einer einfachen, aber schnellen Version wie folgt:

- Wähle k zufällige Werte $b_i \in \text{Val}$ für $1 \leq i \leq k$.
- Wiederhole
  1. bilde für $1 \leq i \leq k$ die Cluster

  $$C_i = \{P \in I \mid d(\text{val}(P), b_i) = \min_{1 \leq j \leq k} d(\text{val}(P), b_j)\},$$

  aller Pixel in I, deren Wert näher zu b_i als zu einem b_j für $j \neq i$ liegt,
  2. setze $b_i := \mu_{C_i}$ für $1 \leq i \leq k$,

- für eine feste Zahl von Iterationsschritten oder so lange, bis sich die b_i nicht mehr verändern.

Das Ergebnis kann stark von den zufälligen Initialwerten für die b_i abhängen. Man kann den Algorithmus mit unterschiedlichen Initialwerten neu starten und dasjenige Ergebnis wählen, in dem die Summe aller Varianzen der Cluster minimal wird. Für einen euklidischen Abstand d und einen zweidimensionalen Werteraum Val wird jedes C_i von einem Polygonzug umfasst, einem sogenannten Voronoi-Diagramm, und bildet eine Voronoi-Zerlegung von Val, im dreidimensionalen Werteraum ist jedes C_i ein Polyeder.

Jeder im Bild vorkommende Wert val(P) wird dem Cluster C_i zugeordnet, dessen Schwerpunkt (Bin) b_i dem Wert val(P) am nächsten liegt. Für jedes Cluster C_i wird zusätzlich noch die Varianz σ_i^2 berechnet. Der Mittelpunkt b_i von C_i entspricht jetzt einem Bin. Damit erhält das dynamische Histogramm H_I von I k mehrdimensionale Einträge: zu jedem Bin b_i für $1 \le i \le k$ seinen (üblicherweise mehrdimensionalen) Ort in Val, die Varianz σ_i^2 von C_i und die Anzahl $H_I(b_i)$ der Pixel P in I mit val(P) $\in C_i$.

Neben dem k-means-Algorithmus existieren weitere Methoden, um dynamische Histogramme zu erzeugen. Mit neuronalen Netzen arbeitet z. B. der NeuQuant-Algorithmus von Dekker [20], der nur etwa 5 % aller Pixel eines Bildes analysiert.

Im Bildformat GIF werden bildabhängig die Farben auf 255 Hauptfarben im Bild reduziert, die zu jedem Bild individuell in einer dazugehörenden Farbtabelle abgelegt werden. Bei 255 Farben wird es schwierig, noch Unterschiede zum Originalbild zu sehen. Das gelingt aber häufig in homogenen Farbübergängen, die bei (nur noch) 255 Farben deutlich plakativ wirken können, oder in Gesichtern, die der Mensch extrem gut erkennen und kleine Verfälschungen darin wahrnehmen kann.

4.3.8 Graphentheoretisches Histogrammclustern

Manchmal kann man keine Zahl gewünschter Cluster vorgeben, sondern sucht ein „natürliches" Clustering. Eine mögliche Technik dazu ist das graphentheoretische Clustern mit vielen Varianten. Wir stellen hier eine sehr einfache Variante vor, die nur zu einer Verringerung der Bins eines Histogramms dienen soll. Ähnlich wie im dynamischen Histogramm soll eine Binstruktur dynamisch zu einem Bild aufgebaut werden.

Wir gehen von einem Histogramm H mit zu vielen Bins aus, die reduziert werden sollen, wobei für die Bins eine Nachbarschaftsrelation λ existiert. Diese Nachbarschaft kann etwa für zwei Bins b_1, b_2 durch deren Abstand $|\mu_1 - \mu_2| < s$ für einen Schwellwert s und dem Mittelwert μ_i des Bins b_i gegeben sein, oder, falls die Bins sogar zweidimensional wie ein Bild angeordnet sind, durch die 4er- oder 8er-Nachbarschaft. Ebenfalls gebräuchlich sind dreidimensionale Histogramme, etwa im RGB-Farbraum. So könnte man die R-, G- und B-Achse in je 100 Bins unterteilen und erhält so eine Million Bins, die Unterwürfel im RGB-Würfel sind. Diese Würfel haben eine kanonische dreidimensionale Struktur. Eine Nachbarschaft ist etwa die 7er-Nachbarschaft (Bin plus rechtes, linkes, oberes, unteres, vorderes und hinteres Bin) oder die 27er, wenn man die Diagonalen mit betrachtet. Eine Million Bins sind zu viel und können beispielsweise durch graphentheoretisches Clustern verringert werden.

Graphentheoretisches Clustern zur Binreduktion mit einer Nachbarschaftsrelation λ der Bins funktioniert dann wie folgt:

Es sei ein absolutes Histogramm H gegeben und $H(B)$ sei für jedes Bin B bekannt. Zu jedem Bin B bestimmt man sein Nachbarbin $B_{\max}$ mit maximalem Inhalt $H(B_{\max})$, also mit

$$B \ \lambda \ B_{\max}$$
$$H(B_{\max}) = \max\{H(B') | \ B\lambda B'\},$$

und setzt einen gerichteten Zeiger von B nach $B_{\max}$. Ein lokal maximales Bin zeigt also zu sich selbst. τ sei die transitive Verzeigerung. Damit gilt $B\tau B'$, falls ein gerichteter Weg über Zeiger von B nach B' existiert. Es sei B ein lokal maximales Bin. Die Menge aller Bins B' mit $B'\tau B$ ist der *Einzugsbereich* von B. Alle Einzugsbereiche bilden ein Clustering der Bins. Solch ein Bincluster wird dann in dem gröberen Histogramm ein neues Bin. Die Anzahl der neuen Bins ist die Anzahl der lokal maximalen Bins.

Betrachten wir als Beispiel ein Histogramm H aus linear angeordnete Bins mit folgenden Werten $H(B_i)$:

Bin	1	2	3	4	5	6	7	8	9	10	11	12	13
Wert	60	99	84	40	36	100	105	180	120	90	30	80	77
Zeiger	$\rightarrow$		$\leftarrow$	$\leftarrow$	$\rightarrow$	$\rightarrow$	$\rightarrow$		$\leftarrow$	$\leftarrow$	$\leftarrow$		$\leftarrow$

Die unterste Zeile zeigt die gerichtete Verzeigerung, wenn jedes Bin genau sein unmittelbares rechtes und linkes Bin als Nachbarschaft erhält. Damit sind die Bins B_2, B_8 und B_{12} lokale Maxima mit den drei Einzugsbereichen

$$\{B_1, \ldots, B_4\}, \{B_5, \ldots, B_{11}\} \text{ und } \{B_{12}, B_{13}\}.$$

Wählt man als Nachbarschaft aber beide linken und beide rechten Bins, dann wird Bin B_4 zu B_6 und Bin B_{12} zu B_{10} verzeigert und es gibt nur noch die beiden lokalen Maxima B_2 und B_8 mit den beiden Einzugsbereichen $\{B_1, B_2, B_3\}$ und $\{B_4, \ldots, B_{13}\}$.

Abbildung 4.5 zeigt ein Histogramm mit 36 Bins, die zweidimensional angeordnet sind. Wir betrachten auf dieser Binstruktur die 5er-Nachbarschaft. Ein graphentheoretisches Clustern führt zu den eingezeichneten Einzugsbereichen. Damit werden aus den 36 Bins 6 neue Makrobins, und zwar

- um $B_{2,2}$ mit 5 weiteren Bins,
- um $B_{2,5}$ mit 10 weiteren Bins,
- um $B_{2,9}$ mit 5 weiteren Bins,

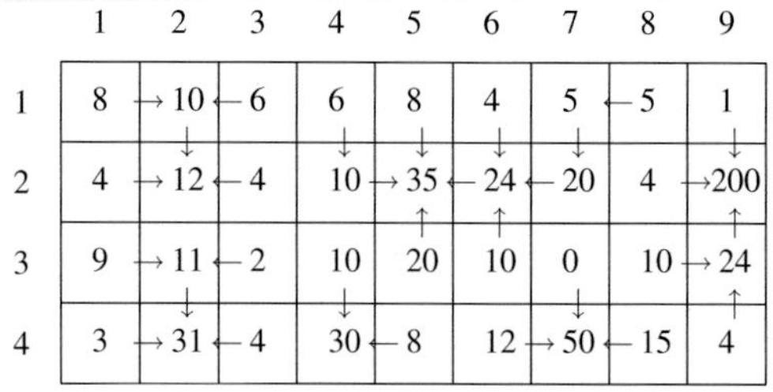

Abb. 4.5 Zweidimensionales Histogrammclustern

	1	2	3	4	5	6	7	8	9
1	8	→10←6		6	8	4	5	←5	1
2	4	→12←4		10	→35←24←20		4		→200
3	9	→11←2		10	20	10	0	10	→24
4	3	→31←4		30←8		12	→50←15		4

- um $B_{4,2}$ mit 5 weiteren Bins,
- um $B_{4,4}$ mit 2 weiteren Bins und
- um $B_{4,7}$ mit 3 weiteren Bins.

4.4 Einfache statistische Merkmale

Wir übertragen hier sehr einfache statistische Begriffe wie Mittelwert, Varianz und Momente auf Bilder. Diese Begriffe beziehen sich im einfachsten Fall nur auf den Wertebereich der Bilder und ignorieren die Lage der Pixel. Andere einfache statistische Merkmale korrelieren die Bildwerte auch mit deren Lage. Wir werden einige im zweiten Abschnitt vorstellen. Weitere komplexere statistische Strukturmaße – etwa in Texturmaßen – berücksichtigen die Werte der Pixel in Relation zu Verschiebungen von deren Lage oder zwischen deren Kanälen. Wir benötigen einige einfache Grundbegriffe, die wir nur für Bilder einführen wollen und nicht – wie in der Stochastik üblich – für abstrakte Zufallsvariable.

4.4.1 Statistische Merkmale im Werteraum

Wir betrachten im Folgenden einkanalige digitale Bilder $I: \mathrm{Loc} \to \mathbb{Q}$.

Der *Erwartungswert* $E[I]$ und die *Standardabweichung* σ_I sind definiert als

$$E[I] := \frac{1}{|\mathrm{Loc}|} \cdot \sum_{p \in \mathrm{Loc}} I(p),$$

$$\sigma_I := \sqrt{E[(I - E[I])^2]}.$$

Die *Varianz* σ_I^2 von I ist das Quadrat der Standardabweichung σ_I. Andere Namen für die Varianz sind manchmal *Streuung* oder *mittlere quadratische Abweichung*. Statt von dem Erwartungswert $E[I]$ spricht man bei digitalen Bildern vom *Mittelwert* μ_I von I. Damit ergeben sich folgende elementare Definitionen:

$$\mu_I := \frac{1}{|\mathrm{Loc}|} \cdot \sum_{p \in \mathrm{Loc}} I(p), \tag{4.5}$$

$$\sigma_I^2 := \frac{1}{|\mathrm{Loc}|} \cdot \sum_{p \in \mathrm{Loc}} \big(I(p) - \mu_I\big)^2. \tag{4.6}$$

Mit der Häufigkeit $a_I(g)$ und *relativen Häufigkeit* $p_I(g)$ des Vorkommens eines Wertes
$g \in$ Val im Bild I ist

$$a_I(g) := |\{p \in \text{Loc} \mid I(p) = g\}|, \tag{4.7}$$

$$p_I(g) := \frac{a_I(g)}{|\text{Loc}|}. \tag{4.8}$$

Damit kann man die Gl. 4.5 und 4.6 gleichwertig umschreiben in

$$\mu_I = \sum_{g \in \text{Val}} p_I(g) \cdot g, \tag{4.9}$$

$$\sigma_I^2 = \sum_{g \in \text{Val}} p_I(g) \cdot (g - \mu_I)^2. \tag{4.10}$$

μ_I misst die (durchschnittliche) Helligkeit und σ_I den Kontrast in I. In der Praxis benutzt
man die Formeln 4.6 und 4.10 nicht zur Berechnung der Varianz, da man sonst in einem
Durchlauf erst dem Mittelwert μ_I und mit dessen Hilfe in einem zweiten Durchlauf dann
σ_I^2 berechnen müsste. Unter Ausnutzung der Formeln 4.11 und 4.12 kann man aber μ_I
und σ_I^2 in nur einem Durchlauf berechnen:

$$\sigma_I^2 = \left(\frac{1}{|\text{Loc}|} \sum_{p \in \text{Loc}} I^2(p) \right) - \mu_I^2 \tag{4.11}$$

$$= \left(\sum_{g \in \text{Val}} p_I(g) \cdot g^2 \right) - \mu_I^2. \tag{4.12}$$

Diese Gleichungen verifiziert man durch einfaches Ausrechnen:

$$\sigma_I^2 = \frac{1}{|\text{Loc}|} \sum_{p \in \text{Loc}} \left(I(p) - \mu_I \right)^2$$

$$= \frac{1}{|\text{Loc}|} \sum_{p \in \text{Loc}} \left(I^2(p) - 2\mu_I I(p) + \mu_I^2 \right)$$

$$= \frac{1}{|\text{Loc}|} \sum_{p \in \text{Loc}} I^2(p) - 2\mu_I \frac{1}{|\text{Loc}|} \sum_{p \in \text{Loc}} I(p) + \mu_I^2 \frac{1}{|\text{Loc}|} \sum_{p \in \text{Loc}} 1$$

$$= \frac{1}{|\text{Loc}|} \sum_{p \in \text{Loc}} I^2(p) - 2\mu_I \mu_I + \mu_I^2 = (4.11),$$

und offensichtlich gilt $\frac{1}{|\text{Loc}|} \sum_{p \in \text{Loc}} I^2(p) = \sum_{g \in \text{Val}} p_I(g) \cdot g^2$.

Man kann folgende Gleichungen leicht ausrechnen:

$$\mu_{aI+b} = a \cdot \mu_I + b, \tag{4.13}$$

$$\sigma_{aI+b}^2 = a^2 \cdot \sigma_I^2. \tag{4.14}$$

Wir zeigen Gl. 4.14 und setzen voraus, dass Gl. 4.13 gilt:

$$\sigma_{aI+b}^2 = \frac{1}{|\mathrm{Loc}|} \sum_{p\in\mathrm{Loc}} \left((aI+b)(p)\right)^2 - \mu_{aI+b}^2$$

$$= \frac{1}{|\mathrm{Loc}|} \sum_{p\in\mathrm{Loc}} \left(a^2I^2(p) + 2abI(p) + b^2\right) - (a\cdot\mu_I + b)^2$$

$$= \frac{a^2}{|\mathrm{Loc}|} \sum_{p\in\mathrm{Loc}} I^2(p) + \frac{2ab}{|\mathrm{Loc}|} \sum_{p\in\mathrm{Loc}} I(p)$$

$$+ \frac{b^2}{|\mathrm{Loc}|} \sum_{p\in\mathrm{Loc}} 1 - \left(a^2\mu_I^2 + 2ab\mu_I + b^2\right)$$

$$= \frac{a^2}{|\mathrm{Loc}|} \sum_{p\in\mathrm{Loc}} I^2(p) + 2ab\mu_I + b^2 - \left(a^2\mu_I^2 + 2ab\mu_I + b^2\right)$$

$$= a^2 \left(\frac{1}{|\mathrm{Loc}|} \sum_{p\in\mathrm{Loc}} I^2(p) - \mu_I^2\right) = a^2\sigma_I^2.$$

Als Konsequenz kann man eine endliche Funktion durch die Transformation $I \hookrightarrow \frac{1}{\sigma_I}I$ stets auf die Varianz 1 normieren. Mit einer linearen Transformation

$$I \hookrightarrow aI + b$$

kann man einen gewünschten Mittelwert μ_0 und eine gewünschte Varianz σ_0^2 erreichen. Dazu setzt man nur

$$a := \sqrt{\frac{\sigma_0}{\sigma_I^2}} \quad \text{und} \quad b := \mu_0 - a\cdot\mu_I.$$

So leicht das in der Theorie aussehen mag, für Bilder ergeben sich in der Praxis Probleme, da diese Transformationen den erlaubten Wertebereich Val_I verlassen können. Man kann dieses Problem relativ leicht lösen und den alten Wertebereich Val_I erzwingen. Dazu setzt man z. B. einen Wert v größer als max Val_I auf den Maximalwert in Val_I und einen Wert v kleiner als min Val_I auf den Minimalwert in Val_I. Anderenfalls rundet man den transformierten Wert auf den nächsten erlaubten in Val_I. Natürlich können dadurch unerwünschte Bildfehler entstehen.

Ein weiteres Maß im Wertebereich für einen mittleren Wert neben dem Mittelwert ist der *Median*. Hierzu werden alle Werte $I(p)$ für $p \in \mathrm{Loc}$ in eine sortierte Liste

$$L = \left[I(p_1),\ldots,I(p_{|\mathrm{Loc}|})\right] \quad \text{mit} \quad I(p_i) \le I(p_{i+1}) \quad \text{für} \quad 1 \le i < |\mathrm{Loc}|$$

von genau $|\mathrm{Loc}|$ vielen Werten übertragen. Wir sprechen hier von einer Liste und nicht von einer Menge, da wir mehrfach vorkommende Werte im Bild auch mehrfach in die Liste aufnehmen wollen. Das zentrale Element in dieser Liste ist der Wert $I(p(z))$ an der zentralen Stelle $z = \lceil |\mathrm{Loc}|/2 \rceil$ in der Liste. Es wird auch der Median med_I von I genannt, also

$$\mathrm{med}_I = I(p_z).$$

Im Bild

$$
\begin{array}{ccc}
100 & 120 & 100 \\
100 & 0 & 0 \\
0 & 2 & 0
\end{array}
$$

haben wir den Median 2 und den Mittelwert $46, \overline{8}$. In manchen Wertebereichen sind Mittelwert und Median nur eingeschränkt sinnvoll. Der H-Kanal in Farbbildern ist gar nicht angeordnet und ein Median hier nicht definiert.

Häufig beziehen sich die statistischen Merkmale nicht auf das gesamte Bild, sondern nur auf eine Teilmenge davon. So simpel dieser Hinweis ist, so wichtig ist er in der Praxis. Wir geben dieser Situation daher einen festen Namen. Es seien $I \colon \mathrm{Loc} \to \mathrm{Val}$ und $L \subseteq \mathrm{Loc}$, $M \subseteq I$ Teilmengen von Orten und Pixeln in I. Dann gilt

$$\mu_L := \frac{1}{|L|} \cdot \sum_{p \in L} I(p),$$

$$\mu_M := \mu_{\mathrm{loc}(M)},$$

$$\sigma_L^2 := \left(\frac{1}{|L|} \cdot \sum_{p \in L} I^2(p) \right) - \mu_L^2,$$

$$\sigma_M^2 := \sigma_{\mathrm{loc}(M)}^2.$$

Es sei jetzt $I \colon \mathrm{Loc} \to \mathrm{Val}$ ein k-kanaliges Bild mit $\mathrm{Val} \subseteq \mathbb{Q}^k$ und μ_i und σ_i^2 der Mittelwert und die Varianz von $I^{(i)}$, also auf den einzelnen Kanälen. Der Mittelwert und die Varianz von I werden dann als die k-dimensionalen Vektoren

$$\mu_I := (\mu_1, \ldots, \mu_k) \quad \text{und} \quad \sigma_I^2 := (\sigma_1^2, \ldots, \sigma_k^2)$$

definiert. Genauso wird der Median jetzt ein k-dimensionaler Vektor der Mediane der einzelnen Kanäle. Damit führt man statistische Untersuchungen pro Kanal aus und Aussagen für einkanalige Bilder können sinngemäß auf k Kanäle übertragen werden.

4.4.2 Statistische Merkmale im Bildraum

Die hier vorgestellten Begriff werden erst in Abschn. 11.4 benötigt. Bei einem ersten Lesen des Buchs kann dieser Abschnitt daher übersprungen werden. Für ein d-dimensionales Bild $I \colon \mathrm{Loc} \to \mathrm{Val}$, $\mathrm{Loc} \subset \mathbb{Z}^d$, $\mathrm{Val} \subset \mathbb{Q}^k$ fasst man häufig jede Dimension als eigene Zufallsvariable auf. Damit übertragen sich Begriffe der Statistik mehrerer Zufallsvariablen auch auf Bilder. Wir geben eine kurze Erläuterung einiger Begriffe aus der Statistik mehrerer Zufallsvariablen.

Eine *Zufallsvariable* X ist in der Maßtheorie keine Variable, sondern eine Funktion von einem Wahrscheinlichkeitsraum in einen Messraum. In unserer endlichen Welt der digitalen Bilder können wir zum Glück auf Kenntnisse der Maßtheorie vollständig verzichten. Eine Zufallsvariable repräsentiert den Messwert als Funktionswert eines Experiments. Nehmen wir als ein Beispiel den Geldbetrag in den Geldbörsen oder Taschen der Reisenden im Hauptbahnhof Köln. Die Zufallsvariable nennen wir W, einen einzelnen Messwert w. Generell ist es üblich, Zufallsvariablen mit großen und einzelne Messwerte mit kleinen lateinischen Buchstaben zu bezeichnen. Also könnte man sagen, der Wert der Zufallsvariablen W am 28. 2. 2009 um 12 Uhr bei Frau YY ist 48,50 €. Der Wahrscheinlichkeitsraum wäre hier $\mathbb{N}$, die Menge der möglichen Beträge in Cent gemessen. Eine mögliche Messung ist ein Element aus $\mathbb{N}$, im Beispiel 4850. Ein Ereignis wäre irgendeine Teilmenge von $\mathbb{N}$, z. B. $E = \{n \in \mathbb{N} | n > 10000\}$. Dieses Ereignis E tritt bei einer Messung ein, wenn der vorhandene Geldbetrag 100 € überschreitet.

Bei einem d-*dimensionalen Zufallsvektor* $(X_1, \ldots, X_d)$ betrachtet man d Zufallsvariablen in einem Experiment. Nehmen wir als Beispiel (VN, A, B) einen Zufallsvektor aus den drei Zufallsvariablen VN für Vorname, A für Alter, B für Beruf. Der Wahrscheinlichkeitsraum wäre jetzt ein Kreuzprodukt von Mengen für erlaubte Vornamen, erlaubtes Alter und erlaubte Berufe für eine Untersuchungsreihe. Eine Messung könnte etwa (Julia, 30, Lehrerin) oder (Thomas, 51, Versicherungskaufmann) sein. Dabei wird man eine Korrelation von Vornamen und Alter feststellen, da zu jedem Jahrzehnt andere Vornamen beliebter waren. Eine starke Korrelation zwischen Alter und Beruf besteht sicherlich für neue Berufe wie App Designer. Wählt man auch das Geschlecht als Zufallsvariable, ergibt sich eine Korrelation von fast 1 zwischen Geschlecht und Vornamen, da nur sehr wenige Vornamen sowohl für Frauen als auch Männer gewählt werden können. Korrelationen zwischen zwei Zufallsvariablen können auch negativ sein, etwa zwischen den Variablen Lebensaltererwartung und Alkoholmissbrauch oder zwischen männlicher Mathematikstudent und Discobesucher.

Die *Kovarianz* $\mathrm{cov}(X, Y)$ und den *Korrelationskoeffizienten* $\mathrm{cc}(X, Y)$ zwischen zwei Zufallsvariablen X und Y und Varianz σ_X^2 und Standardabweichung σ_X einer Zufallsvariablen X definiert man in der Stochastik als

$$\mathrm{cov}(X, Y) := E\left[(X - E\left[X\right]) \cdot (Y - E\left[Y\right])\right],$$
$$\sigma_X^2 := E\left[(X - E\left[X\right])^2\right],$$
$$\sigma_X := \sqrt{\sigma_X^2}, \tag{4.15}$$
$$\mathrm{cc}(X, Y) := \frac{\mathrm{cov}(X, Y)}{\sigma_X \cdot \sigma_Y}.$$

Ein paar einfache Rechenregeln sind

$$\sigma_X^2 = \mathrm{cov}(X, X),$$
$$\mathrm{cov}(X, Y) = E\left[XY\right] - E\left[X\right] E\left[Y\right],$$
$$\mathrm{cov}(X, Y) = \mathrm{cov}(Y, X),$$

$$\mathrm{cov}(aX + b, Y) = a \cdot \mathrm{cov}(X, Y),$$
$$\mathrm{cov}(X + Y, Z) = \mathrm{cov}(X, Z) + \mathrm{cov}(Y, Z).$$

Es gilt stets $-1 \le \mathrm{cc}(X, Y) \le +1$. X und Y heißen *unkorreliert*, falls $\mathrm{cc}(X, Y) = 0$ gilt.

Nehmen wir an, wir führen eine Testreihe mit zwei Zufallsvariablen (X, Y) aus. Die Wertebereiche für X und Y seien diskrete Intervalle $[\min_x, \max_x]$, $[\min_y, \max_y]$ in $\mathbb{N}$. Wir stellen die Messergebnisse als zweidimensionales Histogramm H mit der x-Achse $[\min_x, \max_x]$ und y-Achse $[\min_y, \max_y]$ dar. $H(x, y) = n$ sagt, dass der Messwert (x, y) n-mal in der Messreihe gemessen wurde. Damit haben wir unsere Testreihe als ein zwei-dimensionales Bild $H : [\min_x, \max_x] \times [\min_y, \max_y] \to \mathbb{N}$ repräsentiert. Analog kann man jedes zweidimensionale Bild $I : [0, N[\times [0, M[\to \mathbb{Q}$ als Ergebnis einer Testreihe der beiden Zufallsvariablen X, die x-Achse, und Y, die y-Achse, auffassen und die Begriffe der Stochastik auf Bilder übertragen.

Wichtig wird der Begriff des *Moments*, der in der Maßtheorie für kontinuierliche Funk-tionen wie folgt erklärt ist. Es sei $f : \mathbb{R}^2 \to \mathbb{R}$ eine zweidimensionale stetige Funktion. Ihr Moment $m_{k,l}(f)$ vom Grad $k + l$ für $k, l \in \mathbb{N}$ ist

$$m_{k,l}(f) = \int_{-\infty}^{\infty} \int_{-\infty}^{\infty} x^k y^l f(x, y) \, \mathrm{d}x \, \mathrm{d}y \ .$$

Die Bedeutung dieser Momente ist, dass hier Werte (von f) mit den Orten x, y, an denen sie vorkommen, verknüpft werden. Wir übertragen diese Momente auf zweidimen-sionale orthogonale Bilder $I : [0, N[\times [0, M[\to \mathbb{Q}$. Intuitiv würde man

$$m_{k,l}(I) = \sum_{i=0}^{N-1} \sum_{j=0}^{M-1} I(i, j) i^k j^l$$

setzen. Diese Charakterisierung ist im Diskreten aber falsch. In die Berechnung von $m_{k,l}$ gehen bei $1 \le k, l$ die Bildwerte auf dem oberen und linken Rand gar nicht ein, da hier $y = 0$ bzw. $x = 0$ gilt. Im kontinuierlichen Fall geht auch der Funktionswert $f(x, y)$ für $x = 0$ oder $y = 0$ nicht ein. Das spielt wegen der Stetigkeit von f aber keine Rolle, da man den Wert von f an diesen Stellen nicht willkürlich verändern kann, ohne die Stetigkeit zu verletzen.

Im Diskreten ist das anders und die Bildwerte am Rand können durchaus wichtig sein. Arbeitet man in der Bildverarbeitung mit der falschen Formel von oben, so ist aber zumeist kein Fehler bemerkbar. Häufig werden Vordergrundobjekte in Binärbildern analysiert, die den Rand gar nicht berühren, in denen am Rand also der Bildwert bereits 0 ist. Und bei einer statistischen Analyse großer Bilder fällt es meist kaum ins Gewicht, wenn der obere und linke Rand als 0 betrachtet wird. Dennoch wollen wir den Fehler beheben und ver-schieben unser Bild einfach um ein Pixel nach rechts und nach unten und analysieren das verschobene Bild. In der Praxis heißt das, dass wir zu statistischen Untersuchungen, die

Momente einer Ordnung > 0 benutzen, nicht Bilder $I: [0, N[\times [0, M[\rightarrow \mathbb{Q}$ betrachten, sondern Bilder

$$I: [1, N] \times [1, M] \rightarrow \mathbb{Q}.$$

Im Rest dieses Abschnitts 4.4.2 sei I stets ein Bild dieses Typs. Damit wird

$$m_{k,l}(I) := \sum_{i=1}^{N} \sum_{j=1}^{M} I(i, j) i^k j^l \qquad (4.16)$$

ein diskretes Moment der Ordnung $k + l$ von I. Wir werden ausschließlich Momente bis zur Ordnung 2 benutzen. Da es aus dem Kontext fast immer entweder klar oder unwichtig ist, auf welches Bild man sich bezieht, schreibt man fast ausschließlich $m_{k,l}$ statt $m_{k,l}(I)$.

$m_{0,0}$ addiert einfach alle Bildwerte auf und wird daher auch als *Summe* $\sum I$ oder (gewichtete) *Fläche* von I bezeichnet. $m_{0,0}/|\text{Loc}_I|$ ist der Mittelwert μ_I von I. $m_{1,0}$ ist die gewichtete Summe aller i-Koordinaten $g_1 \cdot 1 + \ldots + g_n \cdot n$, wobei g_i das Gewicht der Summe aller Bildwerte in der i-ten Zeile ist. Analog ist $m_{0,1}$ die gewichtete Summe aller j-Koordinaten. Betrachten wir als Beispiel das simple eindimensionale Bild I, das wir auch einfach als eine Folge oder ein Histogramm mit 9 Bins auffassen können,

$$I = 100 \quad 20 \quad 10 \quad 5 \quad 40 \quad 5 \quad 0 \quad 5 \quad 0.$$

Der Mittelwert μ_I ist 20,6, der Median ist 5, die Fläche $m_{0,0} = \sum I$ ist 185 und $m_{1,0}$ ist 460. Stellen wir uns I als einen Balken vor, auf dem im gleichen Abstand die Gewichte 100, 20, 10, 5, 40, 5, 0, 5 und 0 aufgelegt sind, den wir mit nur einer Stütze im Gleichgewicht halten wollen. Wie findet man diesen Gleichgewichtsort? Offensichtlich muss man den gewichteten Ortsmittelpunkt finden, in dem jeder Ort mit seinem relativen Gewicht $I(i)/\sum I$ eingeht. Das ist gerade der Ort $m_{1,0}/\sum I$ des Schwerpunkts, im Beispiel liegt er bei ca. 2,49. Stellen wir uns ein zweidimensionales Bild I als eine Platte P = Loc vor, auf der am Ort (i, j) das Gewicht $I(i, j)$ liegt, so besitzt der Schwerpunkt von I die Koordinate $(m_{1,0}, m_{0,1})/m_{0,0}$, an der man die Platte abstützen muss, um sie mit einer Stütze im Gleichgewicht zu halten.

Wir definieren als *Schwerpunkt* s_I eines Bildes I daher

$$s_I := \frac{1}{m_{0,0}} \cdot (m_{1,0}, m_{0,1})$$

mit den Koordinaten

$${}^{\mathbf{1}}s_I = \frac{m_{1,0}}{m_{0,0}}, \quad {}^{\mathbf{2}}s_I = \frac{m_{0,1}}{m_{0,0}},$$

denen wir wegen ihrer Bedeutung eigene Bezeichner geben. Obwohl die Pixelorte im $\mathbb{Z}^2$ liegen, liegt der Schwerpunkt i. Allg. im $\mathbb{Q}^2$, er wird also subpixelgenau gemessen.

Wichtig sind zentrale Momente, in denen nicht die Koordinaten i, j eingehen, sondern deren Abstände zu ihren Schwerpunkten.

$$\mu_{k,l}(I) := \sum_{(i,j)\in\mathrm{Loc}_I} I(i,j)(i - {}^1 s_I)^k (j - {}^2 s_I)^l \qquad (4.17)$$

ist ein zentrales Moment der Ordnung $k + l$ von I. $\mu_{k,l}$ wird fast ausschließlich als Abkürzung von $\mu_{k,l}(I)$ verwendet. Das normierte zentrale Element $\hat{\mu}_{k,l}$ der Ordnung $k + l$ ist

$$\hat{\mu}_{k,l} := \frac{\mu_{k,l}}{m_{0,0}}.$$

Letztlich interessieren uns nur $\hat{\mu}_{2,0}, \hat{\mu}_{0,2}$ und $\hat{\mu}_{1,1}$, deren Bedeutung sich leicht erschließt.

$$\hat{\mu}_{2,0}(I) = \frac{1}{m_{0,0}} \sum_{(i,j)\in\mathrm{Loc}} I(i,j)(i - {}^1 s_I)^2$$

ist die Varianz von I in der ersten Koordinate. Sie misst die Varianz zwischen den Zeilen relativ zum Schwerpunkt. Entsprechend ist $\hat{\mu}_{0,2}$ die Varianz in der zweiten Koordinate und misst die Varianz der Spalten relativ zum Schwerpunkt.

$$\hat{\mu}_{1,1}(I) := \frac{1}{m_{0,0}} \sum_{(i,j)\in\mathrm{Loc}_I} I(i,j)(i - {}^1 s_I)(j - {}^2 s_I)$$

misst die Varianz zwischen erster und zweiter Koordinate, also deren Covarianz, vgl. die Gl. 4.15. Der Korrelationskoeffizient cc von I ist damit

$$\mathrm{cc} = \mathrm{cc}_I = \frac{\hat{\mu}_{1,1}}{\sqrt{\hat{\mu}_{2,0}\hat{\mu}_{0,2}}} = \frac{\mu_{1,1}}{\sqrt{\mu_{2,0}\mu_{0,2}}}.$$

In der Stochastik benutzt man oft weitere Bezeichner, so

$$
\begin{array}{lllll}
\text{für} & \hat{\mu}_{2,0} & \text{auch} & \sigma_X^2 & \text{und} & \mathrm{cov}(X, X), \\
\text{für} & \hat{\mu}_{0,2} & \text{auch} & \sigma_Y^2 & \text{und} & \mathrm{cov}(Y, Y), \\
\text{für} & \hat{\mu}_{1,1} & \text{auch} & \sigma_{XY}^2 & \text{und} & \mathrm{cov}(X, Y),
\end{array}
$$

wobei X und Y auf die erste und zweite Zufallsvariable oder Koordinate referieren. Eine gewisse Vorsicht ist geboten, um diese Varianzen nicht mit der Varianz σ_I^2 von I zu verwechseln. In σ_I^2 werden die Varianzen zum Bildmittelwert μ_I gemessen, in σ_X^2, σ_Y^2 und σ_{XY}^2 aber zu den Schwerpunktkoordinaten.

Diese zentralen Momente sollten nicht gemäß der Formel 4.17 berechnet werden, da dazu zwei Scans durch das Bild notwendig wären. Vielmehr kann man die zentralen Momente auf normale Momente zurückführen. Es gilt

$$\hat{\mu}_{2,0} = \frac{m_{2,0}}{m_{0,0}} - \frac{m_{1,0}^2}{m_{0,0}^2},$$

$$\hat{\mu}_{0,2} = \frac{m_{0,2}}{m_{0,0}} - \frac{m_{0,1}^2}{m_{0,0}^2}, \qquad (4.18)$$

$$\hat{\mu}_{1,1} = \frac{m_{1,1}}{m_{0,0}} - \frac{m_{1,0} \cdot m_{0,1}}{m_{0,0}^2},$$

wie man leicht nachrechnen kann. Beispielhaft rechnen wir $\mu_{1,1}$ aus:

$$\begin{aligned}
\mu_{1,1} &= \sum_{(i,j)\in \text{Loc}_I} I(i,j)(i - {}^1s_I)(j - {}^2s_I) \\
&= \sum_{(i,j)\in \text{Loc}_I} I(i,j)\bigl(ij - {}^1s_I\,j - {}^2s_I\,i + {}^1s_I\,{}^2s_I\bigr) \\
&= \sum_{(i,j)\in \text{Loc}_I} I(i,j)ij - {}^1s_I \sum_{(i,j)\in \text{Loc}_I} I(i,j)j \\
&\quad - {}^2s_I \sum_{(i,j)\in \text{Loc}_I} I(i,j)i + {}^1s_I\,{}^2s_I \sum_{(i,j)\in \text{Loc}_I} I(i,j) \\
&= m_{1,1} - {}^1s_I \cdot m_{0,1} - {}^2s_I \cdot m_{1,0} + {}^1s_I\,{}^2s_I \cdot m_{0,0} \\
&= m_{1,1} - \frac{2m_{1,0}m_{0,1}}{m_{0,0}} + \frac{m_{1,0}m_{0,1}}{m_{0,0}} \\
&= m_{1,1} - \frac{m_{1,0}m_{0,1}}{m_{0,0}}.
\end{aligned}$$

Für eine Implementierung lassen sich die Momente $m_{k,l}$ in einem Scan durch I leicht ermitteln.

Abbildung 4.6 zeigt eine kleines Bild von 5 Zeilen und Spalten mit den eingetragenen Werten. Wir nutzen zur internen Berechnung

$$m_{1,0} = \sum_{i=1}^{N} i \cdot \sum_{j=1}^{M} I(i,j)$$

etc. In $\sum$ werden die Spalten oder Zeilen aufaddiert. $i \cdot \sum$ multipliziert die Summe der i-ten Zeile zusätzlich mit i und $i^2 \cdot \sum$ mit i^2. Analog werden in $j \cdot \sum$ und $j^2 \cdot \sum$ die Summen der j-ten Spalte mit j und j^2 multipliziert. Somit erhält man $m_{0,0}, m_{1,0}, m_{2,0}, m_{0,1}$ und $m_{0,2}$. Für $m_{1,1}$ werden die Spaltensummen $\sum i\cdot$ gebildet, wobei der i-te Wert mit i gewichtet wird. Die j-te dieser gewichteten Spaltensummen wird in $j \cdot \sum i\cdot$ zusätzlich mit j gewichtet. Man kann also in einem Scan durch das Bild alle diese Momente und auch $\sum_{(i,j)\in \text{Loc}} I^2(i,j)$ (= 478 im Beispielbild) leicht erzeugen.

Abb. 4.6 Ein kleines 5×5-Bild mit seinen Momenten

I	1	2	3	4	5 j	Σ	$i \cdot \Sigma$	$i^2 \cdot \Sigma$
1	8	8	8	4	2	30	30	30
2	8	8	4	0	0	20	40	80
3	8	4	2	4	2	20	60	180
4	0	1	0	2	2	5	20	80
5 i	0	1	0	2	2	5	25	125
Σ	24	22	14	12	8	80 $m_{0,0}$	175 $m_{1,0}$	495 $m_{2,0}$
$j \cdot \Sigma$	24	44	42	48	40	198 $m_{0,1}$		
$j^2 \cdot \Sigma$	24	88	126	192	200	630 $m_{0,2}$		
$\Sigma i \cdot$	48	45	22	34	26			
$j \cdot \Sigma i \cdot$	48	90	66	136	130	470 $m_{1,1}$		

4.5   Die Gaußverteilung

Die Gaußverteilung oder Normalverteilung der Statistik spielt in vielen Bereichen eine wichtige Rolle. Wegen ihrer Bedeutung in der Bildverarbeitung erhält sie einen eigenen Abschnitt. Wir wollen hier aber nur die für die Bildverarbeitung wichtigen Eigenschaften vorstellen und keinen tieferen mathematischen Exkurs in die Gaußverteilung geben. Die Bedeutung der Gaußverteilung besteht darin, dass im täglichen Leben viele Dinge normalverteilt sind. Das gilt etwa für die Größen oder Gewichte einer zufälligen Auswahl von Menschen des gleichen Geschlechts und einer bestimmten Altersgruppe, für die Streuung bei Messfehlern, für die Werte von Schadensfällen bei Versicherungen etc. Trägt man solche Werte in eine Grafik ein, so wird das Bild die typische Glockenkurve der Normalverteilung annehmen. Hat man hingegen eine zufällige Stichprobe über das Gewicht von 1000 Männern und 1000 Frauen im Alter von 25 bis 35 eines Landes, so ergeben sich zwei Gaußverteilungen (eine für Frauen, eine für Männer), die sich überlagern, zwei Peaks besitzen und selbst keine Gaußverteilung mehr sind.

4.5.1   Definition der Gaußverteilung

Es sei M eine endliche Stichprobe von irgendwelchen Objekten m in M und $g : M \to \mathbb{R}$ eine Funktion, die jedem Element m aus M eine Größe $g(m)$ zuordnet, die wir in der Stichprobe messen. Es sei Val $:= g(M)$ die endliche Menge aller in M gemessener Größen und $h_M :$ Val $\to [0, 1]_{\mathbb{Q}}$ das relative Histogramm von M, wobei $h_M(v)$ sagt, wie viele Elemente m in M den Wert $v = g(m)$ prozentual annehmen. Wir unterteilen $\mathbb{R}$ mittels n Schwellwerte $s_1, \ldots, s_n$ mit $s_i < s_{i+1}$ in $n + 1$ Bins:

$$B_1 = \,]-\infty, s_1[_{\mathbb{R}}, \quad B_{i+1} = [s_i, s_{i+1}[_{\mathbb{R}}, \quad B_{n+1} = [s_n, \infty[_{\mathbb{R}} \quad \text{für} \quad 1 \le i \le n.$$

Es ist $F \colon \mathbb{R} \to \mathbb{R}$ mit

$$F(x) := P(X < x) := \frac{|\{m \in M \mid g(m) < x\}|}{|M|}$$

die Wahrscheinlichkeit, dass ein zufällig gezogenes Element der Stichprobe einen Wert kleiner als $x \in \mathbb{R}$ hat. Analog definiert man $P(X \leq x), P(X > x)$ etc. Die Wahrscheinlichkeit, in ein Bin B_i zu fallen, ist damit

$$P(B_i) := h_M(B_i) = P(s_i \leq x < s_{i+1}) \left(= F(s_{i+1}) - F(s_i)\right).$$

Offensichtlich gilt
$$\sum_{1 \leq i \leq n+1} P(B_i) = 1.$$

Wir nehmen in einem Gedankenexperiment an, dass wir $\mathbb{R}$ in unendlich viele Bins B_i einer gleichen Breite δ partitionieren und wir δ gegen 0 und die Stichprobengröße $|M|$ gegen Unendlich laufen lassen. Das Histogramm h_M wird dann zu einer reellwertigen Funktion

$$f \colon \mathbb{R} \to [0, 1]_\mathbb{R},$$

der sogenannten *Dichtefunktion* einer *Wahrscheinlichkeitsverteilung*, mit der Eigenschaft

$$\int_{-\infty}^{+\infty} f(t)\, \mathrm{d}t = 1.$$

$$F(x) := P(X < x) := \int_{-\infty}^{x} f(t)\, \mathrm{d}t$$

ist jetzt die Wahrscheinlichkeit, dass ein zufälliger Messwert kleiner als x ist. Für eine stetige Dichtefunktion f und eine reelle Zahl x gilt stets $P(X = x) = 0$, da niemals ein Objekt einer Stichprobe exakt den reellen Wert x annehmen kann. (Im diskreten Fall, wie bei uns in der Bildverarbeitung mit endlich vielen Bins, die jeweils nur endliche viele rationale Zahlen – wegen der Genauigkeitsbeschränkung im Rechner – enthalten, gilt dies nicht und $F(q)$ kann größer 0 sein.) Man kann die Begriffe Erwartungswert (Mittelwert) und Varianz kanonisch auf Dichtefunktionen übertragen und erhält

$$E[f] = \mu_f := \int_{-\infty}^{+\infty} t \cdot f(t)\, \mathrm{d}t,$$

$$\sigma_f^2 := \int_{-\infty}^{+\infty} (t - \mu_f)^2 \cdot f(t)\, \mathrm{d}t,$$

sofern beide Integrale überhaupt existieren.

Abb. 4.7 Drei Gauß'sche
Normalverteilungen

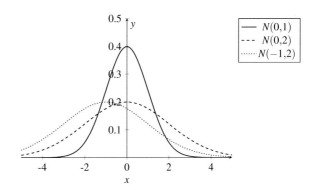

Die *Gauß'sche Normalverteilung* (oder *Gaußverteilung, Normalverteilung*) mit den Parametern $\mu, \sigma \in \mathbb{R}$, meist als $\varphi_{\mu,\sigma}$ oder $N(\mu, \sigma)$ bezeichnet, ist eine solche Dichtefunktion von $\mathbb{R}$ nach $\mathbb{R}$ definiert als

$$N(\mu, \sigma)(x) := \frac{1}{\sqrt{2\pi \cdot \sigma}} \cdot e^{-\frac{(x-\mu)^2}{2\sigma^2}}.$$

Vorsicht: Wikipedia bezeichnet diese Funktion auch mit $\mathcal{N}(\mu, \sigma^2)$. Wir folgen hier der Notation aus dem mathematischen Begriffswörterbuch von Meschkowski [75]. Häufig findet man nur die Bezeichnung $G(x)$, ohne dass μ, σ explizit genannt werden, obwohl μ und σ in der Formel für G vorkommen. Dies macht nur Sinn, wenn die Parameter aus dem Zusammenhang bekannt sind.

Die Gauß'sche Normalverteilung besitzt folgende Eigenschaften:

- $\int\limits_{-\infty}^{+\infty} N(\mu, \sigma)(t)dt = 1$,
- der Mittelwert $E\left[N(\mu, \sigma)\right]$ von $N(\mu, \sigma)$ ist μ,
- die Varianz von $N(\mu, \sigma)$ ist σ^2,
- der maximale Wert ist $\frac{1}{\sqrt{2\pi \cdot \sigma}}$ und wird bei $x = \mu$ angenommen,
- $N(\mu, \sigma)$ besitzt zwei Wendepunkte bei $\mu - \sigma$ und $\mu + \sigma$.

Abbildung 4.7 zeigt drei Beispiele.

Man kann $N(\mu, \sigma)$ leicht aus der Normalverteilung $\varphi := N(0, 1)$ mit Mittelwert 0 und Varianz 1 wie folgt berechnen:

$$N(\mu, \sigma)(x) = \frac{1}{\sigma} \varphi\left(\frac{x - \mu}{\sigma}\right).$$

Für

$$\Phi_{\mu,\sigma}(x) := \int\limits_{-\infty}^{x} N(\mu, \sigma)(t)\, \mathrm{d}t \quad \text{gilt}$$

$$P_{N(\mu,\sigma)}(X < x) = \Phi_{\mu,\sigma}(x),$$
$$P_{N(\mu,\sigma)}(z \leq X < x) = \Phi_{\mu,\sigma}(x) - \Phi_{\mu,\sigma}(z).$$

$\Phi_{\mu,\sigma}$ ist die *Verteilungsfunktion* der Normalverteilung $N(\mu,\sigma)$. Es existiert keine geschlossene Formel für $\Phi_{\mu,\sigma}$. Die Werte von $\Phi_{0,1}$ sind in Tabellen approximiert und für $\Phi_{\mu,\sigma}$ nutzt man die Formel

$$\Phi_{\mu,\sigma}(x) = \Phi_{0,1}\left(\frac{x-\mu}{\sigma}\right).$$

Wichtige Regeln sind (hierbei ist P stets $P_{N(\mu,\sigma)}$)

$$P(|x-\mu| < \sigma) \approx 0{,}682,$$
$$P(|x-\mu| < 2\cdot\sigma) \approx 0{,}955,$$
$$P(|x-\mu| < 3\cdot\sigma) \approx 0{,}997,$$
$$P(|x-\mu| < k\cdot\sigma) = 2\Phi_{\mu,\sigma}(k) - 1.$$

Die zweite und dritte Regeln heißen auch *2σ-* und *3σ-Regel*. Sie besagen, dass in etwas über 95 bzw. über 99 % aller Fälle die Werte einer Stichprobe im Intervall $[\mu-2\sigma, \mu+2\sigma]$ bzw. $[\mu-3\sigma, \mu+3\sigma]$ liegen.

Die mehrdimensionale Gaußverteilung $N^d(0,\sigma) : \mathbb{R}^d \to \mathbb{R}$ mit Mittelwert 0 und Varianz σ in allen Dimensionen ist für $x \in \mathbb{R}^d$ gegeben durch

$$N^d(0,\sigma)(x) := \frac{1}{\sqrt{(2\pi\sigma)^d}} e^{-\frac{a}{2\sigma}}, \tag{4.19}$$

mit $a = xx^\mathsf{T} = \sum_{1\le i\le d} x_i^2$, für $x = (x_1,\ldots,x_d)$. Für unterschiedliche Varianzen in unterschiedlichen Dimensionen wird die Sache komplizierter und von uns auch nicht benötigt. Einen d-dimensionalen Mittelwert $\mu \neq 0$ kann man hingegen leicht realisieren. In der Bildverarbeitung ist $\mu \neq 0$ aber recht uninteressant.

4.5.2   Gauß'sches Rauschen

Legt man ein *Gauß'sches Rauschen* mit den Parametern μ, σ auf ein Bild, so meint man damit, dass zu jedem Pixelwert pro Kanal ein zufällig gemäß der Gaußverteilung $N(\mu,\sigma)$ gezogener Wert aufaddiert wird. In 68,2 % aller Fälle wird dieser Wert nach den obigen Regeln dann im Intervall $[\mu-\sigma, \mu+\sigma]$ liegen. Abbildung 4.8 zeigt oben links ein weiteres häufiger verwendetes Bild (*Beispielgebäude 2* genannt) mit Val $= [0, 255]$. Oben rechts wurde ein Rauschen mit den Parametern $\mu = 0$ und $\sigma = 20$ aufaddiert. In dem hier verwendeten BV-Tool bedeutet $\sigma = 20$, dass der Wendepunkt der Gaußglocke bei 20 liegt, im hier interessanten Bereich von 0 bis 255. Nach der 2σ-Regel werden also 95 % aller zufällig auf val(P) aufaddierten Werte zwischen -40 und $+40$ liegen, davon ca. 69 % zwischen -20 und $+20$. σ ist eigentlich in diesem Tool missverständlich

Abb. 4.8 Diverses Rauschen. Original *Beispielgebäude 2* (*oben links*), mit Gauß'schem Rauschen
mit $\sigma = 20$ (*oben rechts*), mit sehr starkem Salz-und-Pfeffer Rauschen (10 % aller Pixel auf Weiß
und anschließend 10 % auf Schwarz gesetzt, *unten links*) und mit einem Medianfilter einmal korri-
giert (*unten rechts*)

und bezeichnet einen absoluten Wert für den Standardwertebereich $[0, 255]$ in dem freien
Bildverarbeitungstool **G**NU **I**mage **M**anipulation **P**rogramm (GIMP). Natürlich muss bei
jeder Addition der Wert wieder zu einer natürlichen Zahl gerundet werden und darf 0 nicht
unter- und 255 nicht überschreiten, damit Val nicht verlassen wird.

Neben dem Gauß'schen Rauschen ist das *Salz-und-Pfeffer Rauschen* in der digitalen
Bildverarbeitung interessant. Hier werden zufällig Pixel auf Weiß (Salz) und Schwarz
(Pfeffer) gesetzt. Im Bild unten links in der Abb. 4.8 wurden zufällig gleichverteilt 10 %
aller Pixel auf Weiß (Salz) und anschließend 10 % auf Schwarz (Pfeffer) gesetzt. Damit
wurden 9 % aller Pixel auf 255 und 10 % auf 0 gesetzt. Das Bild ist dadurch in einem
äußerst schlechten Zustand, dennoch konnte es, siehe unten rechts, mit nur einer Anwendung eines Medianfilters – Details dazu folgen in Abschn. 6.3.2 – in einem Schritt gut
restauriert werden.

Transformationen im Wertebereich

5

Wir wollen hier einfachste Bildmanipulationen als erste vorbereitende Schritte einer Bildverarbeitung vorstellen. Diese Manipulationen operieren nur im Wertebereich, unabhängig von den Pixelorten, und verwenden vielfach Histogramme. Wir betrachten in diesem Kapitel nur einkanalige Bilder $I\colon \mathrm{Loc} \to \mathrm{Val}$ eines festen Typs $(\mathrm{Loc}, \mathrm{Val})$ mit $\mathrm{Val} = [\min, \max]_{\mathbb{Q}}$ mit $\min < \max$ in $\mathbb{Q}$. Das ist notwendig, um von minimalen und maximalen Werten in Val sprechen und eine Anordnung $\leq$ auf Val ausnutzen zu können. Ein konkretes Bild I dieses Typs $(\mathrm{Loc}, \mathrm{Val})$ muss natürlich nicht alle Werte in Val annehmen, $\mathrm{val}(I) \subset \mathrm{Val}$ ist möglich.

5.1 Gradationskurven

Gradationskurven dienen einer ortsunabhängigen Manipulation der Werte eines Bildkanals. Eine *Gradationskurve g* ist eine Abbildung

$$g\colon [0, 1]_{\mathbb{Q}} \to [0, 1]_{\mathbb{Q}}.$$

g legt fest, wie die Werte v in $\mathrm{Val} = [\min, \max]_{\mathbb{Q}}$ transformiert werden. Dies geschieht nach der Formel

$$v \hookrightarrow \hat{g}(v) := \Delta \cdot g\left(\frac{v - \min}{\Delta}\right) + \min, \tag{5.1}$$

in der $\Delta = \max - \min$ gesetzt ist. Für einen natürlichen Wertebereich $\mathrm{Val} \subset \mathbb{N}$ muss $\hat{g}(v)$ noch auf round $\hat{g}(v) \in \mathbb{N}$ gesetzt werden.

© Springer-Verlag Berlin Heidelberg 2015
L. Priese, *Computer Vision*, eXamen.press, DOI 10.1007/978-3-662-45129-8_5

Tab. 5.1 Kennlinien diverser Gradationskurven

Name	$g(x) =$	Wirkung
negative Kennlinie	$1 - x$	Inversion
quadratische	x^2	Kontrastanhebung im Hellen
exponentielle	$a \cdot x^b$	von a, b abhängig
logarithmische	$a \cdot \log(x + 1)$	Kontrastanhebung im Dunklen
Wurzelkennlinie	$\sqrt{x}$	Kontrastanhebung im Dunklen
Binarisierung	$\begin{cases} 0 & : \quad x < s_1 \\ 1 & : \quad x \geq s_1 \end{cases}$	Binärbild
Klasseneinteilung	$\begin{cases} y_1 & : \quad x < s_1 \\ y_2 & : \quad s_1 \leq x < s_2 \\ \vdots & : \quad \vdots \\ y_m & : \quad x \geq s_{m-1} \end{cases}$	Klassenbild

Abb. 5.1 Beispiel einer Gradationskurve zur Kontrastanhebung im mittleren Bereich

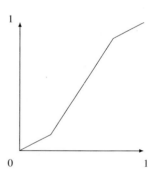

5.1.1 Diverse Gradationskurven

Tabelle 5.1 zeigt häufig verwendete Gradationskurven. Eine Gradadtionskurve $1 - x$ invertiert die Grauwerte im Bild. Bei einer exponentiellen Kennlinie $a x^b$ wird bei $a = 1$ und $b < 1$ eine Kontrastanhebung im Dunklen und Kontrastabschwächung im Hellen erreicht, bei $a = 1, b > 1$ umgekehrt. Die Gradationskurve für eine Klasseneinteilung bildet alle Pixel mit Werten zwischen den Schwellen s_i, s_{i+1} auf den festen Wert y_i ab. Wählt man als y_i etwa $\frac{s_i + s_{i+1}}{2}$, so werden recht gleichmäßig weniger Bildwerte in Val verwendet und das Bild wirkt plakativer. Eine Binarisierung kann man mit nur einem Schwellwert erreichen, wie in Tab. 5.1 gezeigt, oder mit zwei Schwellwerten s_1, s_2, wobei zu dunkle ($< s_1$) und zu helle ($\geq s_2$) Werte auf den Wert 0 gesetzt werden. In diesem Fall geht man davon aus, dass interessante Objekte in einem mittleren Grauwertbereich $s_1 \leq g < s_2$ liegen. Sie sollen als Vordergrund (Wert 1) mit einem restlichen Hintergrund (Wert 0) herausgehoben werden. Methoden, wie man Schwellwerte automatisch finden kann, werden wir noch kennenlernen.

In vielen Bildverarbeitungsprogrammen können die Kennlinien einfach interaktiv eingegeben werden. Die Kennlinie aus Abb. 5.1 schwächt den Kontrast im dunklen und

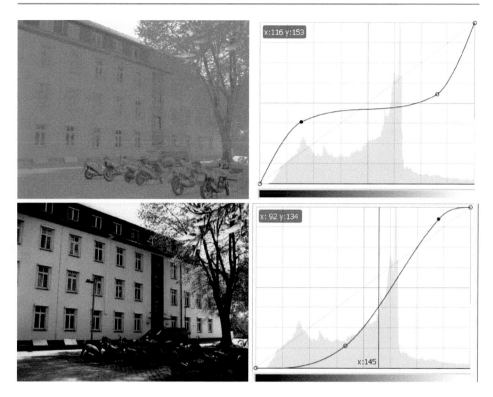

Abb. 5.2 Gradationsanwendung. Die Abbildung *Beispielgebäude 2* mit zwei verschiedenen Gradationskurven verfremdet

hellen Bereich (erstes und letztes Viertel der Werte) und erhöht ihn im mittleren Bereich. Abbildung 5.2 zeigt die Verfremdung des Beispielgebäudes 2 (links) mittels zweier Gradationskurven (rechts angegeben).

5.1.2 Lookup-Tabellen

In den Verfahren mit Gradationskurven ist die Transformation eines Wertes v vom Bildinhalt seiner Umgebung unabhängig. Ferner ist der Wertebereich Val üblicherweise sehr klein gegenüber dem Ortsbereich Loc. Daher wäre es kompletter Unfug, jedes Mal für ein Pixel P mit val(P) $= v$ den Wert $\hat{g}(v) = \Delta \cdot g\left(\frac{v - \min}{\Delta}\right) + \min$ neu zu berechnen. Vielmehr speichert man alle möglichen zulässigen Werte $\hat{g}(v)$ oder round $\hat{g}(v)$ für $v \in$ Val einmalig in einer sogenannten *Lookup-Tabelle (LUT)* ab und schlägt jedes Mal für v den Wert $\hat{g}(v)$ einfach nach. Daher werden diese Transformationsverfahren auch LUT-Verfahren genannt. Generell gehört der Einsatz von Lookup-Tabellen zu einem guten Programmierstil. Wir werden später z. B. bei der Berechnung der Hough-Transformation für jedes Pixel P in I einen Winkel α berechnen und den Wert $\cos \alpha$ benötigen. Die Winkelwerte α sind dabei abgerundet und es kommen typischerweise nur n verschiedene Werte für α vor, wobei normalerweise $n \ll |I|$ gilt. Zu jedem Bildpixel in I jedes Mal die Funktion cos aufzurufen, anstatt für alle möglichen $n \ll |I|$ vielen Winkel α den Wert $\cos \alpha$ in einer LUT abzuspeichern, ist ein schlechter Programmierstil.

5.2 Histogrammmanipulation

Wir stellen zwei Methoden zur Kontrastverbesserung eines Bildes vor, die Histogrammspreizung und -ebnung. Häufig interessieren Schwellwerte für Val, die Val in aufeinanderfolgende Intervalle unterteilen. Dies kann man für eine plakative Darstellung eines Bildes verwenden oder zur Eingrenzung verschiedener Objekte mit unterschiedlichen Grauwerten. Eine Bestimmung solcher Schwellwerte geschieht mittels einer statistischen Analyse des Histogramms.

5.2.1 Histogrammspreizung

Die in diesem und nächsten Abschnitt beschriebenen Transformationen sind ebenfalls vom Ort unabhängig, nutzen aber das Histogramm eines Bildes $I : \mathrm{Loc} \rightarrow \mathrm{Val} = [\min, \max]_{\mathbb{Q}}$. Werden die minimalen oder maximalen Werte max, min in Val von I nicht angenommen, empfiehlt sich häufig eine Spreizung von val(I) auf ganz Val. Dazu seien

$$\max{}_I := \max\{x \in \mathrm{val}(I)\},$$
$$\min{}_I := \min\{x \in \mathrm{val}(I)\},$$

die tatsächlich in I maximal und minimal angenommenen Werte. Bei der *Histogrammspreizung* (im Englischen *histogram stretching*) werden nun die Werte von val(I) auf ganz Val als Wertebereich durch die folgende lineare Transformation gespreizt, die $\min_I$ auf min und $\max_I$ auf max abbildet:

$$v \hookrightarrow \min + (v - \min{}_I) \cdot \frac{\max - \min}{\max{}_I - \min{}_I}.$$

Für den Standardwertebereich Val $= [0, 255]$ vereinfacht sich dies zu

$$v \hookrightarrow 255 \cdot \frac{v - \min{}_I}{\max{}_I - \min{}_I}. \tag{5.2}$$

Für den Menschen bewirkt diese Transformation meist den Eindruck einer generellen Kontrasterhöhung. Für eine Weiterverarbeitung im Rechner muss aber kein positiver Effekt eintreten, da letztlich die gemessenen Bildwerte verfälscht wurden.

5.2.2   Histogrammebnung

Mit *Ebnung des Histogramms* (im Englischen *histogram equalization*) wird meist eine Operation bezeichnet, die versucht, alle Werteintervalle $[v_i, v_{i+1}[\subset \text{Val}$ möglichst gleich häufig in $\text{val}(I)$ vorkommen zu lassen. Eine Spreizung der Ausgangswerte soll nicht mehr gleichmäßig (linear) im Intervall $[\min_I, \max_I]_{\mathbb{Q}}$ stattfinden, sondern an Stellen v besonders stark sein, die im Histogramm sehr oft vorkommen. Zu diesem Zweck kann man einfach das akkumulierte relative Histogramm h_I^{akk} von I selbst als Gradationskurve verwenden.

Für einen Wertebereich $\text{Val} = [0, \max]_{\mathbb{Q}}$ führt dies zur simplen Transformation

$$v \hookrightarrow v \cdot h_I^{\text{akk}}(v). \tag{5.3}$$

Allerdings findet hierbei eine systematische Abdunklung statt. Betrachten wir dazu ein Bild, dessen Pixel zu je einem Drittel die Werte 90, 120 und 150 annehmen. Damit gilt $h_I^{\text{akk}}(90) = 1/3$, $h_I^{\text{akk}}(120) = 2/3$ und $h_I^{\text{akk}}(150) = 1$ mit der Transformation

$$90 \hookrightarrow 30,$$
$$120 \hookrightarrow 80,$$
$$150 \hookrightarrow 150,$$

und das Bild wird dunkler.

In der Praxis nimmt man oft die Formel

$$v \hookrightarrow \max \cdot h_I^{\text{akk}}(v). \tag{5.4}$$

Allerdings kann jetzt eine ungewollte Aufhellung stattfinden. In dem Standardwertebereich $\text{Val} = [0, 255]$ gilt jetzt für das genannte Beispielbild

$$90 \hookrightarrow 85,$$
$$120 \hookrightarrow 170,$$
$$150 \hookrightarrow 255.$$

Haben wir etwa ein Bild I, in dem der Wert 0 S-mal angenommen wird, so wird das Schwarz 0 systematisch auf den Grauwert

$$\max \cdot h_I^{\text{akk}}(0) = \frac{\max \cdot S}{|\text{Loc}|}$$

transformiert, während der hellste Wert $\max_I$ in I auf max abgebildet wird.

Damit besitzen beide Transformationen, 5.3 und 5.4, Nachteile. Für $\text{Val} = [\min, \max]_{\mathbb{Q}}$ kann man die Ebnung mit einer Spreizung mit der Transformation

$$v \hookrightarrow \min + (\max - \min) \cdot \frac{H_I^{\text{akk}}(v) - H_I(\min_I)}{|\text{Loc}| - H_I(\min_I)} \tag{5.5}$$

 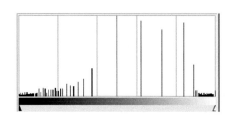

Abb. 5.3 Histogrammebnung. Das obere linke Bild aus Abb. 5.2 wurde hier mit einer Histogrammmebnung wieder kontrastverstärkt, mit einem recht ausgedünnte Histogramm.

kombinieren. Abbildung 5.3 zeigt den Effekt einer Histogrammebnung auf das mit der ersten Gradadtionskurve in Abb. 5.2 sehr grau verfälschte Beispielgebäude. Der Kontrast konnte wieder verstärkt werden. Das neue Bild besitzt aber ein sehr ausgedünntes Histogramm und enthält deutlich weniger Information als das Originalbild aus Abb. 5.5. Dies ist natürlich nicht verwunderlich, da das Original mit der ersten Gradationskurve extrem kontrastärmer wurde und die Histogrammebnung das nur optisch etwas korrigieren kann. Generell ist zu sagen, dass Histogrammspreizung und -ebnung ein Bild für den Betrachter visuell aufhübschen können, für eine anschließende Bildanalyse im Rechner schaden sie mit ihrer Bildverfälschung aber eher.

5.2.3 Schwellwertbildung mittels Histogrammen

In diesem Abschnitt betrachten wir Grauwertbilder $I: \text{Loc} \rightarrow \text{Val}$ mit $\text{Val} = [\min, \max]$ mit Werten in $\mathbb{N}$. Gesucht werden $m-1$ Schwellwerte $s_1, \ldots, s_{m-1}$ in $\mathbb{N}$ mit $s_i < s_{i+1}$ für $0 \leq i < m$ mit $s_0 := \min$ und $s_m := \max$. Damit erhält man die m Bildklassen

$$I_i := I_{s_i, s_{i+1}} := \{P \in I \,|\, s_i \leq \text{val}(P) < s_{i+1}\}.$$

Bei einer visuellen Darstellung dieser Bildklassen erhält jedes Pixel in I_i den neuen Wert μ_{I_i} oder $(s_i + s_{i+1})/2$. Dies ist eine plakative Darstellung von I. Bei nur einem Schwellwert s wählt man als Darstellung allerdings ein Binärbild, in dem $I_{\min,s}$ auf 0 und $I_{s,\max}$ auf 1 gesetzt wird.

Für einen größeren Wert m bietet es sich an, die Schwellwerte s_i etwa im gleichen Abstand zwischen min und max zu legen. Bei recht wenigen Klassen ist aber die Wahl der wenigen Schwellwerte wichtiger. Bei nur einem Schwellwert erhält man ein Binärbild. Hier ist die Wahl des Schwellwerts besonders entscheidend. Abbildung 5.4 zeigt dreimal

Abb. 5.4 Das Beispielgebäude 2 mit drei verschiedenen Schwellwerten binarisiert

das Beispielgebäude 2 mit jeweils einem anderen Schwellwert binarisiert. Soll ein guter Schwellwert automatisch für ein Bild gefunden werden, bieten sich statistische Methoden an, die das Histogramm des Bildes auswerten. Abbildung 5.5 zeigt rechts oben eine Binarisierung dieses Gebäudes mit einem automatisch gefundenen Schwellwert nach einer Methode von Otsu, die im Folgenden erläutert wird.

Eine wichtige Anwendung dieser Klassenbildung liegt in der Detektion von Objekten im Bild. Nehmen wir an, wir haben ein Grauwertbild mit verschiedenen Objekten im Bild. Jedes Objekt O besitze einen typischen Grauwertmittelwert μ_O. Man kann nun versuchen, Schwellwerte so zu finden, dass die Pixel eines Objekts O möglichst in einer Klasse I_i liegen. So einfach wird es nur selten gehen, da sich die in verschiedenen Objekten vorkommenden Grauwerte in der Praxis überlappen. Die gefundenen Klassen I_i werden meistens die gesuchten Objekte nicht eindeutig charakterisieren können, stellen aber häufig einen vorbereitenden Schritt dar.

Schwellwerte nach Otsu

Wir stellen hier eine Methode nach Otsu [85] vor, Schwellwerte automatisch zu bestimmen. Wir betrachten hier zuerst den Fall, dass genau ein Schwellwert s gesucht wird. Es seien

$$I_{\leq s} := \{P \in I \,|\, \mathrm{val}(P) \leq s\},$$
$$I_{>s} := \{P \in I \,|\, \mathrm{val}(P) > s\}, \text{ und}$$
$$a_{\leq s} := |I_{\leq s}|, \; a_{>s} := |I_{>s}|.$$

s soll möglichst gut an das Bild angepasst sein, wobei hier nur das Histogramm H_I für diese Anpassung verwendet wird. Ferner seien $\mu_{\leq s}, \mu_{>s}, \sigma_{\leq s}^2$ und $\sigma_{>s}^2$ die Mittelwerte und Varianzen der Werte in $I_{\leq s}$ und $I_{>s}$. Die Idee ist es nun, s so zu wählen, dass die Zielfunktion

$$Z_s := a_{\leq s} \cdot \sigma_{\leq s}^2 + a_{>s} \cdot \sigma_{>s}^2$$

minimal wird.

Dazu muss man nur s durch Val laufen lassen und das kleinste Z_s finden. Aber auch so eine leichte Aufgabe kann man geschickt oder dumm lösen. Dumm wäre es, für jeden Wert s Z_s neu zu berechnen. Geschickt ist es, die bereits berechneten Werte zu aktualisieren. Zuerst bestimmt man zu einem Bild I das absolute und damit auch das relative Histogramm H_I und h_I. Es sei Z_s für $s < \max$ bereits berechnet mit ebenfalls bekannten Werten

$$a_{\leq s}, \; a_{>s}, \; \mu_{\leq s}, \; \mu_{>s}, \; \sigma_{\leq s}^2, \text{ und } \sigma_{>s}^2.$$

Dann kann man zur Berechnung von Z_{s+1} die neu benötigten Werte $a_{\leq s+1}$, $\mu_{\leq s+1}$, $\sigma_{\leq s+1}^2$ aktualisieren durch

$$a_{\leq s+1} = a_{\leq s} + H_I(s+1),$$
$$\mu_{\leq s+1} = \frac{1}{a_{\leq s+1}} \big(H_I(s+1) \cdot (s+1) + a_{\leq s} \cdot \mu_{\leq s} \big),$$
$$\sigma_{\leq s+1}^2 = \frac{1}{a_{\leq s+1}} \big(H_I(s+1) \cdot (s+1)^2 + a_{\leq s}(\sigma_{\leq s}^2 + \mu_{\leq s}^2) \big) - \mu_{\leq s+1}^2$$

und analog für $a_{>s}$, $\mu_{>s}^2$, $\sigma_{>s}^2$.

Allerdings ist das noch nicht geschickt genug, da hier ständig dividiert und multipliziert werden muss. Um sinnvoll zu aktualisieren, wählt man andere Hilfsvariable, z. B.

$$V_{\leq s} = \sum_{i=\min}^{s} H(i) \cdot i, \; V_{>s} = \sum_{i=s+1}^{\max} H(i) \cdot i, \; Q_{\leq s} = \sum_{i=\min}^{s} H(i) \cdot i^2, \; Q_{>s} = \sum_{i=s+1}^{\max} H(i) \cdot i^2.$$

Mit der Gl. 4.10 erhält man

$$\sigma_{\leq s}^2 = \frac{Q_{\leq s}}{a_{\leq s}} - \mu_{\leq s}^2 \text{ und}$$
$$\sigma_{>s}^2 = \frac{Q_{>s}}{a_{>s}} - \mu_{>s}^2.$$

Damit gilt:

$$Z_s = Q_{\leq s} - a_{\leq s}\mu_{\leq s}^2 + Q_{>s} - a_{>s}\mu_{>s}^2$$
$$= Q_{\leq s} + Q_{>s} - \left(a_{\leq s}\frac{V_{\leq s}^2}{a_{\leq s}^2} + a_{>s}\frac{V_{>s}^2}{a_{>s}^2}\right).$$

Da $Q_{\leq s} + Q_{>s} = \sum_{i=\min}^{\max} H(i)i^2$ unabhängig von s ist, muss man nur noch das s finden, so dass die neue Zielfunktion

$$\hat{Z}_s := \frac{V_{\leq s}^2}{a_{\leq s}} + \frac{V_{>s}^2}{a_{>s}}$$

maximal wird. Damit müssen $Q_{\leq s}$ und $Q_{>s}$ gar nicht mehr berechnet werden. Wenn man die technischen Details des Aktualisierens nicht beachten will, ist die neue Zielfunktion $\hat{Z}_s$ nichts anderes als

$$\hat{Z}_s = a_{\leq s} \cdot \mu_{\leq s}^2 + a_{>s} \cdot \mu_{>s}^2,$$

die es zu maximieren gilt.

Die gleiche Idee lässt sich leicht für das Finden von $m-1$ Schwellwerte $s_1 < \ldots < s_{m-1}$ in Val übertragen. Man wählt die Schwellwerte $s_1, \ldots, s_{m-1}$ so, dass die neue Zielfunktion

$$Z_{s_1,\ldots,s_{m-1}} := \sum_{i=0}^{m-1} |I_i| \cdot \sigma_{I_i}^2$$

minimiert wird. Dies ist wieder äquivalent mit einer Maximierung der Zielfunktion

$$\hat{Z}_{s_1,\ldots,s_{m-1}} := \sum_{i=0}^{m-1} |I_i| \cdot \mu_{I_i}^2.$$

Abbildung 5.5 zeigt das Beispielgebäude 2 plus dessen Klasseneinteilung nach Otsu in 2, 3 und 4 Klassen. Hierbei geht es aber nicht um ein Auffinden von Objekten im Bild, sondern nur um eine plakative Darstellung des Bildes.

Die Optimierung von $\hat{Z}_{s_1,\ldots,s_m}$ erfordert exponentiellen Aufwand in m. Ist m recht hoch in Vergleich zu $|Val|$, so lohnt sich die Optimierung der m Schwellwerte s_i nicht mehr und man wählt einfach einen gleichmäßigen Abstand zwischen den Schwellwerten, also $s_i \approx \min + \frac{i}{m+1} \cdot (\max - \min)$.

Schwellwerte nach Kittler-Illingworth

Eine ähnliche Idee zur Unterteilung des Wertebereichs eines Bildes in weniger Klassen verfolgen Kittler und Illingworth [53]. Sie gehen von einer Situation aus, in der m Objekte $O_0, \ldots, O_{m-1}$ (einschließlich Hintergrund) mit jeweils ähnlichen Pixelwerten im Bild I vorkommen mit $|O_0| + \ldots + |O_{m-1}| = |I|$. Selbst wenn jedes Objekt O_i theoretisch genau einen Grauwert annehmen sollte, muss man in der Praxis doch davon ausgehen,

Abb. 5.5 Diverse Binarisierungen. Original *Beispielgebäude 2* (oben links), mit Otsu unterteilt in 2 (oben rechts), 3 (unten links) und 4 (unten rechts) Klassen

dass für jedes Objekt die Pixelwerte um einen mittleren für dieses Objekt charakteristischen Grauwert schwanken. Kittler und Illingworth nehmen nun zusätzlich an, dass diese Schwankungen normalverteilt seien. Wir gehen also davon aus, dass jedes Objekt allein zu einer Gaußverteilung (mit unbekannten Parametern) in Val führt. Sucht man z.B in MR-Aufnahmen von Gehirnbildern nach grauer Masse, weißer Masse, Gehirnflüssigkeit und Knochen, so könnte man vier verborgene Gaußverteilungen im tatsächlichen Histogramm H_I des Bildes I suchen. In diesem Modell sollte das Bild ein ideales Histogramm H_I^{ideal} besitzen mit

$$H_I^{ideal}(v) = \sum_{i=0}^{m-1} |O_i| \cdot N(\mu_i, \sigma_i)(v),$$

für $v \in$ Val mit unbekannten Werten $|O_i|$, μ_i und σ_i^2, dem Mittelwert und der Varianz der normalverteilten Grauwerte des Objekts O_i. Kittler und Illingworth analysieren dieses Modell in [53]. Als Ergebnis schlagen sie vor, folgende Zielfunktion $Z(s_1, \ldots, s_{m-1})$ zu minimieren:

$$Z(s_1, \ldots, s_{m-1}) := \sum_{i=0}^{m-1} |I_i| \cdot (\log \sigma_{I_i} - \log |I_i|).$$

Es existieren weitere Techniken zur Schwellwertbildung mit anderen Zielfunktionen. Zum Beispiel für einen Schwellwert s aus [21] (nach Kapur, Sahoo, Wong [52]) (1.) und aus Paulus, Hornegger [87] (2.):

1. minimiere $\sum_{g=0}^{s} \left(\frac{H_I(g)}{|I_{\leq s}|} \log \frac{H_I(g)}{|I_{\leq s}|} \right) + \sum_{g=s+1}^{\max} \left(\frac{H_I(g)}{|I_{>s}|} \log \frac{H_I(g)}{|I_{>s}|} \right)$,
2. maximiere $a_{\leq s} a_{>s} (\mu_{\leq s} - \mu_{>s})^2$.

Die Technik von Otsu ist vielleicht die zurzeit bekannteste, die von Kittler-Illingworth wird in der medizinischen Bildverarbeitung häufig benutzt.

5.2.4 Dynamisierung

Die beiden vorgestellten Methoden zur Klasseneinteilung sind statisch und nur vom globalen Histogramm eines Bildes abhängig und gehen nicht auf lokale Besonderheiten im Bild ein. Man kann sie aber auf sehr einfache Weise dynamisieren. Bei einer *dynamischen*

Abb. 5.6 Dynamische Binarisierungen. Original (*oben links*), mit Otsu statisch binarisiert (*oben rechts*) und dynamisch binarisiert mit Umgebungen des Radius 20 (*unten links*) und 10 (*unten rechts*) um jedes Pixel.

Schwellwertbildung zieht man nicht das globale Histogramm zu Rate, sondern nutzt von Pixel zu Pixel (oder von Pixelgruppe zu Pixelgruppe) ortsabhängig andere lokale Histogramme. Eine Möglichkeit ist es, das Bild in mehrere Teilbilder (Kacheln) zu zerlegen und pro Kachel über deren lokalen Histogramm einen Schwellwert zu finden. Anstelle von disjunkten Kacheln kann man auch andere Unterteilungen des Bildes wählen, die sich auch überlappen dürfen. Im Extremfall wird für jedes Pixel P eine eigene Unterteilung gebildet, indem um dessen Ort loc(P) in einer lokalen Umgebung $U_P \subseteq$ Loc nur das lokale Histogramm h_{U_P} zur Schwellwertbildung benutzt wird. Hier wird zusätzlich eine Topologie mit einem Umgebungsbegriff im Ortsraum Loc benötigt.

Abbildung 5.6 gibt ein Beispiel. Das Original ist ein künstlich vergilbter Text. Die Schattierung, die auf dem Bild liegt, kann bei einer Binarisierung mit der statischen Methode nach Otsu zu einem globalen Schwellwert führen, der auch Teile des Textes komplett einschwärzt (im Bild oben rechts). In den beiden unteren Bildern wurde je ein individueller Schwellwert in der dynamisierten Variante von Otsu in lokalen Umgebungen mit Radien 20 und 10 pro Pixel berechnet.

Ein typischer Effekt bei diesem Vorgehen ist im hellen Rand um den Text im Beispielbild zu sehen. Bei normaler statischer Binarisierung mit Otsu wird dem leicht schattierten Rand einheitlich Weiß zugeordnet. Da im Beispielbild der helle Rand um die Schrift breiter ist als die betrachteten Radien 20 oder 10, wird überall in diesem Rand eine Binarisierung erzwungen, die global betrachtet nicht sinnvoll ist. Damit wird das vergilbte Bild weder durch eine Binarisierung mit statischem noch mit dynamischem Otsu gut in einem Schritt restauriert. Hier braucht man schon eine intelligentere Kombination von Techniken, bei der eine Binarisierung nur ein Schritt sein kann.

Diese Idee der Dynamisierung ist auf viele Bildverarbeitungsmethoden anwendbar. Dazu wird nicht nur auf die Statistik der Bildwerte eingegangen, sondern auch auf die Lage der Pixel im Ortsbereich. Solche Verfahren im Ortsbereich werden in Kapitel Filter im Ortsbereich genauer untersucht. Ferner ergeben sich bei Umgebungen um ein Pixel Probleme, sobald wir uns im Randbereich des Bildes bewegen und die gewählte Umgebung das Bild teilweise verlässt. Darauf werden wir im Abschn. 6.1 näher eingehen und einige generelle Lösungsmethoden vorschlagen.

Elementare Filter

6

Im Kap. 5 wurden Transformationen betrachtet, die vom Wertebereich und nicht vom Ortsbereich eines Bildes abhingen. Mit der Dynamisierung werden die verwendeten Bildwerte je auf Umgebungen eines Pixels eingeschränkt und so ein Ortsbezug „indirekt" erreicht. In diesem Kapitel stellen wir erste Bildverarbeitungstechniken vor, in denen neben dem Wertebereich auch der Ortsbereich eine zentrale Rolle spielt. Wir zeigen hier *lokale Filteroperatoren*. Diese Filteroperatoren ändern ein Bild I zu einem Bild $\mathbf{F}(I)$ ab, indem zu jedem Pixel P in I alle Pixel P' in einer lokalen Umgebung $U(P)$ von P betrachtet werden und zur Entscheidung beitragen, wie val(P) geändert werden soll. Daher ist hier die Topologie des Ortsraums Loc wichtig, die wir bislang ignorieren konnten. In diesem Kap. 6 untersuchen wir ausschließlich d-dimensionale orthogonale Bilder $I\colon \mathrm{Loc} \to \mathrm{Val}$ mit einem Wertebereich Val, für den eine Addition und eine Multiplikation mit rationalen Zahlen definiert ist. Damit sind für Val letztlich nur Vektorräume über $\mathbb{Q}, \mathbb{R}$ oder $\mathbb{C}$ interessant.

6.1 Fenster und Bildfortsetzungen

Als lokale Umgebungen $U(P)$ um P, die für eine Filterung in P eine Rolle spielen, verwenden wir fast immer rechteckige Fenster.

6.1.1 Fenster

Ein d-dimensionales *Fenster* $F_{n_1,\dots,n_d}$ mit *Radien* $n_1,\dots,n_d \in \mathbb{N}$ ist die Teilmenge

$$F = [-n_1, +n_1] \times \dots \times [-n_d, +n_d]$$

von $\mathbb{Z}^d$. Das Elementarquadrat mit den Koordinaten $(0,\dots,0)$ heißt das *Zentrum* von F. Gilt $n = n_1 = \dots = n_d$, so nennen wir es das d-dimensionale Fenster vom Radius n

Abb. 6.1 Das Fenster F_3 vom
Radius 3 mit *rot* gezeichnetem
Zentrum

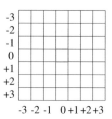

und bezeichnen es kurz mit F_n^d. Sind die Dimensionen oder die Radien aus dem Kontext bekannt oder unwichtig, so kürzen wir ein Fenster einfach mit F_n, F^d oder F ab.

Fenster sind stets punktsymmetrisch mit einer ungeraden Anzahl von Elementen. Das Fenster $F_{n_1,\dots,n_d}$ besteht aus $(2n_1 + 1) \cdot \dots \cdot (2n_d + 1)$ vielen *Elementarquadraten* des $\mathbb{Z}^d$. Dem Koordinatensystem für Bilder folgend, wird F_3^2 wie in Abb. 6.1 grafisch dargestellt.

Obwohl man lokale Filter auch mittels anderer Umgebungen definieren könnte, reichen Fenster aber zumeist bei orthogonalen Bildern aus. Um jedes Pixel P in I wird ein Fenster F mit dem Zentrum an der Stelle $\mathrm{loc}(P)$ auf I gelegt und $\mathrm{val}(P)$ wird in Abhängigkeit aller Pixelwerte von I innerhalb dieses Fensters geändert. Das Fenster F an der Stelle des Pixels P ist das Fenster, das mit dem Zentrum auf $\mathrm{loc}(P)$ verschoben wird, also einfach nur $F + \mathrm{loc}(P)$. Zur Manipulation von $\mathrm{val}(P)$ wird bei einer lokalen Filterung nur $I_{|F+\mathrm{loc}(P)}$, das Bild I eingeschränkt auf $F + \mathrm{loc}(P)$, betrachtet. Hierbei kann $F + \mathrm{loc}(P)$ teilweise außerhalb des Ortsraums Loc von I liegen und es ergibt sich sofort das Problem der *Randbehandlung*. Wie geht man vor, wenn man ein Fenster auf ein Pixel nahe am Rand des Bildes legt und das Fenster das Bild teilweise verlässt? Zur Lösung brauchen wir den Begriff der Bildfortsetzung am Rand.

6.1.2 Bildfortsetzung

Im Folgenden bezeichnet F stets ein Fenster. Das Resultat einer lokalen Filterung $\mathbf{F}$ von I wird hingegen als $\mathbf{F}(I)$ bezeichnet. Ragt ein Fenster F am Rand eines Bildes I über I hinaus, muss hier geklärt werden, wie das Fenster außerhalb des Ortsraums Loc_I zu behandeln ist. Theoretisch am elegantesten und auch einfachsten ist eine Fortsetzung des Bildes I über Loc_I hinaus, so dass Bildwerte im Fenster stets definiert sind. Eine Bildfortsetzung klärt die Frage der Randbehandlung bei einer lokalen Operation mittels eines Fensters. Bei einer Randbehandlung mittels Bildfortsetzung soll bei einer Implementierung nicht die Bildfortsetzung tatsächlich programmiert werden. Vielmehr ist die Bildbearbeitung am Rand so zu programmieren, das die folgenden theoretischen Fortsetzungen praktisch implementiert werden, was durchgehend einfach erreichbar ist. Es bieten sich sofort einige unterschiedliche Konzepte zur Randbehandlung an.

Identischer Rand. Wir verändern einen Pixelwert val(P) für $P \in I$ nur, falls $F + \text{loc}(P)$ vollständig in Loc liegt, anderenfalls bleibt P unverändert. Eine Bildfortsetzung wird gar nicht benötigt.

Bildverkleinerung. Wir manipulieren ein Pixel $P \in I$ ebenfalls nur, falls $F + \text{loc}(P)$ vollständig in Loc liegt, nehmen die kritischen Randpixel aber nicht in das gefilterte Bild $\mathbf{F}(I)$ auf. Eine Bildfortsetzung wird hier auch nicht benötigt, aber man verändert den Typ des Bildes, da der Ortsbereich verändert wird. Will man in einer Probierphase schnell und schmutzig neue Fensteroperationen ausprobieren und sich die Ergebnisse nur anschauen, ist solch ein Vorgehen häufig sinnvoll. Für ausgearbeitete, fertige Filter ist es aber oftmals nicht akzeptabel.

Schwarzer Rand. Für ein Fenster $F = F_{n,m}^2$ legen wir um das Originalbild I einen Rand der Breite n (vertikal) und m (horizontal) von schwarzen Pixeln. Damit bleibt $F + P$ für $P \in I$ stets im Ortsbereich von I plus neuer Rand. Dies ist ebenfalls in einer Testphase trivial implementiert und das Ergebnisbild $\mathbf{F}(I)$ ist vom gleichen Typ wie I. Allerdings liefert der schwarze Rand um I für $\mathbf{F}(I)$ am Rand fast immer unerwünschte Resultate.

Iterative Fortsetzung. Wir setzen I nach außen hin fort, aber nicht mit einem schwarzen Rand, sondern mit Werten aus Val(I) selbst. Wir zeigen das nur am Beispiel zweidimensionaler orthogonaler Bilder $I : [0, N[\times [0, M[\rightarrow \text{Val} \subset \mathbb{Q}$; eine Verallgemeinerung auf d Dimensionen ist offensichtlich. Der Einfachheit halber parkettieren wir gleich den gesamtem $\mathbb{Z}^2$ mit Kopien von I. Damit erhält man eine unendliche iterative Fortsetzung $^\infty I$ von I als

$$^\infty I(i + kN, j + lM) := I(i, j) \text{ für } 0 \le i < N, 0 \le j < M \text{ und } k, l \in \mathbb{Z}.$$

Mittels $^\infty I$ wird I zu einem Bild auf einem Torus, in dem der linke mit dem rechten Rand und der untere mit dem oberen Rand identifiziert wird. Dies ist die übliche *mathematische* Fortsetzung, bei der viele Regeln sich elegant übertragen, wie wir noch sehen werden.

Wenn man allerdings so einfach fortsetzt, dann liegt rechts neben der letzten Spalte von I wieder die erste Spalte von I. In der Manipulation von einem Pixel P auf der letzten, rechten Randspalte würden dann auch die Werte der ersten, linken Randspalte von I mit berücksichtigt. Da diese aber von P sehr weit entfernt sein kann, haben wir keine lokale Bildoperation mehr. Die Betrachtung nur aller Pixel in einer Umgebung $F + \text{loc}(P)$ um P soll aber eine lokale Operation auf P bewirken. Damit bietet sich eine Fortsetzung mit **gespiegelten** Kopien von I an.

Die *Spiegelungen*

- horizontale Spiegelung $I^\rightarrow$,
- vertikale Spiegelung $I^\downarrow$,
- punktsymmetrische Spiegelung $I^\nearrow$

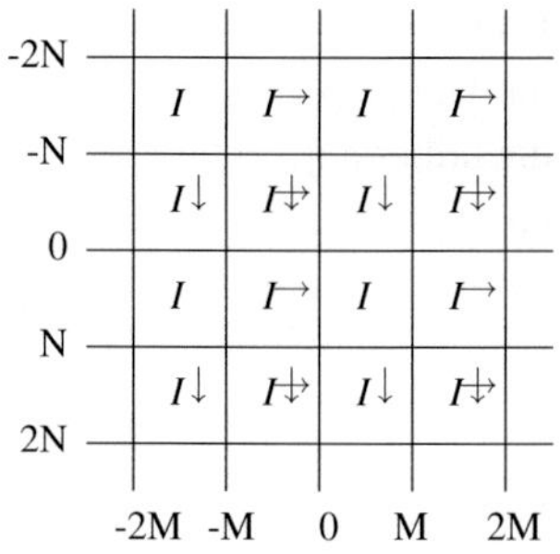

Abb. 6.2 Gespiegelte Fortsetzung. I wird unendlich iterativ gespiegelt fortgesetzt zu I^∞

von I sind die folgenden Bilder mit gleichem Orts- und Wertebereich, für die für alle $(i, j) \in \mathrm{Loc}$ gilt:

$$\begin{aligned} I^{\rightarrow}(i, j) &:= I(i, (M-1) - j)\,, \\ I^{\downarrow}(i, j) &:= I((N-1) - i, j)\,, \\ I^{\downarrow\!\!\!\rightarrow}(i, j) &:= I^{\rightarrow}(I^{\downarrow}(i, j))\,. \end{aligned}$$

Die *(gespiegelte unendliche) Fortsetzung* I^∞ von I soll das unendliche iterativ gespiegelte Bild I werden, wie in Abb. 6.2 gezeigt.

Hierbei werden alle vier Ränder von I in der Fortsetzung doppelt aufgeführt. Will man eine Verdopplung der Ränder vermeiden, so verwendet man die gespiegelten Versionen ohne entsprechende Ränder und definiert

$$\begin{aligned} I_0^{\rightarrow} &:= I^{\rightarrow}_{|[0,N[\times[1,M-1[}, \\ I_0^{\downarrow} &:= I^{\downarrow}_{|[1,N-1[\times[0,M[}, \\ I_0^{\downarrow\!\!\!\rightarrow} &:= I^{\downarrow\!\!\!\rightarrow}_{|[1,N-1[\times[1,M-1[}. \end{aligned}$$

Es sei $\hat{I}\colon [0{,}2N-2[\times[0{,}2M-2[\;\rightarrow \mathrm{Val}$ das Bild I, umgeben von diesen drei gespiegelten Versionen:

$$\hat{I} := \begin{matrix} I & I_0^{\rightarrow} \\ I_0^{\downarrow} & I_0^{\downarrow\!\!\!\rightarrow} \end{matrix}.$$

Dann ist die unendliche iterativ gespiegelte Version I^∞ von I nichts anderes als ${}^\infty\hat{I}$, der Torus von $\hat{I}$,

$$I^\infty := {}^\infty\hat{I}.$$

Letztlich ist es egal, ob man bei der iteriert gespiegelten Fortsetzung mit einfachem oder doppeltem Rand arbeitet. Für beide Versionen gibt es gute Argumente. In diesem Buch wird üblicherweise der Rand nur einfach benutzt.

Unendliche Fortsezungen. Es werden in der Bildverarbeitung drei Bildfortsetzungen ins Unendliche verwendet. Das sind die unendliche nicht gespiegelte Iteration $^{\infty}I$, die unendliche gespiegelte Fortsetzung I^{∞} und die Fortsetzung ins Schwarze I_{∞}, definiert als

$$I_{\infty} \colon \mathbb{Z}^2 \to \text{Val}\,, \text{ mit } I_{\infty}(p) = \begin{cases} I(p) & : & p \in \text{Loc}_I \\ 0 & : & \text{sonst.} \end{cases}$$

I^{∞} soll in diesem Buch die Standardfortsetzung sein. Zu beachten ist, dass alle drei Fortsetzungen ins Unendliche, I^{∞}, $^{\infty}I$, I_{∞}, als unendliche Objekte keine digitalen Bilder mehr sind, sondern mathematische Hilfsmittel. Manche Teildisziplinen arbeiten eigentlich nicht mit digitalen Bildern, sondern mit deren unendlichen Fortsetzungen. In der Morphologie wird mit I_{∞} und bei Fourier-Transformationen mit $^{\infty}I$ gearbeitet. Einige der bekannten Formeln der Morphologie und Fourier-Transformationen gelten nur für I_{∞} bzw. $^{\infty}I$, nicht aber für I. Da wir mit endlichen Bildern arbeiten wollen, werden wir angeben, welche Formeln für digitale Bilder falsch werden.

6.2   Lineare Filter I

Während in nicht linearen Filtern die Werte von I innerhalb $F + \text{loc}(P)$ auf vielfältige Art und Weise zur Änderung von $\text{val}(P)$ genutzt werden dürfen, geschieht diese Änderung bei einer linearer Filterung stets mittels einer Faltung mit einem sogenannten Kern.

6.2.1   Kerne

Ein *d-dimensionaler Kern* K ist eine Abbildung

$$K \colon F \to \mathbb{Q}$$

von einem *d*-dimensionalen Fenster F in die rationalen Zahlen $\mathbb{Q}$. Statt von einem Kern spricht man auch häufig von einer *Faltungsmaske* oder einfach nur von einer *Maske*.

Dass wir als Wertebereich hier die rationalen Zahlen $\mathbb{Q}$ und nicht wie üblich die reellen Zahlen $\mathbb{R}$ gewählt haben, soll nur eine Warnung sein. Manche der folgenden Resultate werden nur dann mathematisch korrekt, wenn man auch reelle Werte aus $\mathbb{R}$ in Kernen zulässt. Da dies in der Rechnerpraxis nicht möglich ist, wollen wir von vornherein durch die Einschränkung der Kerne auf rationale Werte auf diese Diskrepanz zwischen Theorie und Praxis hinweisen.

Der besseren Anschauung wegen argumentieren wir zuerst für den zweidimensionalen Fall. Es sei $F = F_{n,m}^2$ ein zweidimensionales Fenster. Einen Kern $K \colon F_{n,m}^2 \to \mathbb{Q}$ repräsentieren wir natürlich als zweidimensionale Matrix mit $2n + 1$ Spalten und $2m + 1$ Zeilen.

So repräsentiert die Matrix $K = \begin{pmatrix} a & b & c \\ d & e & f \\ g & h & i \end{pmatrix}$ den Kern $K \colon F_1^2 \to \mathbb{Q}$ mit

$$
\begin{array}{lll}
(-1,-1) \mapsto a, & (-1,0) \mapsto b, & (-1,+1) \mapsto c, \\
(0,-1) \mapsto d, & (0,0) \mapsto e, & (0,+1) \mapsto f, \\
(+1,-1) \mapsto g, & (+1,0) \mapsto h, & (+1,+1) \mapsto i.
\end{array}
$$

Hierbei ist zu beachten, dass wir im BV-Koordinatensystem arbeiten, mit wachsenden ersten Koordinaten nach unten.

Die Idee ist es, K über ein zweidimensionales Bild I Pixel für Pixel zu legen und dabei I zu dem neuen Bild $K(I)$ zu verändern. Dabei wird ein einzelnes Pixel P wie folgt durch K abgeändert: Für $(x,y) \in F$ wird der Wert $\mathrm{val}(P')$ des Pixels P' an der Stelle $\mathrm{loc}(P) + (x,y)$ mit $K(x,y)$ multipliziert. Alle so multiplizierten Pixelwerte in $F + \mathrm{loc}(P)$ werden aufaddiert und bilden den neuen Wert für P. Diese Änderung für $\mathrm{val}(P)$ wird in das neue Bild $K(I)$ geschrieben und nicht in I übernommen, da sonst das Ergebnis $K(I)$ von der Reihenfolge der Änderung abhängen würde.

Damit kann man das Ergebnis $K(I)$ der Manipulation von I durch den Kern $K \colon F_{n,m}^2 \to \mathbb{Q}$ – bis auf die Randfälle – etwa definieren als

$$
K(I)(i,j) := \sum_{x=-n}^{+n} \sum_{y=-m}^{+m} I(x+i, y+j) \cdot K(x,y).
$$

Im d-dimensionalen Fall ist I ein d-dimensionales orthogonales Bild, K ein d-dimensionaler Kern über einem d-dimensionalen Fenster F und die Formel vereinfacht sich für $p \in \mathrm{Loc}$ sogar noch zu

$$
\begin{aligned}
K(I)(p) &= \sum_{l \in F} I(p+l) \cdot K(l), \text{ für } p \in \mathrm{Loc}(I) \\
&= \sum_{l \in F} I(p-l) \cdot K(-l), \text{ für } p \in \mathrm{Loc}(I).
\end{aligned}
\tag{6.1}
$$

Die letzte Gleichung versteht man leicht, da Fenster in allen Dimensionen die Form $[-n, +n]$ haben und es somit egal ist, ob man l von $-n$ bis $+n$ oder von $+n$ bis $-n$ laufen lässt. $K(-l)$ ist der punktgespiegelte Kern $K(l)$ und wir definieren daher für beliebige Dimension

$$
K^{\leftrightarrow}(l) := K(-l).
$$

Wir nennen einen Kern K *passend* zu einem Bild I, wenn K und I die gleiche Dimension besitzen. In der Gl. 6.1 wird die Filterung von I mittels K nur für passende Kerne erklärt. Diese Formel ist vorerst provisorisch, da die Randbehandlung noch nicht geklärt ist.

6.2.2 Faltung

Mathematisch gesehen findet bei einer linearen Filterung eine *Faltung (Konvolution)* statt. Eine Faltung $f * g$ zweier (integrierbarer) Funktionen $f, g : \mathbb{R}^d \to \mathbb{C}$ ist in der Mathematik definiert als

$$f * g\,(x) := \int_{\mathbb{R}^d} f(x - t)g(t)\,\mathrm{d}t \ \ (\text{mit } x, t \in \mathbb{R}^d). \tag{6.2}$$

Für zwei diskrete unendliche Funktionen $f, g : \mathbb{Z}^d \to \mathbb{Q}$ wird daraus sofort

$$f * g\,(x) = \sum_{t \in \mathbb{Z}^d} f(x - t) \cdot g(t) \ \ (\text{mit } x, t \in \mathbb{Z}^d). \tag{6.3}$$

Als Fortsetzung für I wählen wir die iterative gespiegelte Fortsetzung I^∞. Für einen Kern $K \colon F \to \mathbb{Q}$ wählen wir als unendliche Fortsetzung K_∞ eine Einbettung von K in eine leere, schwarze Umgebung:

$$K_\infty \colon \mathbb{Z}^d \to \mathbb{Q} \ \ \text{mit } K_\infty(p) = \begin{cases} K(p), & \text{für } p \in F \\ 0, & \text{sonst.} \end{cases}$$

Damit das Resultat $I * K$ einer Faltung von I mit dem Kern K den gleichen Ortsbereich Loc wie I besitzt, definieren wir

$$I * K := \left(I^\infty * K_\infty \right)_{|\mathrm{Loc}}.$$

Etwas anschaulicher formuliert gilt also

$$(I * K)(p) = \sum_{l \in F} I^\infty(p - l) \cdot K_\infty(l), \ \text{für } p \in \mathrm{Loc}. \tag{6.4}$$

Da wir hier unendlich große Bilder falten, spielt die Randbehandlung keine Rolle mehr und ist automatisch über die gespiegelte Fortsetzung des Bildes I geklärt. Die inhaltliche Ähnlichkeit der Gl. 6.4 zu 6.1 ist offensichtlich. Die Unterschiede bestehen darin, dass jetzt die Randbehandlung geklärt ist und in der Faltung 6.4 mit den Fensterkoordinaten p subtrahiert, in Gl. 6.1 aber addiert wird. Zur Behebung dieses Unterschiedes könnte man man mit $K^- \colon F \to \mathbb{Q}$ operieren, wobei $K^-(p) := K(-p)$ für $p \in F$ gilt. Dieses Objekt ist die zentrale Spiegelung des Kerns um den Nullpunkt, das wir mit $K^\downarrow (= K^-)$ aber schon zur Verfügung haben. Damit können wir formal die Gl. 6.4 für $K(I)$ für die Randbehandlung erweitern und wir setzen

$$K(I) := I * K^\downarrow. \tag{6.5}$$

Diese Definition 6.5 ersetzt die provisorische in Gl. 6.1. Als Merkregel bietet sich also
an, dass das Ergebnis $K(I)$ der Anwendung eines Kerns $K: F \to \mathbb{Q}$ auf ein Bild I die
Faltung von I mit dem punktgespiegelten Kern $K^{\overset{\leftrightarrow}{}}$ ist. Diese Faltung ist hier mit einer
gespiegelten Randbehandlung definiert, also gilt insgesamt:

$$K(I) = I * K^{\overset{\leftrightarrow}{}} = \left(I^{\infty} * K_{\infty}^{\overset{\leftrightarrow}{}} \right)_{|\mathrm{Loc}_I}.$$

Der letzte Teil $\left(I^{\infty} * K_{\infty}^{\overset{\leftrightarrow}{}} \right)_{|\mathrm{Loc}_I}$ ist von einer mathematischen Warte vielleicht recht ele-
gant, von einer praktischen der Informatik aber eher verwirrend. I^{∞} besagt nur, wie der
Kern am Rand des Bildes operieren soll, falls das Fenster F den Bildraum Loc_I verlässt.
Dann wird das Bild gespiegelt fortgesetzt. In den meisten Anwendungsfällen ist die Größe
eines Fensters viel geringer als die des Bildes I, so dass nur ein Rand einer kleiner Breite
um das Bild herum erklärt werden muss. Mit einer unendlichen Fortsetzung von I hat
man also mit Kanonen auf Spatzen geschossen, bleibt aber in einem klaren mathematischen Rahmen. Zur Implementierung hält man sich natürlich an Gl. 6.4 und achtet auf die
korrekte gespiegelte Randbehandlung, was nicht schwierig ist. Es mag etwas verwirren,
dass man einmal mit K und einmal mit $K^{\overset{\leftrightarrow}{}}$ in den Formeln arbeiten muss. In der Praxis
sind aber viele Kerne punktsymmetrisch mit $K = K^{\overset{\leftrightarrow}{}}$, so dass die Fallunterscheidung
entfällt. Bei nicht punktsymmetrischen Kernen ist aber Vorsicht geboten.

In zwei- oder dreidimensionalen Bildern führt man häufig auch eine Filterung mit eindimensionalen Zeilen- oder Spaltenkernen durch. Da wir die Filterung nur mit passenden
Kernen (also gleicher Dimension wie das Bild) definiert haben, müssen wir solche nie-
derdimensionalen Kerne noch in die höhere Dimension des Bildes kanonisch einbetten.
Dazu fassen wir einen Zeilenvektor $(a_{-m}, \ldots, a_0, \ldots, a_m)$ mit Werten $a_j \in \mathbb{Q}$ sowohl
als eindimensionalen Kern $K: F_m \to \mathbb{Q}$ mit $K(j) = a_i$ als auch als zweidimensionalen Kern $K: F_{0,m}^2 \to \mathbb{Q}$ mit $K(0, j) = a_j$ auf. Entsprechend wird ein Spaltenvektor
$(a_{-n}, \ldots, a_0, \ldots, a_n)^{\mathsf{T}}$ auch als zweidimensionaler Kern $K : F_{n,0}^2 \to \mathbb{Q}$ mit $K(i, 0) = a_i$
aufgefasst. Dies kann man leicht auf höhere Dimensionen als 2 verallgemeinern.

Man kann ebenso zwei Kerne K_1, K_2 stets in beliebig höhere Dimensionen mit Fortsetzungen 0 außerhalb der eigentlichen Werte fortsetzen. Damit ist auch eine Faltung $K_1 * K_2$
beliebiger Kerne K_1, K_2, auch nicht passender Dimensionen, möglich. K_1 und K_2 werden
in eine minimale gemeinsame Dimension eingebettet und es wird der unendliche Kern

$$K_1 * K_2 := (K_1)_{\infty} * (K_2)_{\infty}$$

gebildet, der fast überall nur den Wert 0 besitzt. Es sei F_{K_1,K_2} das kleinste Fenster kleinster
Dimension, so dass $K_1 * K_2$ außerhalb des Fensters nur die Werte 0 annimmt. Wir fassen
nun $K_1 * K_2$ als endlichen Kern über F_{K_1,K_2} auf. Damit können wir auch analog zur Filterung eines Bildes die Anwendung $K_1(K_2)$ eines Kerns K_1 auf einen Kern K_2 definieren
als

$$K_1(K_2) := (K_2 * K_1^{\overset{\leftrightarrow}{}})_{|F_{K_1,K_2}} \left(= (K_1 * K_2^{\overset{\leftrightarrow}{}})_{|F_{K_1,K_2}} \right).$$

Gilt $K = K_1 * K_2$ so gilt auch $K^{\leftrightarrow} = K_1^{\leftrightarrow} * K_2^{\leftrightarrow}$. Betrachten wir als ein Beispiel die Faltung eines Zeilenkerns (a, b, c) mit einem Spaltenkern $(x, y, z, s, t)^{\mathrm{T}}$.

$$
\begin{pmatrix} a & b & c \end{pmatrix} * \begin{pmatrix} x \\ y \\ z \\ s \\ t \end{pmatrix} = \begin{pmatrix} x \\ y \\ z \\ s \\ t \end{pmatrix}^{\leftrightarrow} \left(\begin{pmatrix} a & b & c \end{pmatrix} \right)
$$

$$
= \begin{pmatrix} 0 & 0 & t & 0 & 0 \\ 0 & 0 & s & 0 & 0 \\ 0 & 0 & z & 0 & 0 \\ 0 & 0 & y & 0 & 0 \\ 0 & 0 & x & 0 & 0 \end{pmatrix} \begin{pmatrix} 0 & 0 & 0 & 0 & 0 \\ 0 & 0 & 0 & 0 & 0 \\ 0 & a & b & c & 0 \\ 0 & 0 & 0 & 0 & 0 \\ 0 & 0 & 0 & 0 & 0 \end{pmatrix}
$$

$$
= \begin{pmatrix} ax & bx & cx \\ ay & by & cy \\ az & bz & cz \\ as & bs & cs \\ at & bt & ct \end{pmatrix}
$$

$$
= \begin{pmatrix} 0 & 0 & 0 & 0 & 0 \\ 0 & 0 & 0 & 0 & 0 \\ 0 & c & b & a & 0 \\ 0 & 0 & 0 & 0 & 0 \\ 0 & 0 & 0 & 0 & 0 \end{pmatrix} \begin{pmatrix} 0 & 0 & x & 0 & 0 \\ 0 & 0 & y & 0 & 0 \\ 0 & 0 & z & 0 & 0 \\ 0 & 0 & s & 0 & 0 \\ 0 & 0 & t & 0 & 0 \end{pmatrix}
$$

$$
= \begin{pmatrix} x \\ y \\ z \\ s \\ t \end{pmatrix} * \begin{pmatrix} a & b & c \end{pmatrix} .
$$

Ein Zeilenkern berücksichtigt die horizontale Nachbarschaft, wirkt also nur horizontal in x-Richtung, ein Spaltenkern wirkt in y-Richtung.

Die mathematische Faltung kontinuierlicher oder diskreter Funktionen mit Definitionsbereich $\mathbb{R}^d$ oder $\mathbb{Z}^d$ ist linear, assoziative und kommutativ (oder symmetrisch), denn es gilt:

$$f * (ag_1 + bg_2) = a(f * g_1) + b(f * g_2),$$
$$f * (g * h) = (f * g) * h,$$
$$f * g = g * h.$$

Um $I * K$ für ein endliches Bild $I : \text{Loc} \to \text{Val}$ mit $\text{Val} \subset \mathbb{Q}$ und einen endlichen Kern $K : F \to \mathbb{Q}$ zu definieren, haben wir I und K zu unendlichen Bildern fortgesetzt. Das hätten wir formal auch auf drei andere Arten machen können:

- $I *_1 K := {}^{\infty}I * {}^{\infty}K,$
- $I *_2 K := I^{\infty} * K^{\infty},$
- $I *_3 K := I_{\infty} * K_{\infty}.$

In allen drei Varianten gilt die Linearität, Assoziativität und Symmetrie. Die ersten beiden ergeben jedoch für lineare Filter keinerlei Sinn. Die dritte Variante entspricht der Bildfortsetzung mit schwarzem Rand, die damit schöne mathematische Regeln besitzt, aber unschön für eine praktische Randbehandlung ist.

Die ersten beiden Regeln zur Linearität und Assoziativität lassen sich sofort auf unsere Definition der Faltung von Bildern (oder Bild mit Kern) übertragen. Es gilt:

$$I * (aK_1 + bK_2) = a(I * K_1) + b(I * K_2),$$
$$(I_1 + I_2) * K = I_1 * K + I_2 * K,$$
$$I * (K_1 * K_2) = (I * K_1) * K_2.$$

Die Symmetrieeigenschaft überträgt sich auf zwei Filter zu

$$K_1 * K_2 = K_2 * K_1,$$

aber nicht auf die Faltung zwischen einem Bild und einem Filter, da $I * K$, aber nicht $K * I$ definiert ist. Zwar sind sowohl ein Bild I als auch ein Kern K eine Funktion, und damit sind sowohl $I * K$ als auch $K * I$ formal definiert, aber $I * K = K * I$ muss nicht gelten, da I in $I * K$ zu I^{∞} iterativ fortgesetzt wird, K aber zu K_{∞} nur ins Schwarze fortgesetzt wird. Setzt man in $K * I$ nun den Kern iterativ gespiegelt und das Bild ins Schwarze eingebettet fort, hat das nichts mehr mit einer Anwendung eines Kerns K auf ein Bild I zu tun.

Die Faltung ist hier etwas komplizierter dargestellt als in der Mathematik und in den meisten Büchern zur Bildverarbeitung. Wählt man stattdessen $*_3$ erhält man eine elegantere Mathematik, aber eine schlechtere Bildverarbeitungspraxis.

6.2.3 Separable Operationen

Ein Kern K über einem d-dimensionalen Fenster F heißt *separabel*, falls er eine Faltung $K = K_1 * K_2$ zweier Kerne K_1, K_2 über zwei d_1- und d_2-dimensionale Fenstern F_1, F_2 mit $d_1, d_2 < d$ ist. K_1 und K_2 müssen also beide niederdimensionaler als K sein.

In der Praxis sind separable Kerne ausgesprochen nützlich. Wenn der zweidimensionale Kern K in zwei eindimensionale Kerne K_1 und K_2 zerlegt werden kann, dann lässt sich, wegen

$$K(I) = I * K^{\downarrow} = I * (K_1^{\downarrow} * K_2^{\downarrow}) = I * (K_2^{\downarrow} * K_1^{\downarrow})$$
$$= (I * K_1^{\downarrow}) * K_2^{\downarrow} = K_2(K_1(I))$$
$$= K_1(K_2(I)),$$

eine lineare Faltung mit K auf zwei niederdimensionale lineare Faltungen mit K_1 und mit K_2 aufspalten, egal in welcher Reihenfolge. Dies führt (bis auf triviale Sonderfälle) zu einer erheblichen Reduzierung der Rechenzeit. Wir werden dazu noch etliche Beispiele kennen lernen. In der medizinischen Bildverarbeitung werden häufig dreidimensionale Kerne auf dreidimensionale Bilder angewendet. Ist solch ein Kern K über F_n^3 etwa in drei jeweils eindimensionale Kerne K_1, K_2, K_3 über F_n^1 separierbar, so reduziert sich eine Filterung von I mit K von $O(|I| \cdot n^3)$ Operationen sofort auf $O(|I| \cdot n)$ Operationen, ohne jeden weiteren zusätzlichen Rechentrick. Viele praktisch interessante Operationen sind separabel, wie manche der folgenden Mittelwertfilter, alle Binomialfilter, die Fourier-Transformation etc.

Wir nennen einen Kern K auch *separabel im weiteren Sinn*, wenn seine Anwendung auf ein Bild durch eine Kombination $C_{K_1,\dots,K_l}$ von Anwendungen weiterer Operationen und Filterungen mit kleineren Kernen $K_1, \dots, K_n$ ersetzt werden kann, so dass die Rechenzeit einer Anwendung von $C_{K_1,\dots,K_n}$ auf I in Relation zur Rechenzeit einer Anwendung von K auf I deutlich reduziert ist. Die kommende Gl. 6.7 für kontrastverstärkende Filter wird ein Beispiel für Separabilität im weiteren Sinn sein.

Damit stellt sich die Frage, ob man zwei- oder mehrdimensionale Methoden überhaupt noch vorstellen soll, wenn sie sich auf eindimensionale Methoden leicht reduzieren lassen. Neben dem Wunsch nach wissenschaftlicher Vollständigkeit gibt es auch praktische Gründe, solche separablen höherdimensionalen Methoden auch zu behandeln. Filtert man ein Bild I einmal mit einem separablen Kern $K^{\downarrow} = K_1^{\downarrow} * K_2^{\downarrow}$ zu $I * K$ und einmal mit K_1 zuerst zu $I * K_1$ und anschließend mit K_2 zu $(I * K_1) * K_2$, so kann $I * K \neq (I * K_1) * K_2$ wegen Rundungsfehler gelten. In manchen Bildverarbeitungstools, wie etwa GIMP, können sehr hässliche Effekte auftreten. In GIMP wird das Zwischenbild $I * K_1$ zuerst in den zulässigen Wertebereich $[0, 255]$ für die Pixelwerte transformiert und erst anschließend mit K_2 weiter gefiltert, wodurch sich Rundungsfehler sehr stark akkumulieren. Implementiert man die Faltung mit K als zwei Faltungen mit K_1 und K_2, so darf man das reellwertige Zwischenresultat nicht zerstören, sondern muss die Übersetzung in das erlaubte Bildformat erst ganz am Ende durchführen.

6.2.4 Mittelwertfilter

Wir betrachten als erste Beispiele für lineare Filter glättende Mittelwert-, Binomial- und Gaußfilter.

Das *(d-dimensionale, ungewichtete) Mittelwertfilter* $\mathbf{K}_{\mu,k}^{(d)}$ vom Radius k besitzt den Kern

$$K_{\mu,k}^{(d)}\colon F_k^d \to \left\{\frac{1}{(2k+1)^d}\right\}.$$

Es wird für $k=1$ und $d=2$ von der Matrix

$$K_{\mu,1}^{(2)} = \frac{1}{9}\cdot\begin{pmatrix}1 & 1 & 1\\ 1 & 1 & 1\\ 1 & 1 & 1\end{pmatrix}$$

repräsentiert. Analog ist

$$K_{\mu,2}^{(2)} = \frac{1}{25}\cdot\begin{pmatrix}1 & 1 & 1 & 1 & 1\\ 1 & 1 & 1 & 1 & 1\\ 1 & 1 & 1 & 1 & 1\\ 1 & 1 & 1 & 1 & 1\\ 1 & 1 & 1 & 1 & 1\end{pmatrix}$$

das Mittelwertfilter der Dimension 2 vom Radius 2. Hier bedeutet der Index μ einfach, dass es sich um ein Mittelwertfilter handelt. Eine Filterung mit $K_{\mu,1}^{(2)}$ ersetzt also in jedem Pixel P den Wert val(P) durch den Mittelwert der Werte von P und seiner acht unmittelbaren Nachbarpixel. In $K_{\mu,k}^{(d)}$ wird sogar der Mittelwert aller $(2k+1)^d$ Pixelwerte in der Umgebung F_k^d um P gebildet. Je höher der Radius k, desto stärker wird die Glättung. Diese d-dimensionalen Mittelwertfilter vom Radius k sind offensichtlich d-fache Faltungen von eindimensionalen Mittelwertfiltern vom gleichen Radius k und damit separabel. So wird mit dem eindimensionalen Zeilenfilter

$$K_{\mu,k}\colon [-k,+k] \to \left\{\frac{1}{2k+1}\right\}$$

sofort $K_{\mu,k}^{(2)} = K_{\mu,k} * K_{\mu,k}^{\mathrm{T}}$. Man kann ein d-dimensionales Bild I, statt es mit einer d-dimensionalen Faltung mit $K_{\mu,k}^{(d)}$ unmittelbar zu glätten, mit d eindimensionalen Faltungen in die d-vielen Koordinatenrichtungen glätten. Die benötigte Rechenzeit reduziert sich damit von $O(k^d \cdot |I|)$ auf $O(k \cdot d \cdot |I|)$. Betrachten wir als Beispiel ein zweidimensionales Bild $I\colon [0,N[\times[0,M[\to \mathbb{Q}$, das wir mit $K_{\mu,2}^{(2)}$ falten wollen. Wegen

$$K_{\mu,2}^{(2)} = K_{\mu,2} * K_{\mu,2}^{\mathrm{T}} = K_{\mu,2}^{\mathrm{T}} * K_{\mu,2}^{(2)}$$

kann man auf die Zeilen $I_i^{(x)} = (I(i, 0) \ I(i, 1) \ \ldots I(i, M-1))$ für $0 \leq i < N$ zuerst je eine Faltung mit $K_{\mu,2}^{(1)} = 1/5(1 \ 1 \ 1 \ 1 \ 1)$ anwenden und das Ergebnis $(I_0' \ I_1' \ \ldots I_{M-1}')^T$ mit $K_{\mu,2}^T = 1/5(1 \ 1 \ 1 \ 1 \ 1)^T$ falten. Genauso gut könnte man auf jede Spalte $I_j^{(y)} = (I(0, j) \ I(1, j) \ \ldots I(N-1, j))^T$ zuerst eine Faltung mit $K_{\mu,2}^T = 1/5(1 \ 1 \ 1 \ 1 \ 1)^T$ anwenden und das Ergebnis mit $K_{\mu,2}$ weiter falten.

In Abb. 3.8 wurde für den H-Kanal eine Version des Mittelwertfilters verwendet, die die Ringform der H-Werte mit $360 = 0$ berücksichtigt, nämlich der circuläre Mittelwert μ_c (siehe dazu den Abschn. 3.2.4, wo Mittelwerte speziell für den HSV-Farbraum behandelt werden).

Genau genommen können solche einfachen Filter den Typ des Bildes ändern. Ist $I : \text{Loc} \to \text{Val}$ ein Bild mit $\text{Val} \subset \mathbb{N}$, so ist das mittelwertgefilterte Bild $K_{\mu,k}^{(2)}(I) : \text{Loc} \to \text{Val}'$ mit $\text{Val}' \subset \mathbb{Q}$. Manche theoretischen Aussagen, wie ein Mittelwertfilter ändert nicht den Mittelwert des Bildes, sind dann auf den Wertebereich Val' bezogen. Diese Aussage ist aber wegen unserer gespiegelten Randbehandlung ohnehin nicht korrekt. Üblicherweise werden aber die berechneten Werte wieder in den alten Wertebereich Val gerundet.

6.2.5 Binomialfilter

Im Mittelwertfilter werden alle Pixel einer Nachbarschaft F_n gleich gewichtet. Häufig ist es sinnvoller, weiter entfernte Pixel schwächer zu gewichten als benachbarte. Das *Binomialfilter* leistet eine solche entfernungsabhängige Gewichtung gemäß der Binomialverteilung. Die *Binomialkoeffizienten* $\binom{n}{m}$ sind für $m \leq n$ definiert als

$$\binom{n}{m} := \frac{n!}{m!(n-m)!}.$$

Ihre Werte findet man am leichtesten im Pascal'schen Dreieck

$$
\begin{array}{ccccccccccc}
 & & & & & 1 & & & & & \\
 & & & & 1 & & 1 & & & & \\
 & & & 1 & & 2 & & 1 & & & \\
 & & 1 & & 3 & & 3 & & 1 & & \\
 & 1 & & 4 & & 6 & & 4 & & 1 & \\
1 & & 5 & & 10 & & 10 & & 5 & & 1 \\
 & & & \cdot & & \cdot & & \cdot & & &
\end{array} \ ,
$$

in dessen $(2n+1)$-ter Zeile Z_n sich die Werte von $\binom{2n+1}{1}$ bis $\binom{2n+1}{2n+1}$ finden. Die eindimensionalen Binomialkerne vom Radius n sind

$$B_n^{(x)} = \frac{1}{\sum_{1 \leq m \leq 2n+1} \binom{2n+1}{m}} \cdot Z_n \quad \text{und} \quad B_n^{(y)} = \frac{1}{\sum_{1 \leq m \leq 2n+1} \binom{2n+1}{m}} \cdot Z_n^T.$$

So ist z. B.

$$B_1^{(x)} = \frac{1}{4} \cdot \begin{pmatrix} 1 & 2 & 1 \end{pmatrix},$$

$$B_2^{(y)} = \frac{1}{16} \cdot \begin{pmatrix} 1 \\ 4 \\ 6 \\ 4 \\ 1 \end{pmatrix}.$$

Die zweidimensionalen Binomialfilter sind Faltungen der eindimensionalen:

$$B_n^{(2)} := B_n^{(x)} * B_n^{(y)},$$

und somit per Definition separabel, analog auch für Dimensionen höher als 2. Es gilt etwa:

$$B_1^{(2)} = \frac{1}{16} \cdot \begin{pmatrix} 1 & 2 & 1 \\ 2 & 4 & 2 \\ 1 & 2 & 1 \end{pmatrix} \qquad \left(= \frac{1}{4} \begin{pmatrix} 1 & 2 & 1 \end{pmatrix} * \frac{1}{4} \begin{pmatrix} 1 \\ 2 \\ 1 \end{pmatrix} \right),$$

$$B_2^{(2)} = \frac{1}{256} \cdot \begin{pmatrix} 1 & 4 & 6 & 4 & 1 \\ 4 & 16 & 24 & 16 & 4 \\ 6 & 24 & 36 & 24 & 6 \\ 4 & 16 & 24 & 16 & 4 \\ 1 & 4 & 6 & 4 & 1 \end{pmatrix}.$$

In unserem Formalismus können wir Binomialfilter mit den geraden Zeilen des Pascal'schen Dreiecks gar nicht bilden, da diese kein Zentrum besitzen. Man kann ein Zentrum festlegen und aus der zweiten Zeile etwa die beiden Kerne

$$\frac{1}{2} \cdot \begin{pmatrix} 1 & 1 & 0 \end{pmatrix} \text{ oder } \frac{1}{2} \cdot \begin{pmatrix} 0 & 1 & 1 \end{pmatrix}$$

erzeugen, aus denen man die schiefen separablen zweidimensionalen Filterkerne

$$\frac{1}{4} \cdot \begin{pmatrix} 0 & 0 & 0 \\ 1 & 1 & 0 \\ 1 & 1 & 0 \end{pmatrix}, \frac{1}{4} \cdot \begin{pmatrix} 1 & 1 & 0 \\ 1 & 1 & 0 \\ 0 & 0 & 0 \end{pmatrix}, \frac{1}{4} \cdot \begin{pmatrix} 0 & 0 & 0 \\ 0 & 1 & 1 \\ 0 & 1 & 1 \end{pmatrix} \text{ und } \frac{1}{4} \cdot \begin{pmatrix} 0 & 1 & 1 \\ 0 & 1 & 1 \\ 0 & 0 & 0 \end{pmatrix}$$

kombinieren kann. Dies geschieht in der Praxis allerdings nicht.

6.2.6 Gaußfilter

Das *Gaußfilter* ist wie das Binomialfilter aufgebaut, folgt aber statt der Binomialverteilung der Gaußverteilung. Häufig werden Binomialfilter auch ungenau als Gaußfilter bezeichnet. Ausgangspunkt ist die ein- oder zweidimensionale Normalverteilung mit dem Mittelwert $\mu = 0$ und verschiedenen Varianzen σ^2. Es gilt für die ein- bzw. zweidimensionale Verteilung:

$$N^{(1)}(0, \sigma)(x) = \frac{1}{\sqrt{2\pi}\sigma} \mathrm{e}^{-\frac{x^2}{2\sigma^2}},$$

$$N^{(2)}(0, \sigma)(x, y) = \frac{1}{2\pi\sigma^2} \mathrm{e}^{-\frac{x^2+y^2}{2\sigma^2}}.$$

Dabei gilt

$$N^{(2)}(0, \sigma)(x, y) = N^{(1)}(0, \sigma)(x) \cdot N^{(1)}(0, \sigma)(y)$$

und wir beschränken unsere Überlegungen auf $N_\sigma := N^{(1)}(0, \sigma)$.

Die Idee ist einfach, die Gaußverteilung $N_\sigma(x)$ auf ein diskretes Intervall $[-n, +n]$ einzuschränken. Außerhalb von $[-n, +n]$ werden die Werte auf 0 gesetzt, innerhalb von $[-n, +n]$ wird $N_\sigma(i)$ so zu einer rationalen Zahl abgerundet, dass für die rationalen Werte $\hat{N}_\sigma(i) \in \mathbb{Q}$ gilt:

$$\sum_{i=-n}^{+n} \hat{N}_\sigma(i) = 1.$$

Das erreicht man leicht, wenn man die diskreten Werte $\hat{N}_\sigma(i)$ für $-n \le i \le +n$ einfach auf

$$\hat{N}_\sigma(i) = \frac{1}{z} \left\lceil \frac{N_\sigma(i)}{N_\sigma(n)} \right\rceil$$

setzt, wobei der Normierungsfaktor z dafür sorgt, dass die Summe 1 wird. Damit definieren wir

$$G_{\sigma,n} := \left(\hat{N}_\sigma(-n) \quad \ldots \quad \hat{N}_\sigma(+n) \right)$$

als *eindimensionalen Gauß'schen Zeilenkern der Varianz σ vom Radius n*. Der Buchstabe G wird hier für diesen diskreten Gaußkern benutzt, um den Kern von der kontinuierlichen Gaußverteilung, die mit N für Normalverteilung bezeichnet wird, abzugrenzen. $G_{\sigma,n}^{(2)} := G_{\sigma,n} * G_{\sigma,n}^{\mathrm{T}}$ ist jetzt ein zweidimensionaler Gaußkern mit der Varianz σ^2 vom Radius n. Dabei wird n üblicherweise so gewählt, dass etwa $2\sigma \le n \le 3\sigma$ erfüllt wird. Oft wird $n := \lceil 3\sigma \rceil$ gesetzt. Der Index $_n$ kann dann entfallen und wir setzen

$$G_\sigma := G_{\sigma, \lceil 3\sigma \rceil}. \tag{6.6}$$

Die Abb. 6.3 zeigt links das Beispielgebäude 2 im Original und in der Mitte mit $\sigma = 2$ und rechts mit $\sigma = 5$ gaußgefiltert.

Abbildung 6.4 zeigt ein RGB-Bild, auf das in allen drei Kanälen ein Gaußfilter mit $\sigma = 1,7$ (Mitte) und $\sigma = 3$ (rechts) angewendet wurde.

Abb. 6.3 Gaußfilter 1. Original (*links*) und mit $\sigma = 2$ (*Mitte*) und $\sigma = 5$ (*rechts*) gaußgefiltert

Abb. 6.4 Gaußfilter 2. Original RGB-Bild (*links*) und mit $\sigma = 1{,}7$ (*Mitte*) und $\sigma = 3$ (*rechts*) pro RGB-Kanal gaußgefiltert

Weitere Glättungsfilter

Man findet in der Literatur häufiger auch weitere Ad-hoc-Glättungsfilter. So etwa den zweidimensionalen Kern

$$\frac{1}{6} \cdot \begin{pmatrix} 0 & 1 & 0 \\ 1 & 2 & 1 \\ 0 & 1 & 0 \end{pmatrix},$$

der nicht separabel ist.

Allen Glättungsfiltern gemeinsam ist, dass

- alle Koeffizienten nicht negativ sind und
- die Summe aller Koeffizienten 1 ergibt.

Glättungsfilter ändern damit den Mittelwert μ_I eines Bildes I nicht. Vorsicht, diese Aussage ist genau genommen nur bei unendlich großen Bildern richtig. Bei endlichen Bildern kann sich aber wegen der Randbehandlung der Mittelwert nach einer Glättung mit einem linearen Kern ändern. Nehmen wir ein fast schwarzes Bild mit einem hellen Pixel am Rand. Dann wird sich bei einer Glättung der Bildmittelwert leicht erhöhen, da das helle Pixel wegen der Spiegelung des Bildes mehrfach gezählt wird. In der Praxis ist dieser Effekt aber vernachlässigbar. Da bei der Glättung die einzelnen Pixelwerte sich annähern, nähern sie sich im Mittel auch an μ_I und die Varianz σ_I^2 nimmt bei einer Glättung ab.

Die bisher vorgestellten Glättungsfilter sind symmetrisch. Dies muss nicht so sein, denn Glättungsfilter können auch Richtungen bevorzugen. Der separable Glättungsfilter

$$\frac{1}{8} \cdot \begin{pmatrix} 1 & 1 & 0 \\ 2 & 2 & 0 \\ 1 & 1 & 0 \end{pmatrix}$$

ist in der y-Achse symmetrisch, in der x-Achse wird aber der rechte Nachbar ignoriert und nur der linke zur Glättung herangezogen.

6.2.7   Kontrastverstärkende Filter

Es existieren auch lineare kontrastverstärkende Faltungskerne, die man generell wie folgt erhalten kann. Es sei K_g ein glättender Faltungskern, dann ist $I - I * K_g$ der Unterschied des Originalbildes zum geglätteten Bild. $I - I * K_g$ beinhaltet also diejenigen Kontrastanteile, die die Glättung entfernt. Addiert man diese dem Originalbild I hinzu, so erhält man ein Bild mit erhöhtem Kontrast. Ein kontrastverstärktes Bild I_k ist also

$$I_k = I + (I - I * K_g).$$

In der Mathematik bezeichnet id üblicherweise die Identitätsabbildung, unabhängig vom Definitionsbereich. Wir bezeichnen hier mit id auch jeden Faltungskern, der das Bild invariant lässt. Je nach dem gewählten d-dimensionalen Fenster F ist id: $F \to \mathbb{Q}$ der Kern mit $F(z) = 1$ für das Zentrum z und $F(l) = 0$ sonst. Damit gilt

$$2I - I * K_g = I * (2 \cdot \mathrm{id}) - I * K_g$$
$$= I * (2 \cdot \mathrm{id} - K_g)$$

und wir erhalten für jeden linearen glättenden Filterkern K_g den kontrastverstärkenden linearen Partnerkern

$$K_k := 2 \cdot \mathrm{id} - K_g.$$

Damit erhält z. B. das glättende zweidimensionale Binomialfilter $B_1^{(2)}$ den kontrastverstärkenden Partner

$$2 \cdot \mathrm{id} - B_1^{(2)} = \begin{pmatrix} 0 & 0 & 0 \\ 0 & 2 & 0 \\ 0 & 0 & 0 \end{pmatrix} - \frac{1}{16} \begin{pmatrix} 1 & 2 & 1 \\ 2 & 4 & 2 \\ 1 & 2 & 1 \end{pmatrix} = \frac{1}{16} \begin{pmatrix} -1 & -2 & -1 \\ -2 & 28 & -2 \\ -1 & -2 & -1 \end{pmatrix}.$$

Der kontrastverstärkende Partner zum Mittelwertfilter $K_{\mu,1}$ ist

$$2 \cdot \mathrm{id} - K_{\mu,1} = \frac{1}{9} \cdot \begin{pmatrix} -1 & -1 & -1 \\ -1 & 17 & -1 \\ -1 & -1 & -1 \end{pmatrix}.$$

In diesen Filtern kommen negative Koeffizienten vor, die Summe aller Koeffizienten bleibt aber 1. Damit verändern diese Filter ebenfalls den Bildmittelwert nicht. Der kontrastverstärkende Partner K_k eines separablen Glättungsfilters $K_g = K_1 * K_2$ ist selbst nicht notwendig separabel, aber separabel im weiteren Sinn, denn seine Anwendung ist unter Ausnutzung der Separabilität von K_g schneller berechenbar mittels

$$I * K_k = 2 \cdot I - (I * K_1) * K_2. \tag{6.7}$$

6.3 Nicht lineare Filter I

Wir wollen hier die einfachsten nicht linearen Filter vorstellen, nämlich *Rangordnungsfilter*, die wie die glättenden linearen Filter ebenfalls zur Unterdrückung von Rauschen oder anderen Artefakten eingesetzt werden.

Eine zusätzliche Voraussetzung in diesem Abschn. 6.3 ist, dass eine Ordnung $\leq$ auf Val existiert. Das gilt für $\mathbb{N}, \mathbb{Z}, \mathbb{Q}$ und $\mathbb{R}$, nicht aber für $\mathbb{C}$ oder höherdimensionale Räume wie $\mathbb{Q}^n$. Der Einfachheit halber betrachten wir zuerst orthogonale d-dimensionale einkanalige Bilder $I \colon \mathrm{Loc} \to \mathrm{Val}$ mit $\mathrm{Val} \subset \mathbb{Q}$. F sei in diesem Abschnitt ein zum Bild I passendes Fenster. Die folgenden Filter lassen stets den Orts- (Loc) und Wertebereich (Val) eines Bildes unverändert.

6.3.1 Minimum- und Maximumfilter

Das *Minimumfilter* $\mathbf{min}_F$ und das *Maximumfilter* $\mathbf{max}_F$ auf einem Fenster F transformieren ein Bild I in $\mathbf{min}_F(I)$ bzw. $\mathbf{max}_F(I)$, definiert als

$$\mathbf{min}_F(I)(p) := \min I_{|F+p}^{\vec{+}}, \quad \mathbf{max}_F(I)(p) := \max I_{|F+p}^{\vec{+}}.$$

Jedes Pixel P in I erhält als neuen Wert also den minimalen bzw. maximalen Wert im Fenster $F + \mathrm{loc}(P)$ um P. Die Randbehandlung ist gespiegelt.

Diese Filter können in manchen speziellen Anwendungen interessant sein, etwa, wenn man einen Schriftzug aus einem Bild retuschieren will. Abbildung 6.5 zeigt links das Beispielgebäude mit dem Schriftzug **Gebäude B**. Rechts wurde ein Maximumfilter mit dem Fenster $F_{1,2}^2$ angewendet, das den Schriftzug fast vollständig retuschiert. Dabei wird aber das Bild insgesamt aufgehellt und Details gehen verloren, sehr deutlich zu sehen ist das im Baum rechts. In Abb. 6.6 hingegen wurde das gleiche Filter nur auf einen kleinen Ausschnitt um den Schriftzug angewendet.

Abb. 6.5 Maximumfilter. Beispielgebäude 2 mit Schriftzug und nach Maximumfilterung

Abb. 6.6 Lokales Ma-
ximumfilter. Gleiche
Maximumfilterung nur lokal
um den Schriftzug

6.3.2   Medianfilter

Das bekannteste Rangordnungsfilter ist das *Medianfilter* **med**$_F$. Es sei $M \subseteq$ Loc eine
Teilmenge von Orten. Dann bezeichnet $[I_{|M}]$ die bezüglich $\leq$ geordnete Liste aller Bild-
werte $I(p)$ für $p \in M$. Die Schreibweise $[\dots]$ soll zeigen, dass es sich um eine Liste und
nicht um eine Menge handelt. Im Unterschied zu einer Menge können in einer Liste Elemente mehrfach aufgeführt werden. Diese Mehrfachzählung ist für das folgende zentrale
Element wichtig. Es sei

$$[I_{|M}] = [v_1, \dots, v_{|M|}]$$

diese angeordnete Liste. Das *Zentrum* dieser Liste ist die Position center$(M) := \lceil |M|/2 \rceil$.
Sein Wert $I(\text{center}(M))$ heißt der *zentrale Wert* oder der *Median* med(M) von $I_{|M}$, wie
schon in Abschn. 4.4.1 definiert, und liegt also in der angeordneten Liste in der mittleren
Position.

Das Medianfilter transformiert ein Bild I in **med**$_F(I)$ mit

$$\textbf{med}_F(I)(p) := \text{med}(I_{|F+p}^{\leftrightarrow}).$$

Eine Variante ist das *k-gewichtete Medianfilter* $\boldsymbol{k}\text{-}\mathbf{med}_F$, das für $2k + 1 < |F|$ definiert ist. Hier wird val(P) durch das Mittel der $2k + 1$ zentralsten Werte im Fenster um loc(P) ersetzt. Also

$$\boldsymbol{k}\text{-}\mathbf{med}_F(I)(p) := \frac{1}{2k+1} \cdot \sum_{i=\text{center}-k}^{\text{center}+k} v_i,$$

für $[I_{|F+p}^{\leftrightarrow}] = [v_1, \ldots, v_{|F|}]$.

Will man ein Salz-und-Pfeffer-Rauschen entfernen, ohne weitere Glättungen einzuführen, so ist das Medianfilter das Filter der Wahl, da es Extremwerte eliminiert (vgl. Abb. 4.8). In seiner Variante als k-gewichteter Median wirkt das Medianfilter zusätzlich glättend.

6.3.3 Mid-range-Filter

Das *Mid-range-Filter* $\mathbf{mr}_F$ mit Fenster F ersetzt val(p) durch das Mittel der beiden Extremwerte, also

$$\mathbf{mr}_F(I)(p) := \frac{\min I^{\leftrightarrow}(F + p) + \max I^{\leftrightarrow}(F + p)}{2}.$$

6.3.4 *k*-nn-Filter

Im *k-nearest-neighbor-Filter* (*k*-nn-Filter) $\boldsymbol{k}\text{-}\mathbf{nn}_F$ zum Fenster F wird val(p) durch den Mittelwert der k zu val(P) ähnlichsten Werte in $[I_{|F+p}^{\leftrightarrow}]$ ersetzt, also

$$\boldsymbol{k}\text{-}\mathbf{nn}_F(I)(p) = \frac{1}{k} \cdot \sum_{j=1}^{k} v_{i_j},$$

wobei v_{i_1} bis v_{i_k} die k zu $I(p)$ am ähnlichsten Werte in der Liste $[I_{|F+p}^{\leftrightarrow}]$ sind.

6.3.5 Randordnungsfilter auf Farbbildern

Eine Anwendung von Rangordnungsfiltern auf Farbbilder oder generell Mehrkanalbilder $I: \text{Loc} \to \mathbb{Q}^k$ scheint auf den ersten Blick unsinnig zu sein, da auf $\mathbb{Q}^k$ keine natürliche Anordnung existiert. Allerdings existieren natürliche Distanzen d auf $\mathbb{Q}^k$ (siehe Abschn. 4.2.2). Bezüglich jeder Distanz lassen sich die Begriffe maximal und minimal verallgemeinern. Ein Element $x \in M \subseteq \mathbb{Q}^k$ heißt minimal (maximal) in M, falls die Distanz $d(x, 0)$ von x zum Nullpunkt 0 in $\mathbb{Q}^k$ minimal (maximal) ist. Eine Menge $M \subset \mathbb{Q}^k$ kann damit mehrere unterschiedliche minimale und maximale Elemente besitzen.

Minimum- und Maximumfilter lassen sich so auf Farbbilder übertragen. Das Mid-range-Filter scheint weniger geeignet zu sein, da es den Mittelwert zwischen den beiden Extremwerten im Fenster bildet. Eine Mittelwertbildung von sehr unterschiedlichen Farben ist immer problematisch oder sogar unsinnig. Interessanter ist hier das k-nn-Filter, da eine Mittelung nur zwischen den k ähnlichsten Farben zur Ausgangsfarbe val(p) durchgeführt wird.

6.3.6 Vektor-Median-Filter

Das Medianfilter lässt sich nicht unmittelbar auf Farbbilder $I\colon \mathrm{Loc} \to \mathbb{Q}^3$ übertragen, da das zentrale Element über eine Anordnung $\leq$ der Pixelwerte in einem Fenster definiert ist, $\mathbb{Q}^3$ aber nicht angeordnet ist. Eine unabhängige Anwendung des Filters in jedem der drei Kanäle ist nicht unkritisch, da hierbei neue Farben entstehen können, die im Originalbild nicht vorkommen. Will man das vermeiden, bietet sich das Vektor-Median-Filter an.

Im *Vektor-Median-Filter* $\mathbf{vm}_F$ mit Fenster F wird ein mehrdimensionaler Wert val(p) durch den Wert in $I_{|F+p}^{\rightarrow}$ ersetzt, der zu allen anderen Werten in $I_{|F+p}^{\rightarrow}$ den geringsten Abstand besitzt. Dieser minimale Abstand von den restlichen Werten ersetzt den Begriff des zentralen Elements einer angeordneten Liste. Minimaler Abstand bezieht sich wieder auf eine zu wählende Metrik d im $\mathbb{R}^n$. Damit ist das Resultat eines Vektor-Median-Filters in dieser Metrik d das Bild

$$\mathbf{vm}_F(I)(p) := v_0, \text{ falls } \sum_{l \in F+p} \mathrm{d}(I^{\rightarrow}(l), v) \text{ für } v \in F+p \text{ minimal für } v = v_0 \text{ ist.}$$

Analog lässt sich das k-gewichtete Medianfilter übertragen.

6.3.7 Nicht-Maximum-Unterdrückung

In der *Nicht-Maximum-Unterdrückung* werden alle lokal nicht maximalen Werte auf null gesetzt. Lokalität kann man über ein Fenster F definieren. Man kann diese Operation als ein Filter $\mathbf{nmu}_F$ auf einem passenden Fenster auffassen, das ein Bild I in ein Bild $\mathbf{nmu}_F(I)$ mit gleichem Ortsbereich umwandelt mit

$$\mathbf{nmu}_F(I)(p) := \begin{cases} 0 & : \text{ es existiert ein } p' \in F+p \text{ mit } I^{\rightarrow}(p') > I^{\rightarrow}(p), \\ I(p) & : \text{ sonst.} \end{cases}$$

6.4 Lineare Filter II

Mit linearen Filtern lassen sich auch anspruchsvollere Aufgaben als eine Glättung oder Kontrastverstärkung erreichen. Insbesondere werden sie zur Kantendetektion eingesetzt. Dazu werden zumeist Maxima einer ersten Ableitung oder Nulldurchgänge in einer zweiten Ableitung untersucht. Wir werden hier den Ableitungsbegriff auf Bildern mittels linearer Filter klären. Da später nur Maxima oder Nulldurchgänge benötigt werden, ist es egal, mit welchen Faktoren man die folgenden Kerne versieht. Eine Normierung der Summe aller Werte in den Kernen spielt keine Rolle.

6.4.1 Gradientenoperatoren

Für eine differenzierbare Funktion $f : \mathbb{R} \to \mathbb{R}$ ist die Ableitung $f'(x_0)$ im Punkt x_0 definiert als

$$f'(x_0) = \lim_{h \to 0} \frac{f(x_0 + h) - f(x_0)}{h} = \lim_{h \to 0} \frac{f(x_0) - f(x_0 - h)}{h}.$$

Für ein eindimensionales Bild $I : [0, N[\to \mathbb{Q}$ ist 1 das kleinste zulässige $h \neq 0$ und die Ableitung nach rechts wird approximiert durch

$$I'(p_0) = I(p_0 + 1) - I(p_0) \text{ oder } I'(p_0) = I(p_0) - I(p_0 - 1),$$

mit den Kernen $\begin{pmatrix} 0 & -1 & 1 \end{pmatrix}$ und $\begin{pmatrix} -1 & 1 & 0 \end{pmatrix}$. Durch Addition beider Kerne erhält man den Ableitungskern $H = \begin{pmatrix} -1 & 0 & +1 \end{pmatrix}$. Für ein zweidimensionales orthogonales Bild erhalten wir die elementaren Ableitungskerne H_x (nach rechts) und H_y (nach unten) in x- und y-Richtung als

$$H_x = \begin{pmatrix} -1 & 0 & 1 \end{pmatrix}, \quad H_y = \begin{pmatrix} -1 \\ 0 \\ 1 \end{pmatrix}.$$

Varianten davon sind der *Prewitt-Operator* P_x, P_y und der *Sobel-Operator* S_x, S_y. Beide betrachten nicht nur die beiden Pixel vor und hinter der Ableitungsrichtung, sondern zur Glättung auch deren senkrecht dazu stehende Nachbarn.

$$P_x = \begin{pmatrix} -1 & 0 & 1 \\ -1 & 0 & 1 \\ -1 & 0 & 1 \end{pmatrix}, \quad P_y = \begin{pmatrix} -1 & -1 & -1 \\ 0 & 0 & 0 \\ 1 & 1 & 1 \end{pmatrix},$$

$$S_x = \begin{pmatrix} -1 & 0 & 1 \\ -2 & 0 & 2 \\ -1 & 0 & 1 \end{pmatrix}, \quad S_y = \begin{pmatrix} -1 & -2 & -1 \\ 0 & 0 & 0 \\ 1 & 2 & 1 \end{pmatrix}.$$

Da diese Kerne nicht punktsymmetrisch sind, muss eine Konvolution mit dem punktge-spiegelten Kern erfolgen. Soll der obige Kern S_x die Ableitung eines Bildes I in Richtung nach rechts bewirken, so muss man mit $(S_x)^{\rightarrow}$ falten, um den gewünschten Effekt $S_x(I)$ zu erhalten. Faltet man hingegen mit S_x, so erhält man eine Ableitung in x-Richtung von rechts nach links. Beides sind aber natürlich zulässige Ableitungen in x-Richtung.

In der Literatur werden weitere Kerne zur Bestimmung der ersten Ableitung untersucht. Einer der ältesten ist der *Roberts-Operator* oder *Roberts-Kreuz*, der die Ableitungen in den Diagonalen misst und gar kein Fenster, sondern die 2×2-Matrizen

$$\begin{pmatrix} -1 & 0 \\ 0 & 1 \end{pmatrix} \text{ und } \begin{pmatrix} 0 & -1 \\ 1 & 0 \end{pmatrix}$$

nutzt, für die dann noch ein Zentrum erklärt werden muss. Er ist extrem simpel, dafür natürlich sehr rauschempfindlich. Ein weiterer Kern ist der *Scharr-Operator*:

$$S_x = \begin{pmatrix} 3 & 0 & -3 \\ 10 & 0 & -10 \\ 3 & 0 & -3 \end{pmatrix} \text{ und } S_y = \begin{pmatrix} 3 & 10 & 3 \\ 0 & 0 & 0 \\ -3 & -10 & -3 \end{pmatrix}.$$

Von diesen Operatoren wird in der Praxis hauptsächlich der Sobel-Operator benutzt. Typisch für lineare Gradientenoperatoren ist, dass die Summe aller Faktoren des Kerns null ergibt.

Gilt etwa $I \colon [0, N[\times [0, M[\rightarrow [0, 255]$, so ist der Wertebereich einer Ableitung I_x oder I_y das Intervall $[-255, +255]$. Da dies in GIMP den erlaubten Wertebereich $[0, 255]$ ver-lässt, muss man mit Tricks arbeiten. Man bettet meist $[-255, +255]$ linear in $[0, 255]$ ein und legt dazu den Nullpunkt auf den Wert 128 und interpretiert alle Werte kleiner als 128 als negative und alle größer als 128 als positive Zahlen. Der Wert 130 entspricht dann dem Wert 4, 100 hingegen dem Wert -54 in $[-255, +255]$. In der visuellen Darstellung erscheinen somit hohe negative Ableitungswerte dunkel, hohe positive hell und kleine Ableitungswerte mittelgrau.

6.4.2   Kompassoperatoren

Weitere lineare Ableitungsoperatoren sind die sogenannten *Kompassoperatoren*. In die-sen Kompassfiltern werden Ableitungen in andere Richtungen als zur x- und y-Achse zugelassen, etwa in NO-Richtung (Nord-Ost). Ein NO-Sobel-Operator etwa besitzt den Kern

$$S_{NO} := \begin{pmatrix} 0 & 1 & 2 \\ -1 & 0 & 1 \\ -2 & -1 & 0 \end{pmatrix}.$$

Abb. 6.7 Eine Normale von
10°

Genauso erhält man Sobel-Kerne für die Richtungen SO, SW, NW. Wünscht man weitere Richtungen wie SSO, muss man gegebenenfalls die Fenstergröße erhöhen. Als Kompassoperatoren werden auch andere Kerne verwendet, wie Prewitt oder Kirsch. Der *Kirsch-Operator* in Ost- und Nord-Ost-Richtung ist wie folgt definiert:

$$K_O = \begin{pmatrix} -3 & -3 & 5 \\ -3 & 0 & 5 \\ -3 & -3 & 5 \end{pmatrix}, \quad K_{NO} = \begin{pmatrix} -3 & 5 & 5 \\ -3 & 0 & 5 \\ -3 & -3 & -3 \end{pmatrix}.$$

Es seien zwei N- und NO-Kerne der Form

$$\text{O-Typ} = \begin{pmatrix} -a & 0 & a \\ -b & 0 & b \\ -a & 0 & a \end{pmatrix}, \quad \text{NO-Typ} = \begin{pmatrix} 0 & a & b \\ -a & 0 & a \\ -b & -a & 0 \end{pmatrix}$$

gegeben. Wir wollen diese Kerne auf ein Bild mit einer harten Kante zwischen einer dunklen und einer hellen Fläche anwenden, wie etwa im Beispiel in Abb. 6.7 gezeigt.

Die Normale von der dunklen zur hellen Fläche hat hier einen Winkel von ca. 10°. Auf diese Kante reagiert der O-Typ stärker als der NO-Typ, während auf eine Normale von 40° der NO-Typ stärker reagiert. Man würde eine gleich starke Reaktion bei einer Normalen von 22,5° erwarten, was aber wegen der unterschiedlichen Abstände der Pixelorte in 0°- und 45°-Richtung nicht richtig ist. Der sogenannte *Change-over-Winkel*, bei dem beide Maskentypen gleich stark reagieren, liegt bei dieser Sorte von Masken bei 26,5°, unabhängig von den gewählten positiven Faktoren a und b aus $\mathbb{Q}$. Möchte man etwa einen Sobel-Kern so optimieren, dass der Change-over-Winkel bei 22,5° liegt, so muss man die folgenden Kerne verwenden:

$$S_O^{\text{optimal}} = \begin{pmatrix} -1 & 0 & 1 \\ -2{,}055 & 0 & 2{,}055 \\ -1 & 0 & 1 \end{pmatrix}, \quad S_{NO}^{\text{optimal}} = \begin{pmatrix} 0 & 1{,}453 & 1{,}414 \\ -1{,}453 & 0 & 1{,}453 \\ -1{,}414 & -1{,}453 & 0 \end{pmatrix}.$$

6.4.3 Gradientenkarten

Kompassoperatoren spielen heute keine größere Rolle mehr. Sie wurden von Gradientenkarten verdrängt. Gradientenkarten werden von zwei Ableitungen in aufeinander senk-

Abb. 6.8 Punkt z mit einem
Winkel von ca. 120° und Punkt
z' mit ca. 300°

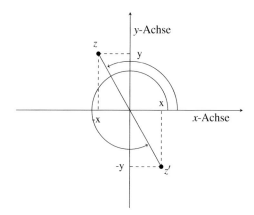

recht stehenden Richtungen berechnet. Wir wählen die Richtungen in x- und in y-Achse.
Für einen gewählten linearen Ableitungskern K_x in x- bzw. K_y in y-Richtung bezeichne

$$I_x := I * (K_x)^{\leftrightarrow}, \text{ das Bild } I \text{ abgeleitet in } x\text{-Richtung, und}$$

$$I_y := I * (K_y)^{\leftrightarrow}, \text{ das Bild } I \text{ abgeleitet in } y\text{-Richtung.}$$

Für einen Bildort $p \in$ Loc können wir p als Ableitung etwa den Vektor $(I_x(p), I_y(p))$
zuordnen. Üblicher ist es aber, eine Ableitung in p durch deren Stärke und Richtung zu
beschreiben. Als Stärke wählt man eine Norm des Vektors $(I_x(p), I_y(p))$, etwa den Abstand von $(I_x(p), I_y(p))$ zum Nullpunkt $(0, 0)$. Als Richtung wird der Winkel des Vektors
$(I_x(p), I_y(p))$ im $\mathbb{R}^2$ verwendet. Hierbei gibt es aber verschiedene Freiheiten. Der Abstand kann in verschiedenen Metriken gemessen werden. Der Winkel wird in Relation
zur x- oder y-Achse häufig unterschiedlich ausgerichtet. Wir werden in diesem Buch einheitlich den Winkel eines Punktes (x, y) im $\mathbb{R}^2$ von der positiven x-Achse aus gegen
den Uhrzeigersinn messen (vgl. Abb. 6.8). Anstelle von Stärke spricht man meistens vom
Gradientenbetrag.

In dieser Abb. 6.8 liegt $z = (x, y)$ im zweiten Quadranten, der Winkel α entspricht also
der Steigung $\tan(y/x)$, also $\alpha = \tan^{-1}(y/x) = 120°$ im Beispiel. Der um den Nullpunkt
gespiegelte Punkt $z' = (-x, -y)$ soll nun einen Winkel $300° = 120° + 180°$ erhalten.
Es gilt aber ebenfalls $\tan(-y/-x) = \tan(y/x) = 120°$. Der Tangens ist nicht injektiv und seine Umkehrfunktion $\tan^{-1}$, auch Arcustangens, arctan, genannt, nicht eindeutig
definiert. Es muss bei der Bestimmung des Winkels darauf geachtet werden, in welchem
Quadranten $z = (x, y)$ liegt. Daher empfiehlt sich die Umkehrfunktion atan$_2$, die die
beiden Koordinaten x und y als Input erhält. atan$_2$: $\mathbb{R}^2 \to [0,360[_{\mathbb{R}}$ ist definiert als

$$\text{atan}_2(y, x) := \begin{cases} \arctan \frac{y}{x} & : \quad y \geq 0, \\ \arctan \frac{y}{x} + 180° & : \quad y < 0, \\ 0° & : \quad x = y = 0, \\ 90° & : \quad x = 0 \wedge y > 0, \\ -90° & : \quad x = 0 \wedge y < 0. \end{cases}$$

Im 3. und 4. Quadranten wird also 180° dazu addiert. Diese Definition bezieht sich auf das geometrische Koordinatensystem, in dem wachsende y-Werte nach oben zeigen. Wir wollen Winkel wie in der Mathematik üblich von der positiven x-Achse gegen den Uhrzeigersinn ausrichten, im Bildkoordinatensystem die y-Achse aber nach unten ins Positive wachsen lassen. Dazu muss in atan₂ der Wert auf der y-Achse (nämlich I_y) negativ gesetzt werden. Damit definieren wir einen *Gradientenbetrag* $\nabla_I^{\|}$ und eine *Gradientenrichtung* $\nabla_I^{\measuredangle}$ für ein zweidimensionales Bild I als

$$\nabla_I^{\|}(p) := \sqrt{I_x^2(p) + I_y^2(p)},$$
$$\nabla_I^{\measuredangle}(p) := \operatorname{atan_2}(-I_y(p), I_x(p)).$$

Wir haben hier die Argumente vom Tangens und die Werte von atan₂ im Gradmaß angegeben. Zu beachten ist aber, dass beide Funktionen in den Programmbibliotheken mit dem Bogenmaß arbeiten.

Die *Gradientenkarte* ∇_I von I ist das zweikanalige Bild

$$\nabla_I \colon \operatorname{Loc}_I \to \mathbb{Q}^2 \text{ mit } \nabla_I(p) = (\nabla_I^{\|}(p)), \nabla_I^{\measuredangle}(p)).$$

Damit ist der *Gradient* von I an der Stelle p das Paar

$$\nabla_I(p) = (\nabla_I^{\|}(p), \nabla_I^{\measuredangle}(p)).$$

Allerdings wird häufig auch der Gradientenbetrag allein als Gradient bezeichnet. Manchmal wird der Gradientenbetrag in anderen Metriken als

$$\nabla_I^{\|}(p) = |I_x(p)| + |I_y(p)|, \text{ oder}$$
$$\nabla_I^{\|}(p) = \max(|I_x(p)|, |I_y(p)|)$$

berechnet.

Ist ein Bild I gegeben, macht es in den meisten Fällen wenig Sinn, sofort mit einem Ableitungskern K_x und K_y zu falten und daraus dann eine Gradientenkarte zu berechnen, da lokal beschränkte Störungen, wie etwa ein Salz-und-Pfeffer-Rauschen, zu hohen Gradienten führen können. Eine vorherige Glättung des Bildes ist fast immer notwendig. Dazu werden üblicherweise Gaußfilter verwendet. Es empfehlen sich aber auch die noch vorzustellenden nicht linearen snn- und Kuwahara-Filter. Gradientenkarten spielen in vielen Anwendungen eine wichtige Rolle. Wir werden sie u. a. in Abschn. 9.2 zur Kantenbestimmung verwenden.

6.4.4 Laplace-Operator

Der *Laplace-Operator* $\nabla^2 f$ oder Δf einer differenzierbaren Funktion zweier Variabler x, y ist

$$\nabla^2 f = \frac{\partial^2 f}{\partial x^2} + \frac{\partial^2 f}{\partial y^2},$$

wobei $\partial f / \partial x_i$ die partielle Ableitung und $\partial^2 f / \partial x_i^2$ die partielle zweite Ableitungen einer mehrdimensionalen Funktion nach der Variablen x_i bezeichnet. Um ihn auf digitale Bilder zu übertragen, können wir die diskrete zweite Ableitung in x-Richtung in einem eindimensionalen Bild I durch zweimaliges Ableiten in x-Richtung bilden. Für die erste Ableitung können wir die Kerne

$$K_1 = \begin{pmatrix} 0 & -1 & 1 \end{pmatrix} \text{ oder } K_2 = \begin{pmatrix} -1 & 1 & 0 \end{pmatrix}$$

verwenden. Wir werden beide abwechselnd anwenden, zuerst K_1 für I und danach K_2 aus Symmetriegründen für I', um uns nicht zu weit in eine Richtung zu bewegen, und erhalten mit

$$\begin{aligned} I''(p) &= I'(p+1) - I'(p) = I(p+1) - I(p) - \big(I(p) - I(p-1)\big) \\ &= I(p-1) - 2I(p) + I(p+1) \end{aligned}$$

den linearen Kern

$$K'' := \begin{pmatrix} 1 & -2 & 1 \end{pmatrix}.$$

Analog erhalten wir für die zweite Ableitung in y-Richtung den Kern

$$K''^{\mathrm{T}} = \begin{pmatrix} 1 \\ -2 \\ 1 \end{pmatrix}.$$

Mit der Summe

$$K'' + K''^{\mathrm{T}} = \begin{pmatrix} 0 & 1 & 0 \\ 1 & -4 & 1 \\ 0 & 1 & 0 \end{pmatrix}$$

finden wir die richtungsunabhängige zweite Ableitung. Da zur Kantenbestimmung mittels Laplace die Nullstellen der zweiten Ableitung interessieren, ist es egal, ob man diese für $\frac{\partial^2}{\partial x^2} + \frac{\partial^2}{\partial y^2}$ oder $-\left(\frac{\partial^2}{\partial x^2} + \frac{\partial^2}{\partial y^2}\right)$ berechnet, und man definiert in der Bildverarbeitung den Laplace-Operator ∇^2 meist als

$$\nabla^2 := -\left(\frac{\partial^2}{\partial x^2} + \frac{\partial^2}{\partial y^2} \right), \tag{6.8}$$

mit dem zweidimensionalen Kern

$$\nabla^2 = \begin{pmatrix} 0 & -1 & 0 \\ -1 & 4 & -1 \\ 0 & -1 & 0 \end{pmatrix}.$$

Der diskrete lineare Kern für den Laplace-Operator wird genauso wie der kontinuierliche Laplace-Operator bezeichnet. Es sollte aus dem Kontext aber stets klar sein, ob wir im Kontinuierlichen oder Diskreten arbeiten. Das Ergebnis $\nabla^2(I)$ des Laplace-Operators auf ein zweidimensionales Bild I schreibt man den Notationen der Physik folgend meist als $\nabla^2 I$. Die Schreibweise ΔI ist ebenfalls gebräuchlich. Zu beachten ist, dass ∇ für Gradienten, aber ∇^2 (und auch Δ) für Laplace üblich sind. Es gilt

$$\nabla^2 I := I * \nabla^2 = -I * K'' - I * K''^{\mathrm{T}}.$$

Obwohl der Laplace-Operator nicht eine Faltung zweier eindimensionaler Kerne ist, ist er im weiteren Sinn separabel, da mit dieser Gleichung die zweidimensionale Laplace-Transformation in eine Kombination zweier eindimensionaler Transformationen übertragen wird.

Der Laplace-Operator ist außergewöhnlich rauschempfindlich. Betrachten wir als Beispiel die folgenden Bildausschnitte

$$I_K = \begin{pmatrix} 80 & 80 & 80 & 80 & 80 \\ 80 & 80 & 80 & 80 & 80 \\ 120 & 120 & 120 & 120 & 120 \\ 120 & 120 & 120 & 120 & 120 \\ 120 & 120 & 120 & 120 & 120 \end{pmatrix}, \quad I_E = \begin{pmatrix} 80 & 80 & 80 & 80 & 80 \\ 80 & 80 & 80 & 80 & 80 \\ 120 & 120 & 120 & 80 & 80 \\ 120 & 120 & 120 & 80 & 80 \\ 120 & 120 & 120 & 80 & 80 \end{pmatrix},$$

$$I_L = \begin{pmatrix} 80 & 80 & 80 & 80 & 80 \\ 80 & 80 & 80 & 80 & 80 \\ 120 & 120 & 120 & 120 & 120 \\ 80 & 80 & 80 & 80 & 80 \\ 80 & 80 & 80 & 80 & 80 \end{pmatrix}, \quad I_P = \begin{pmatrix} 80 & 80 & 80 & 80 & 80 \\ 80 & 80 & 80 & 80 & 80 \\ 80 & 80 & 120 & 80 & 80 \\ 80 & 80 & 80 & 80 & 80 \\ 80 & 80 & 80 & 80 & 80 \end{pmatrix}$$

mit einer Kante (I_K), einer Ecke (I_E), einer Linie (I_L) und einem Pixelfehler (I_P). Eine Faltung mit dem Laplacekern ergibt die zweiten Ableitungen

$$I_K'' = \begin{pmatrix} 0 & 0 & 0 & 0 & 0 \\ -40 & -40 & -40 & -40 & -40 \\ +40 & +40 & +40 & +40 & +40 \\ 0 & 0 & 0 & 0 & 0 \\ 0 & 0 & 0 & 0 & 0 \end{pmatrix}, \quad I_E'' = \begin{pmatrix} 0 & 0 & 0 & 0 & 0 \\ -40 & -40 & -40 & 0 & 0 \\ +40 & +40 & \mathbf{+80} & -40 & 0 \\ 0 & 0 & +40 & -40 & 0 \\ 0 & 0 & +40 & -40 & 0 \end{pmatrix},$$

$$I_L'' = \begin{pmatrix} 0 & 0 & 0 & 0 & 0 \\ -40 & -40 & -40 & -40 & -40 \\ +80 & +80 & +80 & +80 & +80 \\ -40 & -40 & -40 & -40 & -40 \\ 0 & 0 & 0 & 0 & 0 \end{pmatrix}, \quad I_P'' = \begin{pmatrix} 0 & 0 & 0 & 0 & 0 \\ 0 & 0 & -40 & 0 & 0 \\ 0 & -40 & +160 & -40 & 0 \\ 0 & 0 & -40 & 0 & 0 \\ 0 & 0 & 0 & 0 & 0 \end{pmatrix}.$$

Die Kante in I_K führt also zu geringeren Werten in der zweiten Ableitung als eine Ecke, Linie oder ein Pixelfehler, wobei der Pixelfehler die höchste Reaktion hervorruft.

In der Literatur finden sich manchmal auch Varianten des Laplace-Operators, wie etwa die Kerne

$$\begin{pmatrix} -1 & -1 & -1 \\ -1 & 8 & -1 \\ -1 & -1 & -1 \end{pmatrix}, \quad \begin{pmatrix} -2 & 1 & -2 \\ 1 & 4 & 1 \\ -2 & 1 & -2 \end{pmatrix}, \quad \frac{1}{4} \begin{pmatrix} 1 & 2 & 1 \\ 2 & -12 & 2 \\ 1 & 2 & 1 \end{pmatrix},$$

die aber weder separabel noch Summen eindimensionaler Kerne sind.

6.4.5   LoG-Filter

Wegen der Rauschempfindlichkeit des Laplace-Operators empfiehlt sich zuvor eine Glättung des Bildes. Eine große Rolle spielt hier das Gaußfilter. Wir untersuchen den Prozess

- Glätten mit einem Gaußkern G,
- Filtern mit einem Laplacekern L ($=\nabla^2$).

G und ∇^2 sind punktsymmetrisch und für die Anwendung dieser Kerne auf ein Bild I gilt damit

$$\nabla^2\big(G(I)\big) = (I * G) * \nabla^2 = I * (G * \nabla^2) = I * (\nabla^2 * G).$$

$\nabla^2 * G$ wird auch als *Laplacian of Gaussian* oder *Marr-Hildreth*-Operator [71] bezeichnet und mit LoG abgekürzt, also

$$\text{LoG}_\sigma(I) := \nabla^2\big(G_\sigma(I)\big).$$

Nun berechnet man LoG nicht direkt als $\nabla^2 * G$, da sich dabei Rundungsfehler akkumulieren würden. ∇^2 und G sind als diskrete Kerne ja selbst schon durch Diskretisierung der mathematischen zweiten Ableitung und der Gaußverteilung entstanden. Es empfiehlt sich also, zuerst die zweite Ableitung der Gaußverteilung zu bilden und diese zu diskretisieren. Aus

$$N(0, \sigma)(x, y) = \frac{1}{2\pi\sigma^2} \mathrm{e}^{-\frac{x^2+y^2}{2\sigma^2}} \text{ folgt}$$

$$\nabla^2 N(0, \sigma)(x, y) = \frac{1}{\pi\sigma^4} \left(\frac{x^2+y^2}{2\sigma^2} - 1 \right) \mathrm{e}^{-\frac{x^2+y^2}{2\sigma^2}},$$

und man gewinnt einen LoG-Kern zur Varianz σ als Diskretisierung von $\nabla^2 N(0, \sigma)$. Wie zuvor wählt man diesen Kern auf einem Fenster F_n^2 mit $2\sigma \le n \le 3\sigma$ oder setzt $n = \lceil 3\sigma \rceil$.

Interessant für eine Kantendetektion in einem Bild $I : \text{Loc} \to \text{Val}$ sind die *Null-durchgänge (zero-crossing)* von LoG in Loc. Das sind diejenigen Orte $p \in \text{Loc}$ mit $\text{LoG}(I)(p) = 0$ und $\text{LoG}(I)(p_1) > 0$, $\text{LoG}(I)(p_2) < 0$ für zwei Orte p_1, p_2 in der 9er-Nachbarschaft von p. Da der Faktor $\frac{1}{\pi\sigma^4}$ für die Detektion der Nullstellen irrelevant ist, wird er durch einen für die Berechnung günstigen Faktor, der auch negativ sein darf, ersetzt. Damit kann man stets Koeffizienten aus $\mathbb{Z}$ in LoG erhalten. Die gewählten LoG-Kerne besitzen eine typische Form, nach der sie auch *Mexican-Hat-Operatoren* genannt werden (vgl. etwa LoG_1 in Abb. 6.9).

Da das Gaußfilter separabel und der Laplace-Operator separabel im weiteren Sinn sind, sind auch diese Mexican-Hat-Operatoren separabel im weiteren Sinn. Mit Gl. 6.8 gilt

$$-\nabla^2 N(0, \sigma)(x, y) = \left(\frac{\partial^2}{\partial x^2} + \frac{\partial^2}{\partial y^2} \right) \left(N(0, \sigma)(x) \cdot N(0, \sigma)(y) \right)$$

$$= N(0, \sigma)(y) \cdot \frac{\partial^2}{\partial x^2} N(0, \sigma)(x) + N(0, \sigma)(x) \cdot \frac{\partial^2}{\partial y^2} N(0, \sigma)(y),$$

$$\frac{\partial^2}{\partial z^2} N(0, \sigma)(z) = \frac{z^2 - \sigma^2}{\sqrt{2\pi}\sigma^5} e^{-\frac{z^2}{2\sigma^2}},$$

und für eine Diskretisierung $G_{xx,\sigma}$ von $\frac{\partial^2}{\partial z^2} N(0, \sigma)(z)$ etwa im Intervall $[-\lceil 3\sigma \rceil, \lceil 3\sigma \rceil]$ in x-Richtung gilt dann mit Definition 6.6:

$$\nabla^2 G_\sigma^{(2)} = G_{xx,\sigma} * G_\sigma^{\text{T}} + G_{xx,\sigma}^{\text{T}} * G_\sigma.$$

6.4.6 DoG-Filter

Ein LoG-Filter kann durch ein *Difference-of-Gaussian*-Filter (*DoG*-Filter) approximiert werden. Es seien $G_{\sigma_1}, G_{\sigma_2}$ zwei Gaußkerne für σ_1 und σ_2. Der DoG-Kern $\text{DoG}_{\sigma_1, \sigma_2}$ dazu

Abb. 6.9 Vergleich LoG (*blau*) und DoG (*rot*) mit $\sigma = 1$

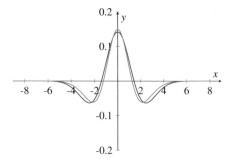

Abb. 6.10 Vergleich LoG
(*blau*) und DoG (*rot*) mit $\sigma =$
3

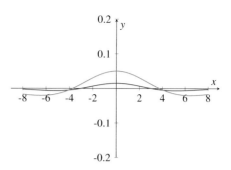

ist einfach deren Differenz

$$\mathrm{DoG}_{\sigma_1,\sigma_2} := G_{\sigma_1} - G_{\sigma_2}.$$

Eine Filterung mit Gauß beeinflusst größere homogene Gebiete nicht, verwischt aber kleine Details und schnelle Änderungen in den Bildwerten bei Kanten. Eine Differenz zweier Gaußfilterungen hebt also Kanten hervor.

Die DoG-Operatoren als Approximation der LoG-Filter werden ebenfalls als *Marr-Hildreth*-Operatoren bezeichnet. Marr und Hildreth schlagen in [71] vor, LoG$_\sigma$ durch DoG$_{\sigma,\,1{,}6\cdot\sigma}$ zu approximieren. Damit erhält man die kontinuierliche DoG$_\sigma$-Funktion

$$\mathrm{DoG}_\sigma := N(0,\sigma) - N(0,\,1{,}6\cdot\sigma) = \frac{1{,}6\cdot\mathrm{e}^{\frac{-x^2}{2\sigma^2}} - \mathrm{e}^{\frac{-x^2}{5{,}16\sigma^2}}}{1{,}6\cdot\sigma\cdot\sqrt{2\pi}}.$$

Abbildung 6.10 visualisiert den Unterschied von DoG$_\sigma$ und LoG$_\sigma$, einmal bei $\sigma = 1$ und einmal bei $\sigma = 3$. Für kleines σ sind die Verläufe von DoG und LoG sehr ähnlich.

Man nimmt an, dass das menschliche Sehen auf ähnliche Art Kantenzüge wahrnimmt. Marr beschreibt in Abschnitt 2.2 von [70] Modelle, die von einer biologischen Implementation von DoG-Filtern in der Retina ausgehen. Damit werden bereits vorverarbeitete Kanteninformationen über den Sehnerv dem visuellen Cortex mitgeteilt.

DoG spielt im sogenannten *Scale Space Approach* eine zentrale Rolle, den wir in Abschn. 12.2.1 noch kennen lernen werden. Abbildung 6.11 zeigt das Beispielgebäude 1 als Grauwertbild mit zwei DoG-Transformationen. Im linken Bild wurde DoG mit $\sigma_1 = 1$ und $\sigma_2 = 2$ gebildet, im rechten mit $\sigma_1 = 0{,}5$ und $\sigma_2 = 0{,}6$. Letzteres zeigt viel feinere Kantenzüge. Beide Bilder wurden mit Histogrammebnung in einen besser sichtbaren Bereich transformiert.

Auffällig sind die vielen falschen kleinen Kanten, etwa im Himmel. Zwar wird im LoG-Filter gaußgeglättet, aber der Laplace-Operator reagiert immer noch so empfindlich auf kleine Änderungen, dass diese kleinen Kanten erzeugt werden. Mit dem DoG-Filter als Approximation des LoG-Filters verhält es sich genauso.

Die bisherigen Glättungsoperationen besitzen das Problem, dass sie zwar in homogenen Bereichen Ausreißer einebnen (allerdings eher verschmieren als wirklich einebnen), gleichzeitig werden aber auch die gesuchten Kanten verschmiert, was eine Kantende-

Abb. 6.11 DoG-Filterung. Das Beispielgebäude 1 als Grauwertbild DoG-gefiltert mit $\sigma = 1$ und 2 (*links*) sowie $\sigma = 0{,}5$ und $0{,}6$ (*rechts*) und jeweils anschließender Histogrammebnung

tektion wieder erschwert. Wünschenswert sind hier Filter, die zugleich in homogenen Bereichen glätten, bei Übergängen zwischen unterschiedlichen homogenen Bereichen die Unterschiede aber möglichst verstärken. Solche Filter existieren, sie sind aber nicht mehr linear. Wir werden einige davon in Abschn. 6.5 vorstellen.

6.4.7 Kontrastverstärkung mit Laplace

Man kann eine Kontrastverstärkung in Bildern auch erreichen, indem vom Ausgangsbild I das Laplacebild $\nabla^2 I$ subtrahiert wird. Hierdurch werden künstliche Machbänder erzeugt. Betrachten wir das an einem eindimensionalen Beispielbild mit dem eindimensionalen Laplacekern $\begin{pmatrix} +1 & -2 & +1 \end{pmatrix}$:

$$
\begin{array}{rcccccccc}
I = & \ldots & 100 & 100 & 150 & 200 & 200 & 200 & \ldots \\
\nabla^2 I = & \ldots & 0 & 50 & 0 & -50 & 0 & 0 & \ldots \\
I - \nabla^2 I = & \ldots & 10 & 50 & 150 & 250 & 200 & 200 & \ldots
\end{array}
$$

Im Bild I haben wir eine Folge von Grauwerten von 100, die auf eine Folge von Werten von 200 über einen Zwischenwert on 0 ansteigen. iezwe bleun idaer üerllbi azwei Stelle mit den Werten 50 am Anstieg von 100 auf 150 und -50 am Abstieg von 200 zu 150. Subtrahiert man diese zweite Ableitung, dann geht die Folge der Werte von 100 kurz vor dem Anstieg zum Zwischenwert von 150 auf $100 - 50$ herunter und kurz nach dem Anstieg von 150 auf 200 auf $200 - (-50)$ hoch. Das heißt der Grauwert 100 wird kurz vor einem Anstieg erst noch dunkler, bevor er den höheren Grauwert 200 erreicht. Ebenso wird die Folge der Grauwerte von 200 direkt nach dem Anstieg von 150 kurz noch heller. Das sind genau die Machbandeffekte, die unsere Sinne bei gleichmäßigen unterschiedlichen Grauwertbändern an einem Anstieg wahrnehmen, vgl. die Abb. 3.9 zu optischen Täuschungen.

Hier sind diese Machbänder tatsächlich im Bild erzeugt, was zu einer Kontrastanhebung führt.

6.5   Nicht lineare Filter II

Für eine Detektion von etwa Kanten, Eckpunkten oder Segmenten empfiehlt sich eine Bildvorverarbeitung, in der in homogenen Bereichen geglättet, in der Nähe von Kanten diese aber geschärft und nicht verwischt werden. Dies können lineare Glättungsfilter nicht leisten, wohl aber nicht lineare Filter. Wir werden drei dafür geeignete Filter vorstellen.

6.5.1   Spezielle detailerhaltende Filter

Wir arbeiten hier mit Kombinationen von Fenstern und Medianfiltern. Die Wertebereiche Val brauchen daher in diesem und im nächsten Abschn. 6.5.2 wieder eine Ordnung $\leq$.

Es existieren verschiedene spezielle detailerhaltende Filter, die heute aber wenig gebräuchlich sind. Wir geben daher nur ein Beispiel, in dem ein Fenster $F = F_2^2$ der Seitenlänge 5 die Grundlage ist. Wir unterteilen die 25 Zellen des Fensters in 4 Sorten:

1. das Zentrum,
2. die 9 Zellen mit den Koordinaten (i, j) mit $i = 0$ oder $j = 0$,
3. die 9 Zellen mit den Koordinaten $(\delta i, \delta' i)$ mit $\delta, \delta' \in \{-, +\}$,
4. die restlichen 8 Zellen.

Die folgende Matrix visualisiert die Sorten des Fensters. 2 steht für Sorte 2, 3 für Sorte 3 und x steht für das Zentrum, das zur Sorte 1, 2 **und** 3 gehört. Die Sorte 4 ist weggelassen.

$$
\begin{pmatrix}
3 & & 2 & & 3 \\
 & 3 & 2 & 3 & \\
2 & 2 & x & 2 & 2 \\
 & 3 & 2 & 3 & \\
3 & & 2 & & 3
\end{pmatrix}
$$

Die Zellen der zweiten Sorte liegen senkrecht und waagerecht zum Zentrum, die der dritten Sorte diagonal dazu. Beide Sorten beinhalten das Zentrum. Das gefilterte Bild $\mathbf{F}(I)$ erhält man, indem man jedes Pixel $P \in I$ wie folgt ersetzt:

- betrachte I^∞ auf dem auf $\mathrm{loc}(P)$ verschobenen Fenster $F + \mathrm{loc}(P)$,
- bilde den Median m_2 aller Pixelwerte in den Zellen der Sorte 2,
- bilde den Median m_3 aller Pixelwerte in den Zellen der Sorte 3,
- setze $\mathbf{F}(I)(\mathrm{loc}(P)) := \mathrm{median}(I(p), m_2, m_3)$.

Abb. 6.12 snn-Schema mit
gegenüberliegenden Paaren
P_i, P_i'

P_3	P_4'	P_1'
P_2		P_2'
P_1	P_4	P_3'

$I(p)$ wird also durch den Median von drei Objekten ersetzt: von $I(p)$ selbst, vom Median aller Werte in den Typ-2-Zellen (der auch $I(p)$ mit benutzt) und vom Median aller Werte in den Typ-3-Zellen um p (ebenfalls einschließlich $I(p)$). Dieses Filter wirkt rauschunterdrückend und ist gut für Salz-und-Pfeffer-Rauschen einsetzbar. Gleichzeitig ist es aber so aufgebaut, dass es nicht eine einfache Mehrheitsbildung um P vornimmt, sondern Ecken und Geraden bevorzugt. Schauen wir uns dazu einfach an, wie es den Mittelpunktpixel P in folgenden drei kleinen 5×5-Binärbildern I_1, I_2, I_3 abändert. In diesen Bildern steht $\bullet$ für den Wert 1. Zellen ohne $\bullet$ besitzen den Wert 0. In I_1 sind von den 9 Zellen des Typs 2 und auch des Typs 3 jeweils 5 auf $\bullet$ gesetzt, alle anderen auf 0. Also gilt $m_2 = m_3 = \bullet$ und ein neues Pixel $\bullet$ wird im Zentrum gesetzt. In I_2 bleibt das Zentrum unverändert, da $m_2 = I(p) = \bullet$ gilt, obwohl das Zentrum überwiegend von 0 umgeben ist. Auch im dritten Beispiel I_3 bleibt das Zentrum unverändert, da $m_3 = I(p)) = \bullet$ gilt.

$$
I_1 = \begin{pmatrix} \bullet & & \bullet & & \\ & \bullet & \bullet & \bullet & \\ & & & \bullet & \bullet \\ & & \bullet & \bullet & \\ & & & & \bullet \end{pmatrix}, \quad
I_2 = \begin{pmatrix} & & & & \\ & & & & \\ \bullet & \bullet & \bullet & \bullet & \bullet \\ & & & & \\ & & & & \end{pmatrix}, \quad
I_2 = \begin{pmatrix} & & & & \\ & & & \bullet & \\ & \bullet & \bullet & \bullet & \\ \bullet & \bullet & \bullet & \bullet & \bullet \end{pmatrix}
$$

Mit größeren Fenstern und weiteren Typen lassen sich weitere Formen mit solch komplexen Medianbildungen erstellen.

6.5.2 snn-Filter

Symmetric-nearest-neighbor-Filter (snn-Filter) wurden von Harwood, Subbaro, Hakalahti und Davis [41] eingeführt und von Pietikäinen und Harwood [90] auf Farbbilder kanonisch verallgemeinert. Wir stellen eine Variante für zweidimensionale Bilder und ein einfachstes Fenster vor, die sich leicht auf größere Fenster und höherdimensionale Bilder verallgemeinern lässt.

Es sei $I : [0, N[\times [0, M[\to \mathbb{Q}$ ein zweidimensionales einkanaliges Bild. Wir arbeiten mit dem zweidimensionalen Fenster $F = F_1^2$ vom Radius 1. Es seien P ein Pixel in I und $p = \mathrm{loc}(P)$ dessen Ort im Bild. Wir zerlegen die 8 Nachbarpixel um P in $I_{|F+p}^\infty$ in vier Pixelpaare $(P_1, P_1'), (P_2, P_2'), (P_3, P_3')$ und (P_4, P_4'), wobei sich P_i' und P_i jeweils auf P gegenüberliegenden Seiten befinden. Abbildung 6.12 visualisiert die Situation.

Der *Gewinner* G_i von P_i und P_i' ist der zu P ähnlichste der beiden, also

$$G_i := \begin{cases} P_i & : \quad d\big(\mathrm{val}(P_i),\, \mathrm{val}(P)\big) \leq \big(\mathrm{val}(P_i'),\, \mathrm{val}(P)\big), \\ P_i' & : \quad \text{sonst.} \end{cases}$$

Anschließend bildet man den Mittelwert $\hat{\mu}_p := \frac{\sum_{i=1}^{4} \mathrm{val}(G_i)}{4}$ der vier Gewinner in $I_{|F+p}^{\infty}$. Das snn-Filter ersetzt nun P durch $\hat{\mu}_p$, also

$$\mathrm{snn}_F(I)(p) := \hat{\mu}_p.$$

Die Wahl der Metrik d ist a priori nicht festgelegt. Weitere Verallgemeinerungen sind offensichtlich. In dreidimensionalen Bildern erhöht sich schon im Fenster F_1^3 vom Radius 1 die Anzahl der gegenüberliegenden Pixelpaare auf 13. Der Kubus F_1^3 vom Radius 1 enthält genau 27 Pixel, davon 26 äußere, die 13 dem Zentrum gegenüberliegende Paare bilden. Über die Gewinner aller Paare wird anschließend gemittelt und $\hat{\mu}_p$ gebildet.

Liegt P in einer homogenen Region, so sind alle Werte in $(I^{\infty})_{|F+\mathrm{loc}(P)}$ ähnlich und das snn-Filter wirkt glättend. Der Wert $\mathrm{val}(P)$ von P wird zur Mittlung gar nicht herangezogen, sondern nur zur Bestimmung der Gewinner, die gemittelt werden. Daher ist das snn-Filter auch sehr gut zur Behebung von Salz-und-Pfeffer-Rauschen geeignet. Im Grenzbereich zweier unterschiedlicher homogener Regionen verhält es sich aber anders. Es sei P ein Pixel an der Grenze zweier Regionen R, R' mit unterschiedlichen Mittelwerten μ, μ'. Nehmen wir an, dass drei Werte der vier Gewinner G_1, G_2, G_3 und G_4 näher an μ als an μ' liegen. Damit passt normalerweise auch das Mittel der Werte von G_1, G_2, G_3 und G_4 besser zur Region R als zu R' und P wird durch die snn-Filterung korrekterweise näher zu R gezogen. Damit wirkt das snn-Filter im Grenzbereich zweier Regionen kantenverstärkend. Betrachten wir als Beispiel zwei kleine Ausschnitte I_1, I_2 eines Bildes I, in denen jeweils das Mittelpunktpixel P_m mit Wert 90 gefiltert werden soll.

$$I_1 = \begin{matrix} 120 & 120 & 130 \\ 130 & 90 & 140 \\ 110 & 104 & 100 \end{matrix} \qquad I_2 = \begin{matrix} 120 & 120 & 130 \\ 130 & 90 & 140. \\ 20 & 20 & 20 \end{matrix}$$

In I_1 sind die Gewinner der P_m gegenüberliegenden Paare die Werte 130, 100, 104 und 110 mit dem Mittelwert 111. 90 wird also zu 111 gefiltert. In I_2 sind die Gewinner 120, 120, 130 und 130 mit dem Mittelwert 125. In I_2 wird also der Wert 90 von P_m durch einen höheren Wert als in I_1 ersetzt, obwohl P_m in I_2 von kleineren Werten als in I_1 umgeben ist. In I_1 wird P_m geglättet, in I_2 aber die Kante zur unteren Zeile verstärkt.

Häufig lässt man in der Praxis ein snn-Filter mehrfach über ein Bild laufen. Unsere Erfahrung zeigt aber, dass einmal in den meisten Anwendungen ausreicht.

In einem Farbbild I kann man einzeln pro Kanal vorgehen. Viel sinnvoller ist aber ein inhärent dreidimensionales Vorgehen mit einer Metrik d auf $\mathbb{Q}^3$. Die dreidimensionalen

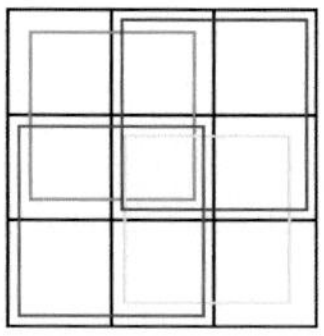

Abb. 6.13 Kuwahara-Schema.
Die vier Quadrate ^iF der Seitenlänge 2 in F_1^2, dargestellt in
unterschiedlichen Farben

Gewinner werden dann wie üblich gemittelt. Dabei kann es sein, dass $\hat{\mu}_P$ eine Farbe wird, die in I noch gar nicht vorkommt. Will man keine neuen Farben einführen, so kann man μ_p einfach durch einen *angepassten* Wert ersetzen, etwa durch denjenigen Farbwert in val(I), der $\hat{\mu}_P$ am ähnlichsten ist.

6.5.3 Kuwahara-Filter

Das *Kuwahara-Filter* wurde von Kuwahara, Hachimura, Eiho und Kinoshita [58] in einer Arbeit zur medizinischen Bildverarbeitung vorgestellt. Es hat sich aber in den unterschiedlichsten Anwendungsgebieten als sehr nützlich erwiesen und ist auch als *Kuwahara-Na-gao-Operator* nach einem weiteren Artikel [79] von Nagao und Matsuyama bekannt. Das Kuwahara-Filter ist in vielen Anwendungsbereichen meiner Arbeitsgruppe zumeist **das** Filter der Wahl.

Wir beginnen wieder mit einem zweidimensionalen Bild $I: [0, N[\times [0, M[\to \mathbb{Q}$ und einem einfachen Fenster F_1^2 von 9 Elementarquadraten. Wir betrachten die 4 Quadrate der Seitenlänge 2 innerhalb von F_1^2. Diese sind

$$^1F := [-1, 0]^2,$$
$$^2F := [0, 1] \times [-1, 0],$$
$$^3F := [-1, 0] \times [0, 1] \text{ und}$$
$$^4F := [0, 1]^2,$$

die alle das Zentrum $(0, 0)$ von F_1^2 enthalten. Abbildung 6.13 visualisiert die Situation.

Für $P \in I$, $p = \text{loc}(P)$ betrachten wir jetzt die vier Quadrate $^iF + p$ um P und bilden die vier Varianzen $\sigma_i^2 := \sigma_{I_{|^iF+p}^{\rightarrow}}^2$ der Bildwerte in diesen Quadraten. Das Quadrat $^{i_0}F + p$ mit kleinster Varianz $\sigma_{I_{i_0}}^2$ gewinnt und wir setzen $I_p := I_{|^{i_0}F+p}^{\rightarrow}$ und $\overline{\mu_p} := \mu_{I_p}$, den Mittelwert im Siegerquadranten (mit gespiegelter Randbehandlung). Damit definiert man die Kuwahara-Filterung $\mathbf{kuwa}_F(I)$ von I als Bild vom gleichen Typ mit

$$\mathbf{kuwa}_F(I)(p) := \overline{\mu_p} \text{ für } p \in \text{loc}(I).$$

Für p in einer homogenen Region sind die vier Varianzen und vier Mittelwerte in $I_{|^iF+p}$ ähnlich und Kuwahara wirkt glättend. Im Grenzgebiet unterschiedlicher Regionen sind die vier Mittelwerte nicht mehr alle ähnlich. Man schlägt den Wert von p dem

Abb. 6.14 Kuwaharafilterung. Das Beispielgebäude 1 einmal (*links*) und sechsmal (*rechts*) Kuwahara-gefiltert und danach DoG-gefiltert mit $\sigma = 0,5$ und $0,6$, anschließend erfolgte eine Histogrammebnung.

Bildmittelwert in derjenigen Umgebung $^{i_0}F + p$ zu, die die kleinste Varianz besitzt, die also zusammen mit $I(p)$ am glattesten ist. Damit passt $I(p)$ lokal am besten zu der Region im Bild, die $^{i_0}F + p$ berührt. Wegen der dabei stattfindenden Glättung wird p näher an diese lokal beste Region herangezogen. In den letzten beiden Beispielausschnitten I_1 und I_2 besitzt jeweils der linke obere Quadrant ^1F die kleinste Varianz. Damit wird der Wert 90 in beiden Fällen bei Kuwahara-Filterung auf $\mu_{1F} = 115$ gesetzt.

Geht man von einem größeren Fenster F_n^2 mit Radius n (und damit der Seitenlänge $2n+1$) aus, so betrachtet man alle Quadrate einer Seitenlänge $n+1$ innerhalb von F_n^2 und geht völlig analog vor. Alle diese Quadrate einer Seitenlänge $n+1$ müssen das Zentrum enthalten. Innerhalb von F_2^2 sind das z. B. 9 Quadrate der Seitenlänge 3.

Analog arbeitet man in 3D-Bildern. Im dreidimensionalen Fenster F_1^3 von 27 Elementarkuben finden sich 8 Kuben der Seitenlänge 2, die zu betrachten sind. Im F_2^3 mit 125 Elementarkuben existieren bereits 27 Kuben der Seitenlänge 3. Die Verallgemeinerung auf Farbbilder ist wie für das snn-Filter.

Wir betrachten nochmals die Auswirkungen der DoG-Filterung mit $\sigma = 0,5$ und $0,6$ auf das Beispielgebäude 1. Das Ausgangsbild wird jetzt zuerst mit Kuwahara mit einem Fenster vom Radius 1 gefiltert und anschließend wird die DoG-Operation ausgeführt. Abbildung 6.14 zeigt das Ergebnis. Im linken Bild wurde einmal, im rechten sechsmal mit Kuwahara vor der DoG-Operation gefiltert.

Auf den ersten Blick sieht es so aus, als seien Implementierungen des Kuwahara-Filters relativ zeitaufwändig. Man kann aber die Tricks zum Ermitteln der Varianzen und Mittelwerte der über das Bild laufenden Quadrate ^iF und die Tatsache nutzen, dass ein Quadrat $^iF + p$ für vier verschiedene Pixel P verwendet wird. So kommt $^1F + p$ auch als $^2F + p + (0,-1)$, $^3F + p + (-1,0)$ und $^4F + p + (-1,-1)$ vor. Damit läuft in unserer Implementation das Kuwahara-Filter überraschenderweise sogar schneller als das snn-Filter.

6.5.4 Diffusionsfilter

In der von der Physik beeinflussten Bildverarbeitung, und damit insbesondere in der medizinischen Bildverarbeitung, sind Diffusionsfilter sehr beliebt. Sie sind eine Art Bilateralfilter, deren Verhalten eine physikalische Diffusion simuliert. Man unterscheidet zwischen isotropen vs. anisotropen, homogenen vs. inhomogenen oder linearen vs. nicht linearen Diffusionsfiltern und Kombinationen dieser Begriffe, wobei die Bedeutungen bei den Autoren nicht eindeutig sind. Die Diffusion meint einen Material- oder Zustandsausgleich. Sie baut auf den Fick'schen Gesetzen der Thermodynamik auf. Sogar in manchen Lehrbüchern zur digitalen Bildverarbeitung findet man die Fick'schen Formeln ohne weitere Erklärungen, die damit nur für Leser mit einer Physikausbildung verständlich sind. Wir verzichten auf die Angabe dieser Gesetze gleich ganz, da wir auf sie nicht weiter eingehen wollen und sie Studierenden ohne Physikausbildung gar nichts helfen.

Generell wird in Diffusionsfiltern ein Ausgleich der Werte in Analogie zu physikalischen Diffusionsprozessen nachgespielt. Im isotropen, homogenen Fall sind alle Richtungen gleichberechtigt und die Diffusion wird zu einem linearen Filter, etwa einem Gaußfilter. Im anisotropen, inhomogenen Fall wird nicht über Kanten hinweg diffundiert (ausgeglichen), aber entlang der Kantenrichtungen. Eine physikalische Forderung in Diffusionsprozessen ist, dass zwar Material oder Zustände transportiert, aber nicht neu geschaffen oder vernichtet werden dürfen. Für ein Bild bedeutet das, dass sich die Summe aller Pixelwerte im Bild bei einer Filterung nicht ändern darf, der Bildmittelwert μ also unverändert bleiben muss.

Diffusionsfilter nach Perona und Malik

Wir geben hier ein einfaches zweidimensionales Diffusionsfilter nach Perona und Malik [89] an. Beide bezeichnen dieses Filter als anisotrop und inhomogen, während es von anderen Autoren auch als isotrop betrachtet wird.

Ein Ausgleich soll hier nur in der 4er-Nachbarschaft N_4 mit einem rechten, linken, oberen und unteren Nachbarn stattfinden. Es sei $p \in \mathrm{Loc}_I$ ein Ort und $p' \in N_4(p)$ ein 4er-Nachbar von p.

Es sei g eine antimonotone Funktion auf $\mathbb{R}$. Der *Fluss* $f(p', p)$ von p' nach p und der *g-gewichtete Fluss* $f_g(p', p)$ – vgl. Abb. 6.15 – sind definiert als

$$f(p', p) = I(p') - I(p),$$
$$f_g(p', p) = g(|f(p', p)|) \cdot f(p', p).$$

Offensichtlich gilt $f_g(p', p) = -f_g(p, p')$. Als antimonotone Gewichtsfunktion mit dem Parameter λ wählen Perona und Malik

$$g_\lambda(x) = \frac{1}{1 + \frac{x^2}{\lambda^2}}.$$

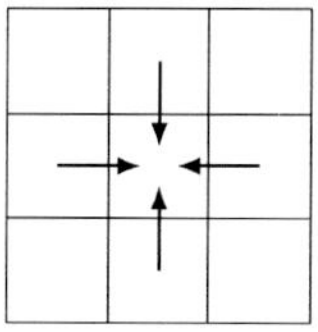

Abb. 6.15 Der Fluss von vier
Differenzen

Für kleine Werte x ist $g_\lambda(x)$ nahe bei 1, für große Werte x nimmt $g_\lambda(x)$ quadratisch gegen 0 ab. Sie nennen g_λ die gewählte *Diffusitivität*. Der *mit g_λ gewichtete Fluss* $f_\lambda(p', p)$ von p' nach p ist nun einfach die mit g_λ gewichtete Differenz der Werte in p' und p, also

$$f_\lambda(p', p) := g_\lambda\big(|(I(p') - I(p))|\big) \cdot \big(I(p') - I(p)\big).$$

In diesem einfachen Modell werden nur die gewichteten Flüsse der Nachbarn in der 4er-Nachbarschaft zu einem Ort p betrachtet. Diese vier gewichteten Flüsse werden aufaddiert und mit einem weiteren Faktor c versehen und ergeben damit die Änderung am Ort p, flux(p) genannt, mit

$$\text{flux}_{\lambda,c}(p) := c \cdot \sum_{p' \in N_4(p)} f_\lambda(p', p).$$

Das diffusionsgefilterte Bild $\mathbf{DF}(I)$ von I wird in diesem einfachen Algorithmus zu

$$\mathbf{DF}_{\lambda,c}(I)(p) := I(p) + \text{flux}_{\lambda,c}(p).$$

c bestimmt die Änderungsgeschwindigkeit und liegt häufig zwischen 0,5 und 2. g_λ unterdrückt einen Austausch über Kanten hinweg und damit das Verwischen von Kanten. Diese Unterdrückung wird mit wachsendem Parameter λ geringer. Die Wahl von λ hängt von Val ab und liegt üblicherweise bei einem Grauwertbild mit Val $= [0, 255]$ bei 1 bis 3.

In einer Filterung wandert der Betrag $c \cdot f_g(p', p)$ von einem Ort p' zu einem Nachbarort p, und von p nach p' wandert offensichtlich $c \cdot f_g(p, p') = -c \cdot f_g(p', p)$. Damit bleibt bis auf minimale Ausrutscher wegen der Randbehandlung der Mittelwert μ_I eines Bildes I bei Filterung konstant.

Betrachten wir dazu ein Zahlenbeispiel mit $c = 1/2$ und $\lambda = 2$. Es sei folgender Ausschnitt eines zweidimensionalen 8-Bit-Grauwertbildes um ein betrachtete Zentrumspixel z gegeben:

$$\begin{array}{ccc} & 8 & \\ 12 & 10 & 100. \\ & 12 & \end{array}$$

Das ergibt zum Zentrum hin die Flüsse 90, 2, 2, und -2, und die gewichteten Flüsse $0{,}0444 \left(= 90 \cdot \frac{1}{1+45^2}\right)$, 1, 1 und -1, und damit den flux am Zentrum z von

$$\text{flux}_{2, 0,5}(z) = \frac{0{,}0444 + 1 + 1 - 1}{2} = 0{,}5022.$$

Der Zentralwert 10 wird in einer Filterung also zu 10,5022. In flux(z) trägt also die Kante (der Wert 100 rechts) nur zu $0,0444/2 = 0,022$ bei. Der Rest 0,5 stammt von den ähnlicheren Werten links, oben und unten, von denen sich zwei Werte noch aufheben. Das zeigt, wie hohe Unterschiede der Bildwerte, etwa bei Kanten, den Ausgleich hemmen. In eher homogenen Regionen findet ein schnellerer Austausch statt. Andererseits sind hier die Werte ohnehin ähnlich, so dass der Ausgleich auch nur gering sein kann. Je nach c und λ sind die Änderungen pro Schritt meist gering. Dies zwingt zu Iterationen. Diffusionsfilter sind iterative Filter, die normalerweise mehrere hunderte Male iteriert werden – im Gegensatz zu den bisher vorgestellten Filtern. Diese können auch iteriert werden, nur genügen hier meist eine oder sehr wenige Iterationen, um gute Ergebnisse zu erhalten. Dies ist bei Diffusionsfiltern nicht der Fall.

Es sollte klar sein, wie man Diffusionsfilter leicht auf größere Nachbarschaften und höherdimensionale und -kanalige Bilder verallgemeinern kann. Bei Farbbildern mit etwa dreidimensionalen Werten v_i kann man eine Metrik $d(v_1, v_2)$ statt der Differenz der Bildwerte wählen oder man filtert pro Kanal und setzt wie bereits diskutiert die Resultate zu einem Farbbild zusammen.

6.5.5 Bilateralfilter

Die linearen Filter in Abschn. 6.2 gewichten die Pixel in einem Fenster ortsabhängig gemäß den Werten in den Kernen. So nehmen in einem Gaußfilter die Gewichte eines Pixels mit der Entfernung vom zu filternden Zentrumspixel in Form einer Gauß'schen Glockenkurve ab. Die nicht linearen Filter in Abschn. 6.3 hingegen nutzen zur Filterung nicht nur die Orte der Nachbarpixel, sondern auch deren Ähnlichkeit zum Wert des Zentrumspixels, vgl. etwa das snn-Filter. Das *Bilateralfilter* kombiniert nun zwei Filterungen im Orts- und Werteraum. Es berücksichtigt die Pixel in einer gewissen Umgebung $F + \text{loc}(P)$ um das zu filternde Zentralpixel P flexibel sowohl nach deren Entfernung zu $\text{loc}(P)$ als auch nach deren Ähnlichkeit zu $\text{val}(P)$. Damit kann eine Glättung innerhalb ziemlich homogener Strukturen unter recht guter Beibehaltung der Kanten erreicht werden. Bilateralfilter arbeiten mit einer Gewichtsfunktion $g\colon \text{Val}^2 \to \mathbb{Q}$, die zwei Werten $(v_1, v_2) \in \text{Val}^2$ ein Gewicht $g(v_1, v_2)$ zuordnet, das umso kleiner wird, je weiter v_1 und v_2 auseinander liegen. Dazu wählt man meist eine weitere monoton fallende Funktion $g'\colon \mathbb{R} \to \mathbb{Q}$ und eine Distanz d auf $\mathbb{Q}^k$ und setzt

$$g(v_1, v_2) := g'\big(d(v_1, v_2)\big).$$

Es seien $I\colon \text{Loc} \to \text{Val}$ ein orthogonales d-dimensionales ($\text{Loc} \subset \mathbb{Z}^d$) und k-kanaliges ($\text{Val} \subseteq \mathbb{Q}^k$) Bild und F ein d-dimensionales Fenster.

Im Ortsraum wählt man einen d-dimensionalen Kern $K\colon F \to \mathbb{Q}$ und erhält ein linear gefiltertes Bild I_l als $I_l = I * K^{\leftrightarrow}$, also mit

$$I_l(p) = \sum_{l \in F} K(l) I(p + l)$$

für $p \in \text{Loc}$.

Im Werteraum arbeitet man mit der Gewichtsfunktion g und erhält für $p \in \text{Loc}$ das gefilterte Bild I_v als

$$I_v(p) = \frac{1}{S_p} \sum_{l \in F} g\big(I(p), I(p+l)\big) \cdot I(p+l)$$

mit der Normierung $S_p = \sum_{l \in F} g\big(I(p), I(p+l)\big)$. Hier wird also jeder Wert $I(p+l)$ nicht mit $K(l)$ gewichtet, sondern mit dem Gewicht $g\big(I(p), I(p+l)\big)$ des Unterschiedes von $I(p)$ und $I(p+l)$.

Das bilateralgefilterte Bild $\mathbf{BF}(I)$ von I ergibt sich aus der Kombination beider Filterungen als

$$\mathbf{BF}(I)(p) = \frac{1}{W_p} \sum_{l \in F} g\big(I(p), I(p+l)\big) \cdot K(l) \cdot I(p+l)$$

mit $W_p = \sum_{l \in F} g\big(I(p), I(p+l)\big) \cdot K(l)$.

Man kann sich ein Bilateralfilter auch so vorstellen, dass an jedem Ort $p \in \text{Loc}_I$ mit einem anderen Kern $K_{I,p}$ gefiltert wird, der vom Bildinhalt im Fenster um p abhängt. Dieser variable Kern ist

$$K_{I,p}(l) = \frac{1}{W_p} \cdot g\big(I(p), I(p+l)\big) \cdot K(l)$$

Mit dieser Technik werden Kanten zwar auch geglättet, aber weitaus weniger stark als im restlichen Bild. Im Gegensatz zu snn- und Kuwahara-Filter findet im Bilateralfilter also keine Kontrastverstärkung bei den Kanten statt. In dieser allgemeinen Form kann jeder Kern und jede Gewichtsfunktion verwendet werden. In der Praxis arbeitet man meist mit Gauß'schen Gewichten und manche Autoren verstehen unter Bilateralfilter nur die folgenden Gauß'schen Bilateralfilter.

Gauß'sches Bilateralfilter

Als Kern K und monoton fallende Gewichtsfunktion g' wählt man jetzt einen d- und eindimensionalen Gaußkern mit Varianzen σ_L im Orts- und σ_V im Wertebereich. Damit ergibt sich folgendes Bilateralfilter $\mathbf{BF}_{\sigma_L, \sigma_V}$:

$$\mathbf{BF}_{\sigma_L, \sigma_V}(I)(p) = \frac{1}{W_p} \sum_{l \in F} G_{\sigma_L}^{(d)}(l) \cdot G_{\sigma_V}^{(1)}\big(|I(p) - I(p+l)|\big) \cdot I(p+l),$$

mit $W_p = \sum_{l \in F} G_{\sigma_L}^{(d)}(l) \cdot G_{\sigma_V}^{(1)}\big(|I(p) - I(p+l)|\big)$.

Zu beachten ist, dass zwar ein einzelnes Gaußfilter separierbar ist, dies sich aber nicht auf das Gauß'sche Bilateralfilter überträgt. Wählt man einen großen σ_V-Wert, dann nähert sich das Gauß'sche Bilateralfilter dem Gaußfilter, da dann der Unterschied im Wertebereich vernachlässigt wird. Höhere σ_L-Werte erzeugen eine stärkere Verwischung (*blurring*).

Wie Diffusionsfilter werden Bilateralfilter iterativ angewendet, da pro Schritt nur kleine Veränderungen stattfinden. Von der Randbehandlung abgesehen ändern Bilateralfilter den Bildmittelwert nicht.

6.5.6 Kurzer Vergleich dieser Filter

Wir wollen hier einen kleinen Vergleich von Mittelwert-, snn-, Kuwahara- und Diffusionsfilter mit dem Fenster $F = F_1^2$ durchführen. Dazu betrachten wir ein Bild I in dem sich die Teilbilder I_1 und I_2 in einer Umgebung von lauter Werten 0 befinden, mit

$$
I_1 = \begin{matrix} 0 & 0 & 0 & 0 & 0 \\ 0 & 0 & 0 & 0 & 0 \\ 0 & 0 & 36 & 0 & 0 \\ 0 & 0 & 0 & 0 & 0 \\ 0 & 0 & 0 & 0 & 0 \end{matrix}, \quad
I_2 = \begin{matrix} 0 & 0 & 0 & 0 & 0 & 0 \\ 0 & 0 & 0 & 0 & 0 & 0 \\ 0 & 0 & 36 & 36 & 0 & 0 \\ 0 & 0 & 0 & 0 & 0 & 0 \\ 0 & 0 & 0 & 0 & 0 & 0 \end{matrix}.
$$

Nach einer snn-Filterung erhält I_1 überall den Wert 0 und die Störung 36 ist komplett verschwunden. Die Resultate $\mathbf{kuwa}(I_1)$ und $\mathbf{K}_{\mu,1}^{(2)}(I_1)$ einer Kuwahara- und Mittelwertfilterung auf das Teilbild I_1 sind

$$
\mathbf{kuwa}(I_1) = \begin{matrix} 0 & 0 & 0 & 0 & 0 \\ 0 & 0 & 0 & 0 & 0 \\ 0 & 0 & 9 & 0 & 0 \\ 0 & 0 & 0 & 0 & 0 \\ 0 & 0 & 0 & 0 & 0 \end{matrix}, \quad
\mathbf{K}_{\mu,1}^{(2)}(I_1) = \begin{matrix} 0 & 0 & 0 & 0 & 0 \\ 0 & 4 & 4 & 4 & 0 \\ 0 & 4 & 4 & 4 & 0 \\ 0 & 4 & 4 & 4 & 0 \\ 0 & 0 & 0 & 0 & 0 \end{matrix}.
$$

Damit kann Kuwahara die Störung deutlich verringern (der Wert 36 verringert sich auf 9), **ohne** dass sich die Störung in die Nachbarschaft ausbreitet. Das Mittelwertfilter senkt die Störung zwar bis auf 4, die Störung breitet sich aber in die Nachbarschaft aus. In der Summe bleibt die Störung 36 erhalten. Im Teilbild I_2 mit zwei nebeneinander liegenden Störungen von 36 arbeiten das Kuwahara- und das snn-Filter gleich und liefern $\mathbf{kuwa}(I_2)$. Die Störung wird verringert, ohne dass sie in die Nachbarschaft vordringen kann. Das Resultat $\mathbf{K}_{\mu,1}^{(2)}(I_2)$ ist hingegen wie folgt:

$$
\mathbf{kuwa}(I_2) = \begin{matrix} 0 & 0 & 0 & 0 & 0 & 0 \\ 0 & 0 & 0 & 0 & 0 & 0 \\ 0 & 0 & 9 & 9 & 0 & 0 \\ 0 & 0 & 0 & 0 & 0 & 0 \\ 0 & 0 & 0 & 0 & 0 & 0 \end{matrix}, \quad
\mathbf{K}_{\mu,1}^{(2)}(I_2) = \begin{matrix} 0 & 0 & 0 & 0 & 0 & 0 \\ 0 & 4 & 8 & 8 & 4 & 0 \\ 0 & 4 & 8 & 8 & 4 & 0 \\ 0 & 4 & 8 & 8 & 4 & 0 \\ 0 & 0 & 0 & 0 & 0 & 0 \end{matrix}.
$$

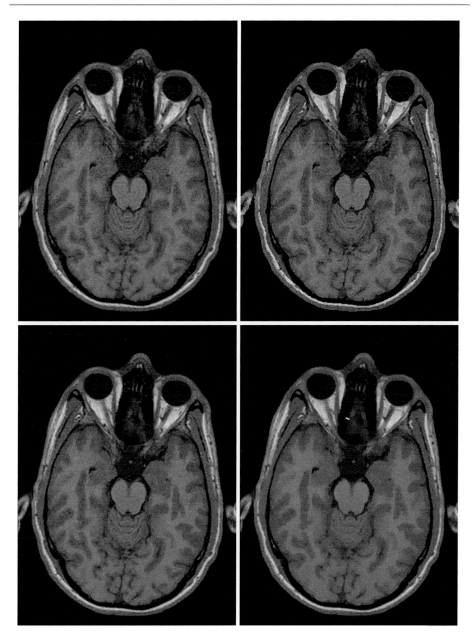

Abb. 6.16 Medizinische Filterung. Von *links* nach *rechts*, *obere Zeile*: Original und Kuwahara-Filterung, *untere Zeile*: Diffusions- und Bilateralfilterung

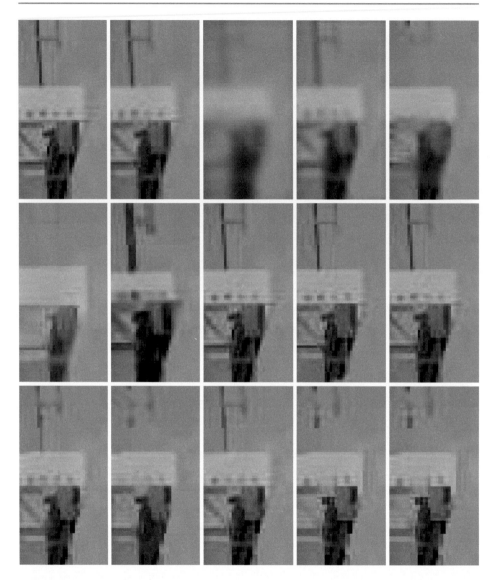

Abb. 6.17 Gefilterte Bildausschnitte. Von *links* nach *rechts*, *obere Zeile*: original Bildausschnitt, gaußgefiltert mit sigma 0,5 und 2, Mittelwertfilter im Fenster F_1^2, Medianfilter im Fenster F_2^2; *mittlere Zeile*: Maximumfilter, Minimumfilter, Bilateralfilter nach 1 und 50 Iterationen, anisotrope Diffusion 100 Iterationen; *untere Zeile*: snn mit 1 und 10 Iterationen, Kuwahara mit 1, 5 und 10 Iterationen

Das Mittelwertfilter verzerrt somit die horizontal ausgerichtete Ausgangsstörung in I_2 in eine schwächere, dafür breitere Störung, in der die Summe 72 der Störwerte erhalten bleibt. Filtern wir nach Perona und Malik mit $c = 1/2$ und $\lambda = 2$, so erhalten wir einen Ausgleich $\Delta = 0{,}5 \cdot s/(1 + (s/2)^2)$ zwischen benachbarten Pixeln mit einer Wertedifferenz von s. Für $s = 36$ ist dieser lokale Ausgleich damit angenähert 0,0554. Damit werden I_1 und I_2 abgerundet zu

$$\mathbf{DF}_{0{,}5{,}2}(I_1) = \begin{matrix} 0 & 0 & 0 & 0 & 0 \\ 0 & 0 & 0{,}0554 & 0 & 0 \\ 0 & 0{,}0554 & 35{,}764 & 0{,}0554 & 0 \\ 0 & 0 & 0{,}0554 & 0 & 0 \\ 0 & 0 & 0 & 0 & 0 \end{matrix}$$

und

$$\mathbf{DF}_{0{,}5{,}2}(I_2) = \begin{matrix} 0 & 0 & 0 & 0 & 0 & 0 \\ 0 & 0 & 0{,}0554 & 0{,}0554 & 0 & 0 \\ 0 & 0{,}0554 & 35{,}8338 & 35{,}8338 & 0{,}0554 & 0. \\ 0 & 0 & 0{,}0554 & 0{,}0554 & 0 & 0 \\ 0 & 0 & 0 & 0 & 0 & 0 \end{matrix}$$

Man sieht deutlich, wie gering die Unterschiede pro Filterschritt sind und weshalb so viele Filterungen notwendig werden. Physikalische Diffusion erhält Energie und Materie. Da das Mittelwertfilter ein Spezialfall eines Diffusionsfilters ist, bleiben wie in allen Diffusionsfiltern die Störwerte erhalten und verschmieren sich übers Bild, während das snn- und Kuwahara-Filter diese tatsächlich vermindern.

Abbildung 6.16 zeigt (von links oben im UZS) einen kontrastarmen Schnitt durch ein Gehirn, und denselben nach je 100 Filterungen mit dem Kuwahara-Filter, Bilateralfilter (mit $\sigma_V = \sigma_L = 2$ auf einem Fenster F_4^2) und Diffusionsfilter (mit $c = 0{,}25$ und $\lambda = 2$).

In Abb. 6.17 sehen wir einen vergrößerten Ausschnitt aus einem Bild und die Wirkung unterschiedlicher Filter. Von allen Filtern arbeitet das Bilateralfilter am langsamsten, da für jeden Ort ein neuer Kern berechnet wird.

Morphologie

7

In den 60er-Jahren des letzten Jahrhunderts wurde das Gebiet der *Mathematischen Morphologie* von Serra und Matheron begründet. Ursprünglich ging es um die Klassifikation von Gestein in der Mineralogie. Unterdessen hat sich die Morphologie zu einem eigenen weitläufigen Teil der Computer Vision entwickelt, siehe beispielsweise das Buch [109] von Serra und Cressie oder in Deutsch von Soille [113], etwas erweitert in 2003 in Englisch [112]. Im Folgendem stellen wir die Grundlagen der Morphologie vor.

7.1 Elementare Operationen

In der Morphologie wird lokal mit Fenstern und Masken gearbeitet, die auch *strukturierende Elemente* genannt werden. Die verwendeten strukturierenden Elemente sind oft nicht punktsymmetrisch und es muss häufig dem Kontext entnommen werden, was das Zentrum sein soll. Da man aber jedes nicht punktsymmetrische Fenster in ein punktsymmetrisches einbetten kann, gehen wir von unseren üblichen punktsymmetrischen Fenstern und Masken aus.

Wir gehen in diesem Abschnitt von orthogonalen d-dimensionalen Binärbildern

$$B : \mathrm{Loc} \to \{0, 1\}, \ \mathrm{mit} \ \mathrm{Loc} \subset \mathbb{Z}^d$$

aus, die wir der Deutlichkeit halber mit B statt mit I bezeichnen. In den Beispielen arbeiten wir nur mit zweidimensionalen Bildern. In der Praxis werden statt 0, 1 meist die Bildwerte 0 und 255 gewählt. Wir verwenden die Werte 0 und 1, wobei 0 für Schwarz und 1 für Weiß steht. Hier ist etwas Vorsicht notwendig:

- Rechnet man mit den Werten 0 (Schwarz) und 1(Weiß) und nutzt ein normales Visualisierungstool wie GIMP, in dem Weiß als 255 dargestellt wird, so ist 1 fast genauso schwarz wie 0 und man sieht erst nach einem Histogrammspreizen etwas.

© Springer-Verlag Berlin Heidelberg 2015
L. Priese, *Computer Vision*, eXamen.press, DOI 10.1007/978-3-662-45129-8_7

Abb. 7.1 Beispiel Binärbild.
Die in einer **Grafik** schwarz
dargestellten Pixel (●) gehören
zum Vordergrund, der in einem
Bild aber als Weiß gespeichert
und dargestellt wird

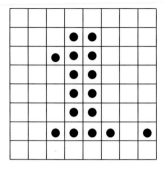

- Es ist üblich, den Wert 0 eines Binärbildes als Hintergrund und Objekte mit Wert 1 als Vordergrund aufzufassen. Damit ist der Vordergrund weiß auf schwarzem Hintergrund. Hingegen werden wir in einer grafischen Darstellung im Buch mit weißem Papier als Hintergrund ein Pixel des Vordergrundes als ● darstellen und die Hintergrundpixel weglassen. Also ist im Gegensatz zur Logik des Bildes aus technischen Gründen in der ausgedruckten Grafik der Vordergrund schwarz und der Hintergrund unsichtbar, also weiß.

- Ziel der Morphologie ist eine Manipulation der Vordergrundobjekte, von denen man annimmt, dass sie komplett im Bild liegen. Bei der Randbehandlung stellt man sich also einfach nur schwarzen Hintergrund außerhalb des Bildes vor. Man wählt also zur Randbehandlung die Fortsetzung B_∞ ins Schwarze statt die gespiegelte B^∞.

Die Grafik in Abb. 7.1 gibt ein Beispiel eines Binärbildes mit zwei Vordergrundobjekten.

Die beiden Objekte des Vordergrundes, die Zahl 1 und der Punkt ·, werden intern durch die Farbe Weiß, der unsichtbare Hintergrund durch die Farbe Schwarz gespeichert, in der Repräsentation als Grafik ist es genau umgekehrt. In einer Repräsentation in GIMP ist der Vordergrund dann wieder weiß zu sehen. Im Folgenden sei B_1 das in der Abb. 7.1 repräsentierte Bild $B_1 : [0, 7]^2 \to \{0, 1\}$, das wir als Beispiel nutzen werden. Wir beginnen mit Morphologie auf Binärbildern und stellen zuerst die elementaren Operationen Erosion – Dilatation , Öffnen – Schließen und Alles-oder-Nichts vor.

7.1.1 Erosion, Dilatation

Diese Vorstellung von Vorder- und Hintergrund ist zum Verständnis der Namen der beiden zentralen Operationen in der Morphologie notwendig, nämlich Erosion und Dilatation (Erweiterung): Eine Erosion verkleinert die Bildobjekte, d. h. die Pixel mit Wert Weiß, Dilatation erweitert diese. Oder kurz gefasst: Erosion verkleinert helle und vergrößert dunkle Strukturen, Dilatation macht es umgekehrt. Diese Erosion oder Dilatation eines Binärbildes $B : \text{Loc} \to \{0, 1\}$ wird von einer binären Maske $S : F \to \{0, 1\}$ gesteuert, die auch *strukturierendes Element* genannt wird. Daher die Variable S für diese Maske. F ist ein

Fenster, dessen Dimension natürlich mit der des Ortsbereichs des Binärbildes B überein-stimmt. Formal definiert man die *Erosion $B \ominus S$ von B mit S* und die *Dilatation $B \oplus S$ von B mit S* für $p \in \mathrm{Loc}$ als:

$$(B \ominus S)(p) = \min\{B_\infty(p + l)|\, l \in F \text{ mit } S(l) = 1\}, \text{ und} \qquad (7.1)$$

$$(B \oplus S)(p) = \max\{B_\infty(p + l)|\, l \in F \text{ mit } S(l) = 1\}. \qquad (7.2)$$

Wie in linearen und nicht linearen Filtern sagt die Maske, wie ein Pixel in B verändert werden soll. Zur Manipulation eines Pixels P im Binärbild B legt man das Fenster F auf $loc(P)$ und überprüft, ob die so verschobenen Pixel mit Wert 1 in der Maske auf Pixel mit Wert 1 im Bild B zu liegen kommen. Es wird unterschieden, ob dies für **alle** auf 1 gesetzte Pixel der verschobenen Maske oder nur für **mindestens ein Pixel** gilt.

Bei einer Erosion $B \ominus S$ von B mit S wird der Wert eines Pixels P auf 1 gesetzt, wenn die in der Maske auf 1 gesetzten Positionen **alle** ein auf 1 gesetztes Pixel im Bild B treffen, sobald der Maskenmittelpunkt auf P gelegt wird.

Bei der Dilatation $B \oplus S$ von B mit S (auch *Minkowski-Addition* genannt) genügt es, dass die 1-Werte der Maske **mindestens** einen 1-Wert im Bild treffen.

In beiden Formeln 7.1, 7.2 ist es egal, ob man $l \in F$ oder $l \in \mathbb{Z}^d$ fordert, da B mittels B_∞ ins Schwarze zur Randbehandlung fortgesetzt ist. Genau genommen sind die Definitionen für Erosion und Dilatation noch unvollständig, da der Ortsbereich von $B \ominus S$ und $B \oplus S$ noch nicht festgelegt ist. In der Mathematik wählt man als Loc den gesamten $\mathbb{Z}^2$ und identifiziert B und S mit B_∞ und S_∞. Dann gilt $B \oplus S = S \oplus B$. Wählen wir hingegen $\mathrm{Loc}_{B \oplus S} := \mathrm{Loc}_{B \ominus S} := \mathrm{Loc}_B$, wie es sich für die Bildverarbeitung anbietet, dann ist $\mathrm{Loc}_{S \oplus B} = \mathrm{Loc}_S$ und $B \oplus S = S \oplus B$ gilt nicht.

Die Formeln gelten für beliebig dimensionale orthogonale Bilder, in den Beispielen arbeiten wir aber nur mit zweidimensionalen. Betrachten wir z. B. die Maske M_{rechts} : $F_1^2 \to \{0, 1\}$ mit dem Wert 1 genau an den Koordinaten (0,0) und (1,0). Diese Maske wollen wir durch $M_{\text{rechts}} = (\blacksquare \quad \bullet)$ darstellen. Generell schreiben wir eine zweidimensionale Maske einfach als Matrix und kennzeichnen das Zentrum mit $\blacksquare$, falls es in der Maske auf 1 gesetzt ist, und mit $\square$, falls es auf 0 gesetzt ist. $\bullet$ bezeichnet auf 1 gesetzte Stellen in der Maske und $\circ$ auf 0 gesetzte, wobei $\circ$ auch immer wenn möglich weggelassen wird. Eine alternative, aber umständlichere Darstellung von M_{rechts} wäre also

$$M_{\text{rechts}} = \begin{pmatrix} \circ & \circ & \circ \\ \circ & \bullet & \bullet \\ \circ & \circ & \circ \end{pmatrix},$$

in der das Zentrum nicht extra gekennzeichnet werden muss. Lassen wir aber die Bezeichner $\circ$ des Wertes 0 weg, müssen wir das Zentrum mit Sonderzeichen $\blacksquare$ (für den Wert 1) oder $\square$ (für den Wert 0) kennzeichnen.

Bei einer Erosion eines Binärbildes B mit $(\blacksquare \quad \bullet)$ wird also jedes Vordergrundpixel, dessen rechter Nachbar nicht auch zum Vordergrund gehört, entfernt. Bei einer Dilatation eines Binärbildes B mit $(\blacksquare \quad \bullet)$ wird jedes Hintergrundpixel, dessen rechtes Nachbarpixel zum Vordergrund gehört, selbst auf Vordergrund gesetzt. Damit gilt:

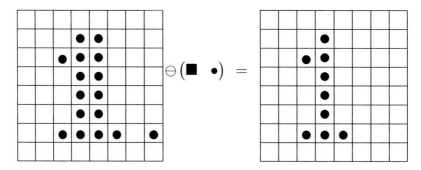

Führt man mit der gleichen Maske eine Dilatation aus, so werden zusätzlich alle Pixel auf Vordergrund gesetzt, deren rechter Nachbar schon Vordergrund ist, und man erhält:

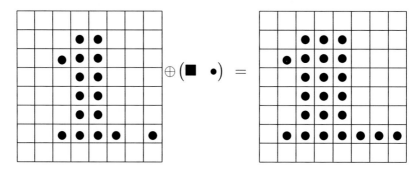

Möchte man den Effekt der Erosion von B mit $(\blacksquare \quad \bullet)$ in $B' = B \ominus (\blacksquare \quad \bullet)$ wieder rückgängig machen, bietet sich also nicht eine Dilatation von B' mit $(\blacksquare \quad \bullet)$, sondern mit $(\blacksquare \quad \bullet)^{\dot{+}} = (\bullet \quad \blacksquare)$ an. Allerdings gelingt es damit nicht, den vollständig gelöschten Punkt in I' wieder zu generieren. Es ist

$$\left(B_{1.} \ominus \left(\blacksquare \quad \bullet \right) \right) \oplus \left(\blacksquare \quad \bullet \right)^{\dot{+}} =$$

und der einzelne kleine Punkt in $B_{1.}$ ist verschwunden.

Wählen wir als Maske $S = (\square\ \ \bullet)$, so bewirkt $B \oplus S$ eine Verschiebung von B um ein Feld nach links.

In den meisten Lehrbüchern wird in der Morphologie über eine *Spur* argumentiert. Dabei wird ausgenutzt, dass man ein Binärbild $B : \mathrm{Loc} \to \{0, 1\}$ mit der Menge der Orte identifizieren kann, an denen der Wert 1 angenommen wird, und definiert

$$\mathrm{Spur}(B) := \{l \in \mathrm{Loc}_B | \ B(l) = 1\}.$$

B legt eindeutig seine Spur $\mathrm{Spur}(B)$ fest und umgekehrt entspricht $\mathrm{Spur}(B)$ gerade B_∞ und legt daher zusammen mit Loc eindeutig das Binärbild B fest. Für eine Maske $S : F \to \{0, 1\}$ ist S_p die auf p verschobene Maske

$$S_p : F + p \to \{0, 1\} \text{ mit } S_p(l + p) := S(l) \text{ für } l \in F.$$

Die Erosion und Dilatation von B mit S können nun alternativ wie folgt definiert werden:

$$p \in \mathrm{Spur}(B \ominus S) :\longleftrightarrow \mathrm{Spur}(S_p) \subseteq \mathrm{Spur}(B),$$
$$p \in \mathrm{Spur}(B \oplus S) :\longleftrightarrow \mathrm{Spur}(S_p) \cap \mathrm{Spur}(B) \neq \emptyset.$$

Wegen $\mathrm{Spur}(B) = \mathrm{Spur}(B_\infty)$ wird damit ebenfalls die Randbehandlung B_∞ erreicht.

7.1.2 Öffnen, Schließen

Diese Idee, eine Erosion oder Dilatation nach der ersten Ausführung wieder umzukehren, führt sofort zu den nächsten beiden morphologischen Operationen: *Öffnen* $B \circ S$ und *Schließen* $B \bullet S$ eines Binärbildes B mit einer Maske S. Wir definieren dazu

$$B \circ S := \left(B \ominus S\right) \oplus S^{\not\rightarrow} \qquad \text{(Öffnen)},$$
$$B \bullet S := \left(B \oplus S\right) \ominus S^{\not\rightarrow} \qquad \text{(Schließen)},$$

wobei für d-dimensionale Fenster $S^{\not\rightarrow}$ die Spiegelung in S um den Nullpunkt in jeder Dimension ist. Die Resultate einer Anwendung der Operationen Öffnen und Schließen auf das Bildes B_1 mit der Maske $(\blacksquare\ \ \bullet)$ sind in Abb. 7.2 dargestellt.

In der Öffnung von B_1 mit $(\blacksquare\ \ \bullet)$ wurde der einzelne Punkt entfernt, bei der Schließung mit $(\blacksquare\ \ \bullet)$ aber mit der 1 in B_1 verbunden. Bei geeignet gewählten Masken erreicht man folgende Effekte:

- Öffnen entfernt kleine Störungen zwischen zwei Objekten des Vordergrundes, öffnet diese also, und

Öffnen: $B_1 \bigcirc (\blacksquare\ \bullet)$ Schließen: $B_1 \bullet (\blacksquare\ \bullet)$

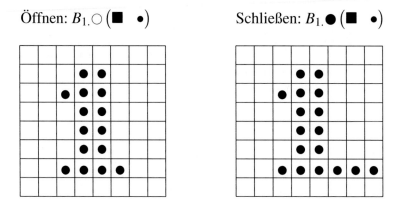

Abb. 7.2 Öffnen und Schließen von B_1 mit der Maske ($\blacksquare\ \bullet$)

- Schließen schließt Lücken in Objekten und verschmilzt benachbarte Vordergrundobjekte.

Diese beiden Effekte erreicht man üblicherweise mit einer d-dimensionalen *Scheibenmaske* $\odot_n^d$ vom Radius n, die auf dem Fenster F_n^d einen diskreten Kreis vom Radius n simuliert. Im zweidimensionalen lassen wir den Hochindex ^{2} weg. Als $\odot_1$ wählt man meist das Fenster F_1^2 komplett mit 1 besetzt, in $\odot_2$ lässt man zumeist die vier Eckpunkte weg, also

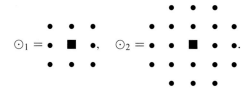

Das Öffnen eines Binärbildes B mit $\odot_n^d$ entfernt zuerst mittels Erosion von allen Vordergrundobjekten einen d-dimensionalen Rand der Breite n, wobei zu kleine Objekte verschwinden. In der anschließenden Dilatation mit der gleichen Scheibe (wegen der Punktsymmetrie ist natürlich $\odot_n^{d\ \dotplus} = \odot_n^d$) wird ein Rand der Breite wieder angefügt. Zu kleine Verbindungsbrücken zwischen zwei Objekten werden so entfernt. Beim Schließen von B mit $\odot_n^d$ wird erst der Rand erweitert, wobei kleine Löcher in Vordergrundobjekten geschlossen werden und benachbarte Vordergrundobjekte verschmelzen. In der anschließenden Erosion werden die Ränder wieder zurückgesetzt, geschlossene Löcher bleiben aber geschlossen und verbundene Objekte verbunden. Zwei Vordergrundobjekte mit einer kleinen nicht durchgängigen Verbindung werden nun so verschmolzen.

Abbildungen 7.3 und 7.4 zeigen sehr schön diese Effekte, die man mit den bisher vorgestellten linearen und nicht lineare Filtern so nicht erreichen kann. Durch eine geeignete Auswahl anderer Masken kann man diese Effekte sehr subtil steuern.

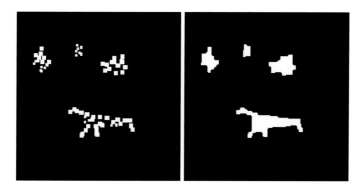

Abb. 7.3 Morphologisches Schließen. Schließen des *linken* Binärbildes mit einer Scheibe vom Radius 3

Abb. 7.4 Morphologisches Öffnen. Ein Binärbild (*links*) und nach Öffnen mit einer Scheibe vom Radius 2 (*Mitte*) und 4 (*rechts*)

Man muss zur Berechnung einer Öffnung oder Schließung nicht notwendig getrennt eine Erosion und eine Dilatation ausführen. Für einige interessante Masken S existieren schnelle Algorithmen, die in einem Schritt sofort $B \bigcirc S$ oder $B \bullet S$ berechnen.

7.2 Morphologische Gleichungen

Wir können mengentheoretische Operationen jetzt sofort auf Binärbildern übertragen, da Binärbilder durch ihre Spur und ihren Ortsbereich eindeutig festgelegt sind. So gilt z. B.

$$B_1 \subseteq B_2 \longleftrightarrow \mathrm{Spur}(B_1) \subseteq \mathrm{Spur}(B_2) \text{ und } \mathrm{loc}(B_1) \subseteq \mathrm{loc}(B_2),$$
$$B_1 \cap B_2 = \min(B_1, B_2),$$

wobei man in der Wahl des Ortsbereichs hier noch frei ist, $\mathrm{Loc}_{B_1 \cap B_2}$ als $\mathrm{Loc}_{B_1} \cup \mathrm{Loc}_{B_2}$ oder $\mathrm{Loc}_{B_1} \cap \mathrm{Loc}_{B_2}$ zu setzen. B^c mit $\mathrm{Loc}_{B^c} = \mathrm{Loc}_B$ bezeichnet das *Komplement eines*

Binärbildes B, in dem jeder Wert $val(P)$ eines Pixels in B durch sein Komplement $1 - val(P)$ ersetzt wird.

Damit kann man leicht die folgenden Gleichungen für Binärbilder B_1, B_2 mit gleichem Ortsbereich und passenden Masken S_1, S_2 über einem gleichen Fenster zeigen.

Für die Dilatation gilt:

$$\begin{aligned}
B \oplus (S_1 \cup S_2) &= (B \oplus S_1) \cup (B \oplus S_2), \\
(B_1 \cup B_2) \oplus S &= (B_1 \oplus S) \cup (B_2 \oplus S), \\
(B_1 \oplus S_1) \oplus S_2 &= B \oplus (S_1 \oplus S_2), \\
B_1 \subseteq B_2 &\implies B_1 \oplus S \subseteq B_2 \oplus S, \\
S_1 \subseteq S_2 &\implies B \oplus S_1 \subseteq B \oplus S_2.
\end{aligned}$$

Für die Erosion gilt:

$$\begin{aligned}
B \ominus (S_1 \cup S_2) &= (B \ominus S_1) \cap (B \ominus S_2), \\
(B_1 \cap B_2) \ominus S &= (B_1 \ominus S) \cap (B_2 \ominus S), \\
(B_1 \ominus S_1) \ominus S_2 &= B \ominus (S_1 \oplus S_2), \\
B_1 \subseteq B_2 &\implies B_1 \ominus S \subseteq B_2 \ominus S, \\
S_1 \subseteq S_2 &\implies B \ominus S_1 \supseteq B \ominus S_2.
\end{aligned}$$

$B \ominus S \subseteq B \subseteq B \oplus S$ gilt genau dann, wenn im Zentrum von S eine 1 steht.

Wir zeigen nur die erste Gleichung für Erosion, alle anderen sind ähnlich einfach:

$$\begin{aligned}
\big(B \ominus (S_1 \cup S_2)\big)(p) &= \min\{B(p + l)|S_1(l) = 1 \text{ oder } S_2(l) = 1\} \\
&= \min\big(\{B(p + l)|S_1(l) = 1\}, \{B(p + l)|S_2(l) = 1\}\big) \\
&= \min\big((B \ominus S_1)(p), (B \ominus S_2)(p)\big) \\
&= \big((B \ominus S_1) \cap (B \ominus S_2)\big)(p).
\end{aligned}$$

In der mathematischen Morphologie geht man von Binärbildern und passenden Masken mit dem Ortsbereich $\mathbb{Z}^d$ aus, arbeitet also nur mit B_∞ und S_∞. Man arbeitet also nicht mit digitalen Bildern, die zwingend einen endlichen Ortsbereich besitzen müssen, sondern generell mit Bildern. Der Unterschied zwischen Binärbildern und deren Masken entfällt jetzt, da beides Abbildungen von $\mathbb{Z}^d$ nach $\{0, 1\}$ sind. Es gelten nun weitere Gleichungen zum Komplement und zur Öffnung und Schließung.

Zum Komplement:

$$\begin{aligned}
(B \oplus S)^c &= B^c \ominus S, \\
(B \ominus S)^c &= B^c \oplus S, \\
(B \circ S)^c &= B^c \bullet S^c, \\
(B \bullet S)^c &= B^c \circ S^c.
\end{aligned}$$

Zum Schließen:

$$(B \bullet S) \bullet S = B \bullet S,$$
$$B \subseteq B \bullet S,$$
$$B_1 \subseteq B_2 \implies B_1 \bullet S \subseteq B_2 \bullet S.$$

Zum Öffnen:

$$(B \circ S) \circ S = B \circ S,$$
$$B \circ S \subseteq B,$$
$$B_1 \subseteq B_2 \implies B_1 \circ S \subseteq B_2 \circ S.$$

Wir zeigen nur die erste Gleichung:

$$p \in \text{Spur } (B \oplus S)^c \Longleftrightarrow \text{nicht: } p \in \text{Spur } B \oplus S$$
$$\Longleftrightarrow \text{Spur } S_p \cap \text{Spur } B = \emptyset$$
$$\Longleftrightarrow \text{Spur } S_p \subseteq \text{Spur } B^c$$
$$\Longleftrightarrow p \in \text{Spur } B^c \ominus S.$$

Diese Herleitung setzt allerdings voraus, dass auch der Ortsbereich vom Komplement B^c eines Binärbildes B ganz $\mathbb{Z}^d$ ist. Ist die Spur von B endlich, so muss die von B^c unendlich sein.

Die letzten Gleichungen können teilweise für digitale Bilder, die einen wohldefinierten endlichen Ortsbereich besitzen, falsch werden. Betrachten wir dazu das Binärbild B und die Maske S mit Ortsbereich F_1^2:

$$B = \begin{pmatrix} \bullet & \circ & \circ \\ \bullet & \circ & \circ \\ \bullet & \circ & \circ \end{pmatrix}, \quad S = \begin{pmatrix} \square & \bullet \end{pmatrix}.$$

Sowohl $\oplus S$ als auch $\ominus S$ bewirken eine Verschiebung um ein Feld nach links. Damit verlassen die nach links verschobenen Werte 1 in B den Ortsbereich und es gilt

$$B \oplus S = B \ominus S = \begin{pmatrix} \circ & \circ & \circ \\ \circ & \circ & \circ \\ \circ & \circ & \circ \end{pmatrix} =: \circ_{3\times3},$$

$$B^c \oplus S = B^c \ominus S = \begin{pmatrix} \circ & \bullet & \bullet \\ \circ & \bullet & \bullet \\ \circ & \bullet & \bullet \end{pmatrix} \oplus S = \begin{pmatrix} \bullet & \bullet & \circ \\ \bullet & \bullet & \circ \\ \bullet & \bullet & \circ \end{pmatrix}.$$

$(B \ominus S)^c = B^c \oplus S$ ist also falsch. Ebenfalls gilt mit B und S aus diesem Beispiel $B \bullet S = \circ_{3\times3}$, also nicht $B \subseteq B \bullet S$. Natürlich gilt auch für digitale Bilder $(B^c)^c = B$, aber normalerweise übertragen sich Gleichungen, in denen das Komplement vorkommt, nicht auf digitale Bilder.

Die Bezeichnungen sind in der Literatur nicht einheitlich. $B \ominus S$ wird stets wie in diesem Buch benutzt, $B \oplus S$ wird aber häufig als unser $B \oplus S^{\leftrightarrow}$ definiert. Damit wird Öffnen zu $B \circ S = (B \ominus S) \oplus S$. Schließen wird dann als $B \bullet S = (B \oplus S) \ominus S$ definiert und entspricht damit unserem $B \bullet S^{\leftrightarrow}$. Manche Gleichungen ändern sich dann leicht, indem S durch $S^{\leftrightarrow}$ ersetzt werden muss. Man muss also überprüfen, wie $B \oplus S$ definiert ist.

7.3 Komplexere morphologische Operationen

Mittels der elementaren Operationen Dilatation, Erosion, Öffnen und Schließen lassen sich komplexere Operationen aufbauen, von den wir hier einige vorstellen wollen.

7.3.1 Hit-and-Miss

Sucht man z. B. die oberen rechten Ecken eines Vordergrundobjekts, so könnte man versuchen, die Vordergrundpixel zu finden, deren linker und unterer Nachbarpixel ebenfalls zum Vordergrund gehören, der obere, rechte und rechts obere diagonale Nachbar aber nicht. Daher hilft eine Erosion mit der Maske

$$M_{\text{r-o-Ecke}} := \begin{array}{cc} \bullet & \blacksquare \\ & \bullet \end{array}$$

nur als erster Vorbereitungsschritt, da mit dieser Maske auch im Inneren des Objekts zu viel detektiert wird. Man möchte vielmehr alle Vordergrundpixel finden, die bei einer Erosion mit $M_{\text{r-o-Ecke}}$ im Vordergrund bleiben, aber bei einer Dilatation mit der komplementären Maske

$$M_{\text{n-r-o-Ecke}} := \begin{array}{cc} \bullet & \bullet \\ \square & \bullet \end{array} \qquad \text{(für \textbf{n}icht \textbf{r}echte \textbf{o}bere Ecke)}$$

zum Hintergrund werden. Zur Bestimmung der oberen rechten Ecken aller Objekte im Bild ist es also entscheidend, in $B \ominus M_{\text{r-o-Ecke}}$ als Vordergrund aufzutreten, in $B \oplus M_{\text{n-r-o-Ecke}}$ aber nicht.

Dieser Ansatz wird in der *Hit-and-Miss* oder *Alles-oder-Nichts* und auch *Hit-or-Miss* genannten Operation $B \circledast (S_1, S_2)$ zwischen einem Binärbild B und zwei Masken S_1, S_2 realisiert, die definiert ist als

$$B_\infty \circledast (S_1, S_2) := (B_\infty \ominus S_1) \cap (B_\infty \oplus S_2)^c$$
$$= (B_\infty \ominus S_1) \cap (B_\infty^c \ominus S_2).$$

Die beiden Masken S_1 und S_2 sollten disjunkt sein, $\text{Spur}(S_1) \cap \text{Spur}(S_2) = \emptyset$, da sonst in $B_\infty \circledast (S_1, S_2)$ kein Vordergrundpixel möglich ist und es als Bild komplett schwarz ist.

Zur Vermeidung der Probleme mit dem Komplement bei Binärbildern mit einem endlichen Ortsbereich definieren wir die Hit-and-Miss-Operation $\circledast$ alternativ mittels einer ternären Maske. Dazu arbeitet man mit einer ternären Maske $S : F \rightarrow \{0, 1, \bot\}$, wobei $\bot$ für ignorieren steht, und definiert $B \circledast S$ über seine Spur:

$$\text{Spur}(B \circledast S) := \{p \in \text{Loc}| \; \forall l \in F : \big(S(l) \neq \bot \implies B(p+l) = S(l)\big)\}.$$

Eine 1 in der ternären Maske sagt, dass man an dieser Stelle auch im Binärbild eine 1 treffen muss, und 0 sagt, dass man hier auch eine 0 treffen muss. Die Werte im Binärbild an den Stellen, in denen die Maske ein $\bot$ trägt, sind egal.

In einer grafischen Repräsentation solcher ternären Masken arbeitet man mit Darstellungen, in denen man das Zeichen $\bot$ üblicherweise weglässt, oder mit Matrizen über $\bullet$ (1), $\circ$ (0) und $\bot$. Die ternäre Maske zum Auffinden rechter oberer Ecken kann dargestellt werden als

$$\begin{pmatrix} \bot & \circ & \circ \\ \bullet & \bullet & \circ \\ \bot & \bullet & \bot \end{pmatrix} \quad \text{oder} \quad \begin{pmatrix} & 0 & 0 \\ 1 & 1 & 0 \\ & 1 & \end{pmatrix}.$$

Sucht man z. B. alle Ecken in einem Binärbild B, so kann man $B \circledast S_i$ für die vier gedrehten Masken

$$S_1 := \begin{pmatrix} & 0 & 0 \\ 1 & 1 & 0 \\ & 1 & \end{pmatrix}, \quad S_2 := \begin{pmatrix} & 1 & \\ 0 & 1 & 1 \\ 0 & 0 & \end{pmatrix}, \quad S_3 := \begin{pmatrix} & 1 & \\ 1 & 1 & 0 \\ & 0 & 0 \end{pmatrix}, \quad S_4 := \begin{pmatrix} 0 & 0 & \\ 0 & 1 & 1 \\ & 1 & \end{pmatrix}$$

anwenden und die vier Ergebnisbilder zu dem Bild B_E aller Ecken in B mit oder verknüpfen:

$$B_E := \bigcup_{1 \leq i \leq 4} B \circledast S_i .$$

Das folgende Binärbild B_0 wird somit zum „Eckenbild" B_E:

$$B_0 = \begin{pmatrix} 0 & 0 & 0 & 0 & 0 & 0 & 0 & 0 \\ 0 & \bullet & \bullet & \bullet & 0 & 0 & 0 & 0 \\ 0 & \bullet & \bullet & \bullet & \bullet & 0 & 0 & 0 \\ 0 & 0 & \bullet & \bullet & \bullet & \bullet & 0 & 0 \\ 0 & 0 & \bullet & \bullet & \bullet & \bullet & 0 & 0 \\ 0 & 0 & \bullet & \bullet & \bullet & \bullet & 0 & 0 \\ 0 & 0 & \bullet & 0 & \bullet & \bullet & 0 & 0 \\ 0 & 0 & 0 & 0 & 0 & 0 & 0 & 0 \end{pmatrix} \quad B_E = \begin{pmatrix} 0 & 0 & 0 & 0 & 0 & 0 & 0 & 0 \\ 0 & \bullet & 0 & \bullet & 0 & 0 & 0 & 0 \\ 0 & \bullet & 0 & 0 & \bullet & 0 & 0 & 0 \\ 0 & 0 & 0 & 0 & 0 & \bullet & 0 & 0 \\ 0 & 0 & 0 & 0 & 0 & 0 & 0 & 0 \\ 0 & 0 & 0 & 0 & 0 & 0 & 0 & 0 \\ 0 & 0 & 0 & 0 & \bullet & \bullet & 0 & 0 \\ 0 & 0 & 0 & 0 & 0 & 0 & 0 & 0 \end{pmatrix}.$$

Die verwendeten Masken liefern aber nur sehr unschöne Ergebnisse für Ecken. So finden sich drei aufeinanderfolgende Pixel auf einer Diagonalen im Ergebnisbild, von denen man das mittlere kaum als Eckpixel bezeichnen sollte. Diagonalen werden anders behandelt als Waagrechte und Senkrechte.

7.3.2 Ausdünnung, Verdickung, Skelette

Die morphologischen Operationen *Ausdünnung (Thinning)* und *Verdickung (Thickening)* entfernen Pixel des Vordergrundes, bzw. fügen Pixel dem Vordergrund hinzu, wobei diese Pixel mittels Hit-and-Miss gefunden werden. Es sei S eine ternäre Hit-and-Miss-Maske und B eine Binärbild, dann ist die Ausdünnung $\mathbf{thin}(B, S)$ und Verdickung $\mathbf{thick}(B, S)$ von B mit S definiert als

$$\mathbf{thin}(B, S) := B - B \circledast S, \quad \mathbf{thick}(B, S) := B \cup B \circledast S.$$

Die Differenz $B_1 - B_2$ zweier Binärbilder ist punktweise gemeint mit $0 - 1 = 0$ und $\mathrm{Loc}_{B_1-B_2} = \mathrm{Loc}_{B_1}$. Die Verdickung ist wegen $\mathbf{thick}(B_\infty, S) = \mathbf{thin}(B_\infty^c, S^c)^c$ auf unendlichen Binärbildern eine komplementäre Operation zur Verdünnung. In dem Komplement S^c einer ternären Maske S wird 0 durch 1 und umgekehrt ersetzt, der Wert $\perp$ bleibt erhalten.

Iterative Methoden sind in der Morphologie gebräuchlich. Es sei $S = (S_1, \ldots, S_n)$ eine Folge von Strukturelementen. Häufig ist dabei S_{i+1} eine Drehung von S_i. Dann ist die Ausdünnung von B mit S die Ausdünnung mit allen Masken S_i in der Reihenfolge

$$\mathbf{thin}(B, S) := \mathbf{thin}(\ldots((\mathbf{thin}(\mathbf{thin}(B, S_1)), S_2)\ldots), S_n).$$

Die iterierte Ausdünnung $\mathbf{thin}^*(B, S)$ erhält man dann als iterierte Anwendung

$$\mathbf{thin}^*(B, S) := \mathbf{thin}(\ldots((\mathbf{thin}(\mathbf{thin}(B, S)), S)\ldots), S)$$

bis die Operation $\mathbf{thin}(., S)$ nichts mehr ändert.

In der Operation $\mathbf{thin}(B, S)$ wird das Bild B also zuerst komplett mit der Maske S_1 ausgedünnt. Das Ergebnisbild wird dann mit der Maske S_2 ausgedünnt etc. Mit den Masken S_1 bis S_8 aus Abschn. 11.5.3 kann man so durch iteratives Ausdünnen ein Skelett von B berechnen. Eine andere Methode zur Skelettberechnung aus Serra und Cressie [109] ist wie folgt:

Wir berechnen zu einer Maske S ein sogenanntes *S-Skelett* $\mathbf{Sk}_S(B)$ eines Binärbildes B mittels iterierter Erosion und Öffnen. Dazu sei die k-fache Erosion $B \ominus_k S$ definiert als

$$B \ominus_0 S := B, \quad B \ominus_{k+1} S := (B \ominus_k S) \ominus S,$$

analog für $B \oplus_k S$. Das k-te S-Teilskelett $\mathbf{Sk}_{S,k}(B)$ und das S-Skelett $\mathbf{Sk}_S(B)$ sind definiert als

$$\mathbf{Sk}_{S,k}(B) := (B \ominus_k S) - (B \ominus_k S) \circ S,$$

$$\mathbf{Sk}_S(B) := \bigcup_k \mathbf{Sk}_{S,k}(B).$$

Dieses Verfahren bricht kanonisch ab, wenn $\mathbf{Sk}_{S,k}(B) = \emptyset$ wird oder $\mathbf{Sk}_{S,k+1}(B) = \mathbf{Sk}_{S,k}(B)$ gilt. Die Vereinigung der Teilskelette ist dann das S-Skelett $\mathbf{Sk}_S(B)$ von B. Dieses Skelett hat allerdings häufig eine noch unbefriedigende Form mit teilweise zu dicken Stellen. Es ist auch nicht immer zusammenhängend. Dafür kann man aus den Teilskeletten $\mathbf{Sk}_{S,k}(B)$ wieder die Ausgangsform B rekonstruieren als

$$B = \bigcup_k \mathbf{Sk}_{S,k}(B) \oplus_k S^{\dot{+}}.$$

Wir berechnen das S-Skelett für das letzte Beispielbinärbild B_0 mit der Maske

$$S = \begin{pmatrix} & \bullet & \\ \bullet & \blacksquare & \bullet \\ & \bullet & \end{pmatrix}.$$

B' ist, wenn man alle mit $\circ$ bezeichneten Orte auf 0 setzt, gerade $B_0 \ominus S$ und es ist $B_0 \bigcirc S = (B_0 \ominus S) \oplus S$, falls man alle Orte $\circ$ auf $\bullet$ setzt.

$$B_0 = \begin{pmatrix} 0 & 0 & 0 & 0 & 0 & 0 & 0 & 0 \\ 0 & \bullet & \bullet & \bullet & 0 & 0 & 0 & 0 \\ 0 & \bullet & \bullet & \bullet & \bullet & 0 & 0 & 0 \\ 0 & 0 & \bullet & \bullet & \bullet & \bullet & 0 & 0 \\ 0 & 0 & \bullet & \bullet & \bullet & \bullet & 0 & 0 \\ 0 & 0 & \bullet & \bullet & \bullet & \bullet & 0 & 0 \\ 0 & 0 & \bullet & 0 & \bullet & \bullet & 0 & 0 \\ 0 & 0 & 0 & 0 & 0 & 0 & 0 & 0 \end{pmatrix} \quad B' = \begin{pmatrix} 0 & 0 & 0 & 0 & 0 & 0 & 0 & 0 \\ 0 & 0 & \circ & \circ & 0 & 0 & 0 & 0 \\ 0 & \circ & \bullet & \bullet & \circ & 0 & 0 & 0 \\ 0 & 0 & \circ & \bullet & \bullet & \circ & 0 & 0 \\ 0 & 0 & \circ & \bullet & \bullet & \circ & 0 & 0 \\ 0 & 0 & 0 & \circ & \bullet & \circ & 0 & 0 \\ 0 & 0 & 0 & 0 & \circ & 0 & 0 & 0 \\ 0 & 0 & 0 & 0 & 0 & 0 & 0 & 0 \end{pmatrix}.$$

Damit besteht das Teilskelett $\mathbf{Sk}_{S,0}(B_0)) = B_0 - B_0 \bigcirc S$ aus 4 Randpunkten von B_0. $B_0 \ominus_1 S$ ist bereits leer, also ist $\mathbf{Sk}_{S,1}(B_0) = B_0 \ominus S$. Wegen $\mathbf{Sk}_S(B_0) = \mathbf{Sk}_{S,0}(B_0)) \cup \mathbf{Sk}_{S,1}(B_0))$ ergibt sich als S-Skelett

$$\mathbf{Sk}_S(B_0) = \begin{pmatrix} 0 & 0 & 0 & 0 & 0 & 0 & 0 & 0 \\ 0 & \bullet & 0 & 0 & 0 & 0 & 0 & 0 \\ 0 & 0 & \bullet & \bullet & 0 & 0 & 0 & 0 \\ 0 & 0 & 0 & \bullet & \bullet & 0 & 0 & 0 \\ 0 & 0 & 0 & \bullet & \bullet & 0 & 0 & 0 \\ 0 & 0 & \bullet & 0 & \bullet & 0 & 0 & 0 \\ 0 & 0 & \bullet & 0 & 0 & \bullet & 0 & 0 \\ 0 & 0 & 0 & 0 & 0 & 0 & 0 & 0 \end{pmatrix}.$$

Wir werden in Abschn. 11.5 näher auf Skelettierungsverfahren eingehen und versuchen, einen Skelettbegriff zu präzisieren.

7.3.3 Morphologische Gradienten

Auch zu einer Ableitung kann man Morphologie benutzen. So werden folgende morphologische Gradienten $\delta_S(B)$ vom Binärbild B nach der Maske S benutzt:

$$\delta_S(B) = (B \oplus S) - (B \ominus S) \text{ oder}$$
$$\delta_S(B) = (B \oplus S) - B \text{ oder}$$
$$\delta_S(B) = B - (B \ominus S).$$

Der erste Gradient heißt bei Wahl der Maske $\odot_1$ auch *Beucher-Gradient* von B und wird mit $\rho(B)$ bezeichnet, also

$$\rho(B) = (B \oplus \odot_1) - (B \ominus \odot_1),$$

siehe etwa [99]. $B \oplus \odot_1$ setzt alle Pixel in B – egal, ob sie zum Vordergrund oder Hintergrund gehören – auf 1, sobald in deren 9er-Nachbarschaft ein Vordergrundpixel vorkommt. $B \ominus \odot_1$ setzt alle Vordergrundpixel auf 1, in deren 9er-Nachbarschaft nur Vordergrundpixel vorkommen. Damit setzt $\rho(B)$ alle Pixel in B auf 1, in deren 9er-Nachbarschaft sowohl ein Vordergrund als auch ein Hintergrundpixel vorkommen, d. h. dort, wo ein Gradient ungleich 0 vorliegt. $\rho(B)$ entspricht einer binären Gradientenkarte mit der einfachen 0-1-Information, ob ein Gradient vorliegt oder nicht, ohne Gradientenbetrag und -richtung. Mit dieser Maske $\odot_1$ liefert $(B \oplus \odot_1) - B$ alle Hintergrundpixel in B, die ein Vordergrundpixel berühren, also den Rand von B außerhalb von B. $B - (B \ominus \odot_1)$ charakterisiert alle Vordergrundpixel in B, die ein Hintergrundpixel berühren, also den Rand von B innerhalb von B.

Es existiert eine reichhaltige Literatur zu Morphologie zweidimensionaler Binärbilder. Hierzu gehören auch morphologische Techniken, die zu den Vordergrundobjekten in Binärbildern deren Umrandung und Hülle bestimmen etc.

7.4 Morphologie auf Grauwertbildern

Die morphologischen Operatoren lassen sich leicht mit ganz ähnlichen Effekten auf Grauwertbilder verallgemeinern. Dazu sei nun

$$I : \text{Loc} \to \mathbb{Q}, \quad S : F \to \mathbb{Q}$$

ein orthogonales d-dimensionales Grauwertbild mit Loc $\subset \mathbb{Z}^d$ und F ein d-dimensionales Fenster. Eine *erweiterte Grauwertmaske* (oder nur Maske) S auf F ist nun eine Abbildung

$$S : F \to \mathbb{Q} \cup \{\bot\},$$

wobei $\bot$ wieder für ignorieren steht. Alle anderen Maskenwerte werden für die morphologischen Operationen additiv verwendet. Bei einer Erodierung werden diese von den Bildwerten subtrahiert und eine Minimumbildung findet über das Fenster statt. Bei einer Dilatationen werden sie zu den Bildwerten addiert mit einer anschließenden Maximumbildung über das Fenster.

Da in Grauwertbildern nicht ein Grauwert (wie 1 in Binärbildern) kanonisch als Vordergrundwert aufgefasst werden kann, entfällt die Vorstellung, dass hier Vordergrundobjekte auf dem Hintergrund 0 vorliegen. Damit entfällt auch der Grund, die Randbehandlung mit Fortsetzung ins Schwarze zu wählen. Man kann ein Grauwertbild I in der Grauwertmorphologie für die Randbehandlung zu I_∞ oder I^∞ fortsetzen.

Die Erosion $\ominus$, Dilatation $\oplus$, das Öffnen $\bigcirc$ und Schließen $\bullet$ von I mit S sind nun wie folgt für die gespiegelte iterative Randbehandlung I^∞ definiert (für $p \in$ Loc):

$$(I \ominus S)(p) := \min\{I^\infty(p+l) - S(l) \mid l \in F \text{ mit } S(l) \neq \bot\},$$
$$(I \oplus S)(p) := \max\{I^\infty(p+l) + S(l) \mid l \in F \text{ mit } S(l) \neq \bot\},$$

und wie zuvor

$$I \bigcirc S := (I \ominus S) \oplus S^{\leftrightarrow},$$
$$I \bullet S := (I \oplus S) \ominus S^{\leftrightarrow}.$$

Zur Randbehandlung mit einem schwarzen Rand ersetzt man nur I^∞ durch I_∞. Betrachten wir etwa den folgenden Bildausschnitt

$$\begin{pmatrix} 50 & 10 & 60 \\ 50 & 80 & 100 \\ 100 & 20 & 150 \end{pmatrix}$$

und die Maske

$$S = \begin{pmatrix} \bot & 0 & \bot \\ \bot & 10 & 10 \\ \bot & 0 & \bot \end{pmatrix},$$

so wird bei einer Erosion das Minimum der Werte des Zentrumpixels und seiner rechten, oberen und unteren Nachbarn gebildet, wobei zusätzlich das Zentrum und sein rechter Nachbar in deren Wert um 10 vermindert werden. Das zentrale Bildelement dieses Ausschnitts wird also zu 10. Bei einer Dilatation wird das Maximum der Werte des Zentrumpixels plus 10, des rechten Nachbarn plus 10 und des oberen und unteren Nachbarn gebildet und das Zentrum wird jetzt zu 110.

Abb. 7.5 Erosion und Dilatation des Gebäudes aus Abb. 4.2

Man kann diese erweiterten Masken grafisch etwas schöner durch Weglassen der ⊥-Werte und Kennzeichnung des Zentrums, etwa durch Fettdruck, repräsentieren. Mit dem letzten Beispiel gilt dann bei gespiegelter Randbehandlung

$$
\begin{pmatrix} 50 & 10 & 60 \\ 50 & 80 & 100 \\ 100 & 20 & 150 \end{pmatrix} \ominus \begin{pmatrix} 0 & \\ \mathbf{10} & 10 \\ 0 & \end{pmatrix} = \begin{pmatrix} 0 & 0 & 50 \\ 40 & 10 & 60 \\ 10 & 10 & 100 \end{pmatrix} \text{ und}
$$

$$
\begin{pmatrix} 50 & 10 & 60 \\ 50 & 80 & 100 \\ 100 & 20 & 150 \end{pmatrix} \oplus \begin{pmatrix} 0 & \\ \mathbf{10} & 10 \\ 0 & \end{pmatrix} = \begin{pmatrix} 60 & 80 & 100 \\ 100 & 110 & 150 \\ 110 & 160 & 160 \end{pmatrix}.
$$

Falls in der Maske keine negativen Werte vorkommen, vergrößert die Dilatation helle Bereiche im Bild und die Erosion vergrößert dunkle.

Abbildung 7.5 zeigt das Beispielgebäude 1 einmal erodiert und einmal dilatiert mit der Maske vom Radius 2 mit Werten konstant 0. Da von der Maske her nicht addiert oder subtrahiert wird, findet hier also nur eine Minimum- bzw. Maximumbildung aller Pixelwerte innerhalb der Maske statt.

In der Morphologieschule wird versucht, möglichst viele Vorverarbeitungs- und Analyseschritte der Computer Vision mittels morphologischer Techniken zu erledigen. Man kann große Teile der Bildverarbeitung auf Morphologie aufbauen, wie es etwa im Lehrbuch [112] von Soile gezeigt ist. Es ist ganz interessant zu sehen, wie weit man mit diesen morphologischen Ansätzen kommen kann. Morphologische Methoden sind unmittelbar verständlich und extrem einfach zu implementieren, wenn eine Laufzeitoptimierung nicht interessiert. Dennoch zeugt es in der Praxis von mangelnder Professionalität, morphologische Techniken in Fällen anzuwenden, für die es bessere Techniken gibt.

Fourier-Transformation

8

8.1 Grundlagen

Die Fourier-Analyse, benannt nach grundlegenden Arbeiten von Jean Baptiste Joseph Fourier (1768–1830), ist ein äußerst erfolgreiches Gebiet der Mathematik mit zahlreichen Anwendungen in unterschiedlichen Disziplinen. In dem Teilgebiet der Fourier-Reihenentwicklung werden periodische Funktionen in sogenannte Spektren zerlegt und eine elementare Äquivalenz von Ortsraum und Frequenzraum gezeigt. Für digitale Bilder ist der Spezialfall der diskreten Fourier-Transformation wichtig.

Letztlich spielt in diesem Buch über digitale Bilder die kontinuierliche Fourier-Analysis keine Rolle und wir könnten sofort die diskrete Fourier-Transformation als Basistransformation komplexer Vektorräume einführen. Dabei würde allerdings für Anfänger in diesem Bereich viel Anschaulichkeit und das Verständnis für den Frequenzraum verloren gehen. Daher stellen wir den kontinuierlichen Fall auch vor, aber ohne jeden Beweis. Im danach folgenden hier wichtigen diskreten Fall wird die Korrektheit der vorgestellten Formel teilweise gezeigt.

Sowohl im kontinuierlichen als auch diskreten Fall werden Funktionen oder Bilder mit einem Wertebereich in $\mathbb{N}$, $\mathbb{Q}$ oder $\mathbb{R}$ in den Wertebereich $\mathbb{C}$ übersetzt. Daher beginnen wir mit einem kleinen Exkurs über komplexe Zahlen.

8.1.1 Komplexe Zahlen

Betrachten wir die Abb. 8.1. Ohne die komplexe Einheit i ist das einfach eine Visualisierung eines Ausschnitts des $\mathbb{R}^2$ mit dem üblichen Koordinatensystem der Mathematik. Mit i stellt man so den Raum $\mathbb{C}$ der komplexen Zahlen dar, in dem die y-Achse zur imaginären Achse wird. Der Punkt z in der Abb. 8.1 liegt im $\mathbb{R}^2$ etwa bei $(2,7, 1,8)$ und ist als komplexe Zahl daher $2,7 + 1,8$i. Der Winkel α eines Vektors (x, y) wird wie üblich gegen den Uhrzeigersinn von der positiven x-Achse aus bis zur Hypotenuse der Länge r gemessen.

Abb. 8.1 $\mathbb{R}^2$ und $\mathbb{C}$

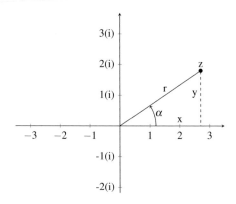

Es gelten die bekannten trigonometrischen Regeln

$$\cos\alpha = \frac{x}{r}, \sin\alpha = \frac{y}{r}, \tan\alpha = \frac{y}{x}, \cot\alpha = \frac{x}{y}, r = \sqrt{x^2 + y^2}.$$

In dieser Abbildung liegt $z = (2{,}7,\ 1{,}8)$ mit dem Winkel α im ersten Quadranten, dieser Winkel α entspricht der Steigung $\tan(y/x)$. Spiegeln wir z um den Nullpunkt zu $-z = -x - iy$, so liegt $-z$ im dritten Quadranten. Der um den Nullpunkt gespiegelte Punkt $z' = (-x, -y)$ soll nun den Winkel $180° + \alpha$ erhalten. Wir müssen also den Winkel α mit $\text{atan}_2(x, y)$ bestimmen, vgl. den Abschn. 6.4.3. Die *konjugierte* komplexe Zahl $\bar{z}$ von $z = x + yi$ ist $\bar{z} := x - yi$. Ihr Winkel im $\mathbb{R}^2$ ist damit im geometrischen und BV-Koordinatensystem $-\alpha = \text{atan}_2(-y, x)$.

Wegen $U = 2\pi \cdot r$ ist 2π der Umfang U des Einheitskreises mit Radius $r = 1$. Damit lässt sich ein Winkel statt in Grad ° auch im *Bogenmaß* messen, indem wir von der Festsetzung

$$2\pi = 360°$$

ausgehen. Im Gegensatz zur Messung im Winkelmaß, in der man zum Winkel die Einheit ° verwendet, verwendet man im Bogenmaß selten eine Einheit, ab und zu die Einheit rad. Die folgenden Schreibweisen sind also gleichwertig

$$\alpha = 45°, \quad \alpha = \frac{\pi}{4}, \quad \alpha = \pi/4\,\text{rad}, \quad \alpha \approx 0{,}7854\,\text{rad}, \quad \alpha \approx 0{,}7854.$$

Wir haben die Argumente vom Tangens und die Werte von atan_2 im Gradmaß angegeben. Zu beachten ist aber, dass beide Funktionen in Programmbibliotheken üblicherweise mit dem Bogenmaß arbeiten. Wir argumentieren hier nur wegen der besseren Anschauung im Winkelmaß.

Eine komplexe Zahl z kann man in kartesischen Koordinaten als $z = x + yi$ oder in *Polarkoordinaten* als Paar (r, α) der Entfernung r vom Nullpunkt und des Winkels α darstellen. In den kartesischen Koordinaten heißt x der *Realteil* und y der *Imaginärteil* von z, in den Polarkoordinaten heißt r der *Betrag* oder die *Amplitude* und α die *Phase* oder das *Argument Arg*(z) von z. Der Name Amplitude wird im Zusammenhang mit der Fourier-Transformation für das folgende Amplitudenspektrum verwendet, sonst ist der Begriff Betrag üblicher.

Die Potenzreihenentwicklungen von Sinus, Cosinus und der Exponentialfunktion lauten

$$e^c = \sum_{k=0}^{\infty} \frac{c^k}{k!},$$

$$\cos c = \sum_{k=0}^{\infty} (-1)^k \frac{c^{2k}}{(2k)!},$$

$$\sin c = \sum_{k=0}^{\infty} (-1)^k \frac{c^{2k+1}}{(2k+1)!},$$

wobei diese Reihen für jedes $c \in \mathbb{C}$ konvergieren. Entwickelt man die obigen Reihen um den Wert ic für ein $c \in \mathbb{R}$ und beachtet die Rechenregeln

$$i^0 = 1, \quad i^1 = i, \quad i^2 = -1, \quad i^3 = -i, \quad i^{k+4l} = i^k \qquad \forall k, l \in \mathbb{N},$$

so heben sich die negativen Werte in der Sinus- und Cosinusreihe durch die Potenzen von i auf und man erhält die berühmte *eulersche Formel*

$$e^{ic} = \cos c + i \sin c. \tag{8.1}$$

Es gilt $x = r \cdot \cos \alpha$, $y = r \cdot \sin \alpha$, also

$$z = x + iy = r \cdot (\cos \alpha + i \sin \alpha) = r e^{i\alpha},$$

und die Polarkoordinatendarstellung $z = (r, \alpha)$ ist gleichwertig zu $z = r \cdot e^{i\alpha}$.

Man entnimmt der eulerschen Formel sofort, dass die komplexe Exponentialfunktion $f(c) = e^{ic}$ stets die Norm $|e^{ic}| = 1$ und die gleiche Periode 2π wie Sinus und Cosinus besitzt. Die Werte e^{ic} liegen also auf dem Einheitskreis in $\mathbb{C}$ und c gibt deren Winkel im Bogenmaß an. Damit gilt

$$e^{i(\phi + 2k\pi)} = e^{i\phi} \quad \text{für alle } k \in \mathbb{Z}, \tag{8.2}$$

wobei man statt c gern eine Variable wie ϕ, α oder ω nimmt, die eher einen Winkel (im Bogenmaß) repräsentiert. Hieraus folgt insbesondere wegen $e^{i2k\pi} = e^{i(0+2k\pi)} = e^{i \cdot 0} = e^0 = 1$ die schöne Darstellung für die Zahl 1 als

$$1 = e^{i2k\pi}$$

Tab. 8.1 Zusammenhang zwischen kartesischen Koordinaten und Polarkoordinaten

Kartesische Koordinaten	Polarkoordinaten
$z = (x, y)$	$z = (r, \alpha)$
$z = x + \mathrm{i} y$	$z = r \cdot \mathrm{e}^{\mathrm{i}\alpha}$
$x = r \cos \alpha,\, y = r \sin \alpha$	$r = \sqrt{x^2 + y^2},\, \alpha = \mathrm{atan}_2(y, x)$
$\bar{z} = x - \mathrm{i} y$	$\bar{z} = r \cdot \mathrm{e}^{-\mathrm{i}\alpha}$

Abb. 8.2 Eine Periode von Sinus (*gestrichelte Linie*) und Cosinus

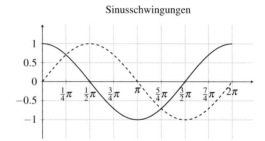

Sinusschwingungen

für jedes $k \in \mathbb{Z}$. Da -1 auf dem Einheitskreis den Winkel $180° = \pi$ besitzt gilt $-1 = \mathrm{e}^{\mathrm{i}\pi}$. In einem Wettbewerb des Magazins „The Mathematical Intelligencer" wurde folgende Formel als „schönste" gekürt, da sie die wichtigen Zahlen $0, 1, \mathrm{e}, \mathrm{i}, \pi$ mit den elementaren Operationen Addieren, Multiplizieren und Potenzieren elegant verbindet:

$$0 = 1 + \mathrm{e}^{\mathrm{i}\pi}.$$

Gauß wird der Aphorismus zugeschrieben, dass niemand ein sehr guter Mathematiker werden kann, der diese Formel nicht unmittelbar einsieht.

Tabelle 8.1 zeigt den Zusammenhang einer komplexen Zahl z mit den karthesischen (geometrischen) Koordinaten (x, y) und Polarkoordinaten (r, α).

8.1.2 Periodische Funktionen

Die bekanntesten periodischen Funktionen sind wohl der Sinus und Cosinus. Sie sind in Abb. 8.2 dargestellt.

Sinus und Cosinus sind periodisch mit der Periode 2π, da nach einem Umlauf um den vollen Kreis der Winkel gleich bleibt, $\alpha = \alpha + 360°$ impliziert $\sin \alpha = \sin(\alpha + 2\pi)$, ebenso für den Cosinus. Ferner ist der Cosinus eine Phasenverschiebung des Sinus um $90° = \pi/2$. Der Sinus von $-\alpha\ (= 360° - \alpha)$ ist das Negative des Sinus von α, und eine Phasenverschiebung des Sinus um $180° = \pi$ ergibt ebenfalls das Negative des Sinus, also

$$\cos \alpha = \sin\left(\alpha + \frac{\pi}{2}\right),$$

$$\sin -\alpha = -\sin \alpha,$$

$$\sin(\alpha + \pi) = -\sin \alpha.$$

Generell heißt eine Funktion $f : \mathbb{R} \to \mathbb{C}$ *periodisch* mit Periode $T \in \mathbb{R}$, falls $T \neq 0$ und

$$f(x + T) = f(x)$$

für alle $x \in \mathbb{R}$ gilt. Falls f periodisch, stetig und nicht konstant ist, existiert eine kleinste positive Periode $T_0 > 0$ und jede weitere Periode ist ein Vielfaches $a \cdot T_0$ von T_0 mit $a \in \mathbb{Z}, a \neq 0$.

$$\omega_1 := \frac{2\pi}{T_0}$$

heißt die *Grundschwingung* und

$$\omega_k := \frac{2k\pi}{T_0} = k \cdot \omega_1$$

die *k-te Oberschwingung* von f für $1 \leq k \in \mathbb{N}$. Eine periodische Funktion f mit der Grundschwingung $2\pi/T_0$ ist natürlich als Funktion

$$f : [0, T_0[\to \mathbb{R} \text{ oder } f : \left[-\frac{T_0}{2}, \frac{T_0}{2}\right[\to \mathbb{R} \text{ oder } f : [k, k + T_0[$$

für jedes $k \in \mathbb{R}$ eindeutig beschrieben.

Eine mehrdimensionale Funktion $f : \mathbb{R}^d \to \mathbb{C}$ heißt *periodisch (mit Periode T_i) in i-Richtung*, falls ihre Projektion auf die i-te Koordinate mit der Periode $T_i \neq 0$ periodisch ist, wenn also

$$f(x_1, \ldots, x_{i-1}, x_i + T_i, x_{i+1}, \ldots, x_d) = f(x_1, \ldots, x_{i-1}, x_i, x_{i+1}, \ldots, x_d)$$

für alle $x_i \in \mathbb{R}$ gilt.

Ist etwa eine Funktion $f : \mathbb{R}^2 \to \mathbb{C}$ periodisch mit den Perioden T_x, T_y in x- bzw. y-Richtung, so gilt

$$f(x + n \cdot T_x, y + m \cdot T_y) = f(x, y) \text{ für alle } n, m \in \mathbb{Z},$$

und f ist eindeutig beschrieben, wenn f auf einem Intervall

$$\left[x - \frac{T_x}{2}, x + \frac{T_x}{2}\right[_{\mathbb{R}} \times \left[y - \frac{T_y}{2}, y + \frac{T_y}{2}\right[_{\mathbb{R}}$$

für irgendein Paar $x, y \in \mathbb{R}$ bekannt ist.

8.1.3 Harmonische Analyse

Wir stellen hier sehr knapp, und nur der Vollständigkeit halber für den interessierten Leser, den kontinuierlichen Fall der harmonischen Analyse vor, um Hintergründe auch für den diskreten Fall zu verdeutlichen. Der diskrete Fall, der uns wirklich interessiert, folgt im nächsten Abschnitt.

Die *harmonische Analyse* oder *kontinuierliche Fourier-Reihenentwicklung* untersucht die Zerlegung von periodischen Funktionen in eine Summe von *sinusoidalen* Funktionen. Das sind Funktionen, die aus der Sinusfunktion durch Änderung der Amplitude, Frequenz oder Phase entstehen, also Funktionen der Form

$$f(x) = a \cdot \sin(\omega x + \phi),$$

wobei a die Amplitude, ω die Frequenz und ϕ die Phase ändert. Zu beachten ist, dass der Begriff Phase hier eine andere Bedeutung hat als der Begriff der Phase einer komplexen Zahl. Von den weiteren trigonometrischen Funktionen $\cos, \tan, \cot$ ist nur noch der Cosinus als Phasenverschiebung des Sinus eine sinusoidale Funktion. Es gilt

$$a \cos \alpha + b \sin \alpha = \sqrt{a^2 + b^2} \cdot \sin\left(\alpha + \operatorname{atan}_2(a, b)\right),$$

und diese Summe ist selbst eine sinusoidale Funktion, siehe etwa [11].

Jede auf einem Intervall $[0, T_0[$ stetige Funktion f mit Periode T_0 kann nun zerlegt werden in eine Summe von Sinus- und Cosinusoberschwingungen als

$$
\begin{aligned}
f(x) &= \frac{a_0}{2} + \sum_{k=1}^{\infty}\left(a_k \cdot \cos\left(\frac{2\pi k x}{T_0}\right) + b_k \cdot \sin\left(\frac{2\pi k x}{T_0}\right)\right) \\
&= \frac{a_0}{2} + \sum_{k=1}^{\infty}\left(a_k \cdot \cos \omega_k x + b_k \cdot \sin \omega_k x\right),
\end{aligned}
\tag{8.3}
$$

mit den Koeffizienten a_i, b_i in $\mathbb{R}$. Die letzte Gleichung zeigt, wie sich die Schreibweise bei Benutzung der k-ten Oberschwingungen ω_k vereinfacht. Betrachten wir z. B. eine Rechteckschwingung f mit ebenfalls einer Periode 2π wie in Abb. 8.3. In der harmonischen Analyse besitzt f die Summendarstellung

$$f(x) = \sum_{i=0}^{\infty} \frac{1}{2i + 1} \sin(2i + 1)x,$$

eine unendliche Summe von Sinusfunktionen und deren Oberschwingungen. Die Summe muss unendlich sein, da eine Rechteckfunktion nicht mehr differenzierbar ist, eine endliche Summe von Sinusfunktionen aber schon.

Abb. 8.3 Eine Rechteckschwingung der Periode 2π

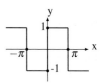

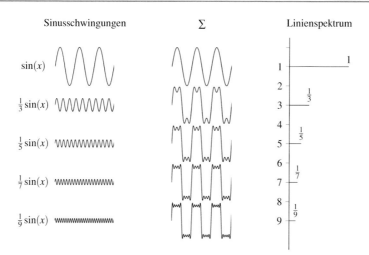

Abb. 8.4 Approximation eines Rechtecksignals mittels Sinusschwingungen. *Links* sind die Sinusschwingungen, *mittig* deren Addition und *rechts* das Linienspektrum dargestellt

Abbildung 8.4 visualisiert, wie sich eine Rechteckschwingung als Summe über Sinusfunktionen und deren Oberschwingungen approximieren lässt. Es wird mit der 9. Oberschwingung abgebrochen.

Im Frequenzraum kann man ein Histogramm angeben, das für jede Frequenz anzeigt, mit welchem Faktor sie additiv vorkommt. Eine solche von Frequenzen abhängige Funktion nennt man auch *Frequenzspektrum, Spektrum, Spektralverteilung* oder veraltet auch *Frequenzgang*. Im Fall einer diskreten Funktion spricht man auch von einem *Linienspektrum*. Der rechte Teil in Abb. 8.4 visualisiert den Anfang des Linienspektrums der Rechteckschwingung.

Die Koeffizienten der Gl. 8.3 sind die Amplituden der Sinus- und Cosinusfunktionen und berechnen sich als

$$a_k = \frac{2}{T_0} \int_0^{T_0} f(x) \cdot \cos\left(\frac{2\pi k x}{T_0}\right) \, \mathrm{d}x \text{ und}$$

$$b_k = \frac{2}{T_0} \int_0^{T_0} f(x) \cdot \sin\left(\frac{2\pi k x}{T_0}\right) \, \mathrm{d}x.$$

Der Name *harmonische Analyse* für die Bestimmung dieser Koeffizienten liegt auf der Hand. Wir werden diese Koeffizienten a_k, b_k nicht weiter verwenden und haben sie nur der Vollständigkeit halber angegeben. Stattdessen werden wir Formeln für die Fourier-Entwicklung verwenden, in denen der Sinus und Cosinus in einer Exponentialfunktion mittels komplexer Variablen nach der eulerschen Formel dargestellt werden.

Für eine stetige periodische Funktion $f : \mathbb{R} \to \mathbb{C}$ mit Periode T_0 wird die Formel 8.3 in der komplexen Version zur Fourier-Reihe zu

$$
\begin{aligned}
f(x) &= \sum_{k=-\infty}^{\infty} c_k \cdot e^{\frac{2\pi i k x}{T_0}} \\
&= \sum_{k=-\infty}^{\infty} c_k \cdot e^{i\omega_k x}.
\end{aligned}
\tag{8.4}
$$

Die *Fourier-Koeffizienten* c_k sind nun allerdings komplexe Zahlen. Sie berechnen sich zu

$$
\begin{aligned}
c_k &= \frac{1}{T_0} \int_0^{T_0} f(x) e^{-\frac{2\pi i k x}{T_0}} \, dx \\
&= \frac{1}{T_0} \int_0^{T_0} f(x) e^{-i\omega_k x} \, dx.
\end{aligned}
\tag{8.5}
$$

8.2 Diskrete Fourier-Transformation

Die harmonische Analyse im Kontinuierlichen überträgt sich kanonisch ins Diskrete. Im Diskreten sollte man also von der diskreten harmonischen Analyse oder der diskreten Fourier-Reihenentwicklung sprechen. Man benutzt stattdessen aber den Namen *diskrete Fourier-Transformation*. Dies ist genau genommen nicht korrekt, da auch eine kontinuierliche Fourier-Transformation existiert, die aber allgemeinere, nicht notwendig periodische unendliche reellwertige Funktionen behandelt. Die diskrete Fourier-Transformation ist also nicht ein diskretes Analogon zur kontinuierlichen Fourier-Transformation, sondern zur Fourier-Reihenentwicklung.

Wir betrachten zuerst den eindimensionalen Fall der diskreten Fourier-Transformation für periodischen Folgen. Anschließend schauen wir uns die diskrete Fourier-Transformation für zweidimensionale Bilder an. Eine Verallgemeinerung auf 3D-Bilder ist völlig kanonisch und wird hier nicht behandelt.

8.2.1 Diskrete eindimensionale Fourier-Transformation

Wir gehen hier von einer einfachen endlichen Folge $F = a_0, \ldots, a_{N-1}$ von N Zahlen a_i aus $\mathbb{Q}$ oder $\mathbb{C}$ aus ($\mathbb{C}$ für die mathematische Theorie, $\mathbb{Q}$ für die Praxis der Bildverarbeitung). F können wir periodisch zu einer Funktion $F : \mathbb{Z} \to \mathbb{C}$ fortsetzen mit $F(l) = a_i$ für $l = i \mod N$, also für $l - i = a \cdot N$ mit irgendeinem $a \in \mathbb{Z}$. Die folgende Abbildung visualisiert die Situation, wobei die Werte a_i auf der y-Achse dargestellt sind und $\mathbb{Z}$ auf der x-Achse liegt. Schwarz ist die Ausgangsfolge, rot deren iterative Fortsetzung auf ganz $\mathbb{Z}$.

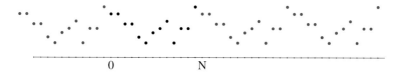

Damit besitzt die Formel 8.4 im endlichen diskreten Fall nur endlich viele Summanden und wird zu

$$
\begin{aligned}
F(i) &= \sum_{u=0}^{N-1} \mathcal{F}(u)e^{\frac{2\pi i u i}{N}} \\
&= \sum_{u=0}^{N-1} \mathcal{F}(u)e^{i\omega_u i} \text{ mit } \omega_u = \frac{2\pi u}{N}.
\end{aligned}
\tag{8.6}
$$

Etwas Vorsicht ist hier bei der Unterscheidung von der imaginären Einheit i zum Laufindex i angebracht. $\mathcal{F}(u)$ entspricht c_k in der Gl. 8.4 und heißt der u-te Fourier-Koeffizient dieser *diskreten Fourier-Transformation*. $\mathcal{F}(u)$ berechnet sich analog zu 8.5 als

$$
\mathcal{F}(u) = \frac{1}{N}\sum_{x=0}^{N-1} F(x)e^{-\frac{2\pi i u x}{N}} = \frac{1}{N}\sum_{x=0}^{N-1} F(x)e^{-i\omega_x u}.
\tag{8.7}
$$

Man spricht von einem *Transformationspaar* $F', \mathcal{F}'$ mit Koeffzienten (a,b), falls

$$
F'(i) = a\sum_{u=0}^{N-1} \mathcal{F}'(u)e^{\frac{2\pi i u i}{N}} \quad \text{und} \quad \mathcal{F}'(u) = b\sum_{x=0}^{N-1} F'(x)e^{-\frac{2\pi i u x}{N}}
\tag{8.8}
$$

gilt. In diesem Fall muss $ab = 1/N$ gelten. Dies folgt unmittelbar aus den Gl. 8.6 und 8.7. Setze $F'' := \frac{F'}{a}$. Damit gilt:

$$
F''(i) \;=\; \tfrac{1}{a}F'(i) \qquad\qquad = \sum_{u=0}^{N-1}\mathcal{F}'(u)e^{\frac{2\pi i u i}{N}}, \text{ also}
$$

$$
\mathcal{F}'(u) =_{8.7} \tfrac{1}{N}\sum_{x=0}^{N-1} F''(x)e^{\frac{-2\pi i u i}{N}} = \tfrac{1}{aN}\sum_{x=0}^{N-1} F'(x)e^{\frac{-2\pi i u i}{N}}, \text{ also } b = 1/aN.
$$

Es gilt auch in der kontinuierlichen oder mehrdimensionalen diskreten Fourier-Transformation, dass man verschiedene Faktoren in der Hin- und Rücktransformation wählen kann, solange deren Produkt ein gewisser Wert ist. Dummerweise werden diese Faktoren in unterschiedlichen Gebieten und unterschiedlichen Büchern häufig anders gewählt. Wir haben hier $a = 1$ und $b = 1/N$ gesetzt. Man findet in der Bildverarbeitung aber auch, dass $a = b = 1/\sqrt{N}$ oder $a = 1/N$ und $b = 1$ gesetzt wird. Der Faktor $1/\sqrt{N}$ in beiden Richtungen liefert symmetrischere und daher für manche schönere Formeln. Die Berechnung von F mittels $\mathcal{F}$ ist bis auf die Normierungsfaktoren a, b und Hochzahl $^{-1}$ in der e-Funktion völlig symmetrisch.

Aus Gl. 8.2 folgt, dass $e^{-i\omega_x u}$ als Funktion von x oder von u periodisch mit der Periode N ist $(\omega_x = 2\pi x/N)$. Damit ergeben sich sofort folgende Rechenregeln

$$\mathcal{F}(0) = \mu_F \qquad \text{der Mittelwert der Folge } F,$$

$$\mathcal{F}(-u) = \overline{\mathcal{F}(u)} \qquad \text{das Konjugierte von } \mathcal{F}(u),$$

$$\mathcal{F}(u + N) = \mathcal{F}(u),$$

$$\mathcal{F}(N - u) = \overline{\mathcal{F}(u)}.$$

Die erste Gleichung ergibt sich unmittelbar durch Einsetzen von 0 für u in die Definition. Damit wird $F(i)$ stets mit $e^0 = 1$ multipliziert und man bildet nur den Mittelwert der Folge. Achtung, hierbei ist natürlich $a = 1$ und $b = 1/N$ gewählt. Die zweite Gleichung macht man sich ebenfalls leicht klar, da $e^{-i\alpha}$ das Konjugierte von $e^{i\alpha}$ ist. In $\mathcal{F}_I(u)$ werden die Summanden $F(i)$ mit einer komplexen Zahl multipliziert, in $\mathcal{F}_I(-u)$ jedoch mit derem Konjugierten. Offensichtlich ist die Summe von konjugiert komplexen Zahlen das Konjugierte der Summe der komplexen Zahlen, $\overline{z_1} + \overline{z_2} = \overline{z_1 + z_2}$. Die dritte Gleichung sagt nur, dass die Periode N ist, und die vierte folgt sofort aus der zweiten und dritten.

Insbesondere ist $\mathcal{F}$ auf den Werten $u \in [0, \lceil N/2 \rceil]$ eindeutig bestimmt. Dies mag auf den ersten Blick überraschen, da aus $\mathcal{F}$ eindeutig F zurück berechenbar ist, bei der Fourier-Transformation also keine Information verloren geht. Wieso können dann die Werte von $\mathcal{F}$ auf dem halben Intervall genügen, um alle Werte von F auf dem gesamten Intervall berechnen zu können? Nun, einfach weil die Werte $\mathcal{F}(u)$ in $\mathbb{C}$ liegen und als komplexe Zahlen zweidimensional über $\mathbb{R}$ mit einem Real- und Imaginärteil sind. Selbst wenn F eine Folge von natürlichen Zahlen ist, wird deren Fourier-Transformierte im Allgemeinen komplexe Werte annehmen. Man hat also keinerlei Datenreduktion, wenn man statt F deren Fourier-Transformierte $\mathcal{F}$ nur auf der Hälfte $[0, \lceil N/2 \rceil]$ der Argumente speichert.

8.2.2   Diskrete Fourier-Transformation für 2D-Bilder

Wir betrachten jetzt Bilder und befinden uns daher wieder in dem Bildkoordinatensystem, in dem die erste Koordinate die Zeilen nach unten wachsend bezeichnet. Ein zweidimensionales einkanaliges Bild $I : [0, N[\times [0, M[\to \mathbb{Q}$ kann man sich als M eindimensionale Folgen von N Elementen in y- oder N Folgen von M Elementen in x-Richtung vorstellen. Diese setzen wir in einem Gedankenexperiment periodisch in x- und y-Richtung fort, wie im eindimensionalen Fall, also nicht gespiegelt iteriert. Somit ist in diesem Gedankenexperiment ein Bild I eine in beiden Achsen periodische diskrete Funktion $I : \mathbb{Z}^2 \to \mathbb{Q}$ mit der Periode N auf der y- und der Periode M auf der x-Achse. Diese periodische diskrete Funktion erlaubt eine diskrete Fourier-Transformation, in der nur endlich viele

Summanden vorkommen, und eine Rückrechnung als

$$
I(i,j) = a \sum_{u=0}^{N-1} \sum_{v=0}^{M-1} \mathcal{F}_I(u,v) \mathrm{e}^{2\pi\mathrm{i}\left(\frac{u\cdot i}{N} + \frac{v\cdot j}{M}\right)}, \text{ mit}
$$

$$
\mathcal{F}_I(u,v) = b \sum_{i=0}^{N-1} \sum_{j=0}^{M-1} I(i,j) \mathrm{e}^{-2\pi\mathrm{i}\left(\frac{u\cdot i}{N} + \frac{v\cdot j}{M}\right)}, \text{ mit } ab = \frac{1}{N\cdot M}.
$$

(8.9)

$\mathcal{F}_I : [0, N[\times[0, M[\rightarrow \mathbb{C}$ ist die *(diskrete) Fourier-Transformierte* von I. Statt $\mathcal{F}_I$ schreiben wir manchmal auch $\mathcal{F}(I)$. $\mathcal{F}_I$ ist ein Bild mit gleichem Ortsbereich $[0, N[\times[0, M[$ wie I, aber mit einem komplexen Wertebereich Val. Während wir im Bild I die Variablen i, j für Zeilen und Spalten benutzen, werden es für die Fourier-Transformierte $\mathcal{F}_I$ die Variablen u, v sein. Wir werden diese beiden Gleichungen in Abschn. 8.2.6 noch beweisen. Wir setzen im Folgenden zumeist die Faktoren $a = 1, b = 1/NM$. Für quadratische Bilder mit $N = M$ ist auch $a = b = 1/N$ üblich, andere Bücher wählen $a = 1/NM$ und $b = 1$. So setzen Haberäcker [34] und Klette [54] wie hier $a = 1$ und $b = 1/NM$, Tönnies [119] wählt hingegen $a = 1/NM$ und $b = 1$.

Da u und v in der obigen Darstellung von I in der Form $\mathrm{e}^{2\pi\mathrm{i}\left(\frac{u\cdot i}{N}\right)}$ vorkommen, sind u und v Frequenzen. $\mathcal{F}$ ist daher eine Funktion mit Frequenzen als Argumenten, die Spektrum, Spektralverteilung o. Ä. genannt werden. Dies begründet Redeweisen wie „$\mathcal{F}_I$ ist das Spektrum von I" etc. Da dieses Spektrum komplexe Werte besitzt, ist es als Bild betrachtet zweikanalig. Wir können die beiden Kanäle in kartesischen oder in Polarkoordinaten darstellen, wobei üblicherweise Polarkoordinaten mit einer Amplitude und einer Phase gewählt werden. Die Projektion von $\mathcal{F}_I$ auf den Amplitudenkanal ist das *Amplitudenspektrum* und die auf den Phasenkanal das *Phasenspektrum* von I.

Die zweidimensionale diskrete Fourier-Transformation ist aus eindimensionalen aufgebaut, was man wie folgt sieht:

$$
\mathcal{F}_I(u,v) = \frac{1}{N\cdot M} \sum_{i=0}^{N-1} \sum_{j=0}^{M-1} I(i,j) \mathrm{e}^{-2\pi\mathrm{i}\left(\frac{ui}{N} + \frac{vj}{M}\right)}
$$

(8.10)

$$
= \frac{1}{N\cdot M} \sum_{i=0}^{N-1} \sum_{j=0}^{M-1} I(i,j) \mathrm{e}^{-2\pi\mathrm{i}\frac{ui}{N}} \cdot \mathrm{e}^{-2\pi\mathrm{i}\frac{vj}{M}}
$$

$$
= \frac{1}{M} \sum_{j=0}^{M-1} \left(\frac{1}{N} \sum_{i=0}^{N-1} I(i,j) \mathrm{e}^{-2\pi\mathrm{i}\frac{ui}{N}} \right) \cdot \mathrm{e}^{-2\pi\mathrm{i}\frac{vj}{M}}
$$

(8.11)

$$
= \frac{1}{N} \sum_{i=0}^{N-1} \left(\frac{1}{M} \sum_{j=0}^{M-1} I(i,j) \mathrm{e}^{-2\pi\mathrm{i}\frac{vj}{M}} \right) \cdot \mathrm{e}^{-2\pi\mathrm{i}\frac{ui}{N}}.
$$

(8.12)

Bei der Berechnung von $\mathcal{F}_I(u,v)$ mit der Gl. 8.10 braucht man $N \cdot M$ Multiplikationen (und eine Normierung $1/NM$). Mit den Gl.en 8.11 oder 8.12 kommt man hingegen mit $N + M$ Multiplikationen aus. In Gl. 8.11 werden in der inneren Summe zuerst M eindimensionale Fourier-Transformationen für die Spalten von I durchgeführt und auf den Ergebnisvektor dann eine eindimensionale Fourier-Transformation in Zeilenrichtung. In Gl. 8.12 findet zuerst eine eindimensionale Fourier-Transformation für jede Zeile statt und anschließend eine eindimensionale Fourier-Transformation in Spaltenrichtung auf den Ergebnisvektor. Für die Praxis sind also die iterierten eindimensionalen Fourier-Transformationen einer zweidimensionalen vorzuziehen. In diesem Sinn ist die Fourier-Transformation *separabel*. Eine d-dimensionale Fourier-Transformation ist einfach eine Anwendung von eindimensionalen Fourier-Transformationen in beliebiger Reihenfolge auf alle Dimensionen d. In Abschn. 8.2.8 werden wir noch eine sehr schnelle Version der Fourier-Transformation auf quadratische Bilder einer Seitenlänge $N = 2^n$ vorstellen.

Der Begriff separabel wird üblicherweise an unterschiedlichen Stellen in anderen Bedeutungen benutzt. In linearen Faltungskernen in Abschn. 6.2 ist separabel und separabel im weiteren Sinn mit einer etwas anderen Bedeutung als hier definiert. Im späteren Separabilitätssatz in Abschn. 8.2.7 kommt noch eine weitere Bedeutung hinzu. Gemeinsam ist allen diesen Bedeutungen, dass Separabilität ein Aufsplitten der Dimensionen beinhaltet und somit zur Verringerung der Rechenzeit führt.

Folgende Regeln ergeben sich genau wie im eindimensionalen Fall unmittelbar aus der Definition 8.9 und der Periodizität:

$$\mathcal{F}_I(0,0) = \mu_I,$$
$$\mathcal{F}_I(-u, -v) = \overline{\mathcal{F}_I(u, v)},$$
$$\mathcal{F}_I(u + aN, v + bM) = \mathcal{F}_I(u, v) \text{ für alle } a, b \in \mathbb{Z},$$
$$|\mathcal{F}_I(-u, -v)| = |\mathcal{F}_I(u, v)|.$$

Häufig wird etwas unkorrekt das Amplitudenspektrum $\{|\mathcal{F}_I(u, v)| \mid 0 \leq u < N, 0 \leq v < M\}$ auch als das *Fourierspektrum* oder *Ortsfrequenzspektrum* von I bezeichnet. Möchte man die Fourier-Transformierte $\mathcal{F}_I$ von I als Bild darstellen, so wird das wegen der komplexen Werte in $F_I(u, v)$ schwierig und man visualisiert üblicherweise nur das Amplitudenspektrum, das zur besseren Visualisierung meistens noch logarithmisch transformiert wird. Ferner wird der Nullpunkt des Amplitudenspektrums meistens in die Mitte der Visualisierung von $|\mathcal{F}_I|$ gelegt. Daher geben diese Visualisierungen nur qualitative Aussagen, aber keine quantitativen. Zum Beispiel kann man in der Visualisierung aus der Helligkeit des zumeist kaum sichtbaren zentralen Pixels, $|\mathcal{F}_I(0,0)| = \mu_I$, nicht mehr auf den Bildmittelwert μ_I quantitativ schließen. $\mathcal{F}_I$ wird als Bild $B^{\mathcal{F}}$ in den meisten Büchern als das Grauwertbild

$$B^{\mathcal{F}} : \left[\left[\frac{-N}{2}\right], \left[\frac{+N}{2}\right]\right] \times \left[\left[\frac{-M}{2}\right], \left[\frac{+M}{2}\right]\right] \to \mathbb{Q}, \text{ mit}$$
$$B^{\mathcal{F}}(u, v) = \left\lfloor c \cdot \log\left(1 + |\mathcal{F}_I(u, v)|\right) \right\rfloor$$

dargestellt. Diese Darstellung ist meistens Standard, wobei c eine Konstante zur Anpassung des Grauwertbereichs ist. Manche Bücher wählen aber andere Darstellungen, ohne

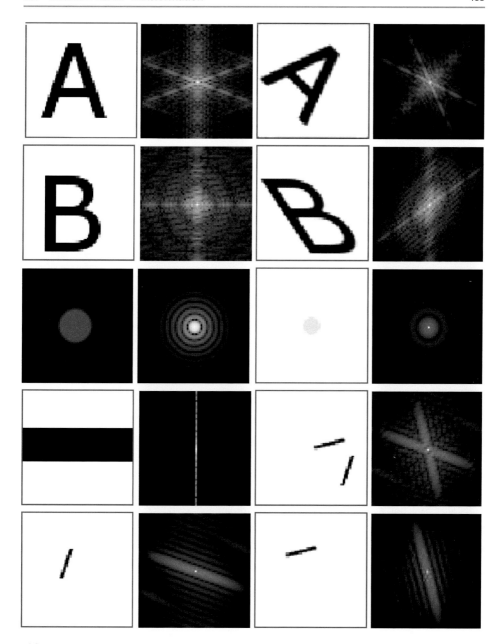

Abb. 8.5 Beispiele von Fourier-Transformationen

eine Legende anzugeben oder die gewählte Darstellung deutlich zu erläutern. Falls man ein Bild eines Fourierspektrums sieht, in dem sich Weiß in der linken oberen Ecke häuft, liegt dort auch fast immer der Nullpunkt des Fourierspektrums.

8.2.3 Beispiele der Fourier-Transformation

Wir betrachten in Abb. 8.5 einige Bilder und deren Fourierspektren. Diese Bilder haben
eine Größe von 64 × 64 Pixel. Zur besseren Visualisierung ist der Rand der Bilder teilweise rot eingezeichnet. Der rote Rand ist kein Bestandteil des Bildes und für die Fourier-
Transformation also nicht vorhanden.

Man sieht in dem Bild mit dem schwarzen Balken (Zeile 4, Bild links) deutlich den
Einfluss der harten waagerechten Kanten. Der Grauwertverlauf entlang einer senkrechten Linie durch das Bild ist das eines Rechtecksignals: von Weiß unmittelbar zu Schwarz
und dann wieder zurück zu Weiß. In der Vertikalen brauchen wir also sehr viele Oberschwingungen zur Approximation dieses Rechtecksignals, vgl. Abb. 8.4. Also werden in
$\mathcal{F}_I(0, v)$ viele Frequenzen in exakt senkrechter Richtung benötigt, was zu diesem Ausse-
hen von $|\mathcal{F}_I|$ führt. Ebenso findet man die Richtungen der harten Kanten in den Bildern
der Buchstaben „A" und „B" in deren Spektren (natürlich um 90° gedreht!) wieder.

8.2.4 Notationen in den Ingenieurwissenschaften

Ingenieure (und damit auch Signalverarbeiter) benutzen für die Fourier-Transformation
häufig Notationen, die sich nicht an der mathematischen Mengenlehre orientieren, im Gegensatz zur Mathematik, Logik und Informatik und auch zu diesem Buch. So findet man
Notationen wie

$$\text{FT}\{f(t)\} \;=\; F(\xi) \quad \text{und}$$
$$u(t) \circ\!\!-\!\!\bullet U(f)$$

mit folgenden Bedeutungen:

Die erste Gleichung besagt, dass F die kontinuierliche Fourier-Transformation FT von
f ist und dass bei f die Variable t genannt werden soll, in FT$\{f\}$ hingegen ξ.

In der zweiten „Gleichung" stellt man sich eine abstrakte Funktion (etwa ein unendli-
ches Signal) vor, die als „reelle Zeitfunktion" den Namen u erhält (also einfach $u : \mathbb{R} \to$
$\mathbb{C}$) und den Variablennamen t benutzt, die als „Frequenzfunktion" aber den Namen U erhält und die Variable f benutzt. In einer mengentheoretischen Notation heißt das einfach,
dass $U : \mathbb{R} \to \mathbb{C}$ die kontinuierliche Fourier-Transformation FT(u) von $u : \mathbb{R} \to \mathbb{C}$ ist
und man im folgenden Kontext einmal mit der Variablen t (für Zeit) in u und das andere
Mal mit der Variablen f (für Frequenz) in U arbeitet. Ferner steht das Zeichen f in der
ersten Gleichung für eine Funktion, in der zweiten aber für eine Variable für Frequenzen. Die kontinuierliche Fourier-Transformation spielt in der Bildanalyse in diesem Buch
aber keine Rolle und ist hier gar nicht erst definiert. Sie ist auch nicht das kontinuierliche
Gegenstück zur diskreten Fourier-Transformation – dies ist die kontinuierliche Fourier-
Reihenentwicklung.

Abb. 8.6 Das Beispielgebäude 1 mit seiner Fourier-Transformierten

8.2.5 Filter im Frequenzspektrum

Die Fourier-Transformation wird gern zu einer Filterung verwendet. Dazu übersetzt man ein Bild in sein Fourierspektrum, schwächt oder entfernt im Amplitutenspektrum gewisse Frequenzen und übersetzt mit der inversen Transformation in den Ortsraum zurück. In einem *Hochpassfilter* werden die niedrigen Frequenzen des Amplitudenspektrums abgeschwächt und in einem *Tiefpassfilter* die hohen. Werden nur Frequenzen außerhalb eines bestimmten Bereichs abgeschwächt, spricht man von einem *Bandpassfilter*. Anders gesagt, in einem Hochpassfilter passieren die hohen, in einem Tiefpassfilter die tiefen und in einem Bandpassfilter die Frequenzen innerhalb eines Bandes. Das Phasenspektrum bleibt bei dieser Filterung unverändert.

Abbildung 8.6 zeigt ein quadratisches Bild unseres Beispielgebäudes 1 (links) mit dessen Amplitudenspektrum (rechts).

Man sieht im Spektrum deutlich den Einfluss der harten, aber kurzen fast senkrechten Kanten der Fenstern. Dieser Winkel findet sich im Spektrum exakt um $90°$ gedreht wieder in den ausgeprägten fast waagerechten Frequenzen. Die deutlicheren fast senkrechten Ausprägungen im Fourierbild entsprechen den längeren fast waagerechten Kanten im Gebäude und Vorplatz.

Abbildung 8.7 zeigt drei Beispiele von Filterungen im Frequenzspektrum, angewendet auf das Beispielgebäude 1. Links sieht man eine Hochpass-, mittig eine Tiefpass- und rechts eine Bandpassfilterung. Ein Abschwächen der niederen Frequenzen in einem Hochpassfilter führt dazu, Kantenübergänge herauszuarbeiten. Ein Tiefpassfilter schwächt hingegen die Kantenübergänge ab und führt somit zu Unschärfe, dafür werden Rauschen und ähnliche Störungen unterdrückt.

Abb. 8.7 Beispiele einer Hochpass- (*links*), Tiefpass- (Mitte) und Bandpassfilterung (*rechts*)

8.2.6 Zusammenhang mit linearer Algebra

Wir wollen hier einen interessanten Zusammenhang von Fourier-Transformation und linearen Transformationen erläutern, der auch zum Verständnis weiterer Transformationen wichtig ist. Der bekannteste Vektorraum, mit dem wir auch in der Bildverarbeitung zumeist auskommen, ist der $\mathbb{R}^d$. Generell ist ein Vektorraum V, dessen Elemente *Vektoren* genannt werden, eine Menge über einem Grundkörper K, dessen Elemente *Skalare* genannt werden, mit einigen Gesetzen, die die Rechenregeln von Vektoren mit denen der Skalare verbinden. Als Grundkörper K betrachten wir nur $\mathbb{R}$ oder $\mathbb{C}$. Eine Abbildung

$$\langle , \rangle : V \times V \rightarrow K$$

heißt *Skalarprodukt*, falls für alle $c \in K$ und $x, x_1, x_2, y_1, y_2 \in V$ gilt:

$$\langle cx, y \rangle = c \cdot \langle x, y \rangle$$
$$\langle x_1 + x_2, y \rangle = \langle x_1, y \rangle + \langle x_2, y \rangle,$$
$$\langle x, y \rangle = \overline{\langle y, x \rangle} \text{ und}$$
$$\langle x, x \rangle = 0 \longleftrightarrow x = 0.$$

Aus $\langle x, x \rangle = \overline{\langle x, x \rangle}$ folgt, dass stets $\langle x, x \rangle \in \mathbb{R}$ gilt. Ebenso folgt sofort

$$\langle x, cy \rangle = \bar{c} \cdot \langle x, y \rangle \text{ und}$$
$$\langle x, y_1 + y_2 \rangle = \langle x, y_1 \rangle + \langle x, y_2 \rangle.$$

Ein Skalarprodukt ist in der Addition linear in beiden Koordinaten, in der Multiplikation mit einem Skalar aber nur in der ersten und konjugiert linear in der zweiten Koordinate. Es ist zu beachten, dass in der Physik, besonders in der Quantenphysik, ein Skalarprodukt als linear in der zweiten und konjugiert linear in der ersten Komponente angesehen wird, da diese Auffassung die Bra-Ket-Operatorenschreibweise von Dirac unterstützt. So schreibt man in der Physik gern $\langle x|y \rangle$ und in der Mathematik (x, y) statt $\langle x, y \rangle$. $||x|| := \sqrt{\langle x, x \rangle}$ definiert stets eine *Norm*, die Länge des Vektors x.

Skalarprodukte sind außerordentlich nützlich, da man mit ihnen in einem Vektorraum eine Geometrie einführen kann, die unseren Anschauungen weitgehendst entspricht. So kann man definieren, wann zwei Vektoren x, y aus V senkrecht aufeinander stehen: Der Vektor x *steht senkrecht auf* dem Vektor y, in Zeichen $x \perp y$, falls $\langle x, y \rangle = 0$ gilt. Eine *Orthonormalbasis* $b_0, \ldots, b_{d-1}$ für einen Vektorraum V ist nun eine maximale Menge von paarweise senkrecht aufeinander stehenden Vektoren b_i in V mit $\langle b_i, b_i \rangle = 1$ für alle b_i. Für den $\mathbb{R}^d$ ist jede Vektorraumbasis $\mathcal{B} = \{b_0, \ldots, b_{d-1}\}$ eine Orthonormalbasis, falls jeder Basisvektor b_i in $\mathcal{B}$ die Länge 1 besitzt, also $\langle b_i, b_i \rangle = 1$ gilt. Diese Längennormierung kann man stets erzwingen, da eine Basis $\mathcal{B} = \{b_1, \ldots, b_n\}$ stets zur Orthonormalbasis wird, wenn man b_i durch $b_i / ||b_i||$ ersetzt. Mit einer Orthonormalbasis $\mathcal{B} = \{b_1, \ldots, b_d\}$ lässt sich jeder Vektor $x \in V$ eindeutig als

$$x = \sum_{i=0}^{d-1} \langle x, b_i \rangle \cdot b_i$$

darstellen. Dies ist die sogenannte *Fourier-Entwicklung von x zur Basis $\mathcal{B}$* mit den *Fourier-Koeffizienten* $\langle x, b_i \rangle$, die hier mit algebraischen Methoden ohne Bezug auf die harmonische Analyse definiert ist.

Wir wollen jetzt Bilder als Vektoren eines geeigneten Vektorraums betrachten. Dazu fassen wir ein zweidimensionales einkanaliges Bild I als Abbildung

$$I : [0, N[\times [0, M[\rightarrow \mathbb{C}$$

in die komplexen Zahlen auf. I wird damit eine $N \times M$-Matrix über $\mathbb{C}$ oder ein Vektor im Vektorraum $\mathbb{C}_{N,M}$ aller $N \times M$-Matrizen über $\mathbb{C}$. Die Standardbasis des $\mathbb{C}_{N,M}$ ist

$$\mathcal{B}_E := \{E_{i,j} \mid 0 \le i < N, 0 \le j < M\},$$

wobei $E_{i,j}$ die $N \times M$-Matrix ist mit 1 an der Koordinate (i, j) und 0 sonst. In dieser Basis kann man ein Bild I schreiben als

$$I = \sum_{i=0}^{N-1} \sum_{j=0}^{M-1} c_{i,j} \cdot E_{i,j},$$

wobei der Koeffizient $c_{i,j}$ natürlich $I(i, j)$ ist, der Pixelwert in I am Ort (i, j). In dieser Standardbasis sieht ein Bild also genauso aus, wie wir es immer sehen. Jedes Basiselement $E_{i,j}$ sagt, an welcher Stelle (i, j) wir das Bild I betrachten.

Nun können wir I aber als Vektor in $\mathbb{C}_{N,M}$ auch in jeder anderen Orthonormalbasis $\mathcal{B} = \{b_0, \ldots, b_{N \cdot M}\}$ des $\mathbb{C}_{N,M}$ mittels einer linearen Koordinatentransformation darstellen. Diese $N \cdot M$ vielen Basismatrizen in $\mathcal{B}$ schreiben wir lieber mit Doppelindizes $b_{u,v}$ mit $0 \le u < N, 0 \le v < M$ als

$$\mathcal{B} = \{b_{0,0}, \ldots, b_{0,M-1}, b_{1,0}, \ldots, b_{N-1,M-1}\}.$$

Mit der obigen Fourier-Entwicklung zur Basis $\mathcal{B}$ gilt dann

$$I = \sum_{u=0}^{N-1} \sum_{v=0}^{M-1} \langle I, b_{u,v} \rangle \cdot b_{u,v}.$$

Jede Orthonormalbasis und jedes Skalarprodukt des $\mathbb{C}_{N,M}$ liefert also eine eigene Fourier-Transformation.

Unserem diskreten Fourier-Transformationpaar mit $a = b = \frac{1}{\sqrt{NM}}$ in Abschn. 8.2.2 liegt das normale Skalarprodukt von $N \times M$-Matrizen A, B zugrunde mit

$$\langle A, B \rangle = \sum_{i=0}^{N-1} \sum_{j=0}^{M-1} A(i,j) \cdot \overline{B(i,j)}. \tag{8.13}$$

Die hier gewählte Orthonormalbasis ist

$$\mathcal{B} = \left\{ \frac{1}{\sqrt{NM}} B^{u,v} \mid 0 \le u < N, 0 \le v < M \right\}$$

mit $N \times M$-Matrizen

$$B^{u,v}(i,j) := e^{2\pi i \left(\frac{ui}{N} + \frac{vj}{M} \right)}.$$

$\mathcal{B}$ ist eine Orthonormalbasis, was man wie folgt leicht ausrechnet:

$$\langle B^{u,v}, B^{u,v} \rangle = \sum_{i=0}^{N-1} \sum_{j=0}^{M-1} B^{u,v}(i,j) \cdot \overline{B^{u,v}(i,j)}$$

$$= \sum_{i=0}^{N-1} \sum_{j=0}^{M-1} e^{2\pi i \left(\frac{ui}{N} + \frac{vj}{N} \right)} \cdot e^{-2\pi i \left(\frac{ui}{N} + \frac{vj}{M} \right)}$$

$$= \sum_{i=0}^{N-1} \sum_{j=0}^{M-1} 1 = N \cdot M,$$

also $\left\langle \frac{1}{\sqrt{NM}} B^{u,v}, \frac{1}{\sqrt{NM}} B^{u,v} \right\rangle = 1$, und für $u \ne u'$ oder $v \ne v'$ folgt:

$$\left\langle B^{u,v}, B^{u',v'} \right\rangle = \sum_{i=0}^{N-1} \sum_{j=0}^{M-1} B^{u,v}(i,j) \cdot \overline{B^{u',v'}(i,j)}$$

$$= \sum_{i=0}^{N-1} \sum_{j=0}^{M-1} e^{2\pi i \left(\frac{ui}{N} + \frac{vj}{M} \right)} \cdot e^{-2\pi i \left(\frac{u'i}{N} + \frac{v'j}{M} \right)}$$

$$= \sum_{i=0}^{N-1} \sum_{j=0}^{M-1} e^{2\pi i \left(\frac{ai}{N} + \frac{bj}{M} \right)} \text{ mit } a := u - u', b := v - v'$$

$$= \sum_{i=0}^{N-1} \sum_{j=0}^{M-1} \mathrm{e}^{\frac{2\pi i a i}{N}} \cdot \mathrm{e}^{\frac{2\pi i b j}{M}}$$

$$= \sum_{j=0}^{M-1} \left(\sum_{i=0}^{N-1} \mathrm{e}^{\frac{2\pi i a i}{N}} \right) \cdot \mathrm{e}^{\frac{2\pi i b j}{M}}$$

$$= \sum_{i=0}^{N-1} \left(\sum_{j=0}^{M-1} \mathrm{e}^{\frac{2\pi i b j}{M}} \right) \cdot \mathrm{e}^{\frac{2\pi i a i}{N}} = 0,$$

denn es gilt schon $\sum_{k=0}^{T-1} \mathrm{e}^{2\pi i c k / T} = 0$ für beliebiges $T \in \mathbb{N}$ und $c \in \mathbb{Z}$ mit $0 < |c| < T$. Dies liegt einfach daran, dass T komplexe Zahlen auf dem Einheitskreis mit einem gleichen Abstand $2c\pi/T$ in der Summe null ergeben. Formal: $\sum_{k=0}^{T-1} x^k = (x^T - 1)/(x - 1)$, also $\sum_{k=0}^{T-1} \mathrm{e}^{2c\pi i k/T} = (\mathrm{e}^{2c\pi i} - 1)/(\mathrm{e}^{2c\pi i/T} - 1) = 0$, wegen $\mathrm{e}^{2c\pi i} = 1$ und $\mathrm{e}^{2c\pi i/T} \neq 1$. Wegen $0 \leq |u - u'| < N, 0 \leq |v - v'| < M$ und $u - u' \neq 0$ oder $v - v' \neq O$, ist eine der beiden obigen inneren Summen $\sum_{i=0}^{N-1} \mathrm{e}^{\frac{2\pi i a i}{N}}$ oder $\sum_{j=0}^{M-1} \mathrm{e}^{\frac{2\pi i b j}{M}}$ bereits gleich null.

Also bildet

$$\mathcal{B}_{\mathcal{F}} := \left\{ \frac{B^{u,v}}{\sqrt{NM}} \mid 0 \leq u < N, 0 \leq v < M \right\}$$

eine Orthonormalbasis des $\mathbb{C}_{N,M}$. Mit dieser Orthonormalbasis gilt nun

$$I = \sum_{u=0}^{N-1} \sum_{v=0}^{M-1} \left\langle I, \frac{B^{u,v}}{\sqrt{NM}} \right\rangle \cdot \frac{B^{u,v}}{\sqrt{NM}},$$

$$\mathcal{F}_I(u,v) = \left\langle I, \frac{B^{u,v}}{\sqrt{NM}} \right\rangle,$$

woraus unter Ausnutzen von Gl. 8.13 sofort die zu den Gl. 8.9 alternative Form

$$I(i,j) = \frac{1}{\sqrt{N \cdot M}} \sum_{u=0}^{N-1} \sum_{v=0}^{M-1} \mathcal{F}_I(u,v) \mathrm{e}^{2\pi i \left(\frac{u \cdot i}{N} + \frac{v \cdot j}{M} \right)}, \quad \text{mit}$$

$$\mathcal{F}_I(u,v) = \frac{1}{\sqrt{N \cdot M}} \sum_{i=0}^{N-1} \sum_{j=0}^{M-1} I(i,j) \mathrm{e}^{-2\pi i \left(\frac{u \cdot i}{N} + \frac{v \cdot j}{M} \right)}.$$

folgt. Die Gl.en 8.9 selbst erhält man, wenn man mit dem Skalarprodukt $\langle A, B \rangle' := \frac{1}{N \cdot M} \langle A, B \rangle$ und der zu diesem Skalarprodukt orthonormalen Basis $\{B^{u,v} \mid 0 \leq u < N, 0 \leq v < M\}$ rechnet.

So hätten wir auch die diskrete Fourier-Transformation als eine lineare Koordinatentransformation in diese Orthonormalbasis $\mathcal{B}_{\mathcal{F}}$ definieren können, sogar ohne jede Kenntnis einer harmonischen Analyse.

Die Cosinus-, Sinus-, Haar-Transformationen etc. sind nichts anderes als Basistransformationen eines Bildes in eine jeweils andere Basis des $\mathbb{C}_{N,M}$. Die Cosinus-Transformation nutzt im Gegensatz zur Fourier-Transformation die gespiegelte Bildfortsetzung und ist daher für die Bildverarbeitung natürlicher. Sie wird z. B. zur Datenreduktion im JPEG-Format eingesetzt.

8.2.7   Eigenschaften der diskreten Fourier-Transformation

Wir untersuchen hier einige Eigenschaften der diskreten Fourier-Transformation (DFT) auf digitalen Bildern.

Linearität
Die DFT ist linear, es gilt:
$$\mathcal{F}_{aI_1+bI_2} = a\mathcal{F}_{I_1} + b\mathcal{F}_{I_2}.$$

Das ist schon deshalb offensichtlich, weil die DFT algebraisch eine lineare Transformation in eine andere Basis ist.

Verschiebung
Die Verschiebung $I_{\to(a,b)}$ des Bildes I um $(a,b) \in \mathbb{Z}^2$ ist

$$I_{\to(a,b)}(i,j) :=^\infty I(i-a, j-b)$$
$$= I((i-a) \bmod \text{N}, (j-b) \bmod \text{M}).$$

Die Verschiebung ist mit der nicht gespiegelten iterativen Fortsetzung definiert. Bei einer Verschiebung von I ändern sich in der DFT nicht die Amplituden, sondern ausschließlich die Phasen. Es gilt der *Verschiebungssatz*

$$\mathcal{F}_{I_{\to(a,b)}}(u,v) = \mathrm{e}^{-2\pi\mathrm{i}\left(\frac{ui}{N}+\frac{vj}{M}\right)}\mathcal{F}_I(u,v),$$
$$|\mathcal{F}_{I_{\to(a,b)}}| = |\mathcal{F}_I|.$$

Dies sieht man durch einfaches Ausrechnen:

$$\mathcal{F}_{I_{\to(a,b)}}(u,v) = \frac{1}{NM}\sum_{i=0}^{N-1}\sum_{j=0}^{M-1} I_{\to(a,b)}(i,j)\cdot\mathrm{e}^{-2\pi\mathrm{i}\left(\frac{ui}{N}+\frac{vj}{M}\right)}$$
$$= \frac{1}{NM}\sum_{i=0}^{N-1}\sum_{j=0}^{M-1} {}^\infty I(i-a,j-b)\cdot\mathrm{e}^{-2\pi\mathrm{i}\frac{ui}{N}}\mathrm{e}^{-2\pi\mathrm{i}\frac{vj}{M}}$$
$$= \frac{1}{NM}\sum_{i=0}^{N-1}\sum_{j=0}^{M-1} {}^\infty I(i-a,j-b)\cdot\mathrm{e}^{-2\pi\mathrm{i}\frac{u(i-a)+ua}{N}}\mathrm{e}^{-2\pi\mathrm{i}\frac{v(j-b)+vb}{M}}$$
$$= \frac{\mathrm{e}^{-2\pi\mathrm{i}\frac{ua}{N}}\mathrm{e}^{-2\pi\mathrm{i}\frac{vb}{M}}}{NM}\sum_{i=0}^{N-1}\sum_{j=0}^{M-1} {}^\infty I(i-a,j-b)\cdot\mathrm{e}^{-2\pi\mathrm{i}\frac{u(i-a)}{N}}\mathrm{e}^{-2\pi\mathrm{i}\frac{v(j-b)}{M}}$$

$$= e^{-2\pi i\left(\frac{ua}{N} + \frac{vb}{M}\right)} \frac{1}{NM} \sum_{i=-a}^{(N-a)-1} \sum_{j=-b}^{(M-b)-1} {}^{\infty}I(i,j) \cdot e^{-2\pi i \frac{ui}{N}} e^{-2\pi i \frac{vj}{M}}$$

$$=^{(1)} e^{-2\pi i\left(\frac{ua}{N} + \frac{vb}{M}\right)} \frac{1}{NM} \sum_{i=0}^{N-1} \sum_{j=0}^{M-1} {}^{\infty}I(i,j) \cdot e^{-2\pi i \frac{ui}{N}} e^{-2\pi i \frac{vj}{M}}$$

$$= e^{-2\pi i\left(\frac{ua}{N} + \frac{vb}{M}\right)} \mathscr{F}_I(u,v).$$

Die Umformung $=^{(1)}$ ergibt sich, da es wegen der Periodizität von N in den Zeilen und M in den Spalten egal ist, von wo ab man i und j laufen lässt, solange nur N bzw. M unmittelbar aufeinander folgende Summanden benutzt werden.

Faltungssatz

Es seien $I_1, I_2 : \text{Loc} \to \mathbb{Q}$ zwei Bilder mit $\text{Loc} = [0, N[\times[0, M[$. Die *nicht gespiegelte Faltung* $*^{\text{ng}}$ von I_1, I_2 ist

$$I_1 *^{\text{ng}} I_2(i,j) := \sum_{(x,y)\in\text{Loc}} {}^{\infty}I_1(i-x, j-y)I_2(x,y).$$

Dies ist die natürliche Faltung. Die von uns definierte Faltung mit einem Kern arbeitet wegen der sinnvolleren Randbehandlung für Bilder mit der gespiegelten Fortsetzung I^{∞} und entspricht damit nicht der Standardfaltung der Mathematik.

Für I_1, I_2 sei $I_1 \odot I_2$ das punktweise Produkt mit

$$(I_1 \odot I_2)(i,j) := I_1(i,j) \cdot I_2(i,j).$$

Der Faltungssatz sagt, dass die Fourier-Transformation einer nicht gespiegelten Faltung gleich dem punktweisen Produkt der einzelnen Fouriertransformationen ist:

$$\mathscr{F}_{I_1 *^{\text{ng}} I_2} = \mathscr{F}_{I_1} \odot \mathscr{F}_{I_2}.$$

Hierbei sind allerdings für die Fourier-Transformation der Faktor $b = 1$ und für die Umkehrung der Faktor $a = 1/NM$ gefordert. Den Faltungssatz zeigt man leicht wie folgt:

$$\mathscr{F}_{I_1 *^{\text{ng}} I_2}(u,v) = \sum_{(i,j)\in\text{Loc}} \left(I_1 *^{\text{ng}} I_2\right)(i,j) \cdot e^{-2\pi i\left(\frac{ui}{N} + \frac{vj}{M}\right)}$$

$$= \sum_{(i,j)\in\text{Loc}} \sum_{(x,y)\in\text{Loc}} {}^{\infty}I_1(i-x, j-y)I_2(x,y) \cdot e^{-2\pi i\left(\frac{ui}{N} + \frac{vj}{M}\right)}$$

$$= \sum_{(i,j)\in\text{Loc}} \sum_{(x,y)\in\text{Loc}} {}^{\infty}I_1(i-x, j-y) \cdot e^{-2\pi i\left(\frac{ui}{N} + \frac{vj}{M}\right)} \cdot I_2(x,y)$$

$$= \sum_{(i,j)\in \text{Loc}} \sum_{(x,y)\in \text{Loc}} {}^\infty (I_1)_{\to(x,y)}(i,j) \cdot e^{-2\pi i \left(\frac{ui}{N} + \frac{vj}{M} \right)} \cdot I_2(x,y)$$

$$= \sum_{(x,y)\in \text{Loc}} \mathscr{F}_{(I_1)_{\to(x,y)}}(u,v) \cdot I_2(x,y)$$

$$\overset{(1)}{=} \sum_{(x,y)\in \text{Loc}} \mathscr{F}_{I_1}(u,v) \cdot I_2(x,y) \cdot e^{-2\pi i \left(\frac{ux}{N} + \frac{vy}{M} \right)}$$

$$= \mathscr{F}_{I_1}(u,v) \cdot \mathscr{F}_{I_2}(u,v).$$

$\overset{(1)}{=}$ ist eine Anwendung des Verschiebungssatzes.

Eine wichtige Anwendung ist, dass man eine Faltung auf diskrete Fourier-Transformationen zurückführen kann, denn es folgt sofort

$$I_1 *^{\text{ng}} I_2 = \mathscr{F}^{-1}\big(\mathscr{F}_{I_1} \odot \mathscr{F}_{I_2} \big),$$

wobei $\mathscr{F}^{-1}$ die Rücktransformation aus dem Frequenzbereich in den Ortsbereich ist, die jetzt mit dem Faktor $a = 1/NM$ arbeitet. Mit der schnellen Fourier-Transformation aus Abschn. 8.2.8 kann so eine Berechnung der Faltung beschleunigt werden. Wir wollen versuchen, dies auf lineare Filter anzuwenden.

Es seien $I : [0, N[\times [0, M[\to \mathbb{Q}$ ein Bild, $F = F_{n,m}^2$ ein Fenster und $K : F \to \mathbb{Q}$ ein Kern. Die *nicht gespiegelte* Filterung von I mit $K^{\leftrightarrow}$ ist

$$(I *^{\text{ng}} K)(i,j) = \sum_{(x,y)\in F} {}^\infty I(i-x, j-y)\, K_\infty(x,y).$$

Damit gilt genau wie oben

$$\mathscr{F}_{I *^{\text{ng}} K}(u,v) = \sum_{(x,y)\in F} \mathscr{F}_I(u,v) \cdot K(x,y) \cdot e^{-2\pi i \left(\frac{ux}{N} + \frac{vy}{M} \right)}$$

$$= \mathscr{F}_I(u,v) \cdot \mathscr{F}_K(u,v),$$

wenn man

$$\mathscr{F}_K(u,v) := \sum_{(x,y)\in F} K(x,y) \cdot e^{-2\pi i \left(\frac{ux}{N} + \frac{vy}{M} \right)}$$

setzt. Also gilt:

$$I *^{(\text{ng})} K = \mathscr{F}^{-1}\big(\mathscr{F}(I) \odot \mathscr{F}(K) \big). \tag{8.14}$$

Daraus ergibt sich eine Bedeutung für die Praxis, wenn für einen Kern K die Filterung $I_i *^{(\text{ng})} K$ für viele Bilder I_i mit gleichem Ortsraum Loc berechnet werden muss. Man berechnet einmal $\mathscr{F}(K)$ und $\mathscr{F}(I_i)$ für alle Bilder I_i und wendet Gl. 8.14 an.

Da wir die Faltung mit einer gespiegelten Bildfortsetzung definiert haben, wie es zur Filterung mit Kernen in der Bildverarbeitung auch sinnvoll ist, wird die Gl. 8.14 mathematisch gesehen für unser gespiegeltes Filtern falsch. Der Unterschied besteht nur in der Behandlung des notwendigen Randes um I, der bei kleinen Kernen K üblicherweise sehr schmal ist. Für Bilder mit einem hinreichend breiten homogenen Rand fallen die Probleme natürlich fort. Daher ist das Problem nicht so kritisch, man arbeitet als würde der Faltungssatz gelten, und die Fehler halten sich bei Kernen auf Fenstern mit kleinen Radien in Grenzen. In vielen Büchern wird die notwendige Randbehandlung gar nicht weiter erwähnt.

Separabilitätssatz

Ein Bild $I : [0, N[\times [0, M[\rightarrow \mathbb{Q}$ heißt auch *separabel*, wenn zwei eindimensionale Bilder $I_1 : [0, N[\rightarrow \mathbb{Q}, I_2 : [0, M[\rightarrow \mathbb{Q}$ existieren mit

$$I(i, j) = I_1(i) \cdot I_2(j) \text{ für } 0 \leq i < N, 0 \leq j < M.$$

Dann gilt sofort:

$$\mathcal{F}_I(u, v) = \frac{1}{N \cdot M} \sum_{i=0}^{N-1} \sum_{j=0}^{M-1} I(i, j) e^{-2\pi i \left(\frac{ui}{N} + \frac{vj}{M} \right)}$$

$$= \frac{1}{N \cdot M} \sum_{i=0}^{N-1} \sum_{j=0}^{M-1} I_1(i) I_2(j) e^{-2\pi i \frac{ui}{N}} e^{-2\pi i \frac{vj}{M}}$$

$$= \left(\frac{1}{N} \sum_{i=0}^{N-1} I_1(i) e^{-2\pi i \frac{ui}{N}} \right) \cdot \left(\frac{1}{M} \sum_{j=0}^{M-1} I_2(j) e^{-2\pi i \frac{vj}{M}} \right)$$

$$= \mathcal{F}_{I_1}(u) \cdot \mathcal{F}_{I_2}(v).$$

Rotation

Für die kontinuierliche Fourier-Transformation existiert ein Rotationssatz, der sich aber so nicht auf die diskrete Fourier-Transformation übertragen lässt und der daher gar nicht vorgestellt wird. Der Begriff einer Rotation eines digitalen Bildes ist schon deshalb nicht definiert, da nicht das Bild selbst, sondern dessen „Inhalt", was das auch sein mag, gedreht werden soll. Beginnen wir mit den drei Beispielbildern in Abb. 8.8, neben denen rechts jeweils das Amplitudenspektrum angegeben ist. Das obere Bild I_1 ist ein waagerechter Grauwertkeil von Schwarz nach Weiß über eine Länge von b, der Breite des Bildes. Im mittleren Bild I_2 verläuft der Grauwertkeil von Schwarz nach Weiß diagonal in 45° nach rechts oben, allerdings jetzt in der Länge $\sqrt{2}b$. So ist der Bildinhalt, der Grauwertkeil, zwar um 45° gedreht, aber auch um den Faktor $\sqrt{2}$ skaliert. Das untere Bild I_3 zeigt I_1 zu $^\infty I_1$ fortgesetzt, um 45° gedreht und im Ortsbereich von I_1 wieder dargestellt. Weder I_2 noch I_3 sind sinnvolle Rotationen von I_1 und auch die Spektren sind untereinander keine Rotationen.

Abb. 8.8 Drei Grauwertkeile
I_1, I_2 und I_3 und deren Ampli-
tudenspektren

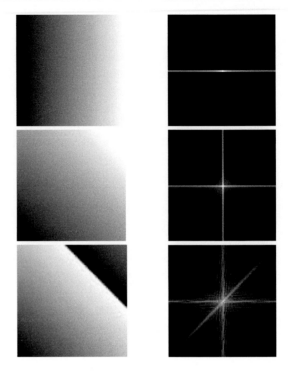

Im Bild I_1 haben wir keine harten Kanten, nur einen weichen Grauwertkeil. Dennoch
findet man im Amplitudenspektrum $|\mathscr{F}_{I_1}|$ eine ausgeprägte Waagerechte. Diese stammt
von der extrem harten Kante in der periodischen Fortsetzung $^{\infty}I$ beim Übergang vom
rechten Rand in einem Schritt zum linken. Die Fourier-Transformation detektiert also in
I nicht vorhandene Kanten nur auf Grund der vorgenommenen periodischen Fortsetzung.
Diese periodische nicht gespiegelte Iteration ist für einen Praktiker der Bildverarbeitung
aber ziemlich uninteressant.

Im mittleren Bild I_2 haben wir in der periodischen Fortsetzung nicht ganz so harte, aber
immer noch deutliche Kantenübergänge vom rechten zum linken und vom oberen zum
unteren Rand, was zu einer ausgeprägten Waage- und Senkrechten im Fourierspektrum
führt. In $I_3 = I_{45°}$ kommt neu noch die im Bild sichtbare sehr harte Diagonale hinzu, die
zur dritten Ausprägung der Diagonalen im Fourierspektrum führt. Diese „Fehler" entstehen durch die nicht gespiegelte periodische Fortsetzung der Fourier-Transformation, die
im Rand unsichtbare Kanten virtuell einführt. Besitzt ein Bild rundum einen homogenen
Rand können diese Fehler nicht auftreten.

Die Inhalte des oberen und unteren Bildpaars in Abb. 8.5 besitzen einen homogenen
weißen Bereich zum Bildrand und sind jeweils aus einer Rotation (und Verschiebung)
auseinander entstanden und diese Rotation findet man auch in deren Spektren wieder.

Skalierung

Unter einer Skalierung eines Bildes I versteht man üblicherweise eine Verkleinerung oder Vergrößerung des Ortsbereichs Loc_I und Interpolation des Bildinhaltes in den neuen Ortsbereich. Nehmen wir an, wir wollen ein Bild

$$I : [0, N[\times [0, M[\to \mathbb{Q}$$

um einen Faktor a auf einen neuen Ortsbereich

$$[0, \lceil aN \rceil[\times [0, \lceil aM \rceil[\to \mathbb{Q}$$

skalieren. In I' soll nur der Inhalt von I gespreizt ($a > 1$) oder gestaucht ($a < 1$) werden, ohne neue Kanten oder Bildinhalte einzuführen. Dazu kann man die Fourier-Transformierte $\mathcal{F}_I$ wie folgt nutzen. Für $a < 1$ wird $\mathcal{F}_I$ auf $[0, \lceil aN \rceil[\times [0, \lceil aM \rceil[$ eingeschränkt, da keine höheren Frequenzen im kleineren Ortsbereich vorkommen können, und mit der inversen Fourier-Transformation zum neuen skalierten Bild zurückgerechnet. Für $a > 1$ geht man analog vor, indem man den Wert 0 für alle neuen, höheren Frequenzen wählt und $\mathcal{F}_I$ auf den neuen Ortsbereich zu $\mathcal{F}_{I'}$ fortsetzt:

$$\mathcal{F}_{I'}(u, v) := \begin{cases} \mathcal{F}_I(u, v), & \text{für } 0 \leq u < N, 0 \leq v < M, \\ 0, & \text{sonst.} \end{cases}$$

Die skalierte Version I' von I erhält man dann ebenfalls als $\mathcal{F}^{-1}(\mathcal{F}_{I'})$. Diese Methode liefert visuell sehr schöne Skalierungen, ist aber langsam. In der Praxis verwendet man daher meist andere, schnellere Interpolationsverfahren.

8.2.8 Schnelle Fourier-Transformation

Zur schnellen Berechnung der diskreten Fourier-Transformation in der Praxis sollte man weitere Aspekte beachten. Werten wir in einer eindimensionalen DFT die Formel 8.7 für jedes der N vielen u aus, wobei wir die Berechnungen der stets gleichen Exponenten $e^{-\frac{2\pi i u x}{N}}$ bereits in einer LUT gespeichert haben, so bleiben N^2 viele komplexe Multiplikationen und $(N-1)^2$ viele komplexe Additionen. Der Aufwand dieser nicht optimierten Berechnung ist also $O(N^2)$. Besonders schnell kann man die eindimensionale Fourier-Transformation und ihre Umkehrung ausrechnen, wenn der Ortsbereich ein Intervall $[0, 2^n[$ ist. Man spricht dann von der *klassischen Variante*. Man kann in einem *FFT (Fast Fourier Transformation)* genannten Algorithmus unter Speicherung geschickt gewählter Zwischenresultate nach dem Teile-und-herrsche-Programmierparadigma die notwendigen Operationen für die eindimensionale DFT nach Gl. 8.6 von insgesamt $O(N^2)$ auf $O(N \cdot \log N)$ viele Operationen herunterbrechen. Das gilt auch für die Rückrechnung eines Bildes aus der Fourier-Transformierten.

Wir stellen diese Methode von Cooley und Tukey [17] kurz vor. Es sei $I : [0, 2^n[\to \mathbb{Q}$ ein eindimensionales Bild oder ein Vektor oder eine Folge von 2^n Werten $I(i)$ für $0 \leq i < 2^n$, $N := 2^n$, je nach Wahl des Modells, das die eigene Vorstellung besser unterstützt. Wir wollen die Fourier-Transformierte $\mathscr{F}_I$ mit

$$F_I(u) = \frac{1}{N} \sum_{i=0}^{N-1} I(i) e^{-2\pi i \frac{ui}{N}}$$

für $0 \leq u < N$ berechnen. Dazu zerlegen wir I in die beiden Teilfolgen

$$I_{\text{gerade}}(i) := I(2i) \text{ und } I_{\text{ungerade}}(i) := I(2i + 1)$$

der jeweiligen Längen $K := N/2 = 2^{n-1}$. Wir nehmen an, die beiden Fourier-Transformationen $\mathscr{F}_{I_{\text{gerade}}}$ und $\mathscr{F}_{I_{\text{ungerade}}}$ seien schon berechnet. Dann gilt für $0 \leq u \leq 2K - 1$:

$$
\begin{aligned}
\mathscr{F}_I(u) &= \frac{1}{N} \sum_{i=0}^{2K-1} I(i) e^{-2\pi i \frac{ui}{N}} \\
&= \frac{1}{2K} \left(\sum_{i=0}^{K-1} I(2i) e^{-2\pi i \frac{u2i}{2K}} + \sum_{i=0}^{K-1} I(2i+1) e^{-2\pi i \frac{u(2i+1)}{2K}} \right) \\
&= \frac{1}{2} \left(\frac{1}{K} \sum_{i=0}^{K-1} I(2i) e^{-2\pi i \frac{ui}{K}} + e^{-2\pi i \frac{u}{N}} \cdot \frac{1}{K} \sum_{i=0}^{K-1} I(2i+1) e^{-2\pi i \frac{ui}{K}} \right).
\end{aligned}
$$

Für $0 \leq u < K$ ist die letzte Gleichung nichts anderes als

$$\frac{1}{2} \left(\mathscr{F}_{I_{\text{gerade}}}(u) + e^{-2\pi i \frac{u}{N}} \cdot \mathscr{F}_{I_{\text{ungerade}}}(u) \right).$$

Für $K \leq u < 2K$ setzen wir $v = u - K$ und diese Gleichung wird zu

$$
\begin{aligned}
&\frac{1}{2} \left(\frac{1}{K} \sum_{i=0}^{K-1} I(2i) e^{-2\pi i \frac{(v+K)i}{K}} + e^{-2\pi i \frac{v+K}{N}} \cdot \frac{1}{K} \sum_{i=0}^{K-1} I(2i+1) e^{-2\pi i \frac{(v+K)i}{K}} \right) \\
&= \frac{1}{2} \left(\frac{1}{K} \sum_{i=0}^{K-1} I(2i) e^{-2\pi i \frac{vi}{K}} + e^{-2\pi i \frac{v}{N}} e^{\frac{-2\pi i K}{2K}} \cdot \frac{1}{K} \sum_{i=0}^{K-1} I(2i+1) e^{-2\pi i \frac{vi}{K}} \right) \\
&= \frac{1}{2} \left(\mathscr{F}_{I_{\text{gerade}}}(v) - e^{-2\pi i \frac{v}{N}} \cdot \mathscr{F}_{I_{\text{ungerade}}}(v) \right).
\end{aligned}
$$

Damit gilt

$$\mathscr{F}_I(u) = \frac{1}{2} \left(\mathscr{F}_{I_{\text{gerade}}}(u) + e^{-2\pi i \frac{u}{N}} \cdot \mathscr{F}_{I_{\text{ungerade}}}(u) \right) \quad \text{für } 0 \leq u < K \quad \text{und}$$

$$\mathscr{F}_I(u) = \frac{1}{2} \left(\mathscr{F}_{I_{\text{gerade}}}(u - K) - e^{-2\pi i \frac{u-K}{N}} \cdot \mathscr{F}_{I_{\text{ungerade}}}(u - K) \right) \quad \text{für } K \leq u < 2K$$

und zur Berechnung der Fourier-Transformation eines Zeilenbildes der Länge N genügt eine zweimalige Berechnung einer Fourier-Transformation eines Zeilenbildes der halben Länge. Solche Teile-und-herrsche-Algorithmen besitzen eine Laufzeit von $O(N \log N)$.

Die FFT-Technik gelingt auch für zweidimensionale Bilder eines quadratischen Ortsbereichs $[0, 2^n[\times [0, 2^n[$. Dazu nutzt man die Separabilität und führt die FFT zuerst in Zeilenrichtung durch mit $O(N \log N)$ Aufwand pro Spalte, also $O(N^2 \log N)$. Anschließend wird auf den Ergebnisvektor eine weitere FFT angewendet. Der Gesamtaufwand ist $O(N^2 \log N) = O(|I| \log N)$ statt $O(N^4)$ bei direkter Berechnung nach Gl. 8.10. Ebenso kann man zuerst in Spalten- und danach in Zeilenrichtung eindimensionale Fourier-Transformationen durchführen. Das gilt auch für eine d-dimensionale Fourier-Transformation. Da FTTs pro Dimension durchgeführt werden können, bleibt der Gesamtaufwand bei $O(|I| \log N)$.

Elementare Merkmale I

Bislang haben wir mit linearen und nicht linearen Filtern, der Fourier-Transformation und der Morphologie Operationen auf Bildern kennen gelernt, die vom Bildinhalt unabhängig sind. In diesem Kapitel beginnen wir, gezielt nach ersten einfachen Merkmalen in Bildern zu suchen, mit deren Hilfe man in der Bildanalyse auf Bildinhalte zu schließen versucht. Die ersten dieser elementaren Merkmale werden Kanten, einfache geometrische Formen und Eckpunkte sein.

9.1 Kanten

Im menschlichen Sehen findet die erste Bildvorverarbeitung zu einer Kantendetektion bereits auf der Retina statt. In der Bildverarbeitung haben wir dazu als erste Schritte die ersten oder zweiten Ableitungen und die Differenz DoG von Gaußfiltern eingeführt. Wir wollen jetzt darauf aufbauend eine Methode vorstellen, Kantenverläufe in digitalen Bildern automatisch zu finden. Der Begriff eines Kantenverlaufs ist dabei nicht mathematisch exakt definierbar. Für das menschliche Sehen könnte man einen Kantenverlauf als eine Grenze zwischen unterschiedlichen Objekten im Bild auffassen. Allerdings ist das menschliche Sehen von Objekten ein komplexer Vorgang, der auch vom individuellen Wissen des sehenden Menschen abhängt.

So sieht man in der Abb. 9.1, einer Variante des Nocube von Ladenthin aus [59], die Kanten eines Würfels, ohne dass diese Kanten physikalisch im Bild vorhanden sind. Falls diese Kanten nicht bereits auf der Retina in der Bildvorverarbeitung des Auges erzeugt werden – wovon man ausgeht –, muss dies im primären visuellen Cortex geschehen. Ohne unser Wissen über Würfel wären diese Kanten dann wohl auch für uns Menschen nicht sichtbar. Etwas Gesehenes zu erkennen ist nicht möglich, ohne etwas über das Gesehene schon zu wissen. Der Rechner kann auf solch ein Weltwissen nicht zurückgreifen. Im Gebiet des Rechnersehens sollen im Bild automatisch gewisse Objekte erkannt werden (allerdings sollte man besser „gefunden werden" als „erkannt werden" sagen). Dabei

© Springer-Verlag Berlin Heidelberg 2015
L. Priese, *Computer Vision*, eXamen.press, DOI 10.1007/978-3-662-45129-8_9

Abb. 9.1 Optische Täuschung.
Sichtbare, aber nicht vorhandene Kanten

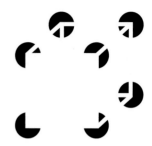

wird häufig ein automatisch analysierter Kantenverlauf als Hilfsmittel zur Objektdetektion benutzt. In der generellen problemunabhängigen Kantendetektion sollen nun ohne jedes Objektwissen nur aus den Pixeldaten im Bild Kantenverläufe detektiert werden.

9.1.1 Kantenbegriff

Der Begriff der *Kante* ist nicht formal definiert, es existieren nur intuitive Konzepte. Im Englischen heißt Kante *edge* und Ecke heißt *corner*, man sollte nicht edge und Ecke verwechseln. Als einfachstes Konzept kann man eine Kante als eine Grenze zwischen zwei homogenen Regionen auffassen. Eine Region heißt dabei homogen oder ein Segment, falls alle ihre Pixel im Wertebereich ähnlich sind. Wir werden Segmente ausführlich in Kap. 10 behandeln. Eine Kante ist dann die Grenzlinie zwischen zwei benachbarten Segmenten. Für Texturen wird es noch schwieriger, Textursegmente und Texturkanten einzuführen, da hier aufwändigere statistische Merkmale benötigt werden. Eine *Linie* ist, zur Abgrenzung gegenüber einer Kante, ein schmaler, länglicher Bereich von hohen (bzw. niedrigen) Pixelwerten, der von niedrigen (bzw. hohen) Pixelwerten umgeben ist. Diese Definition ist leider noch informeller und ungenauer als die für Kanten. Aber es existiert keine allgemein akzeptierte formale Definition dieser Begriffe.

Der Einfachheit halber betrachten wir hier orthogonale ein- oder zweidimensionale einkanalige digitale Bilder $I : \text{Loc} \to \text{Val}$ mit $\text{Loc} = [0, N[$ oder $\text{Loc} = [0, N[\times [0, M[$ und $\text{Val} = [0, 2^n[$. Abbildung 9.2 zeigt Profile des Werteverlaufs in Val von Kanten- und Linienpunkten in einem eindimensionalen Bild, idealisiert für kontinuierliche Definitions- und Wertebereiche.

Abb. 9.2 Idealisierte Darstellung von Grauwertprofilen von
Kanten (*oben*) und Linien (*unten*). Ein idealer Detektor sollte
jeweils an der mit einem Punkt
markierten Stelle ansprechen

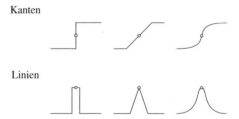

Abb. 9.3 Ein Kantenprofil mit
1. und 2. Ableitung

Abbildung 9.3 zeigt die erste und zweite Ableitung eines idealisierten Kantenprofils. Damit liegen zwei Wege zur Kantendetektion auf der Hand: Untersuche die Maxima der ersten Ableitung oder die Nullpunktdurchgänge der zweiten Ableitung.

Ein *Kantenpunktkandidat* ist ein Ort p in Loc_I, der als Ort einer Kante in Frage kommt. Wegen einer recht hohen ersten Ableitung in p, oder einer Nullstelle der zweiten Ableitung, die dann aber eine positive und eine negative zweite Ableitung in unmittelbarer Nähe besitzen muss, oder auf Grund anderer Überlegungen kann es sein, dass ein Ort als Kantenpunktkandidat gesetzt wird, der aber in den zu entwickelnden Kantendetektionsverfahren später wieder verworfen wird. Die im jeweiligen Algorithmus am Ende verbleibenden Kantenpunktkandidaten sind dann die gefundenen *Kantenpunkte*. Zu beachten ist, dass es keine objektive Eigenschaft eines Ortes in einem Bild ist, Kantenpunkt zu sein, sondern das Ergebnis eines mehr oder weniger guten Algorithmus. Ein *Kantenzug* ist dann eine zusammenhängende Menge von Kantenpunkten.

9.2 Canny-Kantendetektion

Canny stellte in [14] (Nachdruck in [15]) Ende der 80er-Jahre des 20. Jahrhunderts einen komplexeren Algorithmus zur Kantendetektion vor, der heute als *Canny-Operator* bekannt ist. Der Name Operator ist nicht im Sinn eines linearen oder nicht linearen Operators, der auf einem Fenster operiert, zu verstehen, sondern als Synonym für einen Algorithmus, der eine Operation ausführt. Der Canny-Operator wandelt ein zweidimensionales Bild $I : \text{Loc} \to \text{Val}$ in ein Binärbild $B : \text{Loc} \to \{0, 1\}$ um, dessen 1-Werte Linien einer Breite von einem Pixel sind, die die Kanten im Bild I repräsentieren. In seiner Arbeit stellt Canny drei Forderungen:

- eine gute Kantendetektion, die vorhandene Kanten auch findet und keine falschen Kanten – etwa wegen eines Hintergrundrauschens,
- eine gute Lokalisation der Kantenorte und
- keine Mehrfachdetektion einer einzelnen Kante.

Betrachten wir Grauwertübergänge wie etwa in Abb. 9.2, so wird deutlich, dass es schwierig werden kann, in solch einem Übergang genau einen Punkt als Kantenpunkt auszuzeichnen, wie es Canny fordert. Er argumentiert wie in der Physik üblich in der euklidischen Ebene $\mathbb{R}^2$ mit differenzierbaren und integrierbaren Funktionen und einem unterliegenden Gauß'schen Rauschen. Für das Modell einer verrauschten Kante schlägt er

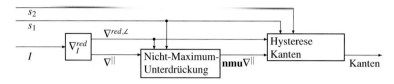

Abb. 9.4 Schema des Canny-Algorithmus

eine LoG-Operation zur Lokalisierung von Kantenpunktkandidaten und eine Analyse der
Nullpunkte der ersten Abbleitungen des gaußgefilterten Bildes zur Erstellung einer Gradi-
entenkarte vor, um die Richtungen der Kantenverläufe zu schätzen. Eine Verfolgung von
Kantenverläufen erfolgt gemäß diesen Gradienten und zwei Hysterese-Schwellwerten.
Unter Canny-Operatoren versteht man heute Approximationen dieser Ideen im Diskre-
ten mit kleinen Fenstern.

Zur Erstellung einer Gradientenkarte verwendet Canny Faltungen mit Gauß und Sobel
in x- und y-Richtung, wobei es egal ist, ob man zuerst Gauß oder Sobel anwendet.

9.2.1 Überblick

Es seien $I : \text{Loc} \to \text{Val}$ ein orthogonales zweidimensionales Bild mit $\text{Loc} \subset \mathbb{Z}^2$, $\text{Val} \subset
\mathbb{Q}$, und $\nabla_I : \text{Loc}_I \to \mathbb{Q}^2$ mit $\nabla_I(p) = \left(\nabla_I^{||}(p), \nabla_I^{\angle}(p)\right)$ eine Gradientenkarte von I, die
in $\nabla_I^{||}(p)$ die Stärke der ersten Ableitung am Ort p und in $\nabla_I^{\angle}(p)$ die Richtung dieser Ab-
leitung am Ort p darstellt. Wir gehen hier einfach von der Existenz einer Gradientenkarte
aus und es soll uns nicht interessieren, mit welchen Techniken diese erstellt wurde. Die
Aufgabe ist es, aus dem Gebirge des Gradientenbildes ein Linienbild von Höhenzügen zu
gewinnen, in dem jede Linie nur ein Pixel breit ist. Dazu werden drei Schritte verwendet.
In einem eher vorbereitenden Schritt wird die Gradientenkarte auf acht Hauptrichtungen
reduziert. In einer *Nicht-Maximum-Unterdrückung* werden die Nebenmaxima direkt neben einer geschätzten Kantenlinie entfernt. In einem letzten *Hysterese*-Schritt wird eine
geschätzte Kantenlinie entlang ihrer Richtung auch über nicht so ausgeprägte Maxima
fortgesetzt. Das Hysterese-Verfahren benötigt dazu zwei Schwellwerte s_1, s_2 mit $s_1 < s_2$
als Parameter, die festlegen, welche Orte als Kantenpunktkandidaten und dann als Kantenpunkte in Frage kommen. Abbildung 9.4 visualisiert die Hauptschritte des Canny-
Algorithmus.

9.2.2 Details

Wir betrachten die drei Schritte reduzierte Gradientenkarte, Nicht-Maximum-Unterdrückung und Hysterese im Detail.

Abb. 9.5 Fluss von Hauptrichtungen

	j-1	j	j+1
i-1	→	→	→
i	↗	↗	↗
i+1	↑	↑	↑
i+2	↑	↑	↖

Reduzierte Gradientenkarte. Eine Gradientenkarte $\nabla_I(p) = \left(\nabla_I^{\parallel}(p), \nabla_I^{\angle}(p)\right)$ sei zu einem Bild I gegeben. Für eine reduzierte Gradientenkarte ∇_I^{red} werden in ∇_I die Gradientenbeträge $\nabla_I^{\parallel}$ beibehalten, aber die Gradientenrichtungen $\nabla_I^{\angle}$ auf die acht Hauptrichtungen $\rightarrow, \leftarrow, \nearrow, \swarrow, \uparrow, \downarrow, \nwarrow$ und $\searrow$ reduziert. Jeder Winkel α in $\nabla_I^{\angle}$ wird der Hauptrichtung zugeordnet, der er am ähnlichsten ist. Liegt α genau 22,5° von zwei Hauptrichtungen entfernt, ist es egal, welcher man α zuschlägt. Abbildung 9.5 zeigt einen Ausschnitt aus $\nabla_I^{\text{red},\angle}$, der einen „Fluss" der Hauptrichtungen darstellt. Die *Flussfortsetzungen* eines Ortes $p \in \text{Loc}_I$ sind die beiden Orte unmittelbar nach und vor der Hauptrichtung am Ort p. So sind die Flussfortsetzungen von (i, j) in Abb. 9.5 die Orte $(i + 1, j - 1)$ und $(i - 1, j + 1)$. Die Flussfortsetzungen von $(i + 1, j)$ sind $(i + 2, j)$ und (i, j). Flussfortsetzung zu sein ist keine Nachbarschaftsrelation, da sie nicht symmetrisch sein muss. So ist im Beispiel (i, j) eine Flussfortsetzung von $(i + 1, j)$, aber $(i + 1, j)$ ist keine Flussfortsetzung von (i, j).

Nicht-Maximum-Unterdrückung. Ein Kantenpunktkandidat ist jeder Ort p in Loc_I, an dem ein Gradientenbetrag größer als der erste Schwellwert s_1 vorliegt. Ein Kantenzug durch p wird dann etwa quer zur Hauptrichtung $\nabla_I^{\text{red},\angle}(p)$ laufen. Besitzt eine Flussfortsetzung p' von p einen höheren Gradientenbetrag als p, so wird die Kante mit einer höheren Wahrscheinlichkeit durch p' als durch p laufen. p wird in diesem Fall „entfernt", indem der Wert $\nabla_I^{\parallel}(p)$ auf null gesetzt wird.

Wir wenden also auf $\nabla_I^{\parallel}$ eine Variante $\mathbf{nmu}_{\text{FF}}$ des Nicht-Maximum-Filters an, der $\nabla_I^{\parallel}$ in $\mathbf{nmu}_{\text{FF}}(\nabla_I^{\parallel})$ filtert mit

$$\mathbf{nmu}_{\text{FF}}(\nabla_I^{\parallel})(p) := \begin{cases} 0, & \nabla_I^{\parallel}(p) \leq s_1 \text{ oder es existiert eine Fluss-} \\ & \text{fortsetzung } p' \text{ von } p \text{ mit } \nabla_I^{\parallel}(p') > \nabla_I^{\parallel}(p), \\ \nabla_I^{\parallel}(p), & \text{sonst.} \end{cases}$$

Hierbei werden also in Gradientenrichtung nur lokale Maxima zugelassen, deren Gradientenbetrag zusätzlich nicht kleiner als s_1 sein darf. Lokal ist hier sehr streng gewählt, da nur in eine Entfernung von einem Pixel geschaut wird. Die Nicht-Maximum-Unterdrückung dünnt die zu findenden Kantenzüge aus und sorgt dafür, dass Kantenzüge nicht breiter als ein Pixel werden. $\mathbf{nmu}_{\text{FF}}$ ist das erste Filter in diesem Buch, das nicht auf einem Fenster operiert.

Hysterese-Schwellwert-Verfahren. Hier wird festgelegt, welche Kantenpunktkandidaten zu Kantenpunkten werden. Zuerst werden *initiale* Kantenpunkte festgelegt. Das wird jeder Ort p in Loc_I, dessen Gradientenbetrag $\nabla_I^{\parallel}(p)$ größer als der Schwellwert s_2 ist. Eine Fortsetzung eines bereits gefundenen Kantenpunktes p wird nicht in der Flussfortsetzung von p gesucht, sondern in den Orten quer zur Hauptrichtung in p. Die *rechten (linken) Querfortsetzungen* von p sind die drei Orte im Maximumsabstand 1 rechts (bzw. links) von der Hauptrichtung in p. In Abb. 9.5 sind die rechten Querfortsetzungen in (i, j) somit die Orte $(i + 1, j), (i + 1, j + 1), (i, j + 1)$ und die linken sind $(i, j - 1), (i - 1, j - 1), (i - 1, j)$. Der Ort in der rechten Querfortsetzung von p mit maximalem Gradientenbetrag heißt *rechter Nachbar* von p, analog ist der *linke Nachbar* definiert. Ob diese Nachbarn als Kantenpunkt in Frage kommen, hängt wieder von deren Gradientenbeträgen ab. Ein rechter (oder linker) Nachbar p' von p wird als Kantenpunkt gesetzt, falls $\nabla_I^{\parallel}(p') > s_1$ gilt. Von diesen beiden Nachbarn von p wird also nicht mehr erwartet, dass ihre Gradientenbeträge s_2 überschreiten, es genügt s_1 zu überschreiten. Der Name *Hysterese* bedeutet den Fortgang einer Wirkung nach Wegfall deren Ursache. Genau das geschieht hier bei der Fortführung der Kante: Obwohl ein Ort p' zu schwach ist, um selbst als Startpunkt für einen Kantenzug zu dienen (Ursache: $\nabla_I^{\parallel}(p') > s_2$ ist entfallen), reicht es ($\nabla_I^{\parallel}(p') > s_1$), um Kante auf dem zu bildenden Kantenzug zu werden.

Abbildung 9.6, oben, zeigt das Resultat einer Anwendung des Canny-Kantendetektors auf das Beispielgebäude 1 mit den Parametern $s_1 = 0,1 \cdot s_2$ und $s_2 = 0,8$. s_1 und s_2 sind keine absoluten, sondern prozentuale Parameter. Die Forderung $g > s_2 = 0,8$ für einen Gradientenwert g bedeutet hier, dass g größer als 80 % aller Gradientenbeträge, die selbst > 0 sind, sein muss. Vorgefiltert wurde mit Gauß mit $\sigma = 0,5$.

Man kann auf die Gaußfilterung verzichten und I anders glätten. Hierbei bieten sich natürlich nicht lineare Filter an, die zugleich in homogenen Bereichen glätten und bei Kantenübergänge die Kontraste verstärken, wie das snn- oder Kuwahara-Filter. In Abb. 9.6, unten, wurde das Bild einmal mit Kuwahara vorgefiltert, bevor der Canny-Kantendetektor mit den gleichen Parametern $s_1 = 0,1, s_2 = 0,8$ ohne Gaußfilter angewendet wurde. Es ist schwer zu sagen, welches Kantenbild vorteilhafter ist. Bei einer Vorfilterung mit Kuwahara ist das Kantenbild deutlich aufgeräumter, dafür fehlen einige Kanten in vertikaler Richtung.

9.3 Hough-Transformation

Eine wichtige Methode zum Finden geometrischer Formen in Bildern ist die *Hough-Transformation*, benannt nach Paul Hough, der sie in einem U.S.-Patent [48] aus 1962 einführte. Sie wurde von ihm zur automatischen Analyse von Aufnahmen aus Blasenkammern eingesetzt. Allerdings hat die Version im U.S.-Patent wenig Ähnlichkeit mit der modernen Variante, die wir hier vorstellen werden. An dieser Variante waren mehrere Autoren beteiligt. Einen Überblick über diese Entwicklung gibt Hart in [37]. Wir werden hier die eigentlich recht einfache Grundidee vorstellen und danach die Technik im Detail

Abb. 9.6 Canny-Kantendetektion. Resultat von Beispielgebäude 1, *oben* mit vorheriger Gaußfilterung, *unten* mit vorheriger Kuwahara-Filterung

für Geraden und anschließend kurz für Kreise und generelle nicht parametrisierte Formen erläutern.

Ausgangspunkt sind ein zweidimensionales Binärbild $B : [0, N[\times [0, M[\rightarrow \{0, 1\}$ und eine zweidimensionale geometrische Form G. Mit geometrischer Form meinen wir hier Abstrakta wie Gerade, Kreis, Ellipse etc. Gesucht werden Vorkommen der Form G

oder zu G ähnlicher Formen in B. Eine geometrische Form $G \subset \mathbb{R}^2$ heißt k-*dimensional parametrisierbar*, falls eine Formel F_G mit k Parametern $a_1, \ldots, a_k \in \mathbb{R}$ existiert mit

$$G = \{(x, y) \in \mathbb{R}^2 \mid F_G(x, y, a_1, \ldots, a_k) = 0\}. \tag{9.1}$$

Eine *Instanz* von G ist nun jede durch einen Vektor $h = (a_1, \ldots, a_k) \in \mathbb{R}^k$ beschriebene Teilmenge $G_h := \{(x, y) \mid F_G(x, y, a_1, \ldots, a_k) = 0\}$ im $\mathbb{R}^2$. Der Ort (x, y) liegt also auf der Instanz G_h, falls $F_G(x, y, h) = 0$ gilt. In einem diskreten Ortsbereich muss entsprechend $F_G(x, y, h) < s$ für einen zu wählenden Schwellwert s gelten, damit der Ort (x, y) zur Instanz G gehört.

So ist beispielsweise die Form „Kreis" als $K := \{(x, y) \mid (x - a_1)^2 + (y - a_2)^2 - a_3^2 = 0\}$ dreidimensional parametrisierbar und $K_{(0,0,1)}$ ist eine Instanz dieser Form, und zwar der Kreis mit Radius 1 um den Nullpunkt $(0,0)$ im $\mathbb{R}^2$. Eine Aufgabe kann nun etwa im Auffinden von solchen Instanzen von Kreisen in einem Rechteck $R = [0, N[_\mathbb{R} \times [0, M[_\mathbb{R}$ bestehen, die vollständig in R enthalten sind und deren Radien innerhalb gewisser Grenzen r_{min}, r_{max} liegen. Damit interessieren in diesem Beispiel nur Kreise K_p mit $p \in H_K = \{(a_1, a_2, a_3) \in \mathbb{R}^3 \mid r_{min} \le a_3 \le r_{max}, a_3 \le a_1 < N - a_3, a_3 \le a_2 < M - a_3\}$. In digitalen Bildern arbeiten wir nur mit endlich vielen diskreten Daten. Man wählt eine möglichst kleine endliche Teilmenge H_G des $\mathbb{Q}^k$, so dass alle interessanten Instanzen einer Form G eine Parametrisierung innerhalb von H_G besitzen. H_G heißt dann der *Hough-Parameterraum* für G und eine Instanz G_h wird mit ihrer Parametrisierung h identifiziert. In einem Binärbild B interessieren dann diejenigen Pixel, die zu einer gesuchten Instanz G_h gehören. Diese nennt man *Zeugen* für G_h. Damit ist ein Pixel $P \in B$ genau dann ein Zeuge für eine Instanz $h \in H_G$, falls $\mathrm{val}(P) = 1$ gilt und $|F_G(\mathrm{loc}(P), h)| < s$ für einen Schwellwert s ist. P muss also zum Vordergrund in B gehören ($\mathrm{val}(P) = 1$) und auf der Instanz G_h liegen, was im Diskreten $F_G(\mathrm{loc}(P), h)$ nahe null bedeutet. Diejenigen Instanzen, die insgesamt die meisten Bestätigungen durch Zeugen erhalten, sind die im Binärbild gefundenen Instanzen des gesuchten geometrischen Objekts. Die Bestätigungen werden in einem so genannten *Akkumulator* gesammelt. Formal ist der Akkumulator oder *Hough-Akkumulator* A_G für G ein k-dimensionales Histogramm

$$A_G : H_G \to \mathbb{N},$$

das die Zeugen für G_h zählt. $A_G(h) = m$ sagt, dass m Vordergrundpixel auf der Instanz G_h im Bild B vorkommen. Damit sieht eine Suche nach Instanzen einer geometrischen Form G mittels einer Hough-Transformation wie folgt aus:

- Wahl eines endlichen Parameterraums H_G,
- für $P \in B$ mit $\mathrm{val}(P) = 1$
  für $h \in H_G$ mit $\mathrm{loc}(P)$ ist Zeuge für h
  erhöhe $A_G(h)$ um 1,
- analysiere das Gebirge in A_G.

Die nach der Analyse von A_G erkannten Gipfel entsprechen den in B vorkommenden Instanzen der geometrischen Form G mit den meisten Zeugen, also den ausgeprägtesten Instanzen.

Entscheidend in diesem Vorgehen ist, dass man von Pixeln mit Wert 1 ausgehend den Akkumulator aufbaut. Man könnte auch die Parameter in H_G systematisch durchlaufen und für jeden Parameter $h \in H_G$ den Akkumulator $A_G(h)$ auf m setzen, falls die Instanz G_h im Bild auf m Orte mit Wert 1 trifft. Das Problem dabei ist nur, dass $|H_G|$ meist riesig gegenüber $|\text{Loc}_B|$ ist. Ein Schleifendurchlauf für $P \in B$ sollte also weniger Schritte als ein Durchlauf für $h \in H_G$ benötigen. Solch ein Durchlauf kommt in der Zeile

für $h \in H_G$ mit $\text{loc}(P)$ ist Zeuge für h

vor. Hier ist es notwendig, dass man alle Instanzen $h \in H_G$, für die $\text{loc}(P)$ Zeuge ist, schneller bestimmen kann, als ganz H_G zu durchlaufen. Gelingt dies nicht, lohnt sich ein Vorgehen mittels Hough-Transformation nicht. Wir werden nun genauer analysieren, wie man die Hough-Transformation in der Praxis anwenden kann, und beginnen mit der einfachen geometrischen Form *Gerade*.

9.3.1 Gerade, Strecke, Strahl

Eine mathematische *Gerade* g im $\mathbb{R}^2$ ist eine Teilmenge des $\mathbb{R}^2$, die einer Gleichung $g = \{(x, y) \in \mathbb{R}^2 \,|\, \mathbf{a}x + \mathbf{b}y + \mathbf{c} = 0\}$ mit $\mathbf{a}, \mathbf{b}, \mathbf{c} \in \mathbb{R}$, $\mathbf{ab} \neq 0$ genügt. Damit hat eine Gerade keine Richtung und keine Endpunkte. Für zwei verschiedene Punkte p_1, p_2 im $\mathbb{R}^2$ bezeichnet $\overline{p_1 p_2}$ die ungerichtete Gerade, auf der p_1 und p_2 liegen. Eine *Strecke* ist eine Teilmenge einer Geraden g zwischen zwei Punkten p_1, p_2 auf g mit $p_1 \neq p_2$. p_1 und p_2 sind die Endpunkte dieser Strecke, der euklidische Abstand zwischen p_1 und p_2 ist die Länge der Strecke. $\overrightarrow{p_1 p_2} := \{p_1 + t(p_2 - p_1) \,|\, 0 \leq t \leq 1\}$ ist die gerichtete Strecke von p_1 nach p_2. Eine ungerichtete Strecke zwischen p_1 und p_2 bezeichnen wir ebenfalls mit $\overrightarrow{p_1 p_2}$, nur dass jetzt die Richtung ignoriert wird. Bei einer gerichteten Strecke $\overrightarrow{p_1 p_2}$ kann man kanonisch von den Punkten links und rechts dieser Strecke sprechen. Damit meint man Punkte links oder rechts der Geraden $\overline{p_1 p_2}$ in Richtung von p_1 nach p_2. Ein *Strahl* ist eine Halbgerade, also eine Teilmenge einer Geraden g bis zu einem Endpunkt p auf g. Einem Strahl ordnet man üblicherweise eine Richtung vom Endpunkt weg zu, womit der Endpunkt eigentlich der Startpunkt ist.

In der Mathematik sind zahlreiche Parametrisierungen von Geraden bekannt. Wir stellen die wichtigsten kurz vor. Abbildung 9.7 zeigt eine Gerade im $\mathbb{R}^2$.

Eingezeichnet ist das Koordinatensystem von $\mathbb{R}^2$ mit x- und y-Achse und Nullpunkt N und eine Gerade g mit deren Schnittpunkten X und Y mit der x- und y-Achse (die nicht immer vorhanden sein müssen), dem *Lotpunkt* L, durch den das Lot zum Nullpunkt geht, und die Winkel γ und α zwischen der Geraden bzw. dem Lot der Geraden und der positiven x-Achse. L heißt auch *Fußpunkt* (des Lots). L ist für jede Gerade g vorhanden. Wir nennen den Winkel γ auch den *Steigungswinkel* und den Winkel α auch den *Lotwinkel* der Geraden g. Die *Steigung* m einer Geraden nicht parallel zur y-Achse ist

Abb. 9.7 Eine Gerade g im
Koordinatensystem des $\mathbb{R}^2$

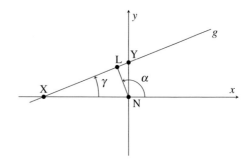

$m = \arctan \gamma = |Y|/|X|$. Für eine Gerade parallel zur x-Achse setzen wir den Steigungswinkel auf $0°$. Da eine Gerade keine Richtung besitzt, gilt stets $0° \leq \gamma \leq 180°$. Dies gilt für den Lotwinkel nicht, da das Lot eine Strecke zwischen dem Lotpunkt der Geraden und dem Nullpunkt des Koordinatensystems ist. Verschieben wir die Gerade g in Abb. 9.7 parallel nach unten, so dass sie im Punkt $-Y$ die y-Achse schneidet, so bleibt ihr Steigungswinkel gleich, aber ihr Lotwinkel wird zu $180° + \gamma$.

Allgemeine Geradenform

Die *allgemeine Geradengleichung* lautet:

$$ax + by + c = 0.$$

Ihre Parameter sind a, b, c mit $ab \neq 0$. Sie beschreibt die Gerade

$$g_{a,b,c} = \{(x, y) \in \mathbb{R}^2 | \ ax + by + c = 0\}$$

und wurde zur Definition unseres Geradenbegriffs benutzt. Für $a \neq 0$ ist $X = (-c/a, 0)$, für $b \neq 0$ ist $Y = (0, -c/b)$. Spezialfälle sind $c = 0$ mit einer Geraden durch den Nullpunkt (0,0), $a = 0$ mit einer Geraden parallel zur x-Achse und $b = 0$ mit einer Geraden parallel zur y-Achse. Die Steigung der Geraden ist $-a/b$ für $b \neq 0$.

Hauptform

Die Gleichung der *Hauptform* lautet:

$$y = mx + b.$$

Sie beschreibt natürlich die Gerade $g_{m,b} = \{(x, y) | \ y = mx + b\}$ mit einer Steigung m und Schnittpunkt Y der y-Achse bei $(0, b)$. Geraden parallel zur y-Achse können mit der Hauptform nicht beschrieben werden. Die Parameter sind m und b.

Achsenabschnittsform

Die Gleichung der Geraden $g_{a,b}$ in *Achsenabschnittsform* lautet:

$$\frac{x}{a} + \frac{y}{b} = 1.$$

Ihre Parameter sind a, b. Sie schneidet die y-Achse in $(0, b)$ und die x-Achse in $(0, a)$ und ist damit nicht zur Beschreibung von Geraden parallel zur x- oder y-Achse geeignet.

Zwei-Punkte-Form

In der *Zwei-Punkte-Form* wird eine Gerade g_{p_1, p_2} durch zwei Punkte $p_1 = (x_1, y_1)$, $p_2 = (x_2, y_2)$ des $\mathbb{R}^2$ beschrieben. Ihre Parameter sind damit x_1, y_1, x_2, y_2 und die Geradengleichung lautet:

$$\frac{y - y_1}{x - x_1} = \frac{y_2 - y_1}{x_2 - x_1}.$$

Punkt-Steigungsform

Die Gleichung der Geraden $g_{p,m}$ in *Punkt-Steigungsform* mit $p = (x_1, y_1)$ lautet:

$$y - y_1 = m(x - x_1).$$

Damit haben wir drei Parameter x_1, y_1, m. Diese Gerade hat die Steigung m und geht durch den Punkt (x_1, y_1). Geraden parallel zur y-Achse können so nicht beschrieben werden.

Hesse-Form

Die Gleichung der Geraden $g_{\alpha,d}$ in der *Hesse-Form* oder *hesseschen Normalform* lautet:

$$x \cos \alpha + y \sin \alpha = d,$$

mit den beiden Parametern α und d. d ist dabei die Länge des Lots, also die Entfernung der Geraden zum Nullpunkt des $\mathbb{R}^2$, und α ist der Winkel des Lots zur positiven x-Achse. Ihre Steigung ist $-\cot \alpha$.

Gilt $x \cos \alpha + y \sin \alpha = d$, so gilt auch

$$x \cos(\alpha + 180) + y \sin(\alpha + 180) = -x \cos \alpha - y \sin \alpha = -d.$$

α, d und $\alpha + 180°, -d$ parametrisieren also die gleiche Gerade, es gilt:

$$g_{\alpha,d} = g_{\alpha+180°,-d}.$$

Lotfußform

In der *Lotfußform* wird eine Gerade g_L nur durch den Fuß L des Lots zum Nullpunkt beschrieben. Die Gerade selbst läuft also senkrecht zum Lot durch den Lotfuß. Damit lassen sich alle Geraden eindeutig parametrisieren, die selbst nicht durch den Nullpunkt laufen.

Die verschiedenen Parametrisierungen haben unterschiedliche Dimensionen, von 2 in der Hesse-Form und Lotfußform bis zu 4 in der Zwei-Punkt-Form. Die Hough-Transformation für Geraden arbeitet mit der Hesse-Form, die wir daher etwas näher betrachten.

Alle Punkte (x, y) des $\mathbb{R}^2$, die $x \cos \alpha + y \sin \alpha = d$ erfüllen, genügen auch $y = (d - x \cos \alpha) / \sin \alpha$ und liegen auf einer Geraden einer Steigung $-\cos \alpha / \sin \alpha = -\cot \alpha$.

Sie schneidet die x-Achse in $X = d/\cos\alpha$ und die y-Achse in $Y = d/\sin\alpha$. Sie besitzt den Normalenwinkel α. Dies sieht man wie folgt: Betrachten wir den Punkt $e^{i\alpha}$ auf dem Einheitskreis mit Winkel α. Seine Darstellung im $\mathbb{R}^2$ lautet wegen $e^{i\alpha} = \cos\alpha + i\sin\alpha$ einfach nur

$$\begin{pmatrix} \cos\alpha \\ \sin\alpha \end{pmatrix}.$$

Die Gerade g', deren Punkte (x, y) alle senkrecht auf diesem Vektor stehen, erfüllen

$$\begin{pmatrix} x \\ y \end{pmatrix} \perp \begin{pmatrix} \cos\alpha \\ \sin\alpha \end{pmatrix}, \quad \text{d. h.} \quad \left\langle \begin{pmatrix} x \\ y \end{pmatrix}, \begin{pmatrix} \cos\alpha \\ \sin\alpha \end{pmatrix} \right\rangle = 0,$$

also $x\cos\alpha + y\sin\alpha = 0$. Diese Gerade g' geht durch den Nullpunkt. Die Gerade $g_{\alpha,d}$, die $x\cos\alpha + y\sin\alpha = d$ erfüllt, ist eine Verschiebung von g', also mit gleichem Normalenwinkel α. Ihre Höhe h, die Entfernung vom Nullpunkt, berechnet sich wegen $\cos\alpha = h/X$ zu

$$h = X\cos\alpha = \frac{d}{\cos\alpha}\cos\alpha = d.$$

9.3.2 Hough-Transformation für Geraden

Es sei $B : [0, N[\times [0, M[\to \{0, 1\}$ ein zweidimensionales Binärbild. Die Hough-Transformation für Geraden sucht nun die in B im Vordergrund vorkommenden Geraden. Entscheidend ist, welche parametrisierte Geradenform man verwendet. Hough benutzte in [48] die Hauptform. Duda und Hart schlugen in [22] die deutlich vorteilhaftere Hesse-Form vor, die heute nur noch verwendet wird.

Erstellung des Hough-Akkumulators

Als einen abstrakten Hough-Parameterraum H_B für B könnte man in einem Gedanken-spiel $H_B = [0,360[_{\mathbb{R}} \times \mathbb{R}$ wählen mit $[0,360[_{\mathbb{R}}$ für die Normalenwinkel und $\mathbb{R}$ für die Lotfußentfernung zum Nullpunkt. Dies ergibt einen abstrakten Hough-Akkumulator $A_B : H_B \to \mathbb{N}$.

Es sei P ein Vordergrundpixel in B. P ist Zeuge für alle Geraden, die durch $\text{loc}(P)$ laufen. Für einen festen Winkel α läuft die Gerade $g_{\alpha,d}$ genau dann durch $\text{loc}(P) = (x_P, y_P)$, falls

$$d = x_P\cos\alpha + y_P\sin\alpha$$

gilt. Damit erhält man sofort folgendes einfache Schema für den Aufbau des Hough-Akkumulators:

- für $(x_P, y_P) \in [0, N[\times [0, M[$ mit $B(x_P, y_P) = 1$:
- für $\alpha \in [0,360[_{\mathbb{R}}$:
- $d := x_P\cos\alpha + y_P\sin\alpha$, $A_B(\alpha, d) := A_B(\alpha, d) + 1$

Abb. 9.8 Die Geradenko-ordinaten für die Hough-Transformation mit dem Null-punkt N' verschieden vom Nullpunkt der Bildkoordinaten

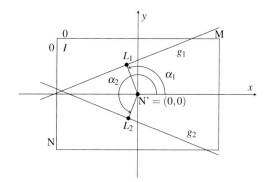

Diese Idee lässt sich leicht in die Praxis umsetzen. Da wir Geraden, die durch ein zwei-dimensionales Binärbild B laufen, parametrisiert beschreiben, müssen wir leider zwei unterschiedliche Koordinatensysteme beachten. Das BV-Koordinatensystem für den Ortsbereich von B und ein geometrisches Koordinatensystem für die Parameter α und d der Geraden im $\mathbb{R}^2$. Für die Hough-Transformation ist es vorteilhaft, den Nullpunkt $Null$ des geometrischen Koordinatensystems in die Bildmitte zu legen. Damit gilt für die Koordinaten (N_x, N_y) dieses Nullpunkts $Null$

$$N_x = \left\lfloor \frac{N-1}{2} \right\rfloor, \quad N_y = \left\lfloor \frac{M-1}{2} \right\rfloor.$$

Abbildung 9.8 visualisiert die Situation.

Die beiden Geraden g_i in dieser Abbildung besitzen die Parameter α_i, d_i, wobei d_i der Abstand von L_i zum Nullpunkt ist. L_1, L_2 müssen für die Bestimmung von α und d natürlich im geometrischen Koordinatensystem gemessen werden.

Es sei $p = (x_p, y_p)$ ein Ort in $\mathrm{Loc}_B = [0, N[\times [0, M[$ im BV-Koordinatensystem gemessen. Dann ist x_p die Zeile und y_p die Spalte. Eine Zeile wird im geometrischen Koordinatensystem zu einem Wert auf der y-Achse, eine Spalte zu einem Wert auf der x-Achse. Die Bedeutung von x und y ist in beiden Koordinatensystemen vertauscht. Das ist auch der Grund, warum wir Orte im BV-Koordinatensystem meist als (i, j) statt (x, y) bezeichnen. Ferner läuft die y-Achse im geometrischen Koordinatensystem nach oben, die Zeilenzahl im BV-Koordinatensystem aber nach unten. Damit ergibt sich eine Umrechnung vom BV- zum geometrischen Koordinatensystem wie in Tab. 9.1. Wir verwenden jetzt (x_p, y_p) als Ortsangabe für das geometrische und (i, j) für das BV-Koordinatensystem.

Der Normalenwinkel wird größer als $180°$, falls der Lotpunkt in der Halbebene unterhalb der x-Achse liegt. Es gilt $x \cos(\alpha+180) + y \sin(\alpha+180) = -x \cos\alpha - y \sin\alpha = -d$, falls $x \cos\alpha + y \sin\alpha = d$ gilt, und die Gerade $g_{\alpha+180°,-d}$ stimmt mit der Geraden $g_{\alpha,d}$ überein. Wir müssen also nur Winkel α mit $0° \leq \alpha < 180°$ betrachten.

Für B ist $D_B := \sqrt{N^2 + M^2}/2$ die maximale Entfernung, die ein Lotpunkt L einer Geraden g, die das Bild B schneidet, von der Bildmitte, also vom Nullpunkt $Null$ des

Tab. 9.1 Umrechnung BV- zu geometrischen Koordinaten im Hough-Parameterraum

BV-Koordinatensystem	Geometrisches Koordinatensystem
$(N_x, N_y) := \left(\left\lfloor \dfrac{N-1}{2} \right\rfloor, \left\lfloor \dfrac{M-1}{2} \right\rfloor \right)$	$(0,0)$
(i, j)	$(j - N_x, N_y - i)$
$(N_y - y, N_x + x)$	(x, y)

Abb. 9.9 Das Koordinatensystem des Hough-Parameterraums

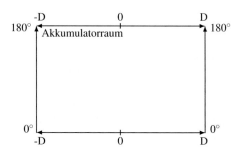

geometrischen Koordinatensystems, haben kann. Das ist die Hälfte der Diagonalen im Ortsraum $[O, N] \times [0, M[$. Damit erhalten wir zu B den abstrakten Hough-Parameterraum

$$H_B = [0, 180[_{\mathbb{R}} \times [-D_B, +D_B]_{\mathbb{R}} \, .$$

Abbildung 9.9 visualisiert die Koordinaten dieses Hough-Parameterraums. Die Winkel von 0° bis 180° werden von unten nach oben auf der y-Achse aufgetragen. Die Entfernungen d des Lotpunktes vom Nullpunkt sind auf der x-Achse aufgetragen mit 0 in der Mitte, positive Entfernungen laufen nach rechts, negative nach links. Der obere Rand des Parameterraums mit den Koordinaten $(180°, d)$ für $-D_B \leq d \leq D_B$ wird wegen $g_{180,d} = g_{0,-d}$ weggelassen.

H_B muss noch geeignet diskretisiert werden. Dazu kann man zwei Faktoren c_1, c_2 wählen und $w := \lceil c_1 \cdot D_B \rceil$ viele Winkel und $d := \lceil c_2 \cdot D_B \rceil$ viele Distanzen betrachten. $[0, 180[_{\text{diskret}}$ wird damit die Menge

$$[0, 180[_{\text{diskret}} = \{\alpha_i \,|\, 0 \leq i < w\} \text{ mit } \alpha_i = \frac{180}{w} \cdot i$$

und $]-D_B, +D_B[_{\text{diskret}}$ wird zu

$$]-D_B, +D_B[_{\text{diskret}} = \left\{ -D_B + \frac{2D_B}{d+1} \cdot j \,\middle|\, 1 \leq j \leq d \right\} .$$

Man kann $c_1 = c_2 = 1$ setzen. Der Algorithmus zum Aufbau des diskreten Hough-Akkumulators A_B lässt sich folgendermaßen formulieren:

- für $(i, j) \in [0, N[\times [0, M[$ mit $B(i, j) = 1$:
  $(x_p, y_p) := (j - N_x, N_y - i)$,
- für $\alpha_i \in [0, 180[_{\text{diskret}}$:
  $d_i := x_p \cdot \cos \alpha_i + y_p \cdot \sin \alpha_i$;
  erhöhe $A_B(\alpha_i, d)$ um 1 für das $d \in]-D_B, +D_B[_{\text{diskret}}$,
  das am nächsten zu d_i liegt.

Für alle möglichen in der Diskretisierung erlaubten Winkel α_i muss man $\cos \alpha_i$ und $\sin \alpha_i$ in einer Lookup-Tabelle ablegen. Damit genügen zwei Multiplikationen und eine Addition zur Berechnung von $d = x_P \cos \alpha + y_P \sin \alpha$. Der Hough-Akkumulator A_B wird in nur $O(w \cdot N \cdot M)$ Schritten aufgebaut.

Ein einzelner Punkt im Ausgangsbild B bezeugt alle Geraden im Akkumulator, die durch ihn laufen. Jede dieser Geraden wird durch (α, d) im Parameterraum dargestellt, und alle diese zweidimensionalen Parameterorte erfüllen eine Gleichung $d = x_P \cos \alpha + y_P \sin \alpha$, bilden also eine Summe zweier Sinusoidfunktionen, die selbst wieder eine sinusoidale Funktion ist, siehe Abschn. 8.1.3.

Eine Gerade g im Bild bildet im Akkumulator damit eine Schar von sinusoidalen Kurven, deren Schnittpunkt die Gerade g selbst darstellt. Abbildung 9.10 zeigt zwei Geraden mit deren Akkumulatoren. Die senkrechte Gerade g_s hat einen Normalenwinkel von $180°$, da sie links vom Nullpunkt $(0, 0)$ des $\mathbb{R}^2$-Koordinatensystems in der Bildmitte liegt. Im Akkumulatorraum schneiden sich also die sinusoidalen Kurven der Punkte auf g_s in der Koordinate $(180, d) = (0, -d)$. Die waagerechte Gerade g_w hat einen Normalenwinkel von $90°$. Der Schnittpunkt ihrer sinusoidalen Kurvenschar im Akkumulator hat die Koordinaten $(90, d)$, liegt also in der Mitte der y-Achse und wegen eines positiven d rechts von der Mitte der x-Achse. Wir arbeiten hier also mit drei verschiedenen Koordinatensystemen: den Koordinaten des Akkumulatorraums sowie den BV- und Geradenkoordinatensystemen, siehe Abb. 9.8.

Der Grund, den Nullpunkt des Geradenkoordinatensystems in die Bildmitte zu legen und nicht auf den Nullpunkt der Bildkoordinaten, ist simpel. Zwei benachbarte Geraden $g_{\alpha_i, 0}$ durch den Nullpunkt $(0, 0)$, deren Winkel α_1 und α_2 sich in der gewählten Diskretisierung um den kleinstmöglichen Wert unterscheiden, sind ähnlicher, wenn der Nullpunkt in der Bildmitte liegt. Dann können die Geraden nicht so weit auseinander laufen, wie es bei einem Nullpunkt am Bildrand möglich wäre.

Ist das Binärbild, auf dem eine Hough-Transformation angewendet wird, ein Kantenbild, das aus einer Gradientenkarte mit bekannten Gradientenrichtungen gewonnen wurde, so lässt sich die Erstellung des Akkumulators vereinfachen. Dazu wird ein Vordergrundpixel P mit Gradientenrichtung $\nabla^{\angle}(\text{loc}(P))$ nur Zeuge für diejenigen Geraden, die in etwa senkrecht zur Gradientenrichtung in $\text{loc}(P)$ ausgerichtet sind. Das sind genau diejenigen, deren Lotwinkel α ähnlich zu $\nabla^{\angle}(\text{loc}(P))$ modulo $180°$ sind. Man spricht hierbei auch von der *Fast Hough Transformation (FHT)*.

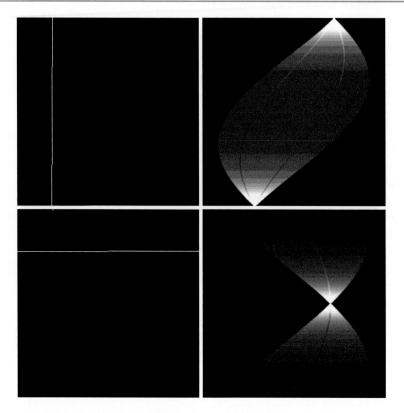

Abb. 9.10   Zwei Geraden und die von ihnen erzeugten Hough-Akkumulatoren

Auswertung des Akkumulatorraums

Die Auswertung des Hough-Akkumulators ist deutlich schwieriger als dessen Erstellung. Die Idee ist klar: Man stellt sich den Akkumulator als ein Gebirge vor, dessen Gipfel der Zahl der Zeugen für eine Gerade entsprechen. Abbildung 9.11 zeigt links den Hough-Akkumulator, wie er aus dem Canny-Kantenbild in Abb. 9.6 erzeugt wurde, und rechts die in diesem Gebirge von den höchsten Gipfeln repräsentierten Geraden (in lila und gelb). Die höchsten Gipfel repräsentieren die deutlichsten Geraden im Bild, das sind diejenigen mit den meisten Zeugen. Die Geraden, die solch eine einfache Version der Hough-Transformation findet, stimmen in der Praxis aber sehr oft nicht mit den Geraden überein, die ein Anwender zur weiteren Analyse benötigt. Die Gründe sind vielfältig. Zum einen wird aus einem idealen Bild B_R der Realität bei einer Aufnahme ein digitales Bild B_D. Dabei werden Geraden wegen Linsenverzerrungen zu Kreisausschnitten von Kreisen eines recht großen Radius im Bild. Diese Kreisausschnitte bezeugen aber eine ganze Schar von Geraden im Hough-Akkumulator. Eine gesuchte Gerade wird daher im Hough-Akkumulator kein punktförmiger Gipfel. Des Weiteren benutzt man als Eingabe für eine Hough-Transformation meist ein Kantenbild B_K, das mittels Canny oder einer anderen

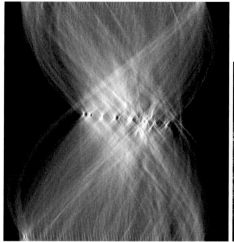

Abb. 9.11 Hough-Akkumulator 1. Ein Hough-Akkumulator und dessen naive Auswertung

Kantendetektionsmethode aus dem Bild B_D gewonnen wurde. Dabei entstehen Kanten auf vielfältige Art und Weise. Wilde Strukturen, wie etwa Bäume oder Schraffuren, liefern zahlreiche kleine Kantenstücke, deren Kantenpunkte viele virtuelle, d. h. nicht im Bild semantisch vorhandene Geraden bezeugen. Viele enge Parallelen liefern gegen die Intuition nicht gute, sondern schlechte Geraden wegen des Moiré-Effekts. Ferner ist die Auswertung des Akkumulatorgebirges nicht einfach, da die Geraden Gebirgszüge in einer typischen Schmetterlingsform erzeugen, die man im ersten Moment nicht erwartet.

Schmetterlings-Berge

Ein Vordergrundpixel P im Binärbild B mit $\mathrm{loc}(P) = (x_P, y_P)$ bezeugt im Hough-Parameterraum H_B alle Geraden $g_{\alpha,d}$ nach der Gleichung $x_P \cos\alpha + y_P \sin\alpha = d$. Für ein festes Pixel P liefert diese Gleichung in H_B eine sinusoidale Kurve. Jedes Vordergrundpixel P bezeugt also im Akkumulator alle auf einer sinusoidalen Kurve gelegenen Parameter α_P, d_P. Zwei Vordergrundpixel P_1, P_2 in liefern im Akkumulator A_B zwei sinusoidale Kurven, die sich in einem Punkt (α, d) treffen, der die Gerade repräsentiert, auf der sowohl P_1 als auch P_2 liegen. Alle Punkte, die mehr oder weniger genau auf einer virtuellen Geraden g_v im Bild B liegen, führen in A_B zu einer Schar von sinusoidalen Kurven, die sich in einer an einen Schmetterling erinnernden Form in einem lokalen Gebirge treffen, das von g_v erzeugt wird. Das linke Bild in Abb. 9.11 zeigt den vom Kantenbild des Beispielgebäudes 1 erzeugten Akkumulator, in dem man sehr schön die Schmetterlingsform der Berge sieht. Wertet man hier den Akkumulator einfach aus, indem man absteigend von den Koordinaten (α, d) in A_B mit den höchsten akkumulierten Werten die Gerade $g_{\alpha,d}$ in das Bild B einzeichnet, so erhält man das rechte Bild in dieser Abbildung. Das Verfahren bricht hier ab, nachdem eine vorgegebene maximale Anzahl m von Geraden gefunden ist.

Dies sind die m Geraden mit den meisten Zeugen in B. Dabei fällt auf, dass eine gesuchte Gerade im Ausgangsbild zu einer ganzen Schar ähnlicher Geraden in der Detektion führt. Die von den Fenstern im Gebäude 1 erzeugten senkrecht ausgerichteten Geraden besitzen hingegen so wenige Zeugen, dass sie hier vollständig unterdrückt werden. Wollte man sie mit betrachten, indem man die Zahl m erhöht, würden viel zu viele weitere Geraden mit erzeugt werden und dadurch eine Analyse der Geraden erschwert.

Dieses Phänomen ist lange bekannt. Da eine gesuchte Gerade in der Praxis stets eine Schar ähnlicher Geraden erzeugt und somit der gesuchte Berg stets in Schmetterlingsform auftritt, empfiehlt sich der Einsatz eines sogenannten *Schmetterlingsfilters*. Das Schmetterlingsfilter erhöht den Wert der Parameter innerhalb der zentralen Schmetterlingsform und erniedrigt die Werte außerhalb. Der Schnittpunkt einer zu einer Geraden $g_{\alpha,d}$ gehörenden sinusoidalen Kurvenschar wird bevorzugt. Das Schmetterlingsfilter besteht aus drei linearen Filtern mit einem Fenster vom Radius 1 und den Kernen

$$\begin{pmatrix} 0 & 1 & 0 \\ -2 & 2 & -2 \\ 0 & 1 & 0 \end{pmatrix}, \quad \begin{pmatrix} 1 & 0 & -2 \\ 0 & 2 & 0 \\ -2 & 0 & 1 \end{pmatrix}, \quad \begin{pmatrix} -2 & 0 & 1 \\ 0 & 2 & 0 \\ 1 & 0 & -2 \end{pmatrix}.$$

Diese drei Kerne spiegeln die Form des Schmetterlings wider, die eine Gerade erzeugt, die ganz durch das Bild läuft (erster Kern), bzw. nur als Strecke im Bild liegt, ohne beide Ränder zu erreichen (zweiter und dritter Kern). Der Hough-Akkumulator $A_B : H_B \to \mathbb{N}$, der selbst ein zweidimensionales Bild ist, wird mit jedem dieser Kerne einmal gefaltet und von den 3 resultierenden gefalteten Akkumulatoren wird punktweise das Maximum gewählt. Dies ergibt den schmetterlingsgefilterten Akkumulator.

Bei der Faltung des Akkumulatorraums mit einem Kern ist eine neue Randbehandlung zu wählen. Setzen wir A_B nach rechts oder links über D und $-D$ hinaus fort, stehen hier nur Werte von 0, da kein Pixel im Bild eine Gerade außerhalb des Bildes bezeugen kann. Nach oben (oder unten) müssen wir wegen $g_{180°+\alpha,d} = g_{\alpha,-d}$ A_B mit $\overrightarrow{A_B}$ fortsetzen. Der Akkumulator A_B wird damit zur Randbehandlung von horizontal gespiegelten Versionen wie folgt umgeben:

$$\begin{array}{ccc} 0 & \overrightarrow{A_B} & 0 \\ 0 & \mathbf{A_B} & 0. \\ 0 & \overrightarrow{A_B} & 0 \end{array}$$

H_B wird so zu einem Möbiusband im Schwarzen.

Abbildung 9.12 zeigt im linken Bild die Auswertung des Hough-Akkumulators A_B aus Abb. 9.11 nach Anwendung eines Schmetterlingsfilters auf A_B.

Nicht-Maximum-Unterdrückung im Akkumulator

Es zeigt sich, dass immer noch zu viele ähnliche, benachbarte Geraden detektiert werden. Der Grund ist, dass das Fenster des Schmetterlingsfilters sehr klein ist. Daher empfiehlt es sich, zusätzlich eine Nicht-Maximum-Unterdrückung anzuwenden. Hierbei werden innerhalb einer lokalen Schar von benachbarten ähnlichen Geraden diejenigen unterdrückt,

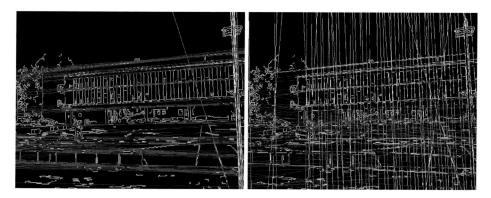

Abb. 9.12 Hough-Akkumulator 2. Auswertung des Akkumulators aus Abb. 9.11 mit Schmetterlingsfilter (*links*) und zusätzlich Nicht-Maximum-Unterdrückung (*rechts*)

deren Werte im Akkumulator nicht maximal sind. Dazu wenden wir eine Nicht-Maximum-Unterdrückung auf den Akkumulator A_B an und ersetzen A_B durch $\mathbf{nmu}_F(A_B)$ – vgl. Abschn. 6.3.7 –, wobei man oft das Fenster $F = F_1^2$ mit Radius 1 wählt.

Das rechte Bild in Abb. 9.12 zeigt die besten Geraden nach Anwendung eines Schmetterlingsfilters und einer Nicht-Maximum-Unterdrückung. Erst jetzt werden die Senkrechten in den Fenstern detektiert. Dennoch finden sich in diesem Resultat immer noch zu viele virtuelle Geraden, die keine interessante Semantik besitzen und aus der Textur im Vordergrund des Bildes erzeugt wurden.

Selbst in einem so einfachen Bild wie im Beispielgebäude 1 findet eine verbesserte Hough-Transformation mit Schmetterlingsfilter und Nicht-Maximum-Unterdrückung nicht nur die für eine weitere Bildanalyse wichtigen Geraden. Um aus dem Bild des Gebäudes 1 diejenigen Geraden zu detektieren, die etwa zur Erkennung des Gebäudes interessant sind, bedarf es zusätzlicher komplexerer Techniken (wie einer Fluchtpunktanalyse, Detektion von Texturen und der Himmelskontur, siehe etwa [43, 107, 108]), die in dieser Einführung nicht vorgestellt werden.

9.3.3 Hough-Transformation für Kreise

Das Vorgehen ist analog zur Geradenbestimmung. Wir gehen von der Standardkreisgleichung

$$(x - x_m)^2 + (y - y_m)^2 = r^2$$

aus, die einen Kreis $K_{m,r}$ mit Radius r um den Mittelpunkt $m = (x_m, y_m)$ im $\mathbb{R}^2$ beschreibt.

Der abstrakte Parameterraum H ist der $\mathbb{R}^3$, der geeignet einzuschränken und zu diskretisieren ist. Die Einschränkung und Diskretisierung hängt von der Aufgabe ab, welche Kreise man in einem Binärbild $B : [0, N[\times [0, M[\rightarrow \{0, 1\}$ finden möchte. Sollen die

Kreise vollständig im Bild B enthalten sein oder will man auch Kreise finden, deren Mittelpunkt außerhalb von Loc_B liegt, so dass von ihnen nur noch ein Kreisbogen durch das Bild läuft? Kann der Radius der gesuchten Kreise eingeschränkt werden, $r_{\min} \leq r \leq r_{\max}$, oder die Lage des Mittelpunktes, $m \in [N_1, N_2] \times [M_1, M_2]$? Es sei $D_M \subset \mathbb{Q}^2$ der Raum der erlaubten Mittelpunkte der zu suchenden Kreise und $D_R \subset \mathbb{Q}$ der Raum der erlaubten Radien der zu suchenden Kreise.

$$H_B = D_M \times D_R \text{ und } A_B : D_M \times D_R \to \mathbb{N}$$

sind dann der gewählte diskrete Hough-Parameterraum und Akkumulatorraum. Je mehr Einschränkungen man für die Lage der Kreismittelpunkte und deren Radien hat, um so schneller lässt sich der Kreisakkumulator aufbauen. So können die erlaubten Radien auch vom Ort des Kreismittelpunkts im Bild abhängen. D_R wird dann zu $D_{R,M}$ und H_B zu einer Teilmenge von $D_M \times D_{R,M}$.

Der Aufbau des Akkumulators kann etwa der folgenden einfachen Struktur folgen:

- für $(x_P, y_P) \in [0, N[\times [0, M[$ mit $B(x_P, y_P) = 1$:
- für $(x_m, y_m) \in D_M$:
- $r := \sqrt{(x_P - x_m)^2 + (y_P - y_m)^2}$,
  falls $r \in D_{R,M}$, dann setze $A(x_m, y_m, r) := A_B(x_m, y_m, r) + 1$.

Hierbei bedeutet $r \in D_{R,M}$ natürlich, dass r nahe genug zu einem der endlich vielen Werte in $D_{R,M}$ liegen soll.

Man kann diesen Akkumulator auch aufbauen, indem man die innere Schleife nach D_R und einer Koordinate von D_M durchläuft. Angenommen es sollen alle Kreise eines Radius $r_{\min} < r < r_{\max}$ gefunden werden, die mindestens zur Hälfte im Bild liegen. Es sei D_M eine Diskretisierung der erlaubten Mittelpunkte und $D_{R,M}$ eine der erlaubten Radien. $D_M^{(1)}$ und $D_M^{(2)}$ seien die Projektionen von D_M auf die erste und zweite Koordinate. Der Akkumulator $A : D_{R,M} \times D_M \to \mathbb{N}$ lässt sich dann besser wie folgt aufbauen:

- für $(x_P, y_P) \in [0, N[\times [0, M[$ mit $B(x_P, y_P) = 1$:
- für $(x_m, r) \in D_M^{(1)} \times D_{R,M}$:
- $y_m := \pm\sqrt{r^2 - (x_P - x_m)^2} + y_P$,
  falls $y_m \in D_M^{(2)}$, dann setze $A(x_m, y_m, r) := A_B(x_m, y_m, r) + 1$.

Wie zuvor muss anschließend das Akkumulator-Gebirge ausgewertet werden. Das ist jetzt noch schwieriger, da dieses Gebirge 4-dimensional ist: ein dreidimensionaler Ortsraum H_B, auf dem für jeden dreidimensionalen Ort $(x, y, r) \in H_B$ die Höhe $A(x, y, r)$ ausgewertet werden muss.

Betrachten wir den Spezialfall, dass in einem Bild $B : [0, N[\times [0, M[\to \{0, 1\}$ nur Kreise eines festen Radius $r < N, M$ gesucht werden, die ganz in B liegen. Damit kann man als Parameterraum H_B eine Diskretisierung von $[2r, N - 2r[_{\mathbb{R}} \times [2r, M - 2r[_{\mathbb{R}}$

Abb. 9.13 Hough für Kreise. Ein Binärbild (*oben*) mit 7 Pixeln und der Akkumulator (*unten*) mit den sieben von ihnen bezeugten Kreisen mit einem fest vorgegebenen Radius r

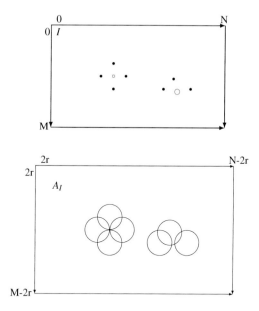

wählen. Jedes Vordergrundpixel P in B bezeugt damit genau alle Kreise $K_{m,r}$, deren Mittelpunkte m selbst auf einem Kreis in H_B vom Radius r um $\mathrm{loc}(P)$ liegen. Jeder Zeuge liefert einen Kreis im Akkumulator und das Gebirge besteht aus Schnittpunkten von Kreisen.

Abbildung 9.13 visualisiert das Geschehen. Hierbei sind in B sieben Pixel eingezeichnet, von denen einmal vier exakt und einmal drei fast auf einem Kreis mit Radius r liegen, deren Mittelpunkte an rot gekennzeichneter Stelle in B liegen. Im Hough-Akkumulator in Abb. 9.13 unten) sind die dazugehörenden sieben Kreise des Radius r der bezeugten Mittelpunkte m eingezeichnet.

Eine weitere Beschleunigung gelingt wie in der FHT, wenn das Binärbild B, in dem Kreise gesucht werden, aus einer Gradientenkarte entstanden ist. Zu jedem Zeugen P in B liegt dann eine Gradientenrichtung $\nabla^{\angle}(P)$ und Gradientenstärke $\nabla^{\parallel}(P)$ vor. Ist $\nabla^{\parallel}(P)$ stark genug, werden nur Mittelpunktskoordinaten (x_m, y_m) etwa in Richtung $\nabla^{\angle}$ und $\nabla^{\angle} + 180°$ bezeugt. Damit kann der Akkumulator in $O(r \cdot |I|)$-Schritten aufgebaut werden, wobei r die Anzahl der verschiedenen interessierenden diskreten Radien ist.

9.3.4 Hough-Transformation für allgemeine Formen

Man kann die Grundidee nicht unmittelbar auf höherdimensional parametrisierte geometrische Formen übernehmen. Nehmen wir an, wir haben eine k-dimensionale parametrisierte Gleichung F_G für eine geometrische Form G mit

$$G = \{(x, y) \in \mathbb{R}^2 \mid F_G(x, y, h) = 0\}$$

für $h = (a_1, \ldots, a_k)$. Ferner existiere eine einfache Funktion f_i, um den Parameter a_i zu bestimmen, mit

$$f_i(x, y,{}^i h) = a_i \longleftrightarrow F_G(x, y, a_1, \ldots, a_k) = 0, \quad \text{für}$$
$${}^i h := (a_1, \ldots, a_{i-1}, a_{i+1}, \ldots, a_k),$$

so könnte man einen Akkumulator

$$A_B : D_1 \times \ldots \times D_k \to \mathbb{N}$$

natürlich mit einem Algorithmus der Art

- für $(x, y) \in \mathrm{Loc}(I)$ mit $B(x, y) = 1$:
- für $({}^i h) \in {}^i \vec{D} := D_1 \times \ldots \times D_{i-1} \times D_{i+1} \times \ldots \times D_k$:
- $a_k := f_i(x, y,{}^i h)$, $A(x, y, h) := A_B(x, y, h) + 1$,

aufbauen. Nur durchläuft die innere Schleife jetzt ${}^i\vec{D}$ mit der Dimension $k - 1$. Das heißt, der Akkumulatoraufbau gewinnt gerade mal eine Dimension, was bei hohem k nicht akzeptabel ist.

Dieses Problem lässt sich nach Ballard [3, 4] mit sogenannten *R-Tabellen* lösen, die eine beliebige Form mittels ausgewählter Punkte beschreiben. Als Verallgemeinerung zur Definition 9.1 einer parametrisierten geometrischen Form lassen wir hier als *(abstrakte, d-dimensionale) geometrische Form G* den Rand einer beliebigen Teilmenge des $\mathbb{R}^d$ zu, von dessen Lage wir abstrahieren wollen.

Wir übertragen das sofort ins Diskrete im $\mathbb{Z}^d$. Eine d-dimensionale Form G ist der Rand einer zusammenhängenden endlichen Menge $M \subset \mathbb{Z}^d$. Es seien $R_G = \{v_i \mid 1 \leq i \leq n\}$ eine ausgewählte Menge von Randpunkten von M und u_G, der Schwerpunkt von R_G.

$$D_G := \{l_i \mid l_i = v_i - u_G, 1 \leq i \leq n\}$$

ist dann eine lageinvariante Darstellung der abstrakten Form G in relativen Koordinaten. Wir identifizieren G mit D_G. Eine Instanz G_l der Form G ist eine Verschiebung $D_G + l$ von D_G auf den neuen Schwerpunkt $u_G + l$. l ist die „Lage" der Instanz G_l.

Es sei nun $B : \mathrm{Loc}_B \to \{0, 1\}$, $\mathrm{Loc}_B \subset \mathbb{Z}^d$ ein orthogonales d-dimensionales Binärbild, in dem wir Instanzen G_l der Form G suchen. Suchen wir Formen, die nur partiell im Bild zu sehen sind, so kann dieser Ort l auch außerhalb des Bildes liegen. Soll jede gefundene Instanz komplett im Bild enthalten sein, so muss auch l in Loc_B liegen.

Der Parameterraum H_B ist die Menge aller sinnvollen Orte l, von denen wir wissen wollen, ob G_l im Bild vorkommt. H_B ist also, je nach Fragestellung, eine Ober- oder Untermenge von Loc_B und der Hough-Akkumulator A_B ist wieder das Histogramm $A_B : H_B \to \mathbb{N}$.

Ein Vordergrundpixel P im Bild B bezeugt eine Instanz G_l der Form G, wenn es einen Punkt in $D_G + l$ bezeugt. Das heißt, wenn $\mathrm{loc}(P) = l_i + l$ für ein $l_i \in D_G$ gilt oder wenn

Abb. 9.14 Hough für allgemeine Formen 1. Eine
gesuchte Form P fester Größe
und Orientierung

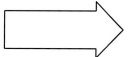

$l = \text{loc}(P) - l_i$ für ein $i \leq n$ gilt. Da G durch n Punkte in $D_G = \{l_1, \ldots, l_n\}$ dargestellt ist, bezeugt jedes Vordergrundpixel P in B genau n Instanzen von G. Dies sind die Instanzen G_l mit $l = \text{loc}(P) - l_i$.

Damit wird der Aufbau des Akkumulators A_B trivial mit folgender Struktur:

- für $p \in \text{Loc}_B$ mit $B(p) = 1$:
- für $1 \leq i \leq n$:
- $l := p - l_i$, $A_B(l) := A_B(l) + 1$.

Betrachten wir ein Beispiel. Angenommen wir suchen in einem Binärbild B eine Pfeilform P in der vorgegebenen Größe und Ausrichtung wie in Abb. 9.14.

Diese Form $P \subseteq \mathbb{R}^2$ beschreiben wir durch D_P wie in Abb. 9.15 visualisiert. D_P besteht aus den Differenzvektoren der 12 eingezeichneten Punkte auf der Silhouette des Pfeils zum gewählten Ursprung u_P, hier der zentrale, dicke eingezeichnete Punkt.

Für ein Vordergrundpixel P in B wird nun gefragt, ob es einer der 12 Beschreibungsorte einer Instanz von P ist. Im Beispiel kann P 12 Vorkommen des Pfeils an 12 verschiedenen Stellen im Bild bezeugen. Die Lagen der 12 Referenzpunkte der Formen, die P bezeugt, liegen in zu den l_i umgekehrten Richtungen von P aus. P bezeugt damit die n Referenzorte $r_i := \text{loc}(P) - l_i$, wie in Abb. 9.16 visualisiert.

Bildlich gesprochen wird der Akkumulator A_B für eine geometrische Form G aufgebaut, indem man die vertikal und horizontal gespiegelte Form $G^{\leftrightarrow}$ in A_B um jeden Zeugen einzeichnet. Das Gebirge bildet sich durch die Überlagerung der Zeichnungen.

Historisch gesehen wurde als Beschreibung eine *R-Tabelle* gewählt. Die $l_i = (x_i, y_i) \in \mathbb{R}^2$ werden in Polarkoordinaten $l_i = (\omega_i, s_i)$ dargestellt. Statt von signifikanten Punkten auf der Form G auszugehen, geht man meist von einem Teiler n von 360 aus, setzt $\omega = 360°/n$ und betrachtet die Winkel $\omega_i := i \cdot \omega$ für $0 \leq i < n$. Vom Schwerpunkt von G aus sendet man Suchstrahlen in den Richtungen ω_i aus und misst die Entfernungen s_i zum Rand von G. (ω_i, s_i) ist dann ein Beschreibungspunkt von G. In der Praxis wird B_G dann einfach zu einer Liste von Entfernungen. Kann ein Strahl G mehrfach treffen, wird die

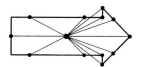

Abb. 9.15 Hough für allgemeine Formen 2. 12 ausgewählte Orte v_i auf der Pfeilform und deren Differenzen l_i zum Referenzpunkt im Schwerpunkt der Form

Abb. 9.16 Hough für allgemeine Formen 3. Die Orte der
von P bezeugten Instanzen

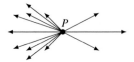

Liste etwas komplizierter. Ein Vorteil bei festen Winkelabständen ist, dass man nicht mehr
n zweidimensionale Vektoren l_i zur Darstellung braucht, sondern mit n eindimensionalen
Entfernungen auskommt.

Der große Vorteil dieser R-Tabellen ist aber, dass man leicht auch skalierte und in Winkeln ω_i gedrehte Instanzen der Form behandeln kann. Natürlich erhält der Parameterraum
dann eine höhere Dimension (für Skala und Rotation), aber man hat einfache Formeln, um
zu berechnen, welche Instanzen ein Punkt P im Bild bezeugt.

9.3.5 Vor- und Nachteile

Die Grundidee der Hough-Transformation, mittels Zeugen geeignet parametrisierte Geraden, Kreise oder andere Formen in einem Akkumulatorraum zu bestätigen, ist bestechend
einfach und schön. So bezeugte geometrische Formen dürfen natürlich im Bild auch partiell bedeckt sein; die sichtbaren Konturpunkte der gesuchten Formen bilden dann allein
die Zeugen. Da partielle Überdeckungen generell erlaubt sind, wird die Hough-Transformation auch als robust bezeichnet. Dennoch, dieser inhärente Vorteil ist gleichzeitig auch
die Achillesferse der Methode: Vordergrundpixel bezeugen auch gesuchte Formen, die
sie nur zufällig partiell abdecken. Dabei müssen diese Zeugen noch nicht einmal einen
zusammenhängenden Abschnitt der gesuchten Form besitzen.

Es existieren viele Varianten. Betrachtet man bei einem Zeugen P auch die Gradien-
tenrichtung $\nabla^{\angle}(\text{loc}(P))$ und bezeugt nur in Richtungen, die von $\nabla^{\angle}$ abhängen, so muss
man im Akkumulatorraum den Wert nicht notwendig pro solchen Zeugen um 1 erhöhen,
sondern kann auch um einen Wert c proportional zu $\nabla^{\|}(\text{loc}(P))$ erhöhen. Ist der berech-
nete Ort $h \in \mathbb{R}^k$ in einem diskreten Parameterraum H_B reellwertig, so muss man nicht
dessen benachbarte Diskretisierung in H_B um 1 (oder c) erhöhen, sondern könnte auch
mehrere diskrete Nachbarn von h in H_B entsprechend deren Nähe zu h proportional erhöhen. Dies kann bei sehr grob gewählten Diskretisierungen interessant sein. Es gibt aber
kein Kochrezept. Die spezifische Aufgabe bestimmt die zu wählende Variante.

So einfach diese Idee der Hough-Transformation auch aussieht, in der Praxis ergeben
sich erhebliche Probleme. Man könnte denken, dass ein Auffinden von Verkehrszeichen
mittels einer Hough-Transformation für Dreiecke und Kreise relativ einfach machbar sei.
Dennoch dauerte es in der Industrie ca. 15 Jahre, eine auf der Hough-Transformation
basierende funktionierende Verkehrszeichenerkennung im Fahrzeug zur Verkaufsreife zu
entwickeln.

9.4 Eckpunkte

Der Begriff einer *Ecke* (im Englischen *corner*) oder eines *Eckpunkts* ist noch vager als der einer Kante. Auch eine in ein Bild eingezeichnete perfekte Gerade besitzt Ecken auf der Pixelebene, falls ihre Steigung nicht ein Vielfaches von 90° ist. In der linken oberen Figur in Abb. 9.17 sieht der Mensch sieben Ecken; in der rechten oberen ist die ursprüngliche linke untere Ecke fehlerhaft und man erkennt dort lokal nun null, eine oder zwei Ecken. In den unteren beiden Figuren zählt wohl jeder nur eine individuelle Eckenzahl, die nicht mehr objektiv ist.

Man kann versuchen, eine Eckendefinition zu geben, die auch den beiden unteren Figuren eine eindeutig bestimmte Zahl von Ecken zuordnet. Nur, in solch einer Eckendefinition wird eine gewisse Willkürlichkeit nicht vermeidbar sein. Genauso gut könnten man sagen, eine Ecke ist, was ein bestimmter Eckendetektor als Ecke erkennt. Man kann versuchen, Ecken in Linienzügen zu finden, wie im Beispielbild, oder allgemein in Grauwertbildern. Für beide Fälle stehen völlig unterschiedliche Techniken zur Verfügung, die wir kurz behandeln wollen.

9.4.1 Ecken in Linienbildern

Wir beginnen mit einer Betrachtung von abstrakten mathematischen Kurven $\mathcal{K}$ im $\mathbb{R}^2$ oder $\mathbb{R}^3$.

Ecken auf Kurven im $\mathbb{R}^2$

Eine parametrisierte zweidimensionale Kurve $\mathcal{K}$ ist eine Funktion

$$\mathcal{K} : \mathbb{R} \to \mathbb{R}^2, \ \mathcal{K}(t) = \big(x(t), y(t)\big),$$

bestehend aus zwei Funktionen $x, y : \mathbb{R} \to \mathbb{R}$. Analog ist eine parametrisierte dreidimensionale Kurve eine Funktion

$$\mathcal{K} : \mathbb{R} \to \mathbb{R}^3, \ \mathcal{K}(t) = \big(x(t), y(t), z(t)\big)$$

aus drei eindimensionalen Funktionen. Wir beschränken uns hier auf zweidimensionale Kurven. Man kann sich den Parameter t als Zeit vorstellen, in der man die Kurve

Abb. 9.17 Wie viele Ecken besitzen diese Figuren?

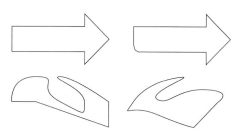

$\mathcal{K}$ abfährt. Schränkt man den Definitionsbereich von $\mathcal{K}$ auf ein reellwertiges Intervall $[t_0, t_{max}]_\mathbb{R}$ ein, so besitzt die Kurve die beiden Endpunkte $(x(t_0), y(t_0))$ und $x(t_{max}), y(t_{max})$. Gilt $(x(t), y(t)) = (x(t'), y(t'))$ für $t \neq t'$, so schneidet eine Kurve sich selbst. Keine der Funktionen $x(t), y(t)$ muss injektiv sein. Allerdings setzen wir voraus, dass beide genügend häufig differenzierbar sind, damit die folgenden Formeln auch sinnvoll sind.

Die *Bogenlänge s* von $\mathcal{K}$ ist definiert durch

$$ds := \sqrt{\left(\frac{dx}{dt}\right)^2 + \left(\frac{dy}{dt}\right)^2}.$$

Wir bezeichnen wie üblich mit $'$ die Ableitung nach t, mit $''$ die zweifache Ableitung nach t. Damit ist die Bogenlänge $s(t_1, t_2)$ von $\mathcal{K}(t_1)$ bis $\mathcal{K}(t_2)$ gegeben als

$$s(t_1, t_2) = \int_{t_1}^{t_2} \sqrt{x'^2 + y'^2}\, dt.$$

Die *Krümmung κ* von $\mathcal{K}$ ist definiert als $\kappa := d\alpha/ds$, wobei α der Tangentialwinkel an $\mathcal{K}$ ist. Für parametrisierte Kurven gilt

$$\kappa = \frac{x'y'' - y'x''}{\left(x'^2 + y'^2\right)^{3/2}}.$$

Damit kann man definieren, dass ein Kurve $\mathcal{K}$ am Ort t_0 eine Ecke besitzt, falls deren Krümmung $\kappa(t_0)$

- über einer Schwelle s liegt und
- ein lokales Maximum in $[t_0 - r, t_0 + r]$ für einen Umgebungsradius r bildet.

So könnte man einen mathematisch korrekten Begriff einer (s, r)-Ecke auf einer genügend differenzierbaren Kurve einführen und könnte zu einem formalisierten Eckenbegriff gelangen. In unserer diskreten Welt hilft diese Definition einer Krümmung so noch nicht.

Ecken auf diskretisierten Kurven

Wir betrachten diskrete Kurven im $\mathbb{Z}^2$ und argumentieren hier im geometrischen Koordinatensystem. Das diskrete Analogon K einer reellwertigen, genügend häufig differenzierbaren zweidimensionalen Kurve $\mathcal{K}$ ist nun einfach eine zusammenhängende Folge von Orten im $\mathbb{Z}^2$, also

$$K = l_1, \ldots, l_n \quad \text{mit}$$

$$l_i = (l_i^{(1)}, l_i^{(2)}) \in \mathbb{Z}^2 \quad \text{und}$$

$$l_{i+1} \text{ ist 9er-Nachbar von } l_i \quad \text{und } l_{i+1} \neq l_i \quad \text{für } 1 \leq i < n.$$

Abb. 9.18 K_{16}, eine diskrete
Kurve aus 16 Punkten. Einige
Punkte $l_1, l_3, l_6, l_9, l_{12}$ und l_{15}
sind gekennzeichnet

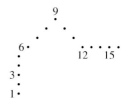

Die Länge von K kann man wie in der Graphentheorie auf $n - 1$ setzen. Da wir jedoch im
$\mathbb{Z}^2$ sind, empfiehlt es sich, 1 aufzuaddieren, wenn l_i und l_{i+1} waagerecht oder senkrecht
benachbart sind, und $\sqrt{2}$ bei diagonaler Nachbarschaft. Abbildung 9.18 zeigt ein Beispiel
einer diskreten Kurve $K = l_1, \ldots, l_{16}$ der Länge $8 + 7 \cdot \sqrt{2} \approx 17{,}9$. Ist das die gesamte
Kurve, so sollten bei l_5, l_9 und l_{12} Ecken detektiert werden. Ist dies nur ein Ausschnitt
einer großen Kurve, kann nur schwer gesagt werden, ob bei l_9 ein Eckpunkt liegen soll
oder ob dieser Knick von l_6 über l_9 nach l_{12} ein vernachlässigbares Rauschen ist. Hilfreich
ist also eine Skala der Beobachtung.

Wir gehen im Folgenden von einer gegebenen zusammenhängenden Kurve K als Input aus und suchen als Output die Eckpunkte auf K. Das Vorgehen ist in den meisten
Eckendetektoren wie folgt:

Es wird eine *Skala k der Beobachtung* gewählt und eine k-*Eckigkeit κ_i* im Ort l_i bestimmt. Ist κ_i oberhalb einer Schwelle und maximal in einer Umgebung

$$U_r(l_i) := \{l_{i+t} \mid -r \leq t \leq r\}$$

für ein von der Skala k abhängiges r, dann wird l_i als Eckpunkt erklärt.

Um eine Eckigkeit diskreter zusammenhängender Kurven zu definieren, arbeitet man
oft mit dem Skalarprodukt. Dies liegt an folgender einfachen geometrischen Beziehung
im $\mathbb{R}^d$: Wir fassen zwei Punkte $a, b \in \mathbb{R}^d$ als Vektoren $\vec{a}, \vec{b}$ jeweils vom Nullpunkt nach
a bzw. b auf. Der Winkel α zwischen den beiden Vektoren $\vec{a}$ und $\vec{b}$ berechnet sich dann
aus

$$\cos \alpha = \frac{\langle a, b \rangle}{|a| \cdot |b|},$$

wobei $\langle a, b \rangle$ das normale reellwertige Skalarprodukt von a und b im R^d ist, definiert
durch

$$\left\langle \begin{pmatrix} a_1 \\ \vdots \\ a_d \end{pmatrix}, \begin{pmatrix} b_1 \\ \vdots \\ b_d \end{pmatrix} \right\rangle = \sum_{i=1}^{d} a_i b_i.$$

Abb. 9.19 K_{16} mit vier eingezeichneten Strecken von l_9
nach l_3, l_6, l_{12} bzw. l_{15}, die im
Text erläutert werden

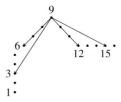

Wir stellen zuerst eine Technik von Rosenfeld und Johnston [100] zur Eckenbestimmung vor. Für eine zusammenhängende diskrete Kurve $K = l_1, \ldots, l_n$ definiert man

$$\overset{\rightarrow k}{p}_i := l_{i+k} - l_i,$$

$$\overset{\leftarrow k}{p}_i := l_{i-k} - l_i,$$

$$c_i^k := \frac{\langle \overset{\rightarrow k}{p}_i, \overset{\leftarrow k}{p}_i \rangle}{| \overset{\rightarrow k}{p}_i | \cdot | \overset{\leftarrow k}{p}_i |}.$$

k ist hier die Skala der Beobachtung. $\overset{\rightarrow k}{p}_i$ ist der Vektor von l_i nach l_{i+k}, in dem von l_i aus k Schritte voraus geschaut wird. $\overset{\leftarrow k}{p}_i$ schaut entsprechend von l_i k Schritte zurück zu l_{i-k}. In Abb. 9.19 sind die Strecken $\overset{\rightarrow 3}{p}_9, \overset{\rightarrow 6}{p}_9, \overset{\leftarrow 3}{p}_9$ und $\overset{\leftarrow 6}{p}_9$ an l_9 als relativen Nullpunkt angehängt.

c_i^k ist der Cosinus des Winkels zwischen $\overset{\rightarrow k}{p}_i$ und $\overset{\leftarrow k}{p}_i$. Damit gilt $-1 \leq c_i^k \leq +1$. Für c_i^k nahe -1 ist der Winkel nahe $180°$. Da $\overset{\rightarrow k}{p}_i$ die Richtung vorwärts und $\overset{\leftarrow k}{p}_i$ die Richtung rückwärts misst, bedeutet ein Winkel nahe $180°$ nur eine kleine oder keine Richtungsänderung der Kurve K in l_i. c_i^k nahe 0 bedeutet einen Winkel nahe $90°$, und l_i ist ein Kandidat für einen Eckpunkt. Ein Cosinuswert nahe 1 bedeutet einen Winkel nahe 0. Das heißt, die Laufrichtung von K hat sich im Punkte l_i bezüglich der Beobachtungsskala k umgedreht und l_i ist ein starker Kandidat für einen Eckpunkt. c_i^k ist die Eckigkeit κ_i am Ort l_i in der Skala k.

In [100] werden Skalen k vorgeschlagen, die lokal von Ort l_i zu Ort l_j wie folgt variieren können. Es sei max ein globales Maximum für die höchste zu betrachtende Skala. Es wird nun so lange sukzessive c_i^k berechnet für $k = \max, \max -1, \max -2, \ldots$, bis $k = 1$ oder $c_i^k \geq c_i^{k-1}$ gilt, d.h., die Eckigkeit c_i^{k-1} ist kleiner als die Eckigkeit c_i^k. In der Situation

$$c_i^{\max} < c_i^{\max -1} < \ldots < c_i^k \geq c_i^{k-1}$$

wird somit k als Skala gewählt, da für $\max \leq j < k$ die Winkel zwischen $\overset{\rightarrow i+1}{p}_1$ und $\overset{\leftarrow i+1}{p}_1$ enger als zwischen $\overset{\rightarrow i}{p}_1$ und $\overset{\leftarrow i}{p}_1$ sind, bei $k + 1$ aber wieder weiter werden. $k_i := k$ ist dann die lokal gefundene Skala für l_i und $c_i^{k_i}$ ist die Eckigkeit κ_i am Ort l_i. In Abb. 9.19 gilt

Abb. 9.20 K_{16}. Die Linien $\overrightarrow{l_{i-k}l_{i+k}}$ sind für $1 \leq i \leq 4$ eingezeichnet

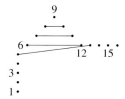

für die Eckigkeit um l_9, wenn man $k_{\max} = 6$ wählt:

$$c_9^6 < c_9^5 < c_9^4 < c_9^3 = c_9^2 = c_9^1,$$

und man wählt $k_9 = 3$.

In l_i wird nun eine Ecke detektiert, falls κ_i oberhalb eines globalen Schwellwertes s liegt und κ_i lokal maximal ist, wobei sich lokal auf den Radius $k_i/2$ um l_i bezieht. Formal, l_i wird ein Eckpunkt, falls gilt:

$$c_i^{k_i} > s \quad \text{und}$$

$$c_i^{k_i} = \max \left\{ c_j^{k_j} \,\middle|\, |i - j| \leq \frac{k_i}{2} \right\}.$$

Eine zu wählende lokale Skala kann auf verschiedene Weise berechnet werden. Eine Methode zur Skalenberechnung von Teh und Chin [118] ist von der spezifischen Wahl κ_i der Eckigkeit in l_i unabhängig und arbeitet wie folgt. Es seien $l_{i,k}$ die Länge der Strecke $\overrightarrow{l_{i-k}l_{i+k}}$ und $d_{i,k}$ der Abstand von l_i zu $\overline{l_{i-k}, l_{i+k}}$. Man beginnt mit $k = 1$ und erhöht k so lange um 1, wie

$$l_{i,k} < l_{i,k+1} \quad \text{und} \quad \frac{d_{i,k}}{l_{i,k}} \leq \frac{d_{i,k+1}}{l_{i,k+1}}$$

gilt. Das so maximal bestimmbare k wird die Skala k_i für l_i, die man für die Berechnung der Eckigkeit κ_i benutzt. Im Beispiel in Abb. 9.20 gilt $l_{9,i} < l_{9,i+1}$ für $1 \leq i \leq 6$. Genauer gilt $l_{9,1} = 2$, $l_{9,2} = 4$, $l_{9,3} = 6$, $l_{9,4} > 8$ und $d_{9,1} = 1$, $d_{9,2} = 2$, $d_{9,3} = 3$, $d_{9,4} < 4$. Also folgt

$$\frac{1}{2} = \frac{d_{9,1}}{l_{9,1}} = \frac{d_{9,2}}{l_{9,2}} = \frac{d_{9,3}}{l_{9,3}} > \frac{d_{9,4}}{l_{9,4}},$$

womit in l_9 die Skala $k = 3$ gewählt wird.

Vorsicht ist geboten, wenn die lokale Skala k_i den Wert 1 annimmt, da dann kein weiterer Ort l_j außer l_i existiert mit $|i - j| \leq k_i/2$. Dann geht die Eigenschaft der lokalen Maximalität verloren und es würde nur noch nach dem globalen Schwellwert auf Eckigkeit geprüft. Von den so gefundenen direkt benachbarten Ecken müssen die schwächeren in einer Nicht-Maxima-Unterdrückung noch eliminiert werden.

Das Verfahren von Rosenfeld und Johnston kann Schwierigkeiten bei nahe benachbarten Ecken haben und Rosenfeld und Weszka [101] schlagen daher vor, die c_i^k-Werte noch zu glätten und etwa durch $\hat{c}_i^k$ zu ersetzen mit

$$\hat{c}_i^k = 1/t \cdot \sum_{i=1}^{t} c_i^t \quad \text{mit } t = \lfloor k/2 \rfloor .$$

$\hat{c}_i^k$ bildet jetzt die Eckigkeit κ_i am Ort l_i in der Skala k und man fährt wie eben fort.

κ_i wird in der Literatur auch über andere Eckigkeitsmerkmale bestimmt. Freemann und Davis [28] arbeiten mit k-Steigungen. Die k-*Steigung* s_i^k in l_i wird rückwärts gemessen und ist die Steigung der Strecke von l_{i-k} nach l_i, also

$$s_i^k := \left(l_{i-k}^{(2)} - l_i^{(2)} \right) / \left(l_i^{(1)} - l_{i-k}^{(1)} \right),$$

mit dem Steigungswinkel $\delta_i^k := \text{atan}_2 \left(l_{i-k}^{(2)} - l_i^{(2)}, l_i^{(1)} - l_{i-k}^{(1)} \right)$ der Skala k. Wegen der nach unten wachsenden y-Achse geht diese auch negativ in diese Formeln ein.

$$g_i^k := |\delta_{i+1}^k - \delta_{i-1}^k|$$

ist die k-*Glattheit* in i. Erfahrungswerte zeigen, dass $g_i^k \leq \arctan\left(1/(k-1)\right)$ als glatt betrachtet werden kann. Bei $k = 5$ würde man also 14°-Schwankungen tolerieren, bei $k = 6$ nur noch 11°-Schwankungen. Ab $k = 7$ gilt $\arctan(1/6) < 10°$ und für Winkel kleiner als etwa 10° gilt $x \approx \tan x$ mit einem Fehler kleiner als 1 %. Daher kann man mit einer Glattheit $g_i^k \approx s_{i+1}^k - s_{i-1}^k$ arbeiten, und es ist nicht nötig, den Arcustangens auszurechnen.

Für eine Ecke in l_i kann man die Längen v_i und h_i der relativ geraden Schenkel vor der Ecke und nach der Ecke als die maximalen Werte v, h bestimmen, für die mit $s := \arctan \frac{1}{k-1}$ gilt:

$$|g_j^{k_i}| \leq s, \text{ für alle } j \text{ mit } i - v \leq j < i,$$

$$|g_j^{k_i}| \leq s, \text{ für alle } j \text{ mit } i + k \leq j \leq i + k + h.$$

Im Bereich $i \leq j < i + k$ wird die Eckigkeit größer sein, da an den Orten l_j Differenzen der Rückwärtssteigungen s_j^k, die über die Ecke in l_i hinaus reichen, betrachtet werden. Eine Eckigkeit κ_i auf der Skala k wird nun definiert als

$$\kappa_i := \sqrt{v_i h_i} \sum_{j=i}^{i+k} g_j^k .$$

Wählt man im Beispiel in Abb. 9.19 die Skala $k_9 = 3$ im Punkt l_9, so wäre ein Schwellwert s von etwas über 26° erlaubt. Der Schenkel vor l_9 reicht dann bis l_1, der hinter l_9 reicht bis l_{16}. Wählt man als Skala hingegen $k_9 = 4$, wird der Schwellwert s zu ca. 18,43°.

Schauen wir uns die Glattheit in l_{14} an, so gilt

$$g_{14}^4 = \left| \delta_{15}^4 - \delta_{13}^4 \right| = \left| \mathrm{atan}_2 \left(l_{15}^{(2)} - l_{13}^{(2)}, l_{15}^{(1)} - l_{13}^{(1)} \right) - \mathrm{atan}_2 \left(l_{13}^{(2)} - l_9^{(2)}, l_{13}^{(1)} - l_9^{(1)} \right) \right|$$

$$= \left| \mathrm{atan}_2(1,3) - \mathrm{atan}_2(3,4) \right| = \left| 18{,}43° - 36{,}87° \right| = 18{,}44°$$

und l_{14} gehört ganz knapp nicht mehr zum Schenkel hinter l_9.

Diese genannten und einige weitere Eckendetektoren werden von Liu und Srinath in [65] verglichen. Es existieren auch Eckendetektoren, die Ecken subpixelgenau finden können. Ein solcher Detektor von Medione und Yasumoto [73] betrachtet für die Eckigkeit im Ort l_i nur die vier nahen Orte $l_{i-2}, l_{i-1}, l_{i+1}, l_{i+2}$. m sei die Steigung von l_{i-2} nach l_{i-1} und m' die von l_{i+2} nach l_{i+1}. Man legt nun ein Polynom P dritten Grades so, dass es mit der Steigung m durch l_{i-2} und mit der Steigung m' durch l_{i+2} läuft. Da P ein reellwertiges Polynom mit Graphen im $\mathbb{R}^2$ ist, kann man den Ort (x, y) der stärksten Krümmung von P nahe l_i subpixelgenau bestimmen und so Eckpunkte subpixelgenau finden.

9.4.2 Ecken in Grauwertbildern

Eine bekannte Methode zur Detektion von Ecken nicht auf Linien, sondern direkt in Grauwert- oder Farbbildern, ist der *Harris-Stephens*-Eckendetektor aus [36]. Wir behandeln zweidimensionale Bilder $I : [0, N[\times [0, M[\to \mathbb{Q}$.

Die zugrunde liegende Idee ist sehr einfach. Betrachten wir als Beispiel einen kleinen Bildausschnitt

$$I_0 = \begin{matrix} 0 & 0 & 0 \\ 0 & 10 & 10 \\ 0 & 10 & 10 \end{matrix}$$

(ein Fenster vom Radius 1) eines Grauwertbildes mit einer perfekten Ecke im Zentrum. Dann ist im Eckpunkt sowohl die Ableitung in x- als auch in y-Richtung hoch. Bei einer senkrechten Kante wie in I_1

$$I_1 = \begin{matrix} 0 & 10 & 10 \\ 0 & 10 & 10 \\ 0 & 10 & 10 \end{matrix}$$

ist ebenfalls die x-Ableitung hoch, aber die y-Ableitung klein. In einem homogenen Bereich sind beide Ableitungen klein. Damit kann man grob betrachtet die Werte $I_x(p), I_y(p)$ und deren Kombinationen wie $I_x^2(p), I_y^2(p), I_x I_y(p)$ zur Eckigkeit an der Stelle $p \in \mathrm{Loc}_I$ heranziehen. Wie macht man es nun im Detail? Dazu betrachten wir kurz eine andere Herangehensweise.

Wir suchen eine Eckigkeit im Punkt p in Loc_I. Dazu betrachten wir ein Fenster $F = F_{d_1,d_2}^2$ und legen es auf p, d. h., wir betrachten das Teilbild $I_p := I_{|F+p}$. Die Eckigkeit in p ist dann besonders hoch, wenn sich I_p bei Verschiebungen des Fensters in alle Richtungen stark ändert. Eine Verschiebung x im Bild ist ein Vektor $x = (i, j)$ im BV-Koordinatensystem, der im geometrischen Koordinatensystem zu $x = (x_1, x_2)$ mit $x_1 = j, x_2 = -i$ wird. Wir argumentieren hier im geometrischen Koordinatensystem. Die Verschiebung von I_p um $x = (x_1, x_2)$ im Fenster F ist dann $I_{p+x} = I_{|F+p+x}$. Als Änderung $c(I_p, I_{p+x})$ wählen wir die gewichtete Summe der Quadrate der Änderungen pro Ort im Fenster, also

$$c(I_p, I_{p+x}) = \sum_{o \in F} w(o)(I(p + o) - I(p + x + o))^2$$

$\qquad$ ($w(o)$ ist ein nicht negativer Gewichtungsfaktor in F an der Stelle o)

$$= \sum_{o \in F_p} w(o - p)(I(o) - I(x + o))^2$$

$$= \sum_{(u,v) \in F_p} w((u, v) - p)\big(I(u, v) - I(u + x_1, v + x_2)\big)^2$$

$\qquad$ (wegen $x = (x_1, x_2)$)

$$\approx \sum_{(u,v) \in F_p} w((u, v) - p)(I_x(u, v) \cdot x_1 + I_y(u, v) \cdot x_2)^2$$

$\qquad$ (wegen $I(u + x_1, v + x_2) \approx I(u, v) + I_x(u, v) \cdot x_1 + I_y(u, v) \cdot x_2$)

$$= \sum_{(u,v) \in F_p} w((u, v) - p)I_x^2(u, v) \cdot x_1^2$$

$$+ 2 \sum_{(u,v) \in F_p} w((u, v) - p)I_x I_y(u, v) \cdot x_1 x_2$$

$$+ \sum_{(u,v) \in F_p} w((u, v) - p)I_y^2(u, v) \cdot x_2^2$$

$$= \widetilde{I_x^2} \cdot x_1^2 + 2\widetilde{I_x I_y} \cdot x_1 x_2 + \widetilde{I_y^2} \cdot x_2^2$$

$\qquad$ (mit $\widetilde{I_\bullet^2} = \sum_{o \in F_p} w(o - p)I_\bullet^2(o)$ und $\widetilde{I_x I_y} = \sum_{o \in F_p} w(o - p)I_x(o)I_y(o)$)

$$= \begin{pmatrix} x_1 & x_2 \end{pmatrix} \begin{pmatrix} \widetilde{I_x^2} & \widetilde{I_x I_y} \\ \widetilde{I_x I_y} & \widetilde{I_y^2} \end{pmatrix} \begin{pmatrix} x_1 \\ x_2 \end{pmatrix}$$

$$= x \cdot H \cdot x^{\mathrm{T}} \text{ für } H = \begin{pmatrix} \widetilde{I_x^2} & \widetilde{I_x I_y} \\ \widetilde{I_x I_y} & \widetilde{I_y^2} \end{pmatrix}.$$

In der Mathematik findet man meist die Darstellung $x^{\mathrm{T}} \cdot H \cdot x$, wobei x ein Spaltenvektor ist. Hier ist $x = (x_1, x_2)$ aber ein Zeilenvektor. $\widetilde{I_x^2}$ ist eine Zahl in $\mathbb{R}$, und zwar die gewichtete Summe der Quadrate der Ableitungen in x-Richtung im Fenster F an der Stelle p, analog für $\widetilde{I_y^2}$ und $\widetilde{I_x I_y}$. Das höher gesetzte $\widetilde{}$ soll auf diese gewichtete Summation hinweisen. Die Werte $\widetilde{I_x^2}, \widetilde{I_y^2}, \widetilde{I_x I_y}$ und die Matrix H hängen natürlich vom Ort p, Fenster F und gewählter Gewichtsfunktion w ab. Ebenso ist zur Randbehandlung I^{∞} statt I außerhalb von Loc_I zu betrachten, was wir alles weggelassen haben, um die Formeln nicht zu überfrachten. So ist $\widetilde{I_x^2}^2$ nicht etwa (der hier undefinierte Ausdruck) $\widetilde{I_x^4}$.

Die Matrix

$$H = \begin{pmatrix} \widetilde{I_x^2} & \widetilde{I_x I_y} \\ \widetilde{I_x I_y} & \widetilde{I_y^2} \end{pmatrix}$$

heißt die *lokale Strukturmatrix*. Sie darf nicht mit der Hesse-Matrix verwechselt werden, mit der sie eine gewisse formale Ähnlichkeit hat, oder mit der „Harris-Matrix" (wegen des Namens „Harris"), die ein völlig anderes Konzept aus der Archäologie ist. Interessant sind die Eigenwerte λ_1, λ_2 von H. Über sie ist mit einfachen Kenntnissen aus der linearen Algebra über quadratische Formen Folgendes bekannt.

H ist symmetrisch und besitzt daher zwei reellwertige Eigenwerte λ_1, λ_2. Es ist per Definition $c(I_p, I_{p+x}) \geq 0$, also auch $x \cdot H \cdot x^{\mathsf{T}} \geq 0$, und H ist positiv semidefinit und ihre beiden Eigenwerte sind daher nicht negativ. λ_1 sei der kleinere von beiden. Dann gilt für alle $x \in \mathbb{R}^2$

$$\lambda_1 x x^{\mathsf{T}} \leq x \cdot H \cdot x^{\mathsf{T}} \leq \lambda_2 x x^{\mathsf{T}},$$

was sich sehr leicht direkt zeigen lässt. Es sei x ein Vektor mit Norm 1, also mit $|x| = x x^{\mathsf{T}} = x_1^2 + x_2^2 = 1$. Dann gilt also:

$$\lambda_1 \leq x \cdot H \cdot x^{\mathsf{T}} = c(I_p, I_{p+x}) \leq \lambda_2.$$

Für jede reellwertige Richtung x (der Norm 1) liegt die Änderung in I_p also zwischen λ_1 und λ_2. Je größer λ_1 wird, desto größer müssen die Änderungen in I_p bei Verschiebung in irgendeine Richtung werden. Man sieht also, wie Aussagen über die beiden Eigenwerte bereits Aussagen über alle Richtungen, d. h. über alle Werte $x \in \mathbb{R}^2$, erlauben.

$0 \leq x H x^{\mathsf{T}} = x \lambda x^{\mathsf{T}} = \lambda x x^{\mathsf{T}} = \lambda$ für einen Eigenvektor x der Norm 1 zum Eigenwert λ zeigt übrigens direkt, dass $0 \leq \lambda$ gilt. Gilt $\lambda_1 = 0$, so folgt für jeden Eigenvektor x_{λ_1} zu dem Eigenwert λ_1:

$$c(I_p, I_{p+x_{\lambda_1}}) = x_{\lambda_1} \cdot H \cdot x_{\lambda_1}^{\mathsf{T}} = x_{\lambda_1} \cdot \lambda_1 \cdot x_{\lambda_1}^{\mathsf{T}} = 0.$$

In die Richtung x_{λ_1} findet keine Änderung statt und wir dürfen keine Ecke im Fenster F_p erwarten.

Insgesamt gilt also:

- $\lambda_1 = \lambda_2 = 0$ sagt, dass das Bild lokal um p recht homogen ist,
- $0 = \lambda_1 < \lambda_2$ sagt, dass das Bild eine Kante in $I_{|F_p}$ besitzen kann,
- $0 < \lambda_1 \leq \lambda_2$ sagt, dass das Bild in $I_{|F_p}$ eine Ecke besitzen kann.

Je größer im letzten Fall λ_1 und je näher es zu λ_2 ist, desto ausgeprägter ist die Eckigkeit in p. Es sei noch bemerkt, dass

$$E := \left\{ x \in \mathbb{R}^2 \mid x \cdot H \cdot x^{\mathsf{T}} = 1 \right\}$$

eine Ellipse im $\mathbb{R}^2$ bildet, deren Mittelpunkt im Nullpunkt des $\mathbb{R}^2$ liegt und deren Haupt- und Nebenachse gerade die Längen $2\lambda_2$ und $2\lambda_1$ besitzen. H ist eine kleine 2×2-Matrix. Ihre Determinante

$$\det \begin{pmatrix} \widetilde{I_x^2} & \widetilde{I_x I_y} \\ \widetilde{I_x I_y} & \widetilde{I_y^2} \end{pmatrix}$$

ist $\widetilde{I_x^2}\,\widetilde{I_y^2} - \widetilde{I_x I_y}^2$. Die Eigenwerte sind die Nullstellen des charakteristischen Polynoms, also von

$$\det \begin{pmatrix} \widetilde{I_x^2} - \lambda & \widetilde{I_x I_y} \\ \widetilde{I_x I_y} & \widetilde{I_y^2} - \lambda \end{pmatrix} = 0.$$

Damit sind die beiden Eigenwerte λ_1, λ_2 die beiden Lösungen von

$$0 = \lambda^2 - \left(\widetilde{I_x^2} + \widetilde{I_y^2}\right) \cdot \lambda + \widetilde{I_x^2} \cdot \widetilde{I_y^2} - \widetilde{I_x I_y}^2, \text{ also}$$

$$\lambda_i = \frac{\widetilde{I_x^2} + \widetilde{I_y^2}}{2} \pm \frac{1}{2}\sqrt{\widetilde{I_x^2}^2 + \widetilde{I_y^2}^2 - 2\widetilde{I_x^2}\widetilde{I_y^2} + 4\widetilde{I_x I_y}^2}.$$

$\kappa(p) = \lambda_1$ ist also ein Maß für die Eckigkeit am Ort p. Harris und Stephens schlugen ein weiteres Eckigkeitsmaß

$$\kappa'(p) = \lambda_1 \cdot \lambda_2 - k \cdot (\lambda_1 + \lambda_2)^2$$

vor. Die Idee ist, wenn $\kappa'(p)$ für ein kleines k groß ist, dann ist es auch λ_1. Als einen praktikablen Wert wählt man $k \leq 0{,}1$. Es ist $\kappa'(p)$ nur eine Approximation für κ. Etwas überraschend lässt sich κ' direkt ohne Bestimmung der Eigenvektoren etwas einfacher als die Eigenwerte selbst berechnen (man kann auf ein Wurzelziehen verzichten), was Ende der 1980er-Jahre bei der Entwicklung dieses Verfahrens eine merkliche Beschleunigung der Berechnung bewirkte. Dazu beachtet man, dass die Determinante einer symmetrischen Matrix stets das Produkt ihrer Eigenwerte und die Spur stets die Summe ihrer Eigenwerte ist. Andererseits ist die Spur auch einfach die Summe der Diagonalelemente der Matrix. Also gilt

$$\begin{aligned} \kappa'(p) &= \det(H) - k \cdot \text{spur}^2(H) \\ &= \left(\widetilde{I_x^2}\widetilde{I_y^2} - (\widetilde{I_x I_y})^2\right) - k(\widetilde{I_x^2} + \widetilde{I_y^2})^2 \\ &= (1-2k)\widetilde{I_x^2}\widetilde{I_y^2} - \left((\widetilde{I_x I_y})^2 + k(\widetilde{I_x^2}^2 + \widetilde{I_y^2}^2)\right), \end{aligned}$$

und die Berechnung von $\kappa'(p)$ ist etwas schneller als die der Eigenwerte λ_i.

Mit einem Maß für Eckigkeit an einem Ort p kann man nun die Eckenorte p einfach als diejenigen lokalen Maxima oberhalb eines Schwellwertes bestimmen. Die Skala der Beobachtung definiert, wie groß man die Fenster für die lokale Strukturmatrix wählt und wie man lokale Maxima verstehen will.

Abb. 9.21 Harris-Stephens-Eckendetektor 1 mit quadratischem Fenster vom Radius 4

In einer einfachen Methode wählt man ein Fenster F und einen Schwellwert s und läuft durch alle Orte $p \in \text{Loc}_I$, wobei man $\kappa(p)$ (oder $\kappa'(p)$) berechnet und das Paar $(\kappa(p), p)$ für $\kappa(p) > s$ in eine Liste L legt. Anschließend sucht man in der Liste L ein p_0 mit maximalem $\kappa(p_0)$, erklärt p_0 als Eckpunkt und entfernt alle Paare $(\kappa(p), p)$ aus L mit $p \in F_{p_0}$. Man iteriert das Verfahren, bis L leer ist. Es werden also keine zwei Orte p, p' als Eckpunkte detektiert, die zu nahe benachbart sind, was hier $p' \in F_p$ bedeutet. Den globalen Schwellwert s kann man aus dem Histogramm der Häufigkeiten der vorkommenden Werte für $\kappa(p)$ an allen Orten in Loc_I gewinnen, wenn ein klares Tal für einen Wert s erkennbar ist.

Abbildung 9.21 zeigt die Ecken der Beispielgebäude 1 und 2 detektiert mit einem quadratischen Fenster vom Radius 4. Während die Resultate im D-Gebäude gut aussehen, werden beim B-Gebäude in den wilden Strukturen des Baums zu viele semantisch uninteressante Ecken gefunden. Abbildung 9.22 zeigt zwei künstlich verrauschte Bilder. Im

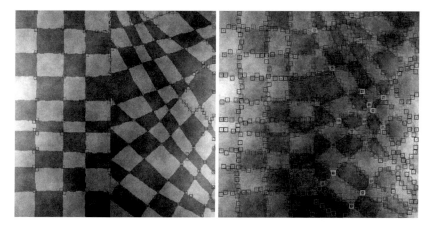

Abb. 9.22 Harris-Stephens-Eckendetektor 2 mit quadratischem Fenster vom Radius 4

linken Bild werden in der linken Hälfte mit senkrechten und waagerechten Strukturen die Ecken gut erkannt, in der rechten mit diagonalen Strukturen sind aber Eckpunkte auch auf Kanten gelegt worden. Es werden auf diagonalen Kanten häufiger Ecken detektiert als auf waagerechten oder senkrechten. Im rechten Bild ist das Rauschen etwas größer und der Harris-Stephens-Eckendetektor findet mit den Parametern wie im linken Bild zu viele Kanten. Hier ist ein anderer Schwellwert s zu wählen. Man kann diese Abhängigkeit von den Achsenrichtungen vermeiden, wenn man größere gewichtete Fenster verwendet, die Kreisumgebungen durch geeignete Gewichte w simulieren. Man findet mit obigen Auswertungsverfahren aber maximal nur einen Eckpunkt im größeren Fenster.

Es ist offensichtlich, wie man diese Technik auf dreidimensionale Bilder erweitern kann. Es existieren etliche weitere Eckendetektoren auf Grauwertbildern. Während der Harris-Stephens-Eckendetektor nur maximal eine Ecke pro Fenster F_p detektieren kann, kann ein Eckendetektor nach Förstner und Gülch [30] Ecken sogar subpixelgenau finden.

Segmentierung

10

Es sei I : Loc $\to$ Val ein digitales Bild. Eine Region in I ist per Definition einfach eine Menge $R \subseteq I$ von zusammenhängenden Pixeln. Das heißt, je zwei Pixel in R können durch einen Weg verbunden werden, der R nicht verlässt. Dabei hängt der Begriff des Weges auch von der verwendeten Nachbarschaftsbeziehung in Loc ab. So muss ein 9er-Weg nicht auch ein 5er-Weg sein, da in der 9er-Nachbarschaft auch diagonalen Verbindungen erlaubt sind, die in der 5er-Nachbarschaft verboten sind. In der Literatur werden manchmal zusätzliche, nicht formal präzisierte Eigenschaften für Regionen gefordert. Eine „inhaltlich zusammenhängende" Menge von Pixeln in einem Bild wird häufig als ein Segment bezeichnet. Damit werden oft auch Kantenzüge als ein Segment aufgefasst. Wir wollen versuchen, die Begriffe Region und Segment formal exakter zu fassen und zu trennen. Dazu gehen wir davon aus, dass ein Begriff einer *Homogenität* der Pixel einer Region R gegeben ist, der sich auf die Pixelwerte bezieht. Wir können den Begriff der Homogenität einer Region nicht formal definieren, da dieser von Aufgabenstellung zu Aufgabenstellung unterschiedlich sein kann, und geben hier nur einige Beispiele an. Dazu sei M eine Menge von Pixeln und τ eine Ähnlichkeitsrelation auf den Bildwerten, vgl. Abschn. 4.2.1. Man könnte dann z. B. sagen, M sei

- stark τ-homogen, falls $P \tau P'$ für alle Pixel $P, P' \in M$ gilt,
- τ-homogen, falls ein Pixel P_0 in M existiert, zu dem alle Pixel in M τ-ähnlich sind,
- σ, s-homogen, falls $\sigma_M^2 < s$ gilt.

Es sei h irgendein Homogenitätskriterium und λ eine Nachbarschaftsrelation. M heißt ein (λ, h)-*Segment*, falls M λ-zusammenhängend und h-homogen ist. Sind λ und h aus dem Zusammenhang bekannt oder unwichtig, so sprechen wir auch nur von einem Segment. Ein *Segment* S in einem Bild I ist damit eine Region, deren Pixelwerte hinreichend homogen sind. Segmente bilden elementare Merkmale in Bildern, wie Kanten und Ecken. Mathematisch betrachtet sind diese Merkmale von unterschiedlicher Dimension. Ecken sind Punkte und damit von der Dimension 0. Kanten, oder besser Kantenzüge, sind Li-

© Springer-Verlag Berlin Heidelberg 2015
L. Priese, *Computer Vision*, eXamen.press, DOI 10.1007/978-3-662-45129-8_10

nien und damit von der Dimension 1. In einem zweidimensionalen Bild sind Segmente Regionen, also normalerweise zweidimensional, in einem dreidimensionalen Bild sogar Volumen, also auch dreidimensional. Eine Region kann natürlich auch nur linienhaft sein.

In manchen Büchern werden auch Kantendetektoren unter Techniken zum Auffinden von Segmenten eingeordnet. In unserer Definition ist ein Kantenzug aber normalerweise kein Segment, es sei denn, man missbraucht diese Begriffe für Linienzüge (als Spezialfall einer Region) und künstliche Homogenitätskriterien auf Gradientenkarten, die gerade auf einen Kantenzug zutreffen. Dennoch kann man in zweidimensionalen Bildern durchaus mittels Kantendetektion Segmente finden. Gelingt es etwa, die Außenkante eines zwei-dimensionalen Segments zu finden, so ist das Segment selbst gefunden. Diese Idee ist für die Praxis aber nicht empfehlenswert. Viele Kantendetektoren, wie Canny oder La-place-Techniken, liefern nur selten geschlossene Kantenzüge um ein Segment. Andere, wie *Snakes*, die wir noch nicht vorgestellt haben, sind extra so entwickelt, dass sie sich von außen (oder von innen) an ein Segment anschmiegen und somit per Definition geschlos-sene Kantenzüge finden. Nur, Segmente mittels Kantenzüge finden zu wollen, bedeutet, zweidimensionale Merkmale über eindimensionale detektieren zu wollen, und man ver-zichtet dabei unnötigerweise auf inhärent vorliegende zweidimensionale Information. Wir werden hier einige Segmentiertechniken vorstellen, die die höherdimensionale Struktur der Segmente auch zu deren Detektion ausnutzen.

Noch allgemeiner als das Konzept eines Segments ist das einer *Segmentierung*. Gene-rell ist eine Segmentierung von I eine Zerlegung eines Bildes in Segmente. Wir beginnen mit einem anspruchsvollen Versuch einer Definition. Es sei h ein Homogenitätskriterium. Eine *ideale h-Segmentierung* $\mathcal{S}$ von I ist eine Partition $\mathcal{S} = \{S_1, \ldots, S_n\}$ von I mit

- $I = S_1 \cup \ldots \cup S_n$,
- $S_i \cap S_j = \emptyset$ für $1 \leq i \neq j \leq n$,
- jedes S_i ist ein maximales h-Segment.

Maximal heißt natürlich, dass jedes S_i bei Hinzunahme eines weiteren Pixels seine Eigenschaft, ein h-Segment zu sein, verliert. Sei es, weil das neue Pixel kein Nachbar der Region ist, und so der Zusammenhang verloren ginge, oder zu unähnlich zur Region ist, und damit die Homogenität h verloren ginge.

Man kann nicht erwarten, dass ideale Segmentierungen existieren. Betrachten wir dazu als triviales Beispiel das folgende Bild $I_1 : [0, 2]^2 \rightarrow \{0, 1, 2\}$ mit

$$I_1 = \begin{matrix} 0 & 0 & 2 \\ 0 & 1 & 2. \\ 0 & 0 & 2 \end{matrix}$$

Mit M_i und M_{ij} bezeichnen wir die Mengen aller Pixel mit dem Wert i bzw. den Werten i oder j. Als Ähnlichkeit wählen wir $i \, \tau \, j :\Longleftrightarrow |i - j| < 2$ und als Homogenitätskri-terium die starke τ-Ähnlichkeit. Dann bilden $M_0, M_1, M_2, M_{01}, M_{12}$ jeweils Segmente,

Abb. 10.1 Zwei gleichwertige korrekte Segmentierungen

M_{02} aber nicht. $\mathcal{S}_1 = \{M_{01}, M_2\}$ ist sicherlich eine intuitiv sinnvolle Segmentierung, aber ebenso $\mathcal{S}_2 = \{M_0, M_{12}\}$. Keine ist aber eine ideale Segmentierung, da M_2 in $\mathcal{S}_1$ und M_0 in $\mathcal{S}_2$ nicht maximal sind. Sowohl zu M_0 als auch zu M_2 kann man das Pixel mit dem Wert 1 zuschlagen und erhält so jeweils ein größeres Segment. Wir müssen also auf die Forderung, dass alle Segmente maximal sein müssen, verzichten. Ebenso können wir keinen Segmentierungsbegriff erwarten, der zu jedem Bild nur eine erlaubte Segmentierung gestattet.

Betrachten wir als zweites Beispiel das Bild

$$I_2 = \begin{matrix} 0 & 1 & 2 \\ 1 & 2 & 3 \\ 2 & 2 & 3 \end{matrix}$$

mit dem gleichen Homogenitätskriterium. Dann sind

$$\mathcal{S}_1 = \{M_{01}, M_{23}\}, \quad \mathcal{S}_2 = \{M_0, M_{12}, M_3\}$$

Segmentierungen für I_2. Generell sind bei fließenden Übergängen normalerweise mehrere unterschiedliche, aber in sich jeweils sinnvolle Segmentierungen möglich. Dennoch ist in diesem Beispiel die Segmentierung $\mathcal{S}_1$ die schönere, da sie mit weniger Segmenten auskommt (und zufällig auch noch ideal ist).

Abbildung 10.1 besitzt zum gleichen Ähnlichkeitsmaß τ wie eben zwei gleichwertige korrekte Segmentierungen, links die Segmentierung mit M_{01}, M_{23} und rechts mit M_0, M_{12}, M_3. Dabei zerfallen die Menge M_{01} links und die Menge M_3 rechts jeweils in zwei nicht zusammenhängende Segmente.

Versuchen wir also eine sehr liberale Definition. Eine Menge $\mathcal{S} = \{S_1, \ldots, S_n\}$ heißt *Segmentierung* von I, falls gilt:

- jedes S_i ist ein Segment von I,
- n ist möglichst klein,
- $I - \bigcup_{i=1}^{n} S_i$ ist vernachlässigbar und
- $S_i \cap S_j = \emptyset$ für $i \neq j$.

Verzichten wir auf die Disjunktheit verschiedener Segmente, so sprechen wir auch von einer *Semi-Segmentierung*. Sind S_i, S_j und auch $S_i \cup S_j$ Segmente, so sollte also statt S_i

und S_j nur $S_i \cup S_j$ in einer Segmentierung vorkommen. Während wir mit idealer Segmentierung eine mathematisch exakte Definition versucht haben, ist dies keine Definition im mathematischen Sinn, da hier unpräzise Begriffe eingehen. Natürlich kann man n auf Kosten von $I - \bigcup S_i$ verkleinern. Vernachlässigen kann man z. B. bei einem Salz-und-Pfeffer-Rauschen ein einzelnes Salz- oder Pfeffer-Korn, das man kaum als eigenes Segment betrachten möchte. In der Praxis kann man mit dieser unzulänglichen Definition aber gut arbeiten. Dann führen kleine Verletzungen eines eigentlich erwünschten Homogenitätskriteriums meist zu keinerlei Problemen. Daher geht man meist nicht von einem festen Homogenitätskriterium aus und sucht eine Segmentierung so, dass dieses Homogenitätskriterium exakt erfüllt ist. Vielmehr verwendet man eine Segmentiertechnik, von der man weiß, dass die Resultate das gewünschte Homogenitätskriterium zumeist erfüllen oder ihm nahe genug kommen.

Man versteht häufig unter Segmentierung auch den Prozess, in einem Bild eine Segmentierung zu finden. Dies dürfte aber nicht zu Unklarheiten führen.

Die naive Aufgabe lautet also: Finde möglichst große zusammenhängende Mengen von Pixeln, die jeweils homogen genug sind. Die Pixel, die keinem Segment zugeordnet werden, sollen vernachlässigbar sein. Wir werden dazu einige Techniken für zweidimensionale Bilder vorstellen und jeweils diskutieren, welchen formalen Kriterien deren Segmentierungen genügen und welche Verallgemeinerungen auf höhere Dimensionen möglich sind.

10.1 Klassenbilder

Es sei $I : \mathrm{Loc} \to \mathrm{Val}$ ein Bild und $\mathcal{K} = \{K_1, \ldots, K_n\}$ eine Partition von Val. Die K_i sind üblicherweise Intervalle bei einkanaligen bzw. Quader im mehrkanaligen Wertebereich Val. Das zu I gehörende Klassenbild $I_{\mathcal{K}}$ erhält man, indem der Wert $\mathrm{val}(P)$ jeden Pixels P in I durch i ersetzt wird, falls $\mathrm{val}(P)$ in K_i liegt, also

$$I_{\mathcal{K}}(p) := i, \text{ falls } I(p) \in K_i.$$

$M_i := \{P \in I \,|\, \mathrm{val}(P) \in K_i\}$ ist die i-te Klasse im Bild. Die Menge M_i muss nicht notwendig zusammenhängend sein. Es seien $M_{i,1}, \ldots, M_{i,n_i}$ alle Zusammenhangskomponenten von M_i, also mit $M_i = \bigcup_{1 \leq j \leq n_i} M_{i,j}$ und jedes $M_{i,j}$ ist eine maximale zusammenhängende Region.

$$\mathcal{S}_{\mathcal{K}} := \bigcup_{1 \leq i \leq n} \bigcup_{1 \leq j \leq n_i} M_{i,j}$$

ist eine Segmentierung von I. Diese durch die Klassifizierung $\mathcal{K}$ gewonnene Segmentierung ist eindeutig bestimmt und sogar $\tau_{\mathcal{K}}$-ideal für die Ähnlichkeit $\tau_{\mathcal{K}}$ definiert durch

$$P \; \tau_{\mathcal{K}} \; P' :\Longleftrightarrow \mathrm{val}(P) \text{ und } \mathrm{val}(P') \text{ liegen in einer gleichen Klasse in } \mathcal{K}.$$

So simpel diese Technik ist, so erfolgreich ist sie auch. Falschfarbaufnahmen sind z. B. Klassenbilder von Grauwertbildern, in denen die Pixel jeder Klasse, die hier einfach Grauwertintervalle sind, in einer anderen Farbe dargestellt werden.

Für eine Analyse von Farbbildern in Echtzeit wird diese Technik gern eingesetzt. Die Ähnlichkeit innerhalb der Farben wird durch eine vordefinierte, bildunabhängige Klasseneinteilung gewonnen. Diese Klasseneinteilung hängt nicht vom Bild I ab, sondern üblicherweise von der Umgebung, in der das Bild aufgenommen und in Echtzeit verarbeitet werden muss. Eine Stabilität der Lichtverhältnisse ist hier fast schon zwingend. Anwendungen finden sich z. B. in Produktionsprozessen und unter Laborbedingungen mit konstanten Lichtverhältnissen. Der Vorteil dieser Technik ist ihre Einfachheit und Geschwindigkeit. Ihr großer Nachteil ist, dass bei einer festen Klassifikation sich die Segmentierung bei Änderung von Lichtverhältnissen abrupt verschlechtern kann.

Color Connected Components

CCC (Color Connected Components) ist eine sehr einfache und schnelle Technik, die Segmentierung $\mathcal{S}_{\mathcal{K}}$ zu einer gegebenen Partition $\mathcal{K}$ von Val zu gewinnen.

Wir stellen CCC zuerst sehr abstrakt als *Zusammenhangsalgorithmus* für ein Binärbild $B : \mathrm{Loc}_B \to \{0, 1\}$ und eine Nachbarschaft λ auf Loc_B vor, noch ohne eine Partition $\mathcal{K}$. Wir suchen ein Klassenbild B_R, in dem jede maximale λ-Region des Vordergrundes eine eigene Klasse wird. Labels seien natürliche Zahlen > 0. Ein solcher Zusammenhangsalgorithmus findet sich bereits 1966 in [102]. Der Algorithmus ist wie folgt aufgebaut:

Setze newlabel $:= 1$, ein Label label(p) am Ort p sei zu Beginn noch nicht definiert, γ wird eine Relation auf den Labels, die zu Beginn noch undefiniert ist.

1. Scan: Für jedes $p \in \mathrm{Loc}_B$ mit $B(p) = 1$:

- bilde die Menge $L(p)$ aller bereits existierenden Labels aller λ-Nachbarn von p,
  - gilt $L(p) = \emptyset$, dann setze label(p) := newlabel, newlabel := newlabel $+ 1$,
  - gilt $L(p) \neq \emptyset$, dann setze label(p) := min $L(p)$ und erweitere die Relation γ um label(p)γl für jedes Label $l \in L(p)$.

Zwischenschritt: Bilde den reflexiven, symmetrischen und transitiven Abschluss der Relation γ, die damit zu einer Äquivalenzrelation γ^* wird. min l sei das kleinste zu l bezüglich γ^* äquivalente Label.

2. Scan: für jedes $p \in \mathrm{Loc}_B$ mit $B(p) = 1$:

- setze $B_R(p) :=$ min label(p).

Hierbei ist die Reihenfolge, in der die Orte $p \in \mathrm{Loc}_B$ abgearbeitet werden, völlig egal. Ein Ort p, der angefasst wird und von dessen Nachbarn noch keiner ein Label besitzt, erhält als Label den kleinsten freien Labelwert newlabel. Zwei Orte, die bezüglich γ^*

äquivalente Labels besitzen, gehören zu einer gleichen zusammenhängenden Region. In einem zweiten Scan wird jeder Wert label(p) durch den kleinsten dazu äquivalenten Labelwert ersetzt, damit alle Orte in einer zusammenhängenden Region auch den gleichen Wert erhalten. Haben wir k verschiedene Labels, so kann man im Zwischenschritt die Liste der zu jedem Label l gehörenden Werte $\min l$ in $O(k^2)$ Schritten erstellen. Die Anzahl k der vorkommenden Labels ist üblicherweise deutlich kleiner als B. Wir können auch $k^2 << |\mathrm{Loc}_B|$ annehmen und diese Äquivalenzbildung im Zwischenschritt vernachlässigen.

Wir zeigen das Verfahren an einem zweidimensionalen Beispielbild B mit der 4er-Nachbarschaft und scannen das Bild in kanonischer Reihenfolge zeilenweise von oben nach unten. In B steht • für ein Vordergrundpixel und kein Eintrag für ein Hintergrundpixel. B_R ist nach dem 1. und 2. Scan dargestellt.

```
            •  •  •
         •  •        •
         •  •        •
      •  •  •  •  •   •
      •  •  •  •      •
            •        •
      •  •           •
         •           •
      •  •  •  •  •  •  •
```

1. Scan:
```
            1  1  1                      1  1  1
      2  2        1                      2  2        1
      2  2        1                      2  2        1
3  3  2  2     4  1             2  2  2  2     2     1
   3  2  2  2  2  1             2  2  2  2  2        1
            2     1                            2     1
5  5  5           1             1  1  1              1
   5              1                1                 1
6  6  5  5  5  5  5  1          1  1  1  1  1  1  1  1
```
(links: 1. Scan; rechts: 2. Scan)

Es sei nun $\mathcal{K}$ eine gegebene Partition auf Val und I : Loc $\to$ Val ein orthogonales zweidimensionales Bild. In einem ersten Scan durch I findet man alle Klassen $M_i = \{P \in I \,|\, \mathrm{val}(p) \in K_i\}$ und somit das Klassenbild von I. Auf jede Klasse kann man nun die beiden Scans des Zusammenhangsalgorithmus anwenden und erhält so die Segmentierung $\mathcal{S}_{\mathcal{K}}$ in drei Bilddurchläufen.

Man kann den ersten Scan des Zusammenhangsalgorithmus aber auch simultan mit der Bildung des Klassenbildes $I_{\mathcal{K}}$ durchführen. Für jede Klassennummer i in $I_{\mathcal{K}}$ wählen wir zweidimensionale Labels (i, l), die wir bezüglich der zweiten Komponente minimieren müssen. Wird ein Pixel P zum ersten Mal angefasst, wird dessen Klasse i bestimmt und in einer zweiten Komponente dessen Label l nach dem obigen Zusammenhangsalgorithmus. $(5, 2)$ bedeutet somit im ersten Scan, dass dieses Pixel zur Klasse 5 gehört und in dieser das Label 2 besitzt. $(8, 2)$ dass es zur Klasse 8 gehört und in dieser das Label 2 besitzt. Gleiche Labels sind in verschiedenen Klassen also möglich und interferieren nicht miteinander.

Nach dem zweiten Scan bilden dann alle Pixel mit einem Label (i, j) die j-te zusammenhängende Menge $M_{i,j}$ aller Pixel in der Klasse M_i. Vernachlässigen wir den Zwischenschritt, hat der CCC eine lineare Rechenzeit von $O(|I|)$ und braucht nur zwei simple Scans durch das Bild. In diesen zwei Scans erzeugt er aus dem Bild I ein Klassenbild $I_{\mathcal{K}}$ und findet alle maximalen Regionen in allen Klassen. Es gibt Versionen, die mit nur einem Scan auskommen, siehe [69, 103].

In Umgebungen mit stabilen Lichtverhältnissen ist der CCC eine interessante Technik, Segmente über Farbklassen sehr schnell zu detektieren.

10.2 Wasserscheidentransformation

Die Segmentiertechnik *Wasserscheidentransformation* folgt einer einfachen Idee. Wir gehen von einem zweidimensionalen Bild aus, das wir in ein Gradientenbild umwandeln, von dem uns nur der Kanal der Gradientenbeträge interessiert.

$$I : [0, N[\times [0, M[\rightarrow [0, \max]_{\mathbb{Q}}$$

sei das zweidimensionale Bild dieser einkanaligen Gradientenbeträge, das wir uns als eine dreidimensionale Gebirgslandschaft vorstellen. Die Grauwerte $I(p)$ repräsentieren Höhen. Außen umgeben wir das Bild mit einem Rand der Höhe $\max + 1$. Bei einem gleichmäßigen Regen über dieser Landschaft kann der Regen nicht aus dem Gradientenbild abfließen und er bildet Seen, die in den Tälern entstehen und bei weiterem Einregnen in die Höhe wachsen. Die Orte dieser Seen sollen den Orten von Segmenten im Ausgangsbild entsprechen. Die Segmentgrenzen entstehen beim Überlauf, wenn zwei Seen beim Weiterregnen ineinander überlaufen. An diesen Stellen stellt man sich einen Deichbau vor, der bis zur Höhe $\max + 1$ mit wächst.

Für eine Implementierung der Methode empfiehlt sich eine leicht modifizierte Vorstellung. Es soll nicht von oben in die Gebirgslandschaft regnen, sondern die Landschaft wird von unten geflutet. Und zwar nicht in jedem Tal gleichzeitig, sondern entlang der globalen Höhenlinien im Bild, von unten nach oben. Betrachten wir als Beispiel das eindimensionale Gradientenbild in Abb. 10.2.

Auf der eingezeichneten Flutungshöhe im linken und mittleren Bild haben sich vier Seen, also Segmente, gebildet. Der zweite und dritte See verschmelzen zwar im mittleren Bild, hier wird allerdings ein Deich zur Trennung gebaut. Bei einer Flutung bis zur maximalen Höhe erhalten wir im Beispiel fünf Segmente. Jeder lokale Gipfel in einem eindimensionalen Bild führt also zu einem Deich und damit zu einer Segmentgrenze.

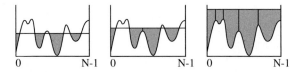

Abb. 10.2 Eine Gebirgslandschaft (eindimensionales Gradientenbild) mit Flutung der Wasserscheidentransformation auf drei verschiedenen Höhen und die dabei erzeugten Deiche

Es können hierbei sehr große Segmente von Pixeln sehr unterschiedlicher Werte entstehen, solange die Übergänge keine lokalen Gipfel besitzen. In der Praxis tritt aber ein anderes Problem auf: Besitzt ein intuitiver Seen mehrere kleinen Kuhlen, so wird jede kleine Kuhle wegen des Deichbaus zu einem eigenen See. Dort, wo man ein größeres Segment erwarten würden, entstehen durch zufällige flache Kuhlen eigene Segmente. Das Wasserscheidenverfahren neigt zu einer *Übersegmentierung*, in der zu viele kleine Segmente entstehen. Es existieren etliche Techniken, diese Übersegmentierung einzuschränken oder ganz zu beheben. Eine einfache Idee ist es z. B., zwischen zwei Seen, die sich gerade berühren, nur dann einen Deich zu errichten, wenn beide eine gewisse Mindesttiefe besitzen (Preflood-Methode). Damit verhindert man, dass zu kleine Kuhlen zu eigenen Seen werden. Zusätzlich sollte man am Ende in einer Merging-Phase benachbarte Seen wieder verschmelzen, wenn sie ähnlich genug sind, siehe hierzu den Abschn. 10.5.

Abbildung 10.3 zeigt in den oberen Bildern zwei Varianten der Wasserscheidentransformation, gebildet mit dem Tool ImageJ (erhältlich in http://rsb.info.nih.gov/ij/) mit vorheriger Gaußfilterung mit $\sigma = 2$ (oben links) und $\sigma = 6$ (oben rechts). Hierbei werden allerdings nur die Grenzen in das Originalbild eingezogen. Unten finden sich die Resultate bei Verwendung eines Wasserscheidenalgorithmus von Soille [113]. Setzt man den Preflood-Parameter so, dass der Himmel nicht in das Gebäude wächst, ergeben sich sehr viele kleine Segmente. In den beiden unteren Bildern wird eine *Standarddarstellung für Segmente* verwendet, in der jedes Segment S mit seinem Mittelwert μ_S ohne weitere Hervorhebung der Segmentgrenzen visualisiert wird.

Wendet man das Wasserscheidenverfahren auf ein Bild mit homogenen Übergängen und konstanten Gradientenwerten an, so wird das ganze Bild ein Segment. Das gilt z. B. für das Bild 3.17 des Farbverlaufs im H-Kanal des HSV-Farbraums. Obwohl hier alle Farben im Bild vorkommen, es also maximal inhomogen ist, liefert die Wasserscheidentransformation nur ein Segment. Die Wasserscheidentransformation ist also ein Segmentierverfahren bezüglich des äußerst extremen Homogenitätskriteriums der Konstanz im Gradientenwert. Auf ein vorgegebenes Homogenitätskriterium kann es nicht adaptiert werden.

Abb. 10.3 Wasserscheidentransformation. *Oben* Segmentierung im Beispielgebäude 1 mithilfe der Wasserscheidentransformation mit dem Tool ImageJ mit vorheriger Gaußfilterung mit $\sigma = 2$ (*links*) und $\sigma = 6$ (*rechts*). *Unten* Anwendungen des Wasserscheidenalgorithmus nach Soille [113] mit verschiedenen Preflood-Parametern

10.3   Rekursives Histogrammsplitting

Das *rekursive Histogrammsplitting (RHS)* ist eine Technik von Ohlander [82], siehe auch Ohlander, Price und Reddy [83] oder Ohta, Kanade und Sakai [84], die Histogramme mit Ortsinformation verknüpft. Dabei wird in einer ausgewählten Region R, die als nicht homogen genug gilt, mittels einer Analyse der Histogramme aller Kanäle des Bildes eine Unterteilung in zwei „homogenere" Mengen V_R, H_R mit $V_R \cup H_R = R, V_R \cap H_R = \emptyset$ durchgeführt. Wir wollen der Anschauung zuliebe V_R den „Vordergrund" und H_R den „Hintergrund" in R nennen. V_R und H_R werden in ihre Zusammenhangskomponenten $V_1, \ldots, V_n$ bzw. $H_1, \ldots, H_m$ zerlegt und diese Regionen werden weiter analysiert. Der Aufbau des Algorithmus RHS ist wie folgt:

- bilde zwei leere Keller $\mathcal{S}$ und $\mathcal{R}$,
- $R := I$, lege R auf $\mathcal{R}$,

- wiederhole

  nimm oberste Region R von $\mathcal{R}$,

  falls R homogen genug ist,

  lege R auf $\mathcal{S}$,

  sonst

  bilde $V_1 \subseteq R$, den „Vordergrund" in R,

  und V_2, den „Hintergrund" in R,

  partitioniere V_1 und V_2 in maximal große zusammenhängende Regionen

  und lege diese alle auf $\mathcal{R}$,
- solange bis $\mathcal{R}$ leer ist. $\mathcal{S}$ ist die gefundene Segmentierung.

Der logische Aufbau vom rekursiven Histogrammsplitting ist einfach, aber eine Definition und Bestimmung des Vordergrundes und Hintergrundes in R ist problematisch. In der Praxis arbeitet man auf hochkanaligen Bildern, wie Satellitenaufnahmen mit diversen Kanälen oder Farbbildern in mehreren Farbräumen. Für ein Farbbild werden daher der RGB-Farbraum, HSV-Farbraum und YIQ-Farbraum berechnet und alle Kanäle R, G, B, H, S, V, Y, I, Q gleichzeitig betrachtet. Eine Region R ist nun homogen genug, wenn in keinem Histogramm H_R^c der Kanäle c ein ausgeprägter Gipfel zu finden ist. Alle Pixelwerte in R haben dann in allen Kanälen keine Auffälligkeit. Ist R nicht homogen genug, so findet man in zumindest einem der Kanäle einen ausgeprägten Gipfel. Dieser muss lokalisiert werden. In [83] wird dazu ein Programm vorgestellt. Es bieten sich aber auch andere Methoden an. Man könnte mit der Methode von Otsu oder Kittler-Illingworth, vgl. Abschn. 5.2.3, zwei Schwellwerte s_1, s_2 für das Histogramm H_R^c bestimmen und $V_G^c = \{P \in R \mid s_1 \leq \text{val}(P) \leq s_2\}$ setzen. V_G kann dann das ausgeprägteste V_G^c für alle Kanäle sein (etwa mit maximaler Größe o. Ä.). Ebenso kann man das Bin b_0 mit maximalem Wert in allen Histogrammen H^c suchen und dessen Einzugsbereich (Cluster) C_{b_0} nach der Methode des graphentheoretischen Histogrammclusterns, vgl. Abschn. 4.3.8, wählen. V_G werden dann alle Pixel in R mit einem Wert $\text{val}(P)^c$ in C_{b_0}.

Ortsinformation wird in RHS nur indirekt verwendet, indem Histogramme von immer kleineren Regionen betrachtet werden. Der RHS ist ein relativ zeitaufwändiges Verfahren, liefert häufig aber ziemlich gute Resultate, die man dieser recht simplen Idee nicht zutraut. Abbildung 10.4 zeigt das Ergebnis einer RHS-Segmentierung beim Beispielgebäude 1 in der Standarddarstellung.

Das Homogenitätskriterium der RHS-Technik besteht also darin, dass in allen Kanälen die Histogramme von einem Segment keinen ausgeprägten Gipfel besitzen, d. h., dass alle Bildwerte in einem Segment in allen Kanälen etwa gleich häufig auftreten.

10.4 Split-and-Merge

Split-and-Merge (SaM) ist eine Technik von Horowitz und Pavlidis [47], die wegen ihrer Einfachheit und Qualität sehr beliebt ist. SaM arbeitet, wie der Name sagt, in zwei verschiedenen Phasen, einer top-down durchgeführten Split-Phase und einer anschlie-

Abb. 10.4 Segmentierungsresultat mit RHS

ßenden Merge-Phase, die bottom-up erfolgt. In diesem Abschn. 10.4 sei Loc stets ein quadratischer Ortsbereich Loc $= [0, 2^n[^2$ von einer Seitenlänge 2^n für $n > 0$. Der SaM-Algorithmus geht von einem zweidimensionalen Bild $I :$ Loc $\to$ Val mit einem solchen Ortsbereich aus. Falls der Ortsbereich Loc_I von I nicht diese Eigenschaft erfüllt, bettet man Loc_I in das kleinste Quadrat einer zulässigen Seitenlänge ein und setzt $I(p) = 0$ für p außerhalb von Loc_I. Damit ist die Voraussetzung für den Ortsbereich des Bildes immer erfüllbar und der künstliche schwarze Rand ist für das folgende Verfahren nicht störend.

In der Split-Phase des SaM-Algorithmus wird eine Datenstruktur Quadtree aufgebaut, die wir zuerst vorstellen wollen.

10.4.1 Quadtree

Wir betrachten die Menge $\mathcal{Q}$ aller Quadrate im $\mathbb{N}^2$, deren Seitenlängen Zweierpotenzen 2^i für ein $i \in \mathbb{N}$ sind. Ein *Quadtree* für Loc ist ein angeordneter, kantengewichteter Graph $Q = (V, \lambda, E)$ mit

- $V \subset \Sigma^*$ mit $\Sigma = \{1, 2, 3, 4\}$, dessen Knoten also Wörter über den Ziffern 1 bis 4 sind,
- $\lambda : V \to \mathcal{Q}$, eine Funktion, die jedem Wort in V ein Quadrat aus $\mathcal{Q}$ zuordnet, sowie
- eine Kantenrelation $E \subseteq V \times V$, die einen angeordneten, gerichteten Baum mit folgenden Eigenschaften bildet:
  - Die Wurzel ist ε mit $\lambda(\varepsilon) =$ Loc.
  - Es sei $w \in \Sigma^*$ ein Knoten in V, der kein Blatt ist, mit $\lambda(w) = Q_w \in \mathcal{Q}$. Dann sind in dieser Reihenfolge $w1, w2, w3$ und $w4$ Kindknoten von w. Die Seitenlänge von Q_w sei 2^{m+1}. Dann wird Q_w durch Halbieren bezüglich der x- und y-Achse in 4 Teilquadrate Q_{wi} der Seitenlängen 2^m unterteilt. Dabei sei Q_{wi} das Viertel

$$\begin{array}{lll} \text{oben links,} & \text{für } i = 1, \\ \text{oben rechts,} & \text{für } i = 2, \end{array}$$

unten rechts,   für $i = 3$,

unten links,   für $i = 4$.

Es ist $\lambda(wi) := Q_{wi}$. Ist die Seitenlänge von Q_{wi} gleich 1, muss wi als Blatt deklariert werden. Ansonsten darf jedes wi als Blatt deklariert werden, muss es aber nicht.

In einem Quadtree wird also das Quadrat Loc rekursiv in vier gleich große Unterquadrate unterteilt. Damit das sinnvoll geht, wurde Loc selbst als Quadrat einer Seitenlänge, die eine 2er-Potenz ist, vorausgesetzt. Diese Unterteilung darf man für ein Unterquadrat Q_{wi} jederzeit abbrechen, indem man wi als Blatt deklariert. Bei Unterquadraten einer Seitenlänge 1 muss man abbrechen. Die Kindknoten werden im Uhrzeigersinn oben links beginnend von 1 bis 4 durchnummeriert.

Die Tiefe eines Knotens w in Q ist genau die Länge $|w|$ des Wortes w über dem Alphabet $\{1, 2, 3, 4\}$ und das Wort w beschreibt genau den Weg von der Wurzel zum Knoten w.

Betrachten wir als Beispiel den folgenden Quadtree der maximalen Tiefe 3, wobei die Pfeile von w zu wi für $1 \leq i \leq 4$ weggelassen sind:

$$\varepsilon$$

1	2	3	4
	$21, 22, 23, 24$	$31, 32, 33, 34$	$41, 42, 43, 44$
$231, 232, 233, 234$	$241, 242, 243, 244$	$411, 412, 413, 434$	$441, 442, 443, 444$

Abbildung 10.6 visualisiert die von diesem Quadtree repräsentierten Regionen.

10.4.2 Die Split-Phase

In der Split-Phase eines SaM-Algorithmus wird der Ortsbereich Loc eines Bildes I in einen Quadtree zerlegt.

Haben wir ein Bild $I : \text{Loc} \to \text{Val} \subset \mathbb{Q}$, so ordnen wir in einem Quadtree $Q_I = (V, \lambda, E)$ für I den einzelnen Knoten w mittels $\lambda(w)$ nicht mehr das Quadrat Q_w, sondern das Teilbild $R_W := I_{|Q_w}$ eingeschränkt auf dieses Quadrat zu. Das Abbruchkriterium, wann ein Knoten w als Blatt erklärt wird, ist nun einfach, dass $\lambda(w) = R_w$ homogen genug ist. Der Homogenitätsbegriff ist je nach Aufgabenstellung geeignet zu wählen. Häufig wird als Homogenitätskriterium $\sigma^2_{R_w} < s$ gewählt; die Varianz in R soll kleiner als ein Schwellwert s sein. Damit zerlegt die Split-Phase eine Bild in disjunkte Segmente, deren Ortsbereich stets ein Quadrat in $\mathbb{Q}$ ist.

Wir betrachten als Beispiel ein kleines Grauwertbild wie in Abb. 10.5 gezeigt. Wir wollen in diesem Beispiel einen exotischen Homogenitätsbegriff wählen. Eine Region

Abb. 10.5 Ein kleines Bild mit seinen Grauwerten

112	108	120	95	110	113	133	142
104	54	112	98	94	118	162	147
108	110	113	93	188	153	144	208
109	119	97	113	142	143	146	215
102	120	155	164	154	157	155	163
105	153	172	165	167	159	150	161
152	161	137	163	202	224	175	164
172	171	162	209	211	223	164	153

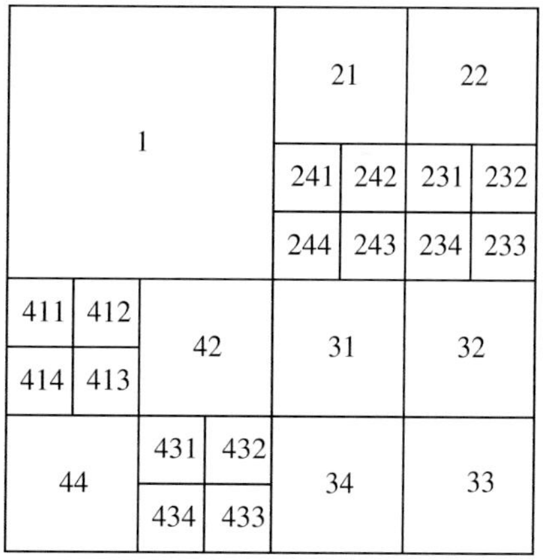

Abb. 10.6 Quadtree zu der Abb. 10.5

soll homogen sein, wenn bei Entfernen von maximal 10 % aller Pixel dieser Region für alle restlichen Pixel P, P' die Differenz $|\text{val}(P) - \text{val}(P')| \leq 30$ ist. Die Region R_1 im Quadtree in Abb. 10.6 besitzt im Bild in der Abb. 10.5 die Grauwerte (von links oben nach rechts unten): 112, 108, 120, 95, 104, 54, 112, 98, 108, 110, 113, 93, 109, 119, 97, 113 mit dem Mittelwert $\mu_{R_1} = 97$. Entfernt man das Pixel mit Wert 54, haben alle anderen weniger als den erlaubten Maximalabstand 30. R_1 ist damit homogen genug und bildet eine Region im Quadtree, die nicht weiter unterteilt wird. R_2, R_3 und R_4 sind nicht homogen genug und müssen weiter unterteilt werden. Man überzeugt sich leicht, dass das Bild aus Abb. 10.5 in der Split-Phase genau in den Quadtree von Abb. 10.6 zerlegt wird.

10.4.3 Die Merge-Phase

In der Merge-Phase werden iterativ zwei Segmente S_1, S_2 verschmolzen, die ähnlich genug sind und eine gemeinsame Grenze besitzen. Ausgangspunkt für die Iteration sind

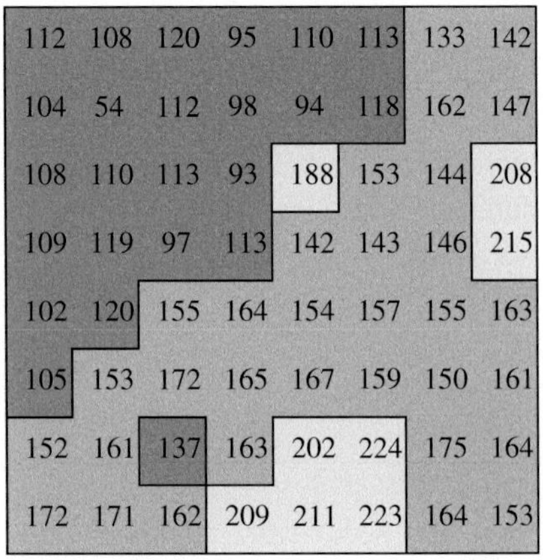

Abb. 10.7 Eine Segmentierung des Bildes in Abb. 10.5

112	108	120	95	110	113	133	142
104	54	112	98	94	118	162	147
108	110	113	93	188	153	144	208
109	119	97	113	142	143	146	215
102	120	155	164	154	157	155	163
105	153	172	165	167	159	150	161
152	161	137	163	202	224	175	164
172	171	162	209	211	223	164	153

hierbei zwei Segmente R_{w_1}, R_{w_2}, die zu Knoten im Quadtree gehören. Diese dürfen durchaus von unterschiedlicher Tiefe $|w_1| \neq |w_2|$ sein. Im Iterationsschritt müssen die zu verschmelzenden Segmente selbst keinem Knoten mehr zugeordnet sein, sondern dürfen aus bereits verschmolzenen Segmenten bestehen.

Diese Phase ist nicht ganz einfach zu implementieren, da in irgendeiner Systematik Segmente heranzuziehen sind, die eine gemeinsame Grenze haben. Dabei sind zwei Segmente S_1, S_2 benachbart, wenn mindestens ein Pixel $P_1 \in S_1$ und ein Pixel $P_2 \in S_2$ existieren, die selbst 4er-benachbart sind.

Das Ähnlichkeitskriterium, nachdem zwei benachbarte Regionen verschmolzen werden dürfen, muss nicht das gleiche sein, das in der Split-Phase für Homogenität verwendet wird. So wird oft eine Region gesplittet, wenn ihre Varianz zu groß ist, aber zwei Segmente S_1, S_2 werden schon dann verschmolzen, wenn nur ihre Mittelwerte μ_{S_1}, μ_{S_2} nahe genug liegen. Diese Vereinfachung beschleunigt die Rechenzeit.

Wir wählen für unser obiges Beispielbild in Abb. 10.5 in der Merge-Phase als Ähnlichkeitsmaß für zwei bereits gebildete Segmente S_1, S_2, dass $|\mu_{S_1} - \mu_{S_2}| < 25$ gilt. Dann können z. B. folgende Regionen verschmolzen werden:

- R_1, R_{21}, R_{411}, R_{412} und R_{414},
- R_{44}, R_{42}, R_{432}, R_{434}, R_{31}, R_{32}, R_{33}, R_{22}, R_{231}, R_{234}, R_{242}, R_{243} und R_{244},
- R_{232} und R_{233}
- R_{34} und R_{433}.

Ein weiteres Segment bildet das isolierte Pixel in R_{241} mit dem Wert 188. Hingegen führt der Wert 54 in R_1 nicht zu einem isolierten Segment, da R_1 insgesamt als homogen genug erkannt wurde. Dies liegt an der Wahl des Homogenitätsmaßes in diesem Beispiel. Abbildung 10.7 zeigt die gefundenen Segmente in unterschiedlichen Grautönen.

Was geschieht mit R_{431} mit Wert 137? Führt man die Merge-Phase bottom-up durch, so wird R_{431} mit den Nachbarregionen R_{432}, R_{434}, R_{42} und R_{44} verglichen und ist zu keiner für ein Merge hinreichend ähnlich. Damit wird R_{431} zu einem isolierten Segment. Führt man die Merge-Phase hingegen top-down durch, so werden zuerst die Regionen R_{44}, R_{42}, R_{31}, R_{32} und R_{33} zu einer Region R mit Mittelwert 161.65 verschmolzen, zu der R_{431} hinreichend ähnlich ist und verschmolzen würde. Das Ergebnis der Merge-Phase kann durchaus von der Reihenfolge abhängen, in der zu verschmelzende Regionen gewählt werden. Es liegt also auch an den Details der Implementierung, welche Segmentierung man erhält.

Grouping

Manche Autoren sprechen von einem *Grouping*, wenn zwei Segmente verschmolzen werden. Der Begriff Merging wird dann für den Spezialfall reserviert, dass vier Segmente R_{w1}, R_{w2}, R_{w3}, R_{w4} zu einer gemeinsamen Region R_w verschmolzen werden. Dieser Fall kann auftreten, wenn man mit der Split-Phase nicht von der Wurzel aus beginnt. Zur Beschleunigung des Verfahrens kann man das Bild I sofort in 4^m Teilbilder R_w für alle $w \in \{1, 2, 3, 4\}^*$ mit $|w| = m$ unterteilen. Die Split-Phase beginnt jetzt auf der Tiefe m, fälschlich unterteilte homogene Regionen R_{w1}, R_{w2}, R_{w3}, R_{w4} werden dann wieder zu R_w verschmolzen (Merging) und die anschließende Merge-Phase wird jetzt Grouping genannt wird.

10.4.4   Vor- und Nachteile

Der große Vorteil von Split-and-Merge ist sein einfacher logischer Aufbau. Auch sind die Segmentierungsergebnisse recht ordentlich. Ein Nachteil ist, dass die Grouping-Phase ziemlich anspruchsvoll wird, da es verschiedenen unfertigen Segmenten in der Quadtree-Struktur nicht trivial ansehbar ist, ob sie eine gemeinsame Grenzlinie besitzen und so überhaupt Kandidaten für ein weiteres Verschmelzen sein können. Dies ist schon für elementare Regionen R_u, R_w mit $|u| \neq |w|$ schwierig, für aus elementaren Regionen zusammengesetzte aber noch schwieriger. Dieses Problem führt auch dazu, dass Quadtrees keine einfache Implementierung auf Parallelrechnern erlauben. In der Bildverarbeitung kann es vorteilhaft sein, Teilbilder eines größeren Bildes auf verschiedenen Rechnern unabhängig zu bearbeiten und die einzelnen Ergebnisse auf eine möglichst einfache und schnelle Art zu einem Gesamtergebnis wieder zusammenzufassen. Bei SaM fehlt hierzu eine inhärent parallele Logik.

Ein weiteres Problem ergibt sich in der Segmentierung von Strukturen mit fließenden Übergängen. Hier bevorzugt SaM Grenzverläufe, die den unterliegenden Quadtree erkennen lassen. Bei einer Segmentierung von Landschaftsaufnahmen mittels SaM zerfällt z. B. der Himmel meist in Segmente unterschiedlicher Graduierungen von Blau und Weiß, die sich mit unnatürlichen geraden Linien senkrecht und waagerecht zum Bildrand voneinander abgrenzen, vgl. Abb. 10.8.

Dass ein Himmel in unterschiedliche Segmente zerfallen kann, ist völlig natürlich, etwa wenn sich Wolken im Himmel befinden. Aber auch bei einem allmählichen Übergang von

Abb. 10.8 Segmentierungsresultat mit SaM

einem tiefen Blau zu einem fast weißen Blau sind häufig mehrere Segmente erwünscht. Derartige künstliche gerade Segmentgrenzen sind aber nicht nur unästhetisch, sie können in einer weiteren Bildanalyse sogar störend sein. So ist es bei einer Detektion von Gebäuden, in denen sich auch Himmel in Glasflächen spiegeln kann, vorteilhaft, unregelmäßige Segmentgrenzen im Himmel, aber regelmäßige zwischen Himmel und Gebäuden erwarten zu dürfen. Die zumeist geraden Dachkanten sollen sich von den Segmentgrenzen im Himmel deutlich absetzen.

Da in der Split- und in der Merge-Phase unterschiedliche Homogenitäts- und Ähnlichkeitskriterien gewählt werden können, kann theoretisch in der Split-Phase eine Region R_w in R_{w1}, R_{w2}, R_{w3} und R_{w4} aufgeteilt werden, die in der Grouping-Phase wieder zu R_w verscholzen werden. Die beiden Kriterien müssen zusammen harmonieren. Das Homogenitätskriterium zum Splitten sollte liberaler als das Ähnlichkeitskriterium zur Verschmelzung gewählt werden. Es können aber alle Homogenitätskriterien, die man für ein Segment wünscht, in SaM sowohl in der Split- als auch Merge- oder Grouping-Phase verwendet werden.

Eine Verallgemeinerung auf dreidimensionale Bilder ist von der Logik her leicht. Jetzt werden Volumenquader einer Seitenlänge von 2^{m+1} in 8 Teilquader einer Seitenlänge von jeweils 2^m zerlegt. Statt einer Quadtree-Struktur erhält man jetzt kanonisch eine *Octtree*-Struktur, auf der man SaM analog aufbauen kann. Von der Logik her ist es egal, ob die Bilder ein- oder mehrkanalig sind. Bei dreikanaligen Farbbildern braucht man Homogenitäts- und Ähnlichkeitskriterien, die für Farbbilder geeignet sind. Will man Segmente gewinnen, die dem menschlichen Farbähnlichkeitempfinden entsprechen, empfiehlt es sich, Homogenität und Ähnlichkeit im Lab- oder Luv-Farbraum zu definieren.

10.5 Regionenwachstum

Techniken zum *Regionenwachstum* sind Bottom-up-Verfahren, die von kleinen Regionen ausgehen und diese durch Hinzunahme weiterer benachbarter Pixel – unter Beachtung eines Homogenitätskriteriums h – wachsen lassen. Durch das Wachsen in die Nachbarschaft wird der Zusammenhang in den sich bildenden Regionen garantiert. Durch die Beachtung des Homogenitätskriteriums soll erreicht werden, dass auch die finalen Regionen homogen werden.

Es seien wieder I : Loc $\to$ Val ein Bild und τ eine Ähnlichkeit auf Val. Bei der *einfachen Verkettung (single linkage)* geht man von einem Pixel, das noch nicht einem Segment zugeordnet ist, als Startregion R aus. Zu einer bereits gebildeten Region R darf man ein Pixel P hinzunehmen (R kann zu $R \cup \{P\}$ wachsen), falls ein Pixel P' in R existiert mit $P' \lambda P$ und $P' \tau P$. Existiert außerhalb von R kein weiteres Pixel, das zu einem in R benachbart und ähnlich ist, bricht das Wachstum mit R als ein Ergebnissegment ab.

Dieses Verfahren ist einfach und schnell, besitzt aber offensichtliche Nachteile. Die Segmentierung hängt von der Reihenfolge ab, in der man Nachbarpixel einer wachsenden Region betrachtet. Dies ist nicht weiter problematisch, da eine Segmentierung im Allgemeinen nicht eindeutig sein kann. Problematisch sind hier die *Kettenfehler*. Bildet man eine Folge $P_1, \ldots, P_n$ von Pixeln mit $P_i \tau P_{i+1}$ für $1 \leq i < n$, so muss $P_1 \tau P_n$ nicht mehr gelten. In Farbbildern kann man etwa von einem gelben Pixel über eine Kette von jeweils ähnlichen Nachfolgepixeln leicht zu einem roten Pixel gelangen. Von jeder Farbe c_1 kann man dann über farbähnliche Nachbarn jede andere Farbe c_2 erreichen. Es besteht also leicht die Möglichkeit, mittels einfacher Verkettung eine Region zu bilden, die nicht homogen genug ist, um als Segment aufgefasst werden zu können. Die Situation ist die Gleiche wie in der Wasserscheidentransformation, dass man über allmähliche homogene Übergänge zu inhomogenen Regionen gelangen kann.

Diesen Fehler kann man mildern, wenn man R nur dann um ein benachbartes Pixel P wachsen lässt, wenn P zu μ_R ähnlich ist, also mit val$(P) \tau \mu_R$. Diese Technik zum Regionenwachstum nennt man *Centroid-Linkage-Verfahren*. Aber auch hier bleiben Kettenfehler möglich, wenn man durch Hinzunahme weiterer gerade noch ähnlicher Pixel diesen Mittelwert langsam verändert. Allerdings treten solche Situationen nur theoretisch auf und sind in der Praxis selten. Statt mit einer Ähnlichkeit kann man auch mit anderen Homogenitätskriterien arbeiten, wie etwa einer oberen Schranke für die Varianz einer Region. Man nimmt dann P nur zu R hinzu, wenn $\mu_{R \cup \{P\}} < s$ ist. Sind μ_R und $|R|$ bekannt, so lässt sich $\mu_{R \cup \{P\}}$ leicht ermitteln.

In *hybriden Verkettungen* wird die Ähnlichkeit von R und einem Nachbarpixel P aufwändiger berechnet, um zu entscheiden, ob R um P zu $R \cup \{P\}$ wachsen darf. So kann man etwa fordern, dass ein Nachbarpixel $P' \in R$ von P und genügend viele Pixelpaare $(P_i, P_i'), 1 \leq i \leq n$ für ein $n > 0$ existieren mit

- $P_i \tau P_i'$,
- $P_i \in U(P)$ und $P_i' \in U(P')$,

für Umgebungen $U(P)$ um P und $U(P')$ um P'. P hat jetzt an n verschiedenen Stellen einen Kontakt mit ähnlichen Pixeln in R.

In Verfahren mit *Regionenverschmelzung* kann eine Region nicht nur durch Hinzunahme eines hinreichend ähnlichen Nachbarpixels wachsen, sondern bereits gebildete benachbarte homogene Regionen können verschmelzen. Hier darf man also nicht sequentiell eine Region nach einer anderen abarbeiten, sondern lässt mehrere Regionen parallel um zufällig gewählte Startpixel als Keime wachsen. Zwei homogene Regionen R_1 und R_2 verschmelzen zu einer neuen Region $R' := R_1 \cup R_2$, falls R_1 und R_2

- hinreichend ähnlich und
- hinreichend benachbart sind.

Hinreichend benachbart kann bedeuten, dass sich R_1 und R_2 in mindestens n Pixeln berühren, wobei je nach Variante auch $n = 1$ erlaubt sein kann. Berühren in mindestens n Punkten bedeutet, dass zwei Mengen $G_i \subseteq R_i$ für $i = 1, 2$ mit mindestens je n Punkten existieren, so dass zu jedem $P \in G_1$ ein Nachbar in G_2 und zu jedem $P \in G_2$ ein Nachbar in G_1 existiert. Falls die Mengen G_i zusätzlich zusammenhängend sind, existiert eine gemeinsame Grenzlinie einer Länge $\geq n$ zwischen R_1 und R_2.

Für hinreichende Ähnlichkeit sind viele Varianten vorstellbar. Selbst wenn eine Ähnlichkeit τ auf Val gegeben ist, die festlegt, wann zwei Pixel P, P' ähnlich sind, kann man τ auf unterschiedliche Weise zu einer Ähnlichkeit zweier Pixelmengen M, M' erweitern. So kann man beispielsweise $M \tau M'$ setzen, falls gilt:

- $\mu_M \tau \mu_{M'}$ oder
- $\forall P \in M, \forall P' \in M'$: wenn P und P' benachbart sind, dann gilt auch $P \tau P'$, oder
- $\forall P \in M, \forall P' \in M' : P \tau P'$.

In der Praxis verwendet man meist zur Rechenzeitersparnis das simple Kriterium $|\mu_{R_1} - \mu_{R_2}| < s$ für einen Schwellwert s. $\mu_{R_1 \cup R_2}$ lässt sich sofort ermitteln, wenn man an jede untersuchte Region R die Zahl der Pixel in R annotiert. Dennoch kann man mit Regionenverschmelzungsverfahren diverse Homogenitätskriterien für die fertigen Segmente erfüllen. Es sieht auf den ersten Blick so aus, als seien statistische Homogenitätskriterien wie $\sigma_R^2 < s$ für Regionenverschmelzungsverfahren ungeeignet, da statistische Aussagen über sehr kleine Regionen wenig aussagekräftig sind. Ist eine Region R allerdings schon zu einer gewissen Größe verschmolzen, können kleine Regionen mit abweichenden Werten nachträglich mit R verschmolzen werden, wenn das statistische Homogenitätskriterium das erlaubt.

10.6 Color Structure Code

Der *Color Structure Code, CSC,* von Priese und Rehrmann [96, 97] ist ein inhärent paralleles Regionenverschmelzungsverfahren, das von einer hierarchischen hexagonalen Topologie gesteuert wird. Der CSC ist entgegengesetzt zum Split-and-Merge aufgebaut. Der

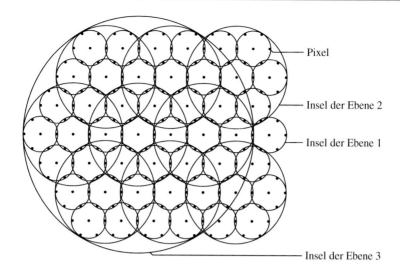

Pixel

Insel der Ebene 2

Insel der Ebene 1

Insel der Ebene 3

Abb. 10.9 Die hierarchische hexagonale Topologie des CSC

CSC arbeitet zuerst bottom-up mit einer Merge-Phase, in der bei Bedarf bereits gebildete Segmente top-down wieder gesplittet werden können, wenn sich eine andere Segmentaufteilung als vorteilhafter erweist. Dabei werden in der Merge-Phase nicht Segmente verschmolzen, die ähnlich sind und sich berühren, sondern ähnliche Segmente, die sich bereits in einem Teilsegment überlappen. Im Aufbau arbeitet der CSC also mit Semi-Segmentierungen, in der sich unterschiedliche Segmente überlappen dürfen. Das Ergebnis ist allerdings eine Segmentierung mit disjunkten Segmenten.

10.6.1   Die hierarchische hexagonale Topologie

Die logische Steuerung in der Merge-Phase übernimmt eine hierarchische hexagonale Topologie, die auf Hartmann [40] zurückgeht und nachfolgend vorgestellt wird.

In einem Gedankenexperiment nehmen wir an, dass die Pixel hexagonal und nicht orthogonal angeordnet seien. In Abb. 10.9 ist diese hexagonale Anordnung der Pixel, die als dunkle Punkte dargestellt sind, gezeigt.

Jedes Pixel besitzt exakt sechs Nachbarn. Benachbarte Pixel besitzen stets den gleichen Abstand. Man zeichnet jedes zweite Pixel jeder zweiten Zeile als ein Zentrumspixel aus. Jedes Zentrumspixel bildet mit seinen sechs Nachbarn zusammen eine Insel der Ebene 1. Fassen wir eine Insel der Ebene 1 als ein Makropixel auf, so bilden die Makropixel ebenfalls eine hexagonale Struktur: Jedes Makropixel besitzt genau sechs benachbarte Makropixel im gleichen Abstand. Allerdings sind zwei benachbarte Makropixel, also benachbarte Inseln der Ebene 1, nicht disjunkt, da sie sich in genau einem Pixel überlappen. Ein Pixel selbst bezeichnen wir auch als eine Insel der Ebene 0.

Jedes zweite Makropixel jeder zweiten Makrozeile (bestehend aus Makropixel) fassen wir wieder als Zentrumspixel auf. Diese Zentrumspixel und ihre sechs Nachbarmakropixel bilden eine Insel der Ebene 2. Die Inseln der Ebene 2 besitzen wieder eine hexagonale Struktur. Dies führt zu folgender induktiven Definition:

Jedes Pixel ist eine *Insel der Ebene 0*. Jedes zweite Pixel jeder zweiten Zeile wird als *Zentrumspixel der Ebene 1* ausgezeichnet. Jedes Zentrumspixel der Ebene 1 mit seinen sechs Nachbarpixeln bildet eine *Insel der Ebene 1*, auch *Makropixel* der Ebene 1 genannt, die Zeile der Mittelpunktpixel dieser Makropixel heißt auch *Makrozeile* (der Ebene 1).

Es seien schon Inseln einer Ebene $n > 0$ gebildet, die selbst eine hexagonale Struktur bilden mit Makropixeln (der Ebene n) und Makrozeilen (der Ebene n). Jedes zweite Makropixel jeder zweiten Makrozeile, jeweils der Ebene n, wird als *Zentrumsinsel der Ebene n* deklariert. Jede Zentrumsinsel der Ebene n bildet mit seinen sechs Nachbarinseln der Ebene n eine Insel der Ebene $n + 1$. Jede Insel der Ebene $n + 1$ heißt auch Makropixel (der Ebene $n + 1$) und die Zeile der Mittelpunktpixel dieser Makropixel ist die Makrozeile der Ebene $n + 1$.

Die Inseln auf gleicher Ebene bilden wieder eine hexagonale Struktur. Diese Struktur ist hierarchisch von Ebene zu Ebene aufgebaut und wird als *hierarchische hexagonale Topologie* bezeichnet. Diese Struktur ist nicht eindeutig definiert, da man auf jeder Ebene einmal festlegen kann, mit welcher zweiten Makrozeile und welchem zweiten Makropixel man beginnt. Es ist für das Folgende aber völlig gleichgültig, wie man diese Wahl trifft.

In Abb. 10.19 sind die Pixel als dreidimensionale Bälle dargestellt und man erkennt diese Struktur leicht. Sie besitzt einige einfache, aber nützliche Eigenschaften, wie Dichte, Zentralüberlappung und Einfachheit:

Dichte: Zwei sich überlappende Inseln J_1, J_2 einer Ebene n sind Teilstrukturen einer gemeinsamen Elterinsel J der Ebene $n + 1$.

Zentralüberlappung: Jede Zentrumsinsel J_c einer Ebene n in einer Elterinseln J der Ebene $n + 1$ überlappt mit allen anderen Teilinseln J' der Ebene n von J.

Einfachheit: Zwei Inseln J_1, J_2 einer Ebene $n + 1$ überlappen in höchstens einer Insel $J_{1,2}$ der Ebene n.

Nehmen wir etwa zwei sich überlappende Inseln J_1, J_2 der Ebene 2 in Abb. 10.9, die aus jeweils 37 Pixeln bestehen. Wenn sich J_1 und J_2 überhaupt überlappen, dann in 9 Pixeln: 7 aus einer gemeinsame Teilinsel $J_{1,2}$ einer Ebene tiefer plus zwei weitere isolierte Pixel. Generell liegt im Überlappungsbereich $J_1 \cap J_2$ zweier sich überlappender Inseln einer Ebene $n + 1$ genau eine Insel $J_{1,2}$ der Ebene n plus eventuell weitere einzelne Pixel. Wir nennen zwei Inseln *benachbart*, wenn beide Inseln ein und derselben Ebene angehören und sich überlappen. Benachbarte Inseln heißen natürlich auch *Nachbarinseln*.

10.6.2   Der Aufbau des CSC

Für den *logischen* Aufbau des CSC stellen wir uns ein Bild I gegeben mit einer hexagonalen Pixelstrukur vor. Da ein Bild I endlich ist, gibt es eine Insel einer Ebene N, die das gesamte Bild beinhaltet. Der CSC-Algorithmus arbeitet induktiv von Ebene 1 nach oben bis zur Ebene N. Ein Segment, das auf Ebene $n \leq N$ erzeugt wird, nennen wir auch ein *Segment der Ebene n*. Zwischendurch erzeugt der CSC eine Semi-Segmentierung (verschiedene Segmente einer gleichen Ebene dürfen sich überlappen). Der logische Aufbau des CSC-Algorithmus ist recht einfach:

- **Induktionbeginn, $n = 1$.**
- Für jede Insel J der Ebene 1
  - – bilde eine Segmentierung der 7 Pixel in J.
- **Induktionsschritt, $n \rightarrow n + 1$.**
- Für jede Insel J der Ebene $n + 1$
  Merge: verschmelze bereits gebildete Segmente S_1, S_2 der Ebene n in J zu einem neuen Segment $S_1 \cup S_2$, falls S_1 und S_2 sich überlappen und sich ähnlich genug sind,
  Split: teile den Überlappungsbereich $S_{1,2} = S_1 \cap S_2$ zweier Segmente S_1 und S_2 in J optimal zwischen S_1 und S_2 auf, falls S_1 und S_2 nicht ähnlich genug sind, um verschmolzen zu werden.

In der Split-Phase besitzen zwei Segmente S_1, S_2 ein gemeinsames Teilsegment $S_{1,2}$, ohne hinreichend ähnlich zu sein. Ihr Teilsegment $S_{1,2}$ ist hingegen hinreichend homogen, da es sonst gar nicht erst gebildet worden wäre. Solche Fälle treten häufig bei allmählichen Farbübergängen auf. Um $S_{1,2}$ optimal aufteilen zu können, besitzt man jetzt schon Informationen über größere Segmente S_1, S_2 und damit über deren Homogenität, die zur Aufteilung herangezogen werden.

Der Induktionsbeginn ist sehr einfach, da für jede Insel der Ebene 1 nur eine Segmentierung innerhalb einer Menge von 7 Pixeln durchzuführen ist. Dabei ist es ziemlich egal, welche Methode man wählt. Eine einfache Verkettung ist völlig ausreichend. Potentielle Segmente aus nur einem Pixel werden ignoriert und nicht gebildet. Die Segmentierung in jeder Insel ist von den Segmentierungen in den anderen Inseln unabhängig und dieser Schritt 1 ist somit inhärent parallel durchführbar.

Der Induktionsschritt ist komplexer, da auch bereits in diesem Schritt erzeugte neue Segmente selbst weiter verschmolzen werden können. Es sei J eine Insel der Ebene $n + 1$ mit den sieben Teilinseln $J_1, \ldots, J_7$ der Ebene n. Wir gehen davon aus, dass die Semi-Segmentierung in den Teilinseln der Ebene n bereits abgeschlossen ist. Es wird ein Merge oder Split ausschließlich für Segmente innerhalb der Insel J durchgeführt.

Für eine vereinfachte Sprachregelung nennen wir ebenfalls zwei Segmente S_1, S_2 in J *benachbart*, falls $S_1 \neq S_2$ und $S_1 \cap S_2 \neq \emptyset$ gilt. Vorübergehend nennen wir die bereits existierenden Segmente der Ebene n auch *Zwischenergebnisse der Ebene n*. Wir iterieren so lange

- wähle zwei benachbarte Zwischenergebnisse S_1, S_2 der Ebene n,
- falls S_1 und S_2 hinreichend ähnlich sind, verschmelze beide zu einem neuen Zwischen- ergebnis $S_1 \cup S_2$ der Ebene n und entferne S_1, S_2 aus den Zwischenergebnissen der Ebene n,
- anderenfalls unterteile $S_1 \cap S_2$ möglichst optimal in zwei disjunkte Segmente $S_1', S_2' \subset S_1 \cap S_2$, so dass $S_1 \cup S_1'$ und $S_2 \cup S_2'$ jeweils zusammenhängend und hinreichend homogen sind, entferne S_1, S_2 aus den Zwischenergebnissen der Ebene n und nimm $S_1 \cup S_1'$ und $S_2 \cup S_2'$ als Zwischenergebnisse der Ebene n auf,

bis keine neuen Zwischenergebnisse mehr erzeugt werden. Alle neu erzeugten Zwischen- ergebnisse der Ebene n, die also nicht bereits Segmente in der Semi-Segmentierung bis zur Ebene n sind, werden die Segmente der Ebene $n + 1$.

Obwohl eine Insel J der Ebene $n + 1$ stets genau 7 Teilinsel der Ebene n besitzt, kann J sehr viele Segmente der Ebene n enthalten. In den Abb. 10.14 und 10.15 ist ein Segment S der Ebene n+1 gezeigt, das auf einer Insel der Ebene n aber aus zwei disjunkten Teilsegmenten S_1, S_2 besteht. Man darf die Zahl der möglichen Teilinseln nicht mit der Zahl der möglichen Segmente in J verwechseln. Diese Verschmelzung von Segmenten der Ebene n findet aber ausschließlich innerhalb von J statt. Sie kann pro Insel der Ebene $n + 1$ unabhängig durchgeführt werden und ist daher leicht parallelisierbar. Die finale Segmentierung besteht aus allen Segmenten einer beliebigen Ebene, die nicht Teilsegment eines Segmentes der nächsthöheren Ebene werden. Diese finalen Segmente überlappen sich nicht, da sie sonst weiter auf die nächsthöhere Ebene verschmolzen würden. Wir werden jetzt erläutern, wie benachbarte Zwischenergebnisse sehr einfach und schnell ohne Suche gefunden werden können.

10.6.3 Implementierung des CSC

Der CSC wird auf zweidimensionale Bilder $I : [0, N[\times [0, M[\rightarrow$ Val angewendet, die üblicherweise in einer orthogonalen und nicht in einer hexagonalen Pixeltopologie vor- liegen. Die hexagonale Topologie wird in der Praxis auch nicht benötigt. Sie dient dem Verständnis des logischen Aufbaus des CSC. Abbildung 10.10 zeigt die Übersetzung der Ideen ins Orthogonale.

Aus einer Insel J der Ebene 1 wird einfach ein merkwürdig geformtes Fenster F_J aus 7 Pixeln mit einer „Nase". F_J ist damit das Fenster F_1^2, in dem die beiden Pixel rechts oben und rechts unten ignoriert werden. Die Verwendung eines derartig merkwürdigen Fensters wird durch die hexagonale Topologie verständlich. Auf höherer Inselebene verschwinden diese Nasen und die Form wird hexagonal.

Abbildung 10.11 zeigt eine orthogonale Insel J_3 der Ebene 3. Die Pixel von J_3 sind grau unterlegt, die Zentrumsinseln der Ebene 2 mittelgrau und das Zentrum der Ebene

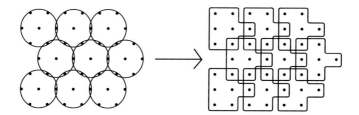

Abb. 10.10 Übersetzung der hexagonalen Inseln in orthogonale Teilfenster

3 dunkelgrau. Die Zentrumsinsel für Ebene 3 hat eigentlich die Ebene 2, dunkelgrau visualisiert ist also das Zentrum der Ebene 1 der Zentrumsinsel der Ebene 2 von J_3. Bis auf die kleine Nase ganz rechts, die sich nicht vergrößert hat, nimmt die Insel der Ebene 3 die Form einer Bienenwabe an, eine Approximation einer hexagonalen Struktur im Orthogonalen.

Alle Segmente des CSC werden in einer Datenstruktur namens *Segmentgraph* verwaltet. Ein Segmentgraph ist ein in Schichten 0 bis N angeordneter Graph, dessen Kanten nur zwischen zwei aufeinanderfolgenden Schichten n und $n + 1$ für $0 \leq n < N$ verlaufen. Ist ein Knoten v einer Schicht $n + 1$ über eine Kante mit einem Knoten u der Schicht n verbunden, dann heißt v Elterknoten (von u) und u heißt Kindknoten (von v). Jeder Knoten darf beliebig viele Kindknoten besitzen, aber maximal nur zwei Elterknoten. Die Kanten sind stets Doppelzeiger in beide Richtungen.

Jeder Knoten auf Schicht n repräsentiert ein Segment der Ebene n. Wir werden einen Knoten und das davon repräsentierte Segment zumeist identifizieren. Die Kindknoten eines Segments S der Ebene $n + 1$ sind gerade alle Teilsegmente der Ebene n, die zu S verschmolzen werden. Die maximal möglichen beiden Elterknoten S_1^1, S_2^1 einer Ebene $n + 1$ eines Knotens u (natürlich der Ebene n) sind die beiden möglichen Segmente in

Abb. 10.11 Orthogonale Insel
der Ebene 3

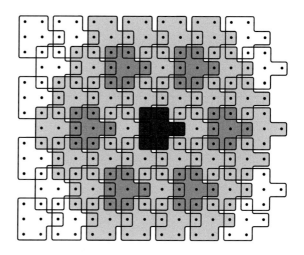

Abb. 10.12 Ein Ausschnitt der Pixelebene mit vier orthogonalen Inseln der Ebene 1

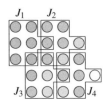

zwei benachbarten Inseln J_i, J_j der Ebene $n + 1$, von denen u ein Teilsegment sein kann. Dann muss u im Überlappungsbereich $J_{i,j}$ von J_i und J_j liegen. Die Segmentierung eines Bildes mit dem CSC ist nichts anderes als der Aufbau des Segmentgraphen.

Die Abb. 10.12 und 10.13 visualisieren die Situation auf Ebene 1. Abbildung 10.12 zeigt einen Ausschnitt der orthogonalen Pixelebene mit vier orthogonalen Inseln der Ebene 1. Alle Pixel einer gleichen eingezeichneten Farbe sollen jeweils ähnlich genug sein, um verschmolzen werden zu dürfen. S_j^i bezeichne das j-te Segment der Ebene 1 in der Insel J_i. Da Segmente aus mindesten 2 Pixeln bestehen sollen, kann ein isoliertes Pixel allein kein Segment bilden. J_1 besitzt daher nur ein Segment S_1^1. J_2 besitzt zwei Segmente S_1^2, S_2^2, J_3 besitzt drei Segmente S_1^3, S_2^3, S_3^3 und J_4 nur ein Segment S_1^4. Die beiden grünen Pixel in J_4 sind nicht zusammenhängend und bilden in J_4 kein Segment.

Abbildung 10.13 visualisiert die Situation und zeigt alle sieben genannten Segmente. Sind die Segmentierungen in allen Inseln der Ebene 1 durchgeführt, erhält man wegen der Überlappungen eine Semi-Segmentierung. Der fertige Segmentgraph auf Schicht 0 und 1 ist partiell dargestellt für alle Pixel und Segmente, die in den vier Inseln in Abb. 10.12 vorkommen.

Abbildung 10.14 zeigt eine orthogonale Insel J einer Ebene $n + 1$ mit $n > 0$ mit ihren sieben orthogonalen Teilinseln $J_0, \ldots, J_6$ der Ebene n und einem grau unterlegten Segment S. Das Segment S soll nur durch die Inseln J_0, J_2 und J_3 laufen, aber nicht durch die Insel J_1, obwohl die ungenau eingezeichnete Lage von S das nahelegt. Die Inseln sind wieder kreisförmig gezeichnet, da orthogonale Inseln auf höheren Ebenen wieder eine zu Kreisen ähnliche Gestalt annehmen, siehe Abb. 10.11. Nicht eingezeichnet sind die Teilinseln $J_{0,1}$, $J_{0,2}$, $J_{0,3}$, $J_{0,4}$, $J_{0,5}$, $J_{0,6}$, $J_{1,2}$, $J_{2,3}$, $J_{3,4}$, $J_{4,5}$, $J_{5,6}$ und $J_{6,0}$ der Ebene $n - 1$ in den Überlappungsbereichen der Teilinseln. $J_{i,j}$ soll die Insel der Ebene $n - 1$ im Überlappungsbereich von J_i und J_j sein. So ist $J_{i,j} = J_{j,i}$. Abbildung 10.15 zeigt die Teilsegmente $S_1^1, \ldots, S_1^3$ von S in den Inseln J_0, J_2 und J_3.

Abb. 10.13 Die Segmente auf Ebene 1 und ihr Segmentgraph

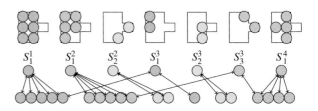

Abb. 10.14 Ein Segment S in einer Insel I

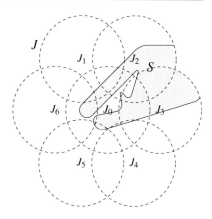

Das Segment von S_1^1 möge die Teilsegmente **b** in der zentralen Teilinsel von J_0 , **a** in $J_{0,6}$ und **c** in $J_{0,2}$ besitzen. S_2^1 möge die Teilsegmente **d** im Zentralbereich und **e** in $J_{0,2}$ und **f** in $J_{0,3}$ besitzen. Analog habe S_1^2 das zentrale Teilsegment **g**, zwei Teilsegmente **c** und **e** in $J_{2,0}$ und **h** in $J_{2,3}$ sowie **j** im Überlappungsbereich $J_{2,a}$ nach außen in eine Nachbarinsel J' von J. S_1^3 besitze das zentrale Teilsegmente **i** sowie die Teilsegmente **h** in $J_{3,2}$, **f** in $J_{3,0}$ und **k** im Überlappungsbereich $J_{3,a}$ nach außen in eine Nachbarinsel J'' von J. Alle diese Teilsegmente liegen auf Ebene $n - 1$ und ihre ungefähren Positionen sind in Abb. 10.15 angegeben. Die Segmentierung sei in allen Teilinseln der Ebene n bereits abgeschlossen. Damit existieren bereits die Segmentgraphen für $S_1^1, S_2^1, S_1^2, S_1^3$ einschließlich aller Zeiger auf alle Elterknoten von den Knoten auf Ebene $n - 1$. Abbildung 10.16 zeigt ohne die gestrichelten Kanten den Teil des Segmentgraphen bis zur Ebene n, an dem die Inseln $S_1^1, \ldots, S_1^3$ beteiligt sind. Die Kindknoten der Knoten **a** bis **k** sind weggelassen.

$S_1^1, \ldots, S_1^3$ sollen hinreichend ähnlich sein und werden daher auf Ebene $n + 1$ innerhalb von J zu S verschmolzen. Nehmen wir an, wir starten mit S_1^1. Bei Abstieg zum

Abb. 10.15 Die Teilsegmente von S in den Teilinseln. Die Buchstaben **a** bis **k** werden im Text erläutert

Abb. 10.16 Ein Segmentgraph bis zu einer höheren Ebene

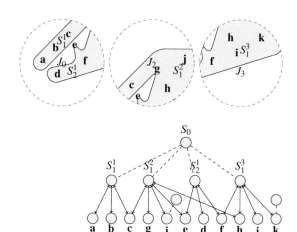

Kindknoten **a** wird festgestellt, dass keine Verzeigerung zu einem zweiten Vatersegment in J_6 existiert. Beim Abstieg nach **c** zeigt dessen zweiter Vaterzeiger zu S_1^2. Damit werden S_1^1 und S_1^2 bereits verschmolzen, indem ein neuer Knoten S gesetzt wird mit doppelter Verzeigerung nach S_1^1 und S_1^2. Bei Abstieg in S_1^1 nach **e** in $J_{0,2}$ wird auch S_2^1 als Verschmelzungspartner erkannt und ein Doppelpfeil wird von S_2^1 nach S gesetzt. Bei Abstieg von S_1^2 nach **h** in $J_{2,3}$ wird dann S_1^3 gefunden und ebenfalls mit S doppelt verzeigert. S_1^3 kann auch von S_2^1 aus durch Abstieg nach **f** in $J_{0,3}$ gefunden werden. Insgesamt werden alle Partner für eine Verschmelzung auf Ebene $n + 1$ aber durch eine Navigation allein in dem Segmentgraphen gefunden.

Findet man zu einem Knoten w_1 einen Nachbarknoten w_2 mit gemeinsamen Kindknoten u und repräsentieren w_1 und w_2 Segmente, die zwar in der gleichen Elterninsel liegen, aber für eine Verschmelzung nicht hinreichend ähnlich sind, so tritt die Split-Phase ein. u wird in zwei Knoten u_1 und u_2 gesplittet, und u_i mit w_i doppelt verzeigert, für $i = 1, 2$. In einem rekursiven Abstieg, der auch Enkelknoten etc. von u betreffen kann, werden Zeiger nach u in Richtung nach u_1 oder u_2 umgehängt, um u optimal für w_1 und w_2 aufzuteilen.

Die Verankerung der Zeigerstruktur findet auf Schicht 0 und 1 statt, siehe Abb. 10.13. Diese beiden Schichten sind die einzigen, in denen die Information, welche Zeiger zu welchen Elterknoten gesetzt werden müssen, auf der Pixelebene überprüft werden muss. Auf höheren Schichten geschieht die weitere Verzeigerung mit einem Bootstrapping. In einer Insel J auf einer Ebene $n + 1$ für $n > 0$ werden die benachbarten Segmente der Ebene n ohne weitere Suche einfach eingesammelt. Dazu steigt man von einem Segment S_k^i in einer Insel J_i der Ebene n in J zu dem Kindknoten u in $J_{i,j}$ hinab und von u über den zweiten Elterknoten zu einem Segment S_l^j in J_j. Man steigt in die Teilinsel $J_{i,j}$ nur hinab, falls J_j ebenfalls in J liegt. Dazu ist es notwendig, dass zu jedem Segment und Pixel die Insel bekannt ist, in der sie liegen. Ebenso müssen zu jeder Insel einer jeden Ebene alle Segmente der gleichen Ebene bekannt sein, die in ihr liegen. Dies ist beim Aufbau der Datenstruktur Segmentgraph zu beachten und kann leicht erreicht werden.

S_k^i und S_l^j sind mit dieser simplen Navigation über einen gemeinsamen Kindknoten schon als benachbart erkannt. Die Pixel in S_k^i und S_l^j werden dazu gar nicht benötigt. Sind S_k^i und S_l^j hinreichend ähnlich, wird je ein Zeiger zum gleichen Elterknoten S auf Ebene $n + 1$ gesetzt. Bei einer ersten Verschmelzung wir S als neuer Knoten auf Schicht $n + 1$ gesetzt und mit den Knoten S_k^i und S_l^j doppelt verzeigert. Existiert S schon, finden die Knoten S_k^i und S_l^j den Knoten S sofort über die schon gebildeten Zeiger. Benachbarte Segmente werden also durch eine einfache Navigation nur im Segmentgraphen aufgesammelt. In Abb. 10.13 können die grünen Segmente S_2^2 und S_2^3 nicht direkt auf Ebene 2 verknüpft werden, da sie sich auf Ebene 0 nicht überlappen und damit nicht benachbart sind. Bei einer anderen Wahl der Lage von Inselmittelpunkten der Ebene 1 könnten sich beide Segmente überlappen. Sollten S_2^2 und S_2^3 außerhalb von J_0, J_2, J_3 weiter wachsen, können sie noch auf einer höheren Ebene verschmelzen. Es gehört aber gerade zur Stabilität des CSC, dass ähnliche Segmente, die sich in einer 9er-Nachbarschaft nur berühren, nicht unbedingt verschmolzen werden müssen.

Natürlich werden an einen Knoten v solche Informationen annotiert, die für eine Entscheidung benötigt werden, ob er zu einem weiteren Knoten ähnlich genug für ein potentielles Verschmelzen ist. Diese Entscheidung, ob ein Merge oder Split stattfinden muss und wie eine optimale Aufteilung im Split-Fall durchgeführt wird, sollte allein auf Grund dieser Annotationen gefällt werden können, ohne sich diese Segmente auf Pixelebene nochmals anschauen zu müssen.

Solch eine im Knoten S annotierte Information zur Ähnlichkeit kann etwa der Mittelwert μ_i im Segment S_i sein. Ein neuer Mittelwert für $S_1 \cup S_2$ wird in einer einfachen Version durch $(\mu_1 + \mu_2)/2$ approximiert. Dieser Trick ist simpel und schnell, führt aber zu einer möglichen Ungenauigkeit, da beide Segmente unterschiedliche Größe besitzen können. Das Problem ist, dass wegen der Überlappung von S_1 und S_2 der korrekte Wert $\mu_{S_1 \cup S_2}$ nicht einfach ermittelt werden kann. Selbst wenn man die Werte $|S_i|$ in der Datenstruktur Segmentgraph an w_i annotiert, ist $|S_i \cap S_2|$ unbekannt, und die einzelnen Pixel in $S_i \cap S_2$ sollen aus Gründen der Effizienz nicht mehr angefasst werden. Da beide Segmente auf einer gleichen Ebene liegen, kann man erwarten, dass ihre Größen meistens nicht zu unterschiedlich sind, so dass der Fehler nicht groß wird. Dieses Problem ist eher theoretisch und tritt in der Praxis auch nicht bemerkbar auf.

Zur Erzeugung der Schicht $n + 1$ muss im Segmentgraphen im Merge-Schritt nur zwischen drei Schichten navigiert werden: $n + 1$, n und $n - 1$. Da wir nur in einem Graphen navigieren, stellt sich die Frage, wo die konkreten Segmente eigentlich sind. Das ist ganz einfach: Ist S ein Knoten im Segmentgraphen, so findet man alle zum Segment S gehörenden Pixel durch den direkten Abstieg vom Knoten S zu allen unter ihm hängenden Pixeln auf Schicht 0.

Eine Implementierung des CSC ist recht aufwändig und verlangt eine gute Programmiererfahrung. Die möglichen Ebenen hängen von der Größe des Bildes ab. Die Verwaltung der Inseln aller Stufen ist nicht leicht. Besonders anspruchsvoll ist die Split-Phase, in der der Durchschnitt zweier benachbarter Segmente zwischen beiden gemäß dem Ähnlichkeitskriterium möglichst gut aufgeteilt werden muss. Dabei ist zu beachten, dass bei der Aufteilung der Zusammenhang nicht verloren geht.

Es existieren frei zugängliche Versionen des CSC-Codes. In diesen freien Versionen kann man Farbbilder im HSV-, RGB- oder Lab-Farbraum verwenden. Im RGB- und Lab-Farbraum wird die Farbähnlichkeit über einen Parameter gesteuert, der den maximal erlaubten euklidischen Abstand zweier Farbwerte für deren Ähnlichkeit festlegt. Im HSV-Farbraum wird ein Ähnlichkeitsmaß aus der Dissertation von Rehrmann [96] verwendet, das dem menschlichen Ähnlichkeitsempfinden nahe kommt. Generell wird die Ähnlichkeit zweier Werte $v, v' \in$ Val im CSC als ein Prädikat geführt, das vom Benutzer leicht selbst frei definiert werden kann.

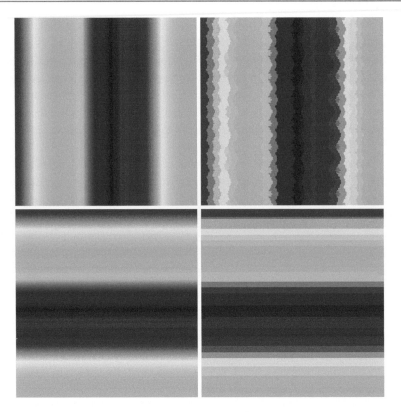

Abb. 10.17 Die CSC-Segmentierung eines senkrechten und eines waagerechten Farbverlaufs, *links* Originalbild, *rechts* segmentiertes Bild

10.6.4   Vor- und Nachteile

Der CSC ist ein Regionenverschmelzungsverfahren, in dem hinreichend benachbarte und hinreichend ähnliche Regionen verschmolzen werden können. Hinreichend benachbart im CSC bedeutet, dass beide zu verschmelzenden Regionen sich schon in einem gemeinsamen Teilsegment überlappen müssen. Während in normalen Regionenwachstumsverfahren benachbarte Regionen nur eine zumeist eindimensionale gemeinsame Grenze benötigen, ist es im CSC eine gemeinsam überlappte zweidimensionale Region. Dies führt zu stabileren Ergebnissen. Auch im CSC sind Kettenfehler in einem geringen Maß theoretisch möglich, in der Praxis aber vernachlässigbar. Die Split-Phase verhindert bemerkbare Kettenfehler.

Abbildungen 10.17 zeigt die CSC-Segmentierung eines senkrechten und eines waagerechten Farbverlaufs in der Standarddarstellung. Im senkrechten Verlauf sieht man deutlich eine Verzerrung wegen der Übersetzung vom Hexagonalen ins Orthogonale, die im waagerechten Farbverlauf nicht auftritt. Insbesondere ist der CSC nicht rotationsinvariant.

Bei einer Segmentierung von Bereichen mit fließenden Übergängen kann man die Grenzen der hexagonalen Topologie teilweise als Segmentgrenzen wiederfinden. Diese Fälle sind aber in der Praxis sehr viel seltener als bei Split-and-Merge und die Grenzen der hexagonalen Topologie sind auch nicht parallel zur y-Achse und daher nicht so störend.

Der CSC ist sehr schnell. Kandidaten für eine Verschmelzung müssen sich überlappen und können durch eine kleine Navigation im Segmentgraphen leicht gefunden werden. Das Verschmelzen selbst ist nur ein Anhängen von zwei Zeigern. In einem Bild I existieren ca. $|I|/4$ Inseln der Ebene 1, in denen jeweils eine eigene, aber simple Segmentierung ihrer 7 Pixel notwendig ist. In der Induktion verringert sich von Ebene zu Ebene die Zahl der zu betrachtenden Inseln um den Faktor 4. Daher ist der Zeitaufwand des CSC nur $O(|I| \cdot \log|I|)$. Für den CSC sollten nur Homogenitätskriterien verwendet werden, die man im Segmentgraphen aus den annotierten Eigenschaften der Knoten auf Schicht n bestimmen kann, ohne in niedere Schichten absteigen zu müssen, um die Vorteile der einfachen Navigation nur zwischen maximal drei Schichten nutzen zu können. Der CSC ist dann auch leicht parallelisierbar. Teilbilder eines großen Bildes können auf verschiedenen Rechnern verwaltet werden. Beim Aufbau des CSC ist nur ein Austausch von Knoteninformationen erforderlich, nicht aber ein Austausch eines ganzen Segmentes.

10.6.5   Ein Vergleich

In Abb. 10.18 ist das Farbbild vom Beispielgebäude 1 einmal mit Kuwahara gefiltert und anschließend mit verschiedenen Segmentiertechniken bearbeitet. Und zwar oben links mit einer einfachen Verkettung des Single-Linkage-Regionenwachstums, oben rechts mit rekursivem Histogrammsplitting, unten links mit Split-and-Merge und unten rechts mit dem Color-Structur-Code. Es wurden jeweils feste Default-Parameter benutzt, die sich generell als gut erwiesen haben und die nicht für das gewählte Bild optimiert wurden. Im einfachen Single-Linkage-Wachstumsverfahren wurden durch Kettenfehler die Bäume links fast aufgelöst. Hier wächst der Himmel über blau-grüne Übergangspixel in die Bäume. In SaM sind die künstlichen Grenzen im Himmel und Schatten im Gebäude extrem störend. Hingegen ist das Resultat von RHS für die Einfachheit der Methode erstaunlich gut. Dafür ist RHS aber das mit Abstand langsamste aller vier Verfahren. Der CSC arbeitet hier mit dem HSV-Farbraum und dem Ähnlichkeitsmaß von Rehrmann. In dieser Ähnlichkeit spielt der Farbwinkel eine größere Rolle als die Sättigung und Helligkeit. Daher ist der Schatten links auf dem Gebäude in dem großen Segment der Gebäudefassade aufgegangen. Dieser Effekt ist hier erwünscht, da in einer Analyse von Bildinhalten Schatten keine Objektgrenzen darstellen. Wünscht man explizit Schatten auch als Segmentgrenzen kann man im CSC den euklidischen Farbabstand im RGB-, Lab-Farbraum o. Ä. wählen. Für eine anschließende Bildanalyse ist für viele Anwendungen der CSC von den genannten Segmentierverfahren am besten geeignet. Dennoch hängt es in der Praxis von dem einzelnen Problem ab, welches Segmentierverfahren einzusetzen ist.

Abb. 10.18 Segmentierungsresultate mit Single-Linkage-Regionenwachstum (*oben links*), RHS (*oben rechts*), SaM (*unten links*), CSC (*unten rechts*)

10.6.6   3D-CSC

Für eine automatische Analyse von CT- und MR-Aufnahmen ist ein inhärent dreidimensionaler CSC interessant. Er lässt sich zwar auch auf dreidimensionale Bilder erweitern, es gibt dabei aber unerwartete Schwierigkeiten. Diese liegen daran, dass die hierarchische hexagonale Struktur kein Analogon im Dreidimensionalen besitzt.

Im Dreidimensionalen nennt man Pixel meist *Voxel* und Inseln einer Ebene werden wir jetzt *Zellen* einer Ebene nennen. Wie man Voxel kanonisch hexagonal anordnen kann, zeigen dichteste Kugelpackungen. Es ist bekannt, dass dichteste Kugelpackungen in Schichten aufgebaut sein müssen.

Abbildung 10.19 zeigt einen Ausschnitt einer solchen Schicht. Jede zweite Kugel jeder zweiten Zeile ist in Grau dargestellt, gegenüber Weiß sonst, jede vierte Kugel jeder vierten Zeile ist in Schwarz dargestellt. Die hexagonale Inselstruktur aus Abb. 10.9 ist deutlich zu sehen: Um jede graue Kugel gruppieren sich sechs weiße im gleichen Abstand, um jede schwarze sechs graue im gleichen Abstand. Jede weiße Kugel ist zu genau zwei grauen benachbart, zwei benachbarte Inseln der Ebene 1 überlappen sich so.

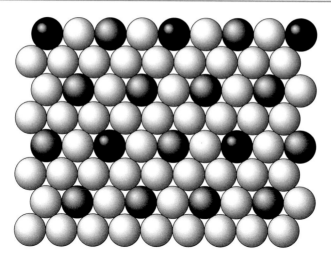

Abb. 10.19 Eine Schicht dichtgepackter Kugeln

Um eine dreidimensionale dichteste Kugelpackung zu erhalten, müssen wir auf diese Schicht eine zweite *auf Lücke* legen. Für eine dritte Schicht hat man nun zwei Möglichkeiten: Eine Kugel der dritten Schicht wird so auf Lücke der zweiten Schicht gelegt, dass sie über einer Kugel der ersten Schicht (Fall a) oder über einer Lücke der ersten Schicht (Fall b) zu liegen kommt. Damit existieren unendlich viele verschiedene dichteste Kugelpackungen, auch nicht periodische. Eine nicht periodische erhält man etwa, wenn man nach oben mit den Fällen

$$ababbabbba\ldots ab^n ab^{n+1}a\ldots$$

fortsetzt.

Auf einen grauen Zentrumsball Z kann man darauf genau drei Kugeln K_1, K_2, K_3 auf Lücke legen, so dass jede Kugel K_i das Zentrum Z und auch seine Nachbarn K_j für $1 \leq i, j \leq 3, i \neq j$ berührt. Genauso geht es unterhalb von Z. Die hexagonale Packung, Z plus seine sechs Nachbarn seiner Schicht (0) plus je drei Kugeln einer Schicht höher $(+1)$ und tiefer (-1), nennen wir eine hexagonale Zelle H_{13} aus 13 Kugeln, siehe Abb. 10.20.

Man könnte nun H_{13} als dreidimensionales Analogon einer Insel der Ebene 1 im Zweidimensionalen betrachten. Das ist aber falsch, da sich mit H_{13} keine hierarchische

Abb. 10.20 Die H_{13}-Zelle

Abb. 10.21 Die H_{15}-Zelle

Struktur aufbauen lässt. Das sieht man wie folgt: In einer dreidimensionalen hexagonalen Topologie soll jedes Voxel entweder Zentrumsvoxel einer Zelle der Ebene 1 sein oder im Überlappungsbereich genau zweier Zellen der Ebene 1 liegen. Wenn Schicht 0 Zentrumsvoxel enthält, dann auch Schicht 2, und Schicht 1 besteht nur aus Randvoxeln im Überlappungsbereich zweier Zellen mit Mittelpunkt auf Schicht 0 und Schicht 2. Die drei Voxel auf Schicht 1 von einer H_{13}-Zelle besitzen also je einen Zentrumsvoxel auf Schicht 0 und 2, und jedes 4. Zentrumspixel auf Schicht 0 und 2 findet keinen Voxelpartner auf Schicht 1.

Es bleiben somit Löcher im R^3, in die man eine Kugel legen kann. Wir müssen also die Zelle H_{13} auf unterer und oberer Schicht um je eine Kugel ergänzen, die jetzt nicht mehr die Zellenzentrumskugel direkt berühren können. Abbildung 10.21 zeigt, wie solche eine Zelle H_{15} aus 15 Kugeln aussehen kann.

H_{15} ist eine mögliche Verallgemeinerung einer Inseln der Ebene 1, die eine hierarchische hexagonale Struktur im R^3 erlaubt. Man kann H_{15} auf verschiedene Art in das Orthogonale scheren, etwa in den S_{15} oder den C_{15}, siehe Abb. 10.22.

S_{15} ist etwas kompakter als C_{15}, da der Manhattan-Abstand des Zentrums zu einem beteiligten Voxel im S_{15} maximal 2, im C_{15} hingegen maximal 3 beträgt. So unterschiedlich C_{15} und S_{15} auch aussehen, beide sind aus Scherungen von H_{15} hervorgegangen. Hierarchische 3D-Topologien, die auf S_{15} oder C_{15} aufbauen, sind daher äquivalent. Sie erfüllen die wichtigen Eigenschaften Zentralüberlappung und Einfachheit. Verwendet man S_{15} zur Steuerung der Verschmelzung eines CSC im Dreidimensionalen, so erhält man den S_{15}-CSC, analog den C_{15}-CSC bei Steuerung durch die C_{15}-Struktur. Wegen der Zentralüberlappung und Einfachheit bleibt eine Implementierung eines S_{15}- oder C_{15}-CSC überschaubar.

Abb. 10.22 S_{15} (*links*) und C_{15} (*rechts*)

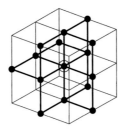 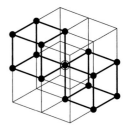

Abb. 10.23 C_{19}

Leider verletzt der H_{15}, und damit auch der S_{15} und C_{15}, die Eigenschaft Dichte: Es existieren benachbarte, sich also überlappende Zellen Z_1, Z_2 einer Ebene n, die keine gemeinsame Elterzelle E der Ebene $n + 1$ besitzen! Sind nun in Z_1 und Z_2 Segmentierungen auf Ebene n abgeschlossen, so können diese nicht auf Ebene $n + 1$ weiter verknüpft werden, da nur in einer Elterzelle E eine weitere Verschmelzung auf die nächsthöhere Ebene stattfinden kann. Zwei ähnliche Segmente S_1 in Z_1 und S_2 in Z_2 können manchmal über andere Zellen der Ebene n hinweg verschmolzen werden, dennoch findet in der Praxis mit dem S_{15}- und C_{15}-CSC eine Übersegmentierung statt: Segmente, die sinnvoll verschmolzen werden sollten, bleiben als einzelne Segmente erhalten.

Man könnte als Zelle das Fenster F_1^3 vom Radius 1 selbst wählen. Eine Steuerung mit einer F_1^3-Zelle wird aber extrem aufwändig. In [114], siehe auch [115], ist eine minimale Teilstruktur des F_1^3 gefunden, die die Eigenschaft Dichte gewährleistet, nämlich der C_{19} aus Abb. 10.23.

Im C_{19}-CSC kann die genannte Übersegmentierung nicht mehr stattfinden, da überlappende Zellen einer Ebene n immer eine gemeinsame Elterzelle auf Ebene $n + 1$ besitzen, in der die Verschmelzung stattfinden kann. Der C_{19} ist die kleinste Struktur, die die Dichteforderung im Dreidimensionalen erfüllt. Dafür verletzt der C_{19} die Eigenschaften Zentralüberlappung und Einfachheit. Der C_{19} besitzt folgende Eigenschaften:

- Zwei C_{19}-Zellen der Ebene $n + 1$ können sich in keiner, genau einer oder in genau drei Teilzellen der Ebene n überlappen.
- Die zentrale Zelle Z_c auf Ebene n einer Zelle Z der Ebene $n + 1$ muss sich nicht mit allen Teilzellen der Ebene n von Z überlappen.
- Ferner besitzt eine Zelle der Ebene n auf der Ebene $n + 1$ mindestens eine Elterzelle, es können aber auch zwei oder sogar drei Elterzellen sein.

Die Verletzung der Einfachheit und Zentralüberlappung und die Existenz von bis zu drei Elterzellen erschwert eine Implementierung erheblich, führt aber nicht zu Segmentierungsfehlern. Auf meinen Downloadseiten liegt eine 3D-CSC-Version zur freien Nutzung.

Elementare Merkmale II

11

Im Kap. 9 haben wir einfache 0- und 1-dimensionale elementare Merkmale wie Eckpunkte, Kanten, Geraden und Kreise untersucht. Hier stellen wir weitere elementare Merkmale vor, die zweidimensionale Regionen im Bild charakterisieren sollen.

Wir gehen davon aus, dass wir eine interessante Region, also eine zusammenhängende Pixelmenge, in einem zweidimensionalen Bild bereits gefunden haben. Eine Fragestellung der *Formrepräsentation, shape representation,* ist, wie man einer Region eine *Form* für weitere Untersuchungen zuordnen und diese darstellen kann. Form meint zumeist die Form des Randes der Region. Die Pixelwerte der Region bleiben dabei zumeist unberücksichtigt. Wir wollen hier einige Formen und deren Darstellungen vorstellen.

11.1 Freeman-Code

Der *Freeman-Code* nach Herbert Freeman [27], auch *Chain-Code, Ketten-Code, Freeman-Ketten-Code* genannt, ist eine Technik, um Formen darzustellen. Genauer ist er eine Beschreibungstechnik für diskrete zweidimensionale 9er-zusammenhängende Kurven. Es sei $K = l_0, \ldots, l_n$ eine solche Kurve, wobei l_{i+1} ein 9er-Nachbar von l_i ist und $l_{i+1} \neq l_i$ für $0 \leq i < n$ gilt. Damit können wir K auch eindeutig durch $l_0, l_1 - l_0, \ldots, l_{i+1} - l_i, \ldots, l_n - l_{n-1}$ darstellen, also durch den Startpunkt und die Folge der Richtungsänderungen. Es existieren verschiedene Varianten, diese Richtungsänderungen zu kodieren. Wir betrachten hier eine mit 8 möglichen Richtungsänderungen, wobei am gleichen Ort bleiben jetzt verboten ist. Diese 8 Richtungen werden von 0 bis 7 gegen den Uhrzeigersinn wie bei Winkeln kodiert:

$$
\begin{array}{ccc}
3 & 2 & 1 \\
\nwarrow & \uparrow & \nearrow \\
4 \;\leftarrow & & \rightarrow\; 0 \\
\swarrow & \downarrow & \searrow \\
5 & 6 & 7
\end{array}
$$

© Springer-Verlag Berlin Heidelberg 2015
L. Priese, *Computer Vision*, eXamen.press, DOI 10.1007/978-3-662-45129-8_11

Tab. 11.1 Die Richtungen in den beiden Koordinatensystemen

Richtung	Code	BV-Koordinatensystem (Zeile, Spalte)	geometrisches Koordinatensystem (x, y)
$\rightarrow$	0	$(0, +1)$	$(+1, 0)$
$\nearrow$	1	$(-1, +1)$	$(+1, +1)$
$\uparrow$	2	$(-1, 0)$	$(0, +1)$
$\nwarrow$	3	$(-1, -1)$	$(-1, +1)$
$\leftarrow$	4	$(0, -1)$	$(-1, 0)$
$\swarrow$	5	$(+1, -1)$	$(-1, -1)$
$\downarrow$	6	$(+1, 0)$	$(0, -1)$
$\searrow$	7	$(+1, +1)$	$(+1, -1)$

Befinden wir uns an einem Ort l und bewegen uns in Richtung i für $0 \leq i < 8$, so erreichen wir den Ort $l + v_i$, wobei v_i der zur Richtung i passende Vektor ist. v_i hängt nicht nur von der Richtung i ab, sondern auch davon, ob wir uns im geometrischen oder im BV-Koordinatensystem befinden, vgl. Abschn. 4.2.3. Die Tab. 11.1 zeigt die Richtungen mit dazugehörendem Code und Vektor in beiden Koordinatensystemen.

Wir identifizieren eine Richtung sowohl mit ihrem Code als auch ihrem Richtungsvektor, je nach geltendem Koordinatensystem. Der Freeman-Code einer Kurve $K = l_0, \ldots, l_n$ ist also

$$F_K = l_0, v_1, \ldots, v_n.$$

Natürlich wird hier v_i durch seinen Freeman-Code aus $[0, 7]$ notiert. K_F beginnt mit einem Ort, dem Startpunkt der Kurve, und es folgt eine beliebige Folge von Richtungscodes 0 bis 7. So einfach der Freeman-Code ist, so nützlich ist er auch. Einige Eigenschaften einer Kurve K kann man ihrem Freeman-Code F_K sofort entnehmen.

Es sei K eine Kurve mit Freeman-Code $F_K = l_0, v_1, \ldots, v_n$. Dann endet F_K im Ort $l_0 + \sum_{1 \leq i \leq n} v_i$, wobei v_i jetzt natürlich der Richtungsvektor im gültigen Koordinatensystem ist.

n_i sei die Anzahl der Vorkommen der Richtung i in F_K. Dann ist die euklidische Länge $\|K\|$ von K gerade

$$\|K\| = n_0 + n_2 + n_4 + n_6 + (n_1 + n_3 + n_5 + n_7) \cdot \sqrt{2},$$

und K ist offensichtlich genau dann geschlossen, wenn

$$n_1 + n_2 + n_3 = n_5 + n_6 + n_7 \quad \text{und}$$
$$n_3 + n_4 + n_5 = n_1 + n_0 + n_7 \quad \text{gilt.}$$

11.1.1 Freeman-Code für Regionen

Wir wollen eine uns interessierende Region R in einem orthogonalen zweidimensionalen Bild beschreiben. Man setzt dazu die Werte aller Pixel der interessanten Region R auf 1 und alle anderen auf 0. Wir gehen daher von einem Binärbild $B : [0, N[\times [0, M[\to \{0, 1\}$ aus, dessen Vordergrund eine Region R in der 9er-Nachbarschaft bildet. Ohne Einschränkung berühre R den Rand von B nicht. Sonst erweitern wir B gegebenenfalls auf Loc := $[-1, N] \times [-1, M]$ mit dem Wert $B(i, j) := 0$ für $i, j = -1, N$ oder M, damit R den Rand von B nicht berühren kann.

Man kann nun R durch ihren äußeren Rand und ihre möglichen inneren Ränder beschreiben und diese Ränder durch deren Freeman-Codes darstellen. Die inneren Ränder sind die Ränder der eventuell vorhandenen Löcher in R. Die Begriffe Rand, Äußeres, Inneres und Loch müssen wir noch präzisieren.

Der äußere Rand von R ist eine zusammenhängende Menge von Pixeln in R auf einer diskreten gerichteten Kurve. Sein erstes Pixel wird dasjenige Pixel in R ganz oben links. Das ist das Pixel P in R, dessen Ort $\mathrm{loc}(P_0) = (i_0, j_0)$ einen minimalen i-Wert i_0 in R besitzt und, falls mehrere Orte in R mit Koordinaten (i_0, j) existieren, den kleinsten j-Wert j_0 besitzt. Man durchläuft R von P_0 ausgehend im Uhrzeigersinn und versucht, innerhalb von R immer ganz nach links zu laufen ohne die Laufrichtung umzukehren. Dazu muss man stets einen 9er-Nachbarpixel außerhalb von R sehen.

Wir geben einen Pseudoalgorithmus für diese Methode an. Dazu sei $v^{\leftarrow}$ die inverse Richtung zu $v \in \{0, \dots, 7\}$ mit $v^{\leftarrow} = v + 4 \mod 8$, z. B. $5^{\leftarrow} = 5 + 4 \mod 8 = 1$ etc.

> $i_0 := \min\{i \,|\, \exists j \,:\, (i_0, j) \in R\}$;
> $j_0 := \min\{j \,|\, (i_0, j) \in R\}$;
> $l_0 := (i_0, j_0)$; $v_0 := 5$; $i := 0$; setze l_0 auf bearbeitet;
> 1: für $1 \le j \le 8$
> > beginne
> > > $v_{i+1} := v_i^{\leftarrow} - j \mod 8$;
> > > falls $l_i + v_{i+1} \in R$ und nicht auf bearbeitet gesetzt dann
> > > > $l_{i+1} := l_i + v_{i+1}$; $i := i + 1$; setze l_i auf bearbeitet; goto 1
> > end;
> > falls $l_0 = l_i$ dann
> > > falls $l_i + 5 \in R$ und $l_i + 5$ noch nicht bearbeitet dann
> > > > $l_{i+1} := l_i + 5$; $v_{i+1} := 5$; $i := i + 1$; setze l_i auf bearbeitet; goto 1

Dazu einige Erklärungen. l_0 ist der Ort oben links in R. Er wird auf bearbeitet gesetzt. Oberhalb von l_0 kann kein Pixel in R liegen. Wir schauen daher zuerst in die Richtung $v_1 := v_0^{\leftarrow} - 1 = 5^{\leftarrow} - 1 = 1 - 1 = 0$, also nach links, dann weiter nach links unten, $7 = 1 - 2 \mod 8$, unten, 6 etc., bis wir ein Pixel aus R treffen. Ist das l_0 selbst, besteht R nur aus diesem Pixel am Ort l_0. Es sei $l_0, v_1, \dots, v_i$ der schon gebildete Freeman-Code der Länge i. Wir müssen von l_i aus weitere Randpunkte finden. Wir suchen zuerst von l_I, das wir aus der Richtung v_i erreicht haben, rückwärts in Richtung $v_i^{\leftarrow} - 1$, dann $v_i^{\leftarrow} - 2$, $v_i^{\leftarrow} - 3$ etc. bis wir auf ein Pixel P in R treffen. Ist P unbearbeitet, wird es der nächste Randpunkt $l_{i+1} = l_i + v_i$. Ist P bereits bearbeitet, bricht die „für $1 \leq j \leq 8$"-Schleife ab. Wir prüfen noch den Sonderfall, ob der zuletzt gefundene Randpunkt der Startpunkt l_0 ist. Dann kann links unten (Richtung 5) noch ein unbearbeiteter Randpunkt P' von R liegen, mit dem der Algorithmus fortgesetzt wird. Folgendes Beispiel erläutert diesen Sonderfall:

In diesem Beispiel erhalten wir als Freeman-Code l_0, 0, 0, 0, 0, 0, 0, 4, 4, 4, 4, 4, 4, 5, 7, 0, 6, 4, 4, 2, 2, 1.

Man kann noch die „für $1 \leq j \leq 8$"-Schleife durch „für $2 \leq j \leq 8$" ersetzen. Hat man von l_i in Richtung v_i den Ort l_{i+1} für den Freeman-Code gefunden, so kann man nie mit $l_{i+2} = l_{i+1} + v_i^{\leftarrow} - 1$ fortsetzen, da sonst l_{i+2} statt l_{i+1} direkt von l_i aus als nächster Randpunkt gefunden worden wäre.

Der äußere Rand von R ist die Menge aller Pixel, die der von diesem Pseudoalgoritmus erzeugte Freeman-Code beschreibt. Alternativ kann man diesen Freeman-Code selbst als äußeren Rand auffassen, der damit eine Richtung und einen Startpunkt erhält. Hier ist die Richtung im Uhrzeigersinn gewählt und alle inneren Pixel von R liegen damit rechts vom Rand.

Damit erhalten wir auch eine Präzisierung des Begriffs des *Äußeren* von R: Es sind alle Pixel außerhalb des Polygons, das der Freeman-Code von R darstellt. Alle anderen Pixel, die nicht in R und nicht im Äußeren von R liegen, formen das *Innere* von R. Ein *Loch L* in R ist eine maximale Zusammenhangskomponente des Inneren von R.

Um den Rand des Lochs L zu bestimmen, geht man zum obersten linken Pixel im Loch L und von dort ein Pixel nach links. Dieser Ort in R ist der Startpunkt für eine Anwendung des Pseudoalgorithmus zur Randerzeugung. Der so erzeugte Freeman-Code ist der Rand des Loches L. Er stellt einen *inneren Rand* von R (und zwar um das Loch L) dar. Der innere Rand wird wie der äußere durchlaufen, aber jetzt gegen den Uhrzeigersinn, da das Loch L, genauso wie das Äußere, immer links in Laufrichtung erwartet wird.

Der *innere Rand von R* ist die Vereinigung aller inneren Ränder der Löcher in R und der *Rand $\varrho(R)$ von R* ist die Vereinigung des äußeren und inneren Randes. $\varrho(R)$ ist damit eine im Allgemeinen nicht zusammenhängende Menge von Pixeln oder, je nach gewünschter Auffassung, eine Menge von Freeman-Codes. Betrachten wir als Beispiel in Abb. 11.1 ein kleines Binärbild B mit einer Region R mit einem Loch L.

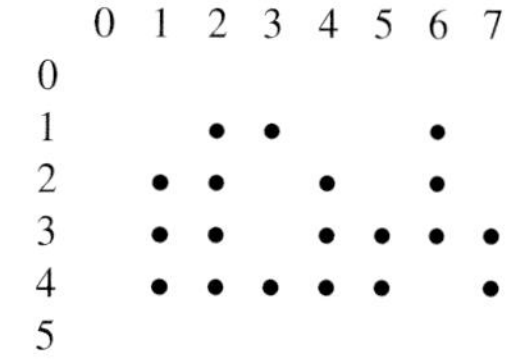

Abb. 11.1 Eine kleine Region
mit einem Loch

```
      0 1 2 3 4 5 6 7
0
1        • •       •
2      • •   •     •
3      • •   • • • •
4      • • • • •   •
5
```

Der Freeman-Code des äußeren Randes von R und des inneren Randes um L sind

$$(1,2), 0, 7, 7, 1, 2, 6, 7, 6, 3, 5, 4, 4, 4, 4, 2, 2, 1 \text{ und } (2,2), 6, 7, 1, 2, 3, 5.$$

Bei einer Parallelverschiebung der Region ändert sich im Freeman-Code des äußeren oder der inneren Ränder nur die Koordinate des Startpunktes. Bei einer Rotation der Region um ein Vielfaches k von $45°$ ändert sich im Freeman-Code jeder Richtungscode c_I zu $c'_I = c_i + k \mod 8$. Allerdings muss der Startpunkt l_0 jetzt nicht mehr der obere linke Punkt der gedrehten Region sein.

Wir haben den Freeman-Code des äußeren Randes im Uhrzeigersinn laufen lassen. Man kann den Algorithmus zur Bestimmung des äußeren Randes leicht so abändern, dass der Rand eine Richtung entgegen dem Uhrzeigersinn besitzt. Alle inneren Punkte liegen dann links vom Rand. In der Literatur findet man beide Varianten, eine einheitlich vereinbarte Laufrichtung für den Rand existiert nicht.

Im Dreidimensionalen können wir den Rand einer Region R nicht mit dem Freeman-Code beschreiben. Damit haben wir auch keinen Begriff eines äußeren oder innerern Randes von R. Aber wir können den *Rand* $\varrho(R)$ von R einfach definieren als diejenige Menge der Voxel in R, die in der dreidimensionalen 6er-Nachbarschaft ein Nachbarvoxel besitzen, das nicht zu R gehört.

11.2 Bounding Box und konvexe Hüllen

Eine Menge $M \subseteq \mathbb{R}^2$ heißt *konvex*, wenn zu je zwei Punkten p_1, p_2 in M die Strecke $\overrightarrow{p_1 p_2}$ M nicht verlässt, also mit $\overrightarrow{p_1 p_2} \subseteq M$. Insbesondere dürfen konvexe Mengen keine Löcher enthalten. Diese Definition können wir im Diskreten nicht so leicht übernehmen, da der Begriff einer geraden Strecke nur approximiert ist. Ersatzweise können wir mit dem Freeman-Code arbeiten.

Eine Region $R \subset \mathbb{Z}^2$ heißt *konvex*, wenn sie bezüglich der 9er-Nachbarschaft zusammenhängend ist, keine Löcher besitzt und ihr Rand mittels eines Freeman-Codes beschrieben werden kann, in dem die Richtungen nur in der Reihenfolge 0, 7, 6, 5, 4, 3, 2, 1 benutzt werden dürfen. Durch die Forderung, dass zuvor benutzte Richtungen nach Benutzung einer neuen Richtung nicht wieder erlaubt sind, werden Einbuchtungen vermieden.

Das folgende Binärbild zeigt eine konvexe Region R mit ihren Freeman-Code F_R.

```
     0  1  2  3  4  5  6  7
  0
  1         •  •
  2      •  •  •  •                  F_R = (1, 2), 0, 7, 6, 6, 6, 3, 3, 3, 1
  3         •  •  •
  4      •  •
  5         •
```

$$F_R = (1, 2), 0, 7, 6, 6, 6, 3, 3, 3, 1$$

Der *reduzierte Freeman-Code* besteht aus dem Startpunkt und acht Zahlen, die angeben, wie häufig die Richtungen 0, 7, 6, 5, 4, 3, 2, 1 in dieser Reihung vorkommen. Für das letzte Beispiel ist der reduzierte Freeman-Code $(1, 2), 1, 1, 3, 0, 0, 3, 0, 1$. Für größere konvexe Regionen ist das eine sehr kompakte Darstellung mit einer hohen Datenkompressionsrate. Für eine so kleine Region wie in diesem Beispiel ist der reduzierte Freeman-Code uninteressant.

11.2.1 Bounding Box

Eine einfache konvexe Menge, die eine gegebene Menge M in $\mathbb{R}^2$ oder $\mathbb{Z}^2$ umfasst, ist die *Bounding Box* oder *Feret Box BB(M)* von M. Es ist das kleinste Rechteck im $\mathbb{R}^2$ oder $\mathbb{Z}^2$ mit Kanten parallel zur x- und y-Achse, das $M \subset \mathbb{R}^2$ umfasst. Ist M eine endliche Teilmenge des $\mathbb{Z}^2$, dann ist $BB(M)$ in linearer Zeit erstellbar. In einem Scan durch M werden die kleinsten und größten vorkommenden x-Koordinaten und y-Koordinaten $x_{\min}$, $x_{\max}$, $y_{\min}$, $y_{\max}$ ermittelt. $(x_{\min}, y_{\min})$, $(x_{\min}, y_{\max})$, $(x_{\max}, y_{\min})$ und $(x_{\max}, y_{\max})$ sind dann die vier Eckpunkte der Bounding Box.

11.2.2 Konvexe Hülle

Die *konvexe Hülle H(M)* einer Menge M im $\mathbb{R}^2$ ist die kleinste konvexe Menge $H(M)$ in $\mathbb{R}^2$, die M umfasst, also mit $M \subseteq H(M)$. Wir stellen hier drei unterschiedliche Algorithmen zur Berechnung der konvexen Hülle für eine **endliche** Menge M von Punkten im $\mathbb{R}^2$ vor.

Es sei M eine endliche Menge von zweidimensionalen Bildorten im $\mathbb{R}^2$ mit $|M| = n$. Intuitiv gehören zum Rand der konvexen Hülle von M alle äußeren Eckpunkte der Menge M und das sie verbindende kleinste Polygon, vgl. Abb. 11.2.

Statt der konvexen Hülle selbst genügt die Angabe deren Randes. Der Rand und das Innere sind dann die konvexe Hülle. Der Rand kann als ein Polygonzug mit einer Richtung beschrieben werden. Eine ausgezeichnete Richtung existiert in der Literatur nicht.

Abb. 11.2 Eine Menge M
von 11 Punkten im $\mathbb{R}^2$ und der
Rand ihrer konvexen Hülle

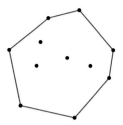

Interessiert eine Richtung nicht, genügt zur Randbeschreibung die Angabe der Eckpunkte
oder der Seiten dieses Polygonzugs.

Ein direkter $O(n^3)$ Algorithmus. Es sei $M = \{p_1, \ldots, p_n\}$. Die Strecke $\overrightarrow{p_i p_j}$ von p_i
nach p_j für $p_i, p_j \in M$ gehört genau dann zum Rand der konvexen Hülle, wenn alle
anderen $n - 2$ Punkte aus M sich auf genau einer Seite von der Geraden $\overline{p_i p_j}$ befinden.
Dies kann mit simpler analytischer Geometrie pro Strecke $\overrightarrow{p_i p_j}$ in einer Zeit $O(n)$ getestet
werden. Da $n(n-1)/2$ viele solcher Strecken $\overrightarrow{p_i p_j}$ existieren, erhält man sofort einen vom
Aufbau her einfachen $O(n^3)$-Algorithmus. Für die Praxis der Computergrafik taugt ein
kubischer Algorithmus aber nicht, da $|M|$ sehr groß werden kann und deutlich schnellere
Algorithmen existieren.

Wir werden häufiger einen Test brauchen, ob ein Punkt links (oder rechts) von einer
Strecke liegt. Genauer meint man jetzt links oder rechts von der Geraden, die auf der
Strecke liegt, in der Richtung der Strecke betrachtet. Bekanntlich liegt ein Punkt p_3 links
von der Strecke $\overrightarrow{p_1 p_2}$, falls die Determinante

$$\begin{vmatrix} x_1 & y_1 & 1 \\ x_2 & y_2 & 1 \\ x_3 & y_3 & 1 \end{vmatrix} = x_1 y_2 + x_2 y_3 + x_3 y_1 - x_3 y_2 - x_2 y_1 - x_1 y_3$$

positiv ist. Hierbei gilt $p_i = (x_i, y_i)$. Ist diese Determinante gleich null, dann liegt p_3 auf
der Geraden $\overline{p_1 p_2}$, ist sie negativ, liegt p_3 rechts davon. Dies sieht man leicht wie folgt.
p_3 liegt links von $\overrightarrow{p_1 p_2}$, falls die Steigung $\overrightarrow{p_1 p_2}$ kleiner als die von $\overrightarrow{p_1 p_3}$ ist, also falls gilt

$$\frac{y_2 - y_1}{x_2 - x_1} < \frac{y_3 - y_1}{x_3 - x_1}.$$

Dies ist gleichwertig zu

$$0 < (x_2 - x_1)(y_3 - y_1) - (x_3 - x_1)(y_2 - y_1)$$
$$= x_1 y_2 + x_2 y_3 + x_3 y_1 - x_3 y_2 - x_2 y_1 - x_1 y_3.$$

Dies gilt im geometrischen Koordinatensystem. Fassen wir im BV-Koordinatensystem
x als erste Variable auf, so steht x für die Zeilenzahl. Das heißt, eigentlich sind die Vorstellungen der x- und y-Achsen vertauscht, dafür läuft die Zeilenkoordinate jetzt nach

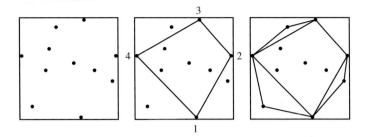

Abb. 11.3 Divide-and-Conquer-Algorithmus zur konvexen Hüelle. M mit Bounding Box (*links*), Polygon aus 4 Punkten auf der Bounding Box (*Mitte*) und Erweiterung des Polygons um äußere Punkte (*rechts*)

unten statt wie y zuvor nach oben. Wegen dieser doppelten Vertauschung gilt auch im BV-Koordinatensystem, dass p_3 rechts (links) von $\overrightarrow{p_1 p_2}$ liegt, wenn obige Determinante negativ (positiv) ist.

Divide-and-Conquer-Algorithmen. Man kann die konvexe Hülle mit verschiedenen Divide-and-Conquer-Algorithmen bestimmen. Wir geben ein Beispiel.

Besteht M nur aus einem Punkt, so ist M die konvexe Hülle von M. Besteht M aus zwei Punkten p_1, p_2 so ist die ungerichtete Strecke $\overline{p_1, p_2}$ die konvexe Hülle von M. M bestehe nun aus mehr als zwei Punkten. Man bestimmt zuerst die Bounding Box um M. Besitzt eine Seite des Randes der Bounding Box die Länge 0, so liegen alle Punkte von M auf einer Geraden parallel zur x- oder y-Achse, und die Seite der Bounding Box der Länge > 0 selbst ist die konvexe Hülle. Im anderen Fall (alle vier Seiten der Bounding Box haben eine Länge > 0) liegen mindestens drei Punkte aus M auf verschiedenen Seiten das Randes $\varrho(BB(M))$ der Bounding Box $BB(M)$ um M, vgl. Abb. 11.3. Die Punkte aus M auf dem Rand der Bounding Box seien $(p_1, \ldots, p_k)$, $k \geq 3$, sortiert von unten ganz links entgegen dem Uhrzeigersinn. Sie bilden einen Startpolygonzug

$$P = \overrightarrow{p_1 p_2}, \ldots, \overrightarrow{p_i p_{i+1}}, \ldots, \overrightarrow{p_k p_1}$$

mit einer Laufrichtung entgegen dem Uhrzeigersinn, dessen Inneres links von jeder Strecke $\overrightarrow{pp'}$ in P liegt. Die Punkte im Inneren von P interessieren nicht weiter und werden aus M entfernt. Existiert ein äußerer Punkt M rechts von einer der Strecken $\overrightarrow{pp'}$ in P, so kann man in $O(n)$ Schritten den Punkt $p_{\max}$ in M mit größtem Abstand rechts von einer der Strecken $\overrightarrow{pp'}$ finden. Die Strecke $\overrightarrow{pp'}$ wird damit in zwei Teilstrecken $\overrightarrow{pp_{\max}}$ und $\overrightarrow{p_{\max}p'}$ unterteilt, womit das bereits gefundene Polygon feiner unterteilt wird und eine Ecke $p_{\max}$ mehr erhält. Dies iteriert man so lange, bis im Äußeren des konstruierten Polygons kein weiterer Punkt aus M liegt. Abbildung 11.3 visualisiert diese Schritte.

Damit ist man in $O(n^2)$ Schritten im schlechtesten Fall fertig. Im Mittel genügen allerdings $O(n \log n)$ Schritte, da die Punkte im Inneren der bereits konstruierten Polygone in jedem Schritt aus M entfernt werden.

Graham-Algorithmus. Ein Algorithmus von Graham [32] aus dem Jahr 1972 benötigt auch im schlechtesten Fall nur $O(n \log n)$ Schritte. Er nutzt aus, dass bei einem Lauf entgegen dem Uhrzeigersinn durch das Polygon des Randes der konvexen Hülle alle Punkte von M auf dem Rand oder links davon liegen müssen.

Als Speicher genügt ein Keller (Stack) für die Punkte aus M, auf dem Kandidaten für Eckpunkte des Randes der konvexen Hülle gespeichert werden. Wir nutzen hier die Operationen *push x* (lege ein Element x oben auf den Keller) und *pop* (entferne das oberste Element des Kellers). Der Algorithmus arbeitet wie folgt:

1. finde das Element $p_0 = (x_0, y_0)$ unten rechts in M, d. h. mit maximalem Wert auf der y-Achse; existieren davon mehrere, dann dasjenige davon mit maximalem Wert auf der x-Achse.
2. berechne zu jedem $p = (x_p, y_p)$ in M den Steigungswinkel α_p von p_0 nach p; also

$$\alpha_p = \text{atan}_2(y_p - y_0, x_p - x_0),$$

3. sortiere M nach wachsenden Steigungswinkeln zu $p_0, \ldots, p_{n-1}$,
4. *push p_0, push p_1*
5. *for i = 2 to n − 1*
   wiederhole
      es seien p' das oberste und p das zweitoberste Element im Stack,
      falls p_i rechts von $\overrightarrow{pp'}$ liegt
      * dann entferne p',
      * sonst *push p_i*
   so lange, bis eine *push*-Operation ausgeführt wurde.

Der Algorithmus ist im ersten Moment nicht leicht zu verstehen. M ist so sortiert, dass p_0 das Element ganz unten rechts ist. Stellen wir uns p_0 als Nullpunkt eines Koordinatensystems vor, dann ist α_i der Winkel von der x-Achse entgegen dem Uhrzeigersinn nach p_i. Als Winkel kommen also nur Werte zwischen 0° und 180° vor, vgl. Abb. 11.4, da p_0 ein unterster Punkt ist.

Der Punkt mit dem kleinsten Winkel (außer p_0 mit Winkel 0) ist p_1. Damit müssen schon p_0 und p_1 zur konvexen Hülle gehören. Auf dem Stack notieren wir die Kandidaten, die wir für die konvexe Hülle bereits betrachtet haben. $\overrightarrow{pp'}$ ist nun die Strecke vom vorletzten zum letzten Element des Stacks. Liegt der zu betrachtende Punkt p_i links von dieser Strecke, ist er ebenfalls ein Kandidat für die konvexe Hülle. Liegt er hingegen rechts davon, dann ist p' nicht Mitglied der konvexen Hülle und wird aus dem Stack entfernt. Damit ergibt sich eine neue letzte Strecke aus dem Stack und es wird verglichen, ob jetzt p_i

Abb. 11.4 Graham-Algorithmus zur konvexen Hülle. Die
sortierten Punkte in M, die
Kandidaten für Eckpunkte der
konvexen Hülle sind

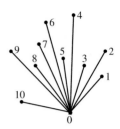

links davon liegt. Betrachten wir die Menge M aus dem Beispielbild 11.4. Die Punkte
aus M werden sortiert wie in Abb. 11.3 gezeigt. Wenn wir zum Beispiel zum ersten Mal
p_9 anfassen, liegen im Stack die Werte p_0, p_1, p_2, p_4, p_6, p_7, p_8 (von unten nach oben).
Da p_9 rechts von der Strecke $\overrightarrow{p_7 p_8}$ liegt, wird p_8 aus dem Stack entfernt (pop p'). Da p_9
auch noch rechts der Strecke $\overrightarrow{p_6 p_7}$ liegt, wird ebenfalls p_7 entfernt. Nun liegt p_9 links von
$\overrightarrow{p_4 p_6}$ und wird daher in den Stack mit push p_i abgelegt. Im Stack liegen jetzt p_0, p_1, p_2,
p_4, p_6, p_9. Während des Algorithmus ändert sich also der Stack wie folgt, wobei $\vdash$ eine
Änderung bedeutet:

p_0, $p_1 \vdash p_0$, p_1, $p_2 \vdash p_0$, p_1, p_2, $p_3 \vdash p_0$, p_1, $p_2 \vdash p_0$, p_1, p_2, $p_4 \vdash p_0$, p_1, p_2, p_4,
$p_5 \vdash p_0$, p_1, p_2, $p_4 \vdash p_0$, p_1, p_2, p_4, $p_6 \vdash p_0$, p_1, p_2, p_4, p_6, $p_7 \vdash p_0$, p_1, p_2, p_4, p_6,
p_7, $p_8 \vdash p_0$, p_1, p_2, p_4, p_6, $p_7 \vdash p_0$, p_1, p_2, p_4, $p_6 \vdash p_0$, p_1, p_2, p_4, p_6, $p_9 \vdash p_0$, p_1,
p_2, p_4, p_6, p_9, p_{10}.

Damit wird jedes p_i maximal einmal in den Stack gepusht und kann maximal einmal
wieder entfernt werden. Schritt 5 besitzt also die Komplexität $O(n)$. Das Gleiche gilt für
die Schritte 1 und 2, und Schritt 4 hat nur die Komplexität $O(0)$. Einzig Schritt 3 benötigt die Komplexität $O(n \log n)$, da der schnellste Sortieralgorithmus diese Komplexität
besitzt.

Der Divide-and-Conquer- und der Graham-Algorithmus wurden hier so aufgebaut,
dass der Rand der konvexen Hülle eine Richtung gegen den Uhrzeigersinn erhält. Genauso kann man mit leicht ersichtlichen Modifizierungen eine Laufrichtung im Uhrzeigersinn
erreichen.

Ein Nachteil des Algorithmus von Graham ist, dass er auf zwei Dimensionen beschränkt ist. Es existiert keine naheliegende Verallgemeinerung auf konvexe Hüllen von
endlichen Punktmengen im $\mathbb{R}^3$, während dies für die beiden erstgenannten Algorithmen
recht offensichtlich, aber implementierungstechnisch nicht ganz einfach ist. Eine dreidimensionale konvexe Hülle einer endlichen Menge ist natürlich ein konvexes Polyeder.

11.2.3 Diskrete konvexe Hülle

Es sei nun R eine endliche Region im $\mathbb{Z}^2$ bezüglich der 9er-Nachbarschaft. Wenn wir
$H(R)$ genauso berechnen, erhalten wir als konvexe Hülle eine Teilmenge im $\mathbb{R}^2$ bzw.
den Polygonzug im $\mathbb{R}^2$, der diese konvexe Hülle umschließt. Interessiert man sich aber

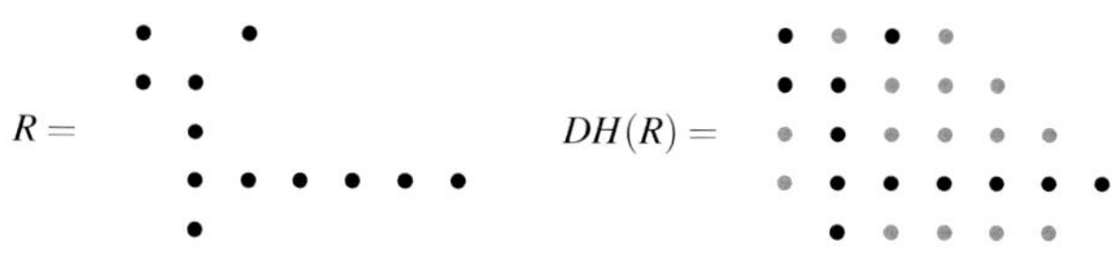

$R =$ $DH(R) =$

Abb. 11.5 Eine Region R und ihre diskrete konvexe Hülle $DH(R)$

ausschließlich für Punkte im $\mathbb{Z}^2$, so bietet sich eine alternative Definition einer *diskreten konvexen Hülle* $DH(R)$ von R als die kleinste konvexe Region im $\mathbb{Z}^2$ an, die R umfasst. $DH(R)$ bestimmt man, indem man R minimal um Orte im $\mathbb{Z}^2$ so ergänzt, bis im Freeman-Code die Richtungen ausschließlich in der von 0 absteigenden Reihenfolge 0, 7, 6, 5, 4, 3, 2, 1 durchlaufen werden. Richtungen dürfen auch ausgelassen werden. Es gilt also ein Rückkehrverbot: Es ist z. B. nicht erlaubt, dass nach einer Richtung 4 nochmals eine Richtung 5 oder 7 auftritt. Die konvexen Hüllen $H(R)$ im $\mathbb{R}^2$ und $DH(R)$ im $\mathbb{Z}^2$ von einer Region R sind im Allgemeinen verschieden, wie Abb. 11.5 zeigt.

11.3 MUR und Quattuorvigintieck

Es sei M eine endliche Menge von Punkten im $\mathbb{R}^2$. Neben der konvexen Hülle $H(G)$ arbeitet man in der Formrepräsentation häufig mit besonders einfachen konvexen geometrischen Objekten, die M umfassen, wie die Bounding Box, das minimale umschließende Rechteck und das Quattuorvigintieck.

11.3.1 Minimales umschließendes Rechteck

Das *minimale umschließende Rechteck* MUR(M) von M ist das kleinste Rechteck im $\mathbb{R}^2$, dessen Kanten nicht parallel zum Rand des Bildes sein müssen, das $M \subset \mathbb{R}^2$ umfasst. Abbildung 11.6 zeigt hierzu ein Beispiel. Die Berechnung von MUR(M) bei gegebenem M ist recht kompliziert. Freeman und Shapira [29] zeigen, dass das minimale umschließende Rechteck MUR(M) einer Punktmenge M gleich dem minimalen umschließenden Rechteck der konvexen Hülle $H(M)$ von M ist, MUR$(M) =$ MUR$(H(M))$, und dass eine Strecke des Polygonzugs des Randes $\varrho(\text{MUR}(M))$ von $H(M)$ in einer Seitenlinie von MUR$(H(M))$ liegen muss. Sie geben, ausgehend von einem Freeman-Code $F = l_0, c_1, \ldots, c_n$ einen $O(n^2)$-Algorithmus an, der das MUR(R) der durch F beschriebenen Region R im $\mathbb{Z}^2$ berechnet.

Da $\varrho(\text{MUR}(M)) = \varrho(\text{MUR}(H(M)))$ gilt, berechnet man zuerst $H(M)$. $p_1, \ldots, p_m$ sei der Polygonzug des Randes von $H(M)$. Zu jeder Strecke s dieses Polygonzugs berechnet man ein Rechteck minimaler Fläche, das M umfasst und eine Seite besitzt, auf der die Strecke s liegt. Dasjenige dieser Rechtecke mit minimalem Flächeninhalt ist dann

MUR(M), siehe z. B. Arnon und Gieselmann [2]. In Verbindung mit dem Graham-Algorithmus zur konvexen Hülle einer Menge M von n Punkten im $\mathbb{Z}^2$ lässt sich MUR(M) damit in $O(n \log n)$ Schritten finden.

11.3.2 Quattuorvigintieck

Das *24-Eck* oder *Quattuorvigintieck* $Q(M)$ um $M \subset \mathbb{Z}^2$ wurde in [94] zur Verkehrszeichendetektion eingeführt. Es ist eine recht einfach zu berechnende geometrische Form, die die konvexe Hülle approximiert und komplex genug ist, Dreiecke, Rechtecke und Kreise zu unterscheiden. Es ist dasjenige Polygon $Q(M)$ im $\mathbb{R}^2$, das folgende Eigenschaften erfüllt:

* alle Seiten haben einen Steigungswinkel von $k \cdot 15°$, für $0 \leq k \leq 23$,
* M liegt innerhalb von $Q(M)$,
* die Summe der Seitenlängen von $Q(M)$ ist minimal.

Wegen $360/15 = 24$ kann $Q(M)$ höchstens 24 Seiten einer positiven Länge besitzen. Die Lage ist nicht frei, da nur gewisse Ausrichtungen der Seiten erlaubt sind, etwa parallel zur x-Achse (Steigungswinkel $0 \cdot 15°$) oder zur y-Achse (Steigungswinkel $6 \cdot 15°$). Das Quattuorvigintieck besteht aus genau 24 Seiten, wenn man auch Seiten der Länge 0 zulässt.

Abbildung 11.6 zeigt eine Region mit verschiedenen Formbeschreibungen, u. a. mit dem umschreibenden Quattuorvigintieck. Offensichtlich könnte sich ein Polygon mit 24 Seiten enger an die Region anschmiegen. Aber dann wäre keine Seite parallel zur x-Achse oder andere Winkel müssten erlaubt werden. Im Beispiel wird auch offensichtlich, dass einige Seiten des 24-Eck die Länge 0 besitzen und dadurch manche innere Winkel kleiner als 165° sind. Die Eigenschaften des Quattuorvigintiecks, parallel zur x- und y-Achse zu sein und nur Innenwinkel, die ein Vielfaches von 15° sind, zu besitzen, erlauben eine schnelle Berechnung. So kann man bei Berechnung des Freeman-Codes einer Region R das Quattuorvigintieck von R einfach mit berechnen. Aber auch für nicht zusammenhängende Pixelmengen M ist $Q(M)$ leicht berechenbar. Es sei I ein orthogonales zweidimensionales Bild, $M \subseteq I$ eine Menge von Pixeln in I, zusammenhängend oder nicht. Das Quattuorvigintieck $Q(M)$ um M berechnet man mit Hilfe der folgenden beiden Tabellen aus [105]. Tabelle 11.2 gibt 24 Werte m_i an. Dabei bedeutet $\max f(x, y)$ stets $\max\{f(x, y) \mid (x, y) \in M\}$. Tabelle 11.3 gibt die Koordinaten der 24 Eckpunkte P_i des Quattuorvigintiecks $Q(M)$ mit Hilfe der m_i-Werte an. Die 24 Seitenlängen erhält man dann trivial durch die Differenz nur der x- oder nur den y-Koordinaten der beiden beteiligten Eckpunkte dividiert durch $\cos \alpha$ für $\alpha = 0°$, $15°$, $30°$ oder $45°$.

Tab. 11.2 Die m_i-Werte für ein Quattuorvigintieck

$m_0 = \max -y$	$m_{12} = \max y$
$m_1 = \max \tan 15° \cdot x - y$	$m_{13} = \max -\tan 15° \cdot x + y$
$m_2 = \max \tan 30° \cdot x - y$	$m_{14} = \max -\tan 30° \cdot x + y$
$m_3 = \max x - y$	$m_{15} = \max -x + y$
$m_4 = \max x - \tan 30° \cdot y$	$m_{16} = \max -x + \tan 30° \cdot y$
$m_5 = \max x - \tan 15° \cdot y$	$m_{17} = \max -x + \tan 15° \cdot y$
$m_6 = \max x$	$m_{18} = \max -x - \tan 30° \cdot y$
$m_7 = \max x + \tan 15° \cdot x + y$	$m_{19} = \max -x - y$
$m_8 = \max x + \tan 30° \cdot y$	$m_{20} = \max -x - \tan 30° \cdot y$
$m_9 = \max x + y$	$m_{21} = \max -(x + y)$
$m_{10} = \max \tan 30° \cdot x + y$	$m_{22} = \max -\tan 30° \cdot x - y$
$m_{11} = \max \tan 15° \cdot x + y$	$m_{23} = \max -\tan 15° \cdot x - y$

Tab. 11.3 Die Koordinaten der 24 Eckpunkte P_i eines Quattuorvigintieck

$P_i = x$-Koordinate	y-Koordinate	$P_i = x$-Koordinate	y-Koordinate
$0 = (m_1 - m_0)/a$	$-m_0$	$12 = (m_{12} - m_{13})/a$	m_{12}
$1 = c(m_2 - m_1)$	$c(am_2 - bm_1)$	$13 = c(m_{13} - m_{14})$	$c(bm_{13} - am_{14})$
$2 = d(m_3 - m_2)$	$d(bm_3 - m_2)$	$14 = d(m_{14} - m_{15})$	$d(m_{14} - bm_{15})$
$3 = d(m_4 - bm_3)$	$d(m_4 - m_3)$	$15 = d(bm_{15} - m_{16})$	$d(m_{15} - m_{16})$
$4 = c(bm_5 - am_4)$	$c(m_5 - m_4)$	$16 = c(am_{16} - bm_{17})$	$c(m_{16} - m_{17})$
$5 = m_6$	$(m_6 - m_5)/a$	$17 = -m_{18}$	$(m_{17} - m_{18})/a$
$6 = m_6$	$(m_7 - m_6)a$	$18 = -m_{18}$	$(m_{18} - m_{19})/a$
$7 = c(bm_7 - am_8)$	$c(m_8 - m_7)$	$19 = c(am_{20} - bm_{19})$	$c(m_{19} - m_{20})$
$8 = d(m_8 - bm_9)$	$b(m_9 - m_8)$	$20 = d(bm_{21} - m_{20})$	$d(m_{20} - m_{21})$
$9 = d(m_9 - m_{10})$	$d(m_{10} - bm_9)$	$21 = d(m_{22} - m_{21})$	$d(bm_{21} - m_{22})$
$10 = c(m_{10} - m_{11})$	$c(bm_{11} - am_{10})$	$22 = c(m_{23} - m_{22})$	$c(am_{22} - bm_{23})$
$11 = (m_{11} - m_{12})/a$	m_{12}	$23 = (m_0 - m_{23})/a$	$-m_0$

Es ist $a := \tan 15°$, $b := \tan 30°$, $c := 1/(b - a)$, $d := 1/(1 - b)$.

Folgende Operationen sind auf dem Quattuorvigintieck leicht und schnell ausführbar:

Vereinigung: berechne $Q(M_1 \cup M_2)$ aus $Q(M_1)$, $Q(M_2)$,

Durchschnitt: berechne $Q(M_1 \cap M_2)$ aus $Q(M_1)$, $Q(M_2)$,

Flächeninhalt: berechne den Flächeninhalt von $Q(M)$ aus $Q(M)$,

minimale, maximale Breite: bestimme den minimalen und maximalen Abstand zweier paralleler Seiten in $Q(M)$,

Inklusion: liegt ein Ort $p \in \mathbb{Z}^2$ innerhalb von $Q(M)$.

Abbildung 11.6 zeigt eine Region mit Bounding Box, MUR, Quattuovigintieck und konvexer Hülle.

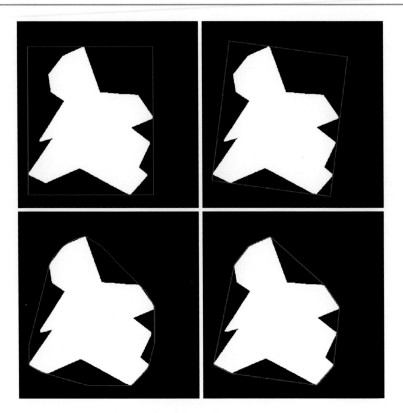

Abb. 11.6 Eine Region mit Bounding Box, MUR, Quattuorvigintieck und konvexer Hülle

11.4 Äquivalente Ellipse

Wir haben in diesem Kapitel einige Methoden einer Formbeschreibung kennengelernt.
Der Freeman-Code arbeitet auf Linien oder Regionen, die hier 9er-zusammenhängen-
de Mengen von Pixeln sind. Die konvexe Hülle, die Bounding Box, das MUR und das
Quattuorvigintieck werden für endliche Mengen M von Pixeln gebildet, die nicht zusammenhängend sein müssen. In all diesen Fällen werden Binärbilder untersucht, in denen
die interessierenden Pixel den Wert 1 und die restlichen den Wert 0 erhalten. Bei der
äquivalenten Ellipse werden wir allerdings auch zur Formanalyse die Grauwerte der interessierenden Pixel mit berücksichtigen.

Ein Objekt O in einem Bild I soll jetzt einfach eine ausgewählte Menge von Pixeln in
I sein, die aus irgendwelchen Gründen interessant sind. O muss nicht zusammenhängend
sein. Alle Pixel außerhalb von O erhalten der Einfachheit halber den neuen Wert 0 in Val.
Innerhalb von O behalten die Pixel ihre Werte. Gesucht ist eine Formbeschreibung von
O mittels einer Ellipse, die auch eine Ausrichtung von O wiedergeben kann. Hierzu sind
mehrere Möglichkeiten bekannt, wie man die Achsen und den Mittelpunkt einer beschrei-

benden Ellipse bestimmen kann. Der Mittelpunkt soll sicherlich auf den Schwerpunkt von
O zu liegen kommen. Ist O eine konvexe Region, so sollte die Fläche der Ellipse der Fläche von O entsprechen. Die Hauptachse könnte den Durchmesser von O widerspiegeln,
wobei ein Durchmesser unterschiedlich definiert werden kann. Wir werden die Hauptachse so definieren, dass das Trägheitsmoment von O entlang dieser Achse minimal wird.
Das heißt, dass die Summe der Quadrate der Abstände der Punkte in O zu dieser Hauptachse minimal wird. Das führt zu der *Trägheitsellipse*, auch *Poinsot Ellipse* genannt nach
dem französischen Mathematiker Louis Poinsot (1777–1859).

Dazu benötigen wir Momente bis zum Grad 2 von O. Wir gehen daher von einem
verschobenen zweidimensionalen Grauwertbild $I : [1, N] \times [1, M] \rightarrow [0, G[$ aus, siehe Abschn. 4.4.2. Wir werden die Begriffe wie Moment $m_{i,j}$, zentrales Moment $\mu_{i,j}$
des Grads $i + j$ oder erste Koordinate ${}^1s_I$ des Schwerpunkts etc. aus diesem Abschnitt
verwenden, ohne sie ein weiteres Mal zu erklären. Alle Begriffe lassen sich direkt auf
höherdimensionale Bilder übertragen.

Die Fläche von O ist die Fläche von I, also $m_{0,0}$, und der Schwerpunkt ist $s_O = \frac{1}{m_{0,0}}(m_{1,0}, m_{0,1})$. Die *Kovarianzmatrix* Cov_I eines zweidimensionalen Bildes I bezieht
sich auf die Abweichung zum Schwerpunkt und ist definiert als

$$\text{Cov}_I := \begin{pmatrix} \hat{\mu}_{2,0} & \hat{\mu}_{1,1} \\ \hat{\mu}_{1,1} & \hat{\mu}_{0,2} \end{pmatrix}, \quad \text{mit}$$

$$\hat{\mu}_{k,l} := \frac{\mu_{k,l}}{m_{0,0}}.$$

Ihre Eigenwerte λ_1, λ_2 sind die Lösungen der Gleichung

$$\det(\text{Cov}_I - E \cdot \lambda) = \lambda^2 - \lambda(\hat{\mu}_{2,0} + \hat{\mu}_{0,2}) + \hat{\mu}_{2,0}\hat{\mu}_{0,2} - \hat{\mu}_{1,1}^2 = 0.$$

Sie sind beide ≥ 0 und berechnen sich zu

$$\lambda_i = \frac{1}{2} \cdot \left(\hat{\mu}_{2,0} + \hat{\mu}_{0,2} \pm \sqrt{4\hat{\mu}_{1,1}^2 + (\hat{\mu}_{2,0} - \hat{\mu}_{0,2})^2} \right).$$

Für ein Grauwertbild $I : [1, N] \times [1, M] \rightarrow \mathbb{N}$ kann man die Eigenvektoren λ_1, λ_2 der
Kovarianzmatrix Cov_I als die beiden Halbachsen der Helligkeitswerte interpretieren. Die
Ausrichtung eines Bildes I ist der Winkel α, der die Summe

$$\sum_{1 \leq i \leq N, 1 \leq j \leq M} \left((i - {}^1s_I) \cos \alpha - (j - {}^2s_I) \sin \alpha \right)^2$$

minimiert. Sie stimmt mit dem Winkel des Eigenvektors mit dem größten Eigenwert überein und berechnet sich als

$$\alpha = \frac{1}{2} \text{atan}_2 (2\hat{\mu}_{1,1}, \hat{\mu}_{2,0} - \hat{\mu}_{0,2}).$$

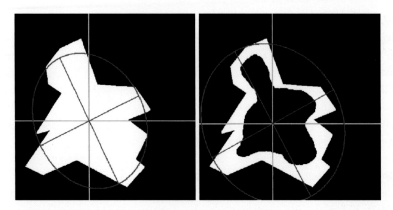

Abb. 11.7 Äquivalente Ellipsen 1. Eine Region mit und ohne Loch im Inneren und ihren beiden äquivalenten Ellipsen

Ziel ist das Auffinden einer Ellipse E_O, die den gleichen Schwerpunkt wie O im Bild besitzt, deren Achsen die Varianzmomente $\mu_{2,0}(O) = \mu_{2,0}(I) = \mu_{2,0}$ und $\mu_{0,2}$ widerspiegeln, und die die gleiche *Ausrichtung* wie O besitzt. Ist O eine konvexe Region, so wird E_O auch die gleiche Fläche wie O besitzen. E_O berechnet sich dann wie folgt:

- der Mittelpunkt von E_O ist der Schwerpunkt s_O von O mit

$$s_O = \frac{(m_{1,0}, m_{0,1})}{m_{0,0}},$$

- die Radien (halbe Länge) der Hauptachsen sind $2 \cdot \sqrt{\lambda_i}$ für die Eigenwerte λ_i von Cov_I,
- ihre Ausrichtung α ist

$$\alpha = \frac{1}{2}\mathrm{atan}_2(2\hat{\mu}_{1,1}, \hat{\mu}_{0,2} - \hat{\mu}_{2,0}).$$

Diese Formeln gelten für das geometrische Koordinatensystem. Im BV-Koordinatensystem gilt für die Ausrichtung $\alpha = \frac{-1}{2}\mathrm{atan}_2(2\hat{\mu}_{1,1}, \hat{\mu}_{0,2} - \hat{\mu}_{2,0})$, um den Winkel gegen den Uhrzeigersinn zu messen. Gilt $\mu_{1,1} = 0$, so sind beide Achsen gleich groß und wir erhalten einen Kreis, in dem eine Ausrichtung keinen Sinn macht. Man setzt dann $\alpha = 0$.

Abbildung 11.7 zeigt ein Objekt mit seiner äquivalenten Ellipse und das gleiche Objekt mit einem großen Loch im Inneren. Durch das Loch erhöht sich der mittlere Abstand seiner Punkte zu seinem Schwerpunkt und die Varianzen $m_{0,1}$ und $m_{1,0}$ werden größer. Dadurch vergrößern sich die Achsen der äquivalenten Ellipse. Die Fläche der äquivalenten Ellipse muss also bei nicht konvexen Objekten nicht mit deren Fläche übereinstimmen. Die eingezeichneten Achsen gehen jeweils durch den Schwerpunkt der Region, der sich beim Einfügen des Loches auch verschoben hat.

In Abb. 11.8 sind drei Grauwertbilder gezeigt. Sie bestehen jeweils aus einem Objekt „Rechteck" gleicher Größe, also auch gleicher Form, aber mit verschiedenen Grauwer-

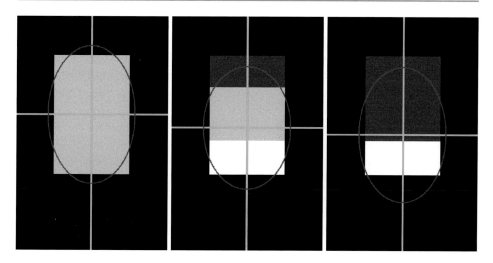

Abb. 11.8 Äquivalente Ellipsen 2. „Ähnliche" Grauwertbilder mit unterschiedlichen Schwerpunkten und somit Ellipsen

ten. Sie besitzen daher unterschiedliche Schwerpunkte und unterschiedliche äquivalente Ellipsen, aber gleiche Ränder, Bounding Boxes, konvexe Hüllen etc.

11.5 Skelettierung

Unter *Skelettierung* versteht man Verfahren, die versuchen, eine Region durch ein inneres Skelett zu beschreiben. Für kontinuierliche Regionen im $\mathbb{R}^2$ existieren präzise Definitionen.

11.5.1 Skelette in kontinuierlichen Gebieten

Wir gehen hier von einer beschränkten Region R im $\mathbb{R}^2$ mit endlich vielen Löchern aus. Das bedeutet, dass R eine zusammenhängende Teilmenge des $\mathbb{R}^2$ ist, die innerhalb eines Rechtecks $E = [a, b]_{\mathbb{R}} \times [c, d]_{\mathbb{R}}$ mit $a, b, c, d \in \mathbb{R}$ liegt (Beschränktheit von R), und dass nur endlich viele maximale zusammenhängende Mengen M in diesem Rechteck E existieren, die zu R disjunkt sind. Dies sind die endlich vielen Löcher und das Äußere von R in diesem Rechteck.

Ein Kreis $K = \left\{(x, y) \in \mathbb{R}^2 \middle| (x - x_M)^2 + (y - y_M)^2 = r^2\right\}$ vom Radius r und Mittelpunkt (x_M, y_M) heißt *maximal in R*, falls K zwei oder mehr verschiedene reelle Randpunkte von R berührt und ganz in R liegt. Dies ist gleichwertig damit, dass kein reeller Kreis $K' \neq K$ existiert mit $K \subset K' \subseteq R$. Ein *reellwertiger Mittelachsenpunkt* von R ist ein Mittelpunkt eines maximalen Kreises in R. Das *reellwertige Skelett* von R ist nun einfach die Menge aller reellwertiger Mittelachsenpunkte von R. Ein perfekter Kreis wird damit auf seinen Mittelpunkt als Skelett reduziert.

Annotiert man zu jedem reellwertigen Mittelachsenpunkt noch den Radius des maximalen Kreises, von dem er Mittelpunkt ist, so nennen wir diese annotierte Menge die *reelle annotierte Mittelachsentransformation* von R. Aus dieser kann man offensichtlich R eindeutig rekonstruieren.

Blum [10] führte den Begriff des Skelettes mittels eines *Steppenfeuers* ein. Man stellt sich dazu ein Gebiet R als ein Stück einer Steppenlandschaft vor, an dessen Rand simultan ein Feuer entzündet wird, das gleichmäßig ins Innere brennt. An jeder Stelle im Inneren, an der sich zwei oder mehr Feuerfronten treffen, wird ein Mittelachsenpunkt gesetzt. Dies ist zu den genannten maximalen Kreisen (nach Calabi und Hartnett [13]) äquivalent.

Diese Technik, ein Skelett als Menge der Mittelachsen zu erhalten, bezeichnet man auch als *Mittelachsentransformation*, abgekürzt mit MAT. Abbildung 11.9 zeigt Beispiele einer Skelettierung nach der MAT.

11.5.2 Skelettierung im Diskreten

Leider existiert keine allgemein anerkannte Definition des Begriffs Skelett für diskrete Regionen. Gemeint ist ein möglichst dünnes zusammenhängendes Geflecht von Linien, etwa mittig in der Region.

Wir betrachten zweidimensionale Binärbilder $B : [0, N[\times [0, M[\to \{0, 1\}$. Es sei im Folgenden $R \subset B$ eine Region des Vordergrundes, die auch Löcher besitzen darf. Die betrachtete Nachbarschaft ist die 9er-Nachbarschaft. Wir nennen ein Pixel $P \in R$ mit höchstens einem weiteren 9er-Nachbarpixel in R auch einen *Endpunkt* von R. Der Einfachheit halber können wir wieder alle Pixel außerhalb von R auf 0 setzen und so als Hintergrund deklarieren. Der Rand $\varrho(R)$ von R ist dann eine Menge von Freeman-Codes (des äußeren Randes und um alle Löcher).

Wir wollen ideale Skelette als *dünne Liniengeflechte* auffassen. Ein dünnes Liniengeflecht L ist eine minimale Region in dem Sinn, dass L die Eigenschaft, 9er-zusammenhängend zu sein, verliert, wenn man irgendeinen Punkt, der kein Endpunkt ist, aus L herausnimmt. Abbildung 11.10 gibt je ein Beispiel für ein erlaubtes und verbotenes dünnes Liniengeflecht. Die rechte Region ist kein dünnes Liniengeflecht, da das dritte Pixel der dritten Zeile entfernt werden kann, ohne dass dadurch der Zusammenhang verloren geht.

Unter einer Skelettierung verstehen wir ein Verfahren, das versucht, eine Region R in ein Skelett S_R von R zu transformieren, so dass möglichst gut Folgendes gilt:

- S_R ist ein dünnes Liniengeflecht,
- jeder Endpunkt von R gehört zu S_R,
- jedes Pixel in S_R soll möglichst nahe zu einem reellwertigen Mittelachsenpunkt von R sein,

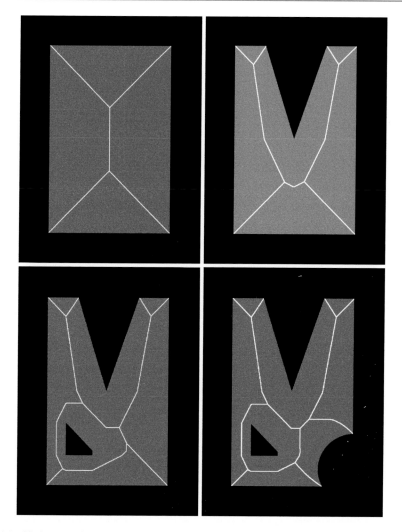

Abb. 11.9 Skelette 1. Vier grau gezeichnete Regionen auf schwarzem Hintergrund mit weißer Mittelachsentransformation

- und ebenso soll in der Nähe eines jeden reellwertigen Mittelachsenpunktes ein Punkt aus S_R liegen,
- S_R sollte einfach aus R berechenbar sein.

Abb. 11.10 Erlaubtes und verbotenes dünnes Liniengeflecht

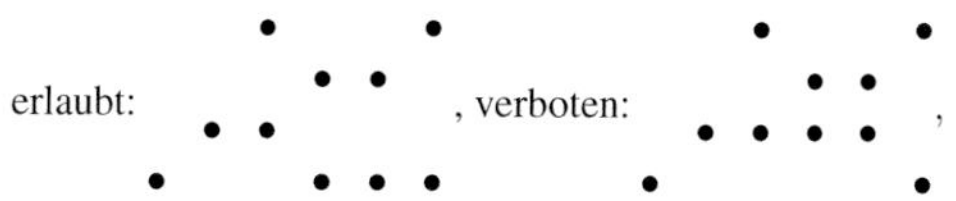

erlaubt: , verboten: ,

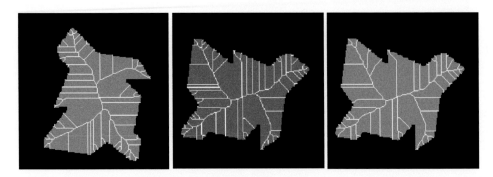

Abb. 11.11 Skelette 2. Objekt (grau unterlegt) mit Skelett

Es wird nicht gefordert, dass man R aus seinem Skelett S_R rekonstruieren kann. Gewünscht ist eine dünne Struktur mittig in R, die die Form von R widerspiegelt. Es existieren zahlreiche Skelettierungsalgorithmen, die versuchen, diesem Skelettierungsziel nahezukommen. Auch das Skelett des Buchstaben **B** in Abb. 11.11 erfüllt diese Kriterien nicht alle, da in der Waagerechten und Senkrechten manche Linien die Breite 2 besitzen. Die Verästelungen nach außen beruhen auf kleinen Abweichungen am Rand von einer perfekten B-Form und sind ungewollt. Eine allerseits anerkannte optimale Skelettierungstechnik existiert nicht.

11.5.3 Maskenbasierte Skelettierung

Man kann das kontinuierliche Steppenbrandmodell auf diskrete Bilder übertragen und mit iterierter Verwendung von Masken den Brand simulieren. Vom Rand aus werden durch Masken gesteuert einzelne Pixel entfernt. Dabei muss durch die Auswahl der Masken sichergestellt werden, dass das Skelett möglichst dünn wird, ohne dass der Zusammenhang des resultierenden Skelettes verloren geht.

   Wir betrachten eine Technik der morphologischen Ausdünnung mit acht verschiedenen ternären Hit-and-Miss-Masken, vgl. Abschn. 7.3.2. S_1 bis S_8 seien die Masken:

$$S_1 := \begin{pmatrix} 0 & 0 & 0 \\ & 1 & \\ 1 & 1 & 1 \end{pmatrix}, \ S_3 := \begin{pmatrix} 1 & & 0 \\ 1 & 1 & 0 \\ 1 & & 0 \end{pmatrix}, \ S_5 := \begin{pmatrix} 1 & 1 & 1 \\ & 1 & \\ 0 & 0 & 0 \end{pmatrix}, \ S_7 := \begin{pmatrix} 0 & & 1 \\ 0 & 1 & 1 \\ 0 & & 1 \end{pmatrix},$$

$$S_2 := \begin{pmatrix} & 0 & 0 \\ 1 & 1 & 0 \\ & 1 & \end{pmatrix}, \ S_4 := \begin{pmatrix} & 1 & \\ 1 & 1 & 0 \\ & 0 & 0 \end{pmatrix}, \ S_6 := \begin{pmatrix} & 1 & \\ 0 & 1 & 1 \\ 0 & 0 & \end{pmatrix}, \ S_8 := \begin{pmatrix} 0 & 0 & \\ 0 & 1 & 1 \\ & 1 & \end{pmatrix}.$$

   In der Reihenfolge $1 \leq i \leq 8$ wird iterativ ein Ausdünnen auf B so lange ausgeführt, bis sich nichts mehr ändert (siehe Abschn. 7.3.2). Das erreicht der dort definierte Ope-

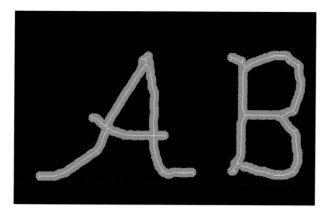

Abb. 11.12 Objekte (*grau unterlegt*) mit ihren Skeletten

rator **thin***(S) mit $S = (S_1, \ldots, S_8)$. Die Maske S_1 entfernt obere Randpunkte, S_2 obere rechte Eckpunkte in der 9er-Nachbarschaft. Für die 5er-Nachbarschaft muss in S_2 auch links unten eine 1 gesetzt werden, ebenso in S_4, S_6 und S_8 entsprechend. Die ungeraden Masken dünnen die waagerechten und senkrechten Ränder aus, die geraden die Ecken. Zu beachten ist, dass zuerst die Maske S_1 auf das gesamte Bild angewendet werden muss. Auf das Ergebnisbild wird dann die Maske S_2 komplett angewendet etc., bis schließlich die letzte Maske S_8 angewendet wird. Der gesamte Prozess wird anschließend iteriert, bis das Resultat konstant bleibt.

Auf das Beispielbild B angewendet, erhalten wir das folgende Skelett $Sk(B)$:

$$B = \begin{pmatrix} 0 & 0 & 0 & 0 & 0 & 0 & 0 & 0 \\ 0 & \bullet & \bullet & \bullet & 0 & 0 & 0 & 0 \\ 0 & \bullet & \bullet & \bullet & \bullet & 0 & 0 & 0 \\ 0 & 0 & \bullet & \bullet & \bullet & \bullet & 0 & 0 \\ 0 & 0 & \bullet & \bullet & \bullet & \bullet & 0 & 0 \\ 0 & 0 & \bullet & \bullet & \bullet & \bullet & 0 & 0 \\ 0 & 0 & \bullet & 0 & \bullet & \bullet & 0 & 0 \\ 0 & 0 & 0 & 0 & 0 & 0 & 0 & 0 \end{pmatrix}, \quad Sk(B) = \begin{pmatrix} 0 & 0 & 0 & 0 & 0 & 0 & 0 & 0 \\ 0 & \bullet & 0 & 0 & 0 & 0 & 0 & 0 \\ 0 & 0 & \bullet & 0 & 0 & 0 & 0 & 0 \\ 0 & 0 & 0 & \bullet & 0 & 0 & 0 & 0 \\ 0 & 0 & 0 & \bullet & 0 & 0 & 0 & 0 \\ 0 & 0 & 0 & \bullet & \bullet & 0 & 0 & 0 \\ 0 & 0 & \bullet & 0 & 0 & \bullet & 0 & 0 \\ 0 & 0 & 0 & 0 & 0 & 0 & 0 & 0 \end{pmatrix}.$$

Abbildung 11.11 zeigt links eine grau unterlegte Region mit einem Skelett nach der obigen Methode des morphologischen Ausdünnens mit acht Masken. In der Mitte ist dieses Skelettbild um 90° gedreht. Rechts wurde zuerst die Ausgangsregion um 90° gedreht und dann skelettiert. Beide Skelette sind deutlich unterschiedlich. Dieses Verfahren ist nicht rotationsinvariant um Vielfache von 90°.

Nach der gleichen Methode sind die Skelette der Buchstaben A und B in Abb. 11.12 gebildet. Diese unnötigen Verästelungen sind typisch und resultieren aus kleinen Aus- oder Einbuchtungen am Rand, die zu viel zu vielen Mittelachsenpunkten führen. Derartig verästelte Skelette sind nicht wirklich für eine Formbeschreibung geeignet. Üblicherweise müssen die Ergebnisse noch in Nachverarbeitungsschritten mit diversen Pruning-Techniken geschönt werden.

Man könnte versuchen eine Rotationsinvarianz mit den genannten acht Masken $S_1, \ldots, S_8$ wie folgt zu erzwingen.

> Wiederhole
>
> für $i \in \{1, 3, 5, 7\} : B_i := \mathbf{thin}(B, S_i)$;
>
> $B := B_1 \cap B_3 \cap B_5 \cap B_7$;
>
> für $i \in \{2, 4, 6, 8\} : B_i := \mathbf{thin}(B, S_i)$;
>
> $B := B_2 \cap B_4 \cap B_6 \cap B_8$
>
> bis sich B nicht weiter verändert.

Beim Drehen des Ausgangsbildes um $90°$ wird auch das Ergebnis um $90°$ gedreht, da die Reihenfolge der Anwendungen innerhalb der geraden bzw. ungeraden Masken keine Rolle spielt. Nur, eine zwei Pixel breite horizontale Linie würde jetzt mit den Masken S_1 und S_5 gleichzeitig oben und unten abgebaut, so dass nur die vier Endpunkte übrig blieben.

Es existieren diverse Ausdünnungstechniken mit unterschiedlichen Masken. Die Reihenfolge der Maskenanwendungen bestimmt meist auch das Ergebnis, das resultierende Skelett ist nicht nur vom Vordergrund im Binärbild, sondern ebenso von der angewendeten Methode abhängig. Dreht oder skaliert man die Ausgangsregion R, so wird in diesen maskenbasierten Algorithmen das resultierende Skelett im Allgemeinen nicht ebenso gedreht oder skaliert. Solche simplen iterierten maskenbasierten Algorithmen sind sehr ineffizient. Bei diesen Masken betrifft die Verdünnung nur die aktuellen Randelemente der Vordergrundregionen im Bild B, innere Pixel einer Vordergrundregion R mit einer Distanz größer als 1 zum Rand können gar nicht verändert werden. Dennoch werden in jedem Schritt $\mathbf{thin}(B, S_i)$ alle Pixel in B auf ein Hit-and-Miss mit der ternären Maske S_i untersucht. Hier muss man noch die Verdünnung auf aktuelle Randpunkte einschränken.

11.5.4   Randdistanzen

Die iterativen, maskenbasierten Techniken zur Skelettierung benutzen das Steppenfeuermodell und arbeiten sich vom Rand ins Innere vor. Alternativ kann man mit dem Mittelachsenmodell arbeiten und Mittelpunkte der maximalen Kreise in einer Region R suchen. Diese Mittelpunkte werden mit sogenannten Randdistanzen berechnet. Diese Distanzfunktionen werden nicht für eine einzelne Region berechnet, sondern gleich für das gesamte Bild $B : \mathrm{Loc} \to \{0, 1\}$. Die Pixel mit Wert 0 bilden den Hintergrund $H := \{p \in \mathrm{Loc} | B(p) = 0\}$. B darf mehrere Regionen enthalten, zu denen die Randdistanzen simultan berechnet werden. Randdistanzen werden nicht nur für die Regionen definiert, sondern gleich für das gesamte Bild B. Es sei $d : \mathrm{Loc} \times \mathrm{Loc} \to \mathbb{R}$ eine Distanz (Metrik, vgl. Abschn. 4.2.2) auf B. Die *Randdistanz* $d_\varrho : \mathrm{Loc} \to \mathbb{R}$ zu d ordnet jedem Ort p in Loc_B die kürzeste Entfernung zu dem Hintergrund zu und ist definiert als

$$d_\varrho(p) := d(p, H) \quad (= \min\{d(p, p') \mid p' \in \text{Loc und } B(p') = 0\}).$$

Insbesondere ist $d(p) = 0$ für Orte p des Hintergrundes selbst. Damit erhalten wir eine *Randdistanzkarte*

$$B_{\varrho,d} : \text{Loc} \to \mathbb{R}, \text{ mit } B_{\varrho,d}(p) = d_\varrho(p).$$

Diese Karte ist ein Höhenbild von B und stellt ein Gebirge dar. Höhenkämme sind Orte mit einer gleich weiten Entfernung zu verschiedenen Hintergrundorten, also Approximationen von Mittelpunkten maximaler in der Region enthaltene Kreise, und damit Kandidaten für Skelettorte.

Die Randdistanz kann in verschiedenen Metriken d gemessen werden. Gebräuchlich sind die Manhattan-Distanz und euklidische Distanz. Im diskreten Fall dienen die Längen der kürzesten Pfade in der 5er- (Manhattan-Distanz) oder 9er-Nachbarschaft (Maximum-Distanz) als Distanzbegriff, wobei für Skelette die 9er-Nachbarschaft gebräuchlich ist. Die Randdistanz bildet dann Orte in Loc_B auf $\mathbb{N}$ ab.

Numerische Berechnung von Distanzfunktionen

Wir betrachten die euklidische d^E, Manhattan- d^{Man} und Maximum-Distanz $d^{\max}$. Es seien $B : [0, N[\times [0, M[\to \{0, 1\}$ ein Binärbild und $p = (i, j)$ ein Ort in Loc_B. Damit gilt für die Randdistanz d_ϱ^X für die Distanz d^X an der Stelle $p = (i, j)$:

$$d_\varrho^E(p) = \min\left\{\sqrt{(i - u)^2 + (j - v)^2} \,\middle|\, 0 \le u < N, 1 \le v < M \text{ und } B(u, v) = 0\right\},$$

$$d_\varrho^{\text{Man}}(p) = \min\left\{|i - u| + |j - v| \,\middle|\, 0 \le u < N, 1 \le v < M \text{ und } B(u, v) = 0\right\},$$

$$d_\varrho^{\max}(p) = \min\left\{\max\left(|i - u|, |j - v|\right) \,\middle|\, 0 \le u < N, 1 \le v < M \text{ und } B(u, v) = 0\right\}.$$

d_ϱ^{Man} ist die Randdistanz in der 5er-Nachbarschaft und $d_\varrho^{\max}$ die in der 9er-Nachbarschaft, wenn man pro Schritt in eine Diagonale auch 1 und nicht $\sqrt{2}$ rechnet. Für alle drei Randdistanzen muss man mit dieser trivialen Formel an allen Orten $(i, j) \in \text{Loc}$ simultan eine Schleife über die Spalten und eine über die Zeilen durchlaufen und erhält einen Aufwand von $O(|B|^2)$ für die Erstellung der Randdistanzkarte.

Diese Berechnung lässt sich durch eine Separierung der N Zeilen und M Spalten auf $O(L \cdot |B|)$ beschleunigen mit $L = \max(M, N)$. Dazu definiert man einen Hilfswert $A(u, j)$ an der Stelle $(u, j) \in \text{Loc}$ als

$$A(u, j) := \min\left\{|j - v| \,\middle|\, 0 \le v < M \text{ und } B(u, v) = 0\right\}.$$

$A(u, j)$ sucht entlang der Zeile u das erste Hintergrundpixel rechts oder links und bestimmt dessen Entfernung zu (u, j). Die $N \times M$-Matrix aller $A(u, j)$-Werte lässt sich in $O(M \cdot |B|)$ Schritten berechnen. Mit dieser Matrix A gilt nun

$$d_\varrho^E(i, j) = \min\left\{\sqrt{(i - u)^2 + A(u, j)^2} \,\middle|\, 0 \le u < N\right\},$$
$$d_\varrho^{\mathrm{Man}}(i, j) = \min\left\{|i - u| + A(u, j) \,\middle|\, 0 \le u < N\right\},$$
$$d_\varrho^{\max}(i, j) = \min\left\{\max(|i - u|, A(u, j)) \,\middle|\, 0 \le u < N\right\},$$

und an jedem Ort in Loc wird eine weitere Schleife über alle Zeilen durchlaufen. Damit ergibt sich als Aufwand $O(L \cdot |B|)$. Zum Auffinden der Kammpunkte in einer Randdistanzkarte für eine Skelettierung braucht man für d_ϱ^E natürlich keine Wurzel zu ziehen.

Es existiert ein recht anspruchsvoller Algorithmus von Meijster, Roerding und Hesselink [74], der dieses Verfahren auf $O(|B|)$ beschleunigt.

Maskenbasierte Berechnung von Randdistanzen

Die Randdistanzkarten $B_{\varrho, d^{\mathrm{Man}}}$ und $B_{\varrho, d^{\max}}$ kann man mittels einer einfachen maskenbasierten Technik in $O(|B|)$ in Schritten berechnen. Es seien $I : [0, N[\times [0, M[\to \mathbb{N}$ ein Bild, F ein Fenster und $M : F \to \mathbb{Q}$ eine Maske. Die Minimumoperation von M an einem Ort p in Loc$_I$ ist definiert als

$$\min_{M, I}(p) := \min\left\{I(p + l) + M(l) \,\middle|\, l \in F \text{ und } M(l) > 0\right\}. \tag{11.1}$$

$I(p + l)$ an einer Stelle mit $M(l) \le 0$ wird ignoriert. $M(l) > 0$ sagt, dass am Ort l im Fenster F der Wert $I(p + l)$ auf $I(p + l) + M(l)$ gesetzt wird. Der minimale dieser Werte wird für $I(p)$ gewählt. Es seien V und R Masken (für vorwärts und rückwärts). Wir betrachten nun den folgenden Algorithmus.

1. Für $p \in$ Loc von oben links bis unten rechts in dieser Reihenfolge:

$$I(p) > 0 \implies I(p) := \min_{V, I}(p);$$

2. Für $p \in$ Loc von unten rechts bis oben links in der umgekehrten Reihenfolge:

$$I(p) > 0 \implies I(p) := \min\left(I(p), \min_{R, I}(p)\right).$$

In diesem Algorithmus werden die neuen Bildwerte direkt weiterverwendet und nicht in einem Zwischenergebnis abgespeichert, wie sonst in fast allen Filter- und Morphologieoperationen.

Dieser Algorithmus erzeugt aus einem Binärbild B die Randdistanzkarte $B_{\varrho,d^{\text{Man}}}$ von B in der Manhattan-Distanz (5er-Nachbarschaft), wenn man folgende Masken V und R wählt:

$$V = \begin{pmatrix} 0 & 1 & 0 \\ 1 & 0 & 0 \\ 0 & 0 & 0 \end{pmatrix}, \quad R = \begin{pmatrix} 0 & 0 & 0 \\ 0 & 0 & 1 \\ 0 & 1 & 0 \end{pmatrix}.$$

Um die Randdistanzkarte $B_{\varrho,d^{\max}}$ von B in der Maximum-Distanz (9er-Nachbarschaft) zu erhalten, wählt man die Masken:

$$V = \begin{pmatrix} 1 & 1 & 1 \\ 1 & 0 & 0 \\ 0 & 0 & 0 \end{pmatrix}, \quad R = \begin{pmatrix} 0 & 0 & 0 \\ 0 & 0 & 1 \\ 1 & 1 & 1 \end{pmatrix}.$$

Wir wenden dieses Verfahren in der 5er-Nachbarschaft auf das Binärbild

$$B_0 := \begin{pmatrix} & \bullet & \bullet & \bullet & & & & & \\ & & \bullet & \bullet & \bullet & \bullet & & \bullet & \\ & & & \bullet & \bullet & \bullet & \bullet & \bullet & \bullet \\ & & & \bullet & \bullet & \bullet & \bullet & \bullet & \\ & & & \bullet & \bullet & \bullet & \bullet & \bullet & \bullet \\ & & & \bullet & & \bullet & \bullet & \bullet & \bullet \\ & & & \bullet & & & & & \end{pmatrix}$$

an und erhalten nach dem Vorwärts- (1) und Rückwärtsschritt (2) die Resultate:

$$1: \begin{pmatrix} 0 & 0 & 0 & 0 & 0 & 0 & 0 & 0 & 0 & 0 \\ 0 & 1 & 1 & 1 & 0 & 0 & 0 & 0 & 0 & 0 \\ 0 & 1 & 2 & 2 & 1 & 0 & 1 & 0 & 0 & 0 \\ 0 & 0 & 1 & 2 & 2 & 1 & 2 & 1 & 1 & 0 \\ 0 & 0 & 1 & 2 & 3 & 2 & 3 & 2 & 2 & 0 \\ 0 & 0 & 1 & 2 & 3 & 3 & 4 & 3 & 3 & 0 \\ 0 & 0 & 1 & 0 & 1 & 2 & 3 & 4 & 4 & 0 \\ 0 & 0 & 1 & 0 & 0 & 0 & 0 & 0 & 0 & 0 \end{pmatrix} \quad 2: \begin{pmatrix} 0 & 0 & 0 & 0 & 0 & 0 & 0 & 0 & 0 & 0 \\ 0 & \mathbf{1} & 1 & 1 & 0 & 0 & 0 & 0 & 0 & 0 \\ 0 & 1 & \mathbf{2} & \mathbf{2} & 1 & 0 & \mathbf{1} & 0 & 0 & 0 \\ 0 & 0 & 1 & \mathbf{2} & 2 & 1 & \mathbf{2} & 1 & \mathbf{1} & 0 \\ 0 & 0 & 1 & 2 & \mathbf{3} & 2 & \mathbf{3} & 2 & 1 & 0 \\ 0 & 0 & \mathbf{1} & \mathbf{1} & 2 & 2 & 2 & \mathbf{2} & 1 & 0 \\ 0 & 0 & \mathbf{1} & 0 & 1 & 1 & 1 & 1 & \mathbf{1} & 0 \\ 0 & 0 & \mathbf{1} & 0 & 0 & 0 & 0 & 0 & 0 & 0 \end{pmatrix}.$$

Die Werte auf den Kammpunkten sind hier fett eingetragen. Dabei ist hier ein *Kammpunkt* ein Ort, bei dem in zwei gegenüberliegenden Richtungen die Werte der Nachbarpunkte echt kleiner sind. Erlaubte Richtungen sind die acht Richtungen aus dem Freeman-Code. Die Menge dieser Kammpunkte ist nicht notwendig in der 9er-Nachbarschaft zusammenhängend.

Verwenden wir die Masken der 9er-Nachbarschaft, erhalten wir stattdessen:

$$
1: \begin{pmatrix}
0 & 0 & 0 & 0 & 0 & 0 & 0 & 0 & 0 & 0 \\
0 & 1 & 1 & 1 & 0 & 0 & 0 & 0 & 0 & 0 \\
0 & 1 & 2 & 1 & 1 & 0 & 1 & 0 & 0 & 0 \\
0 & 0 & 1 & 2 & 1 & 1 & 1 & 1 & 1 & 0 \\
0 & 0 & 1 & 2 & 2 & 2 & 2 & 2 & 1 & 0 \\
0 & 0 & 1 & 2 & 3 & 3 & 3 & 2 & 1 & 0 \\
0 & 0 & 1 & 0 & 1 & 2 & 3 & 2 & 1 & 0 \\
0 & 0 & 1 & 0 & 0 & 0 & 0 & 0 & 0 & 0
\end{pmatrix}
\qquad
2: \begin{pmatrix}
0 & 0 & 0 & 0 & 0 & 0 & 0 & 0 & 0 & 0 \\
0 & \mathbf{1} & 1 & 1 & 0 & 0 & 0 & 0 & 0 & 0 \\
0 & 1 & 2 & 1 & 1 & 0 & \mathbf{1} & 0 & 0 & 0 \\
0 & 0 & 1 & 2 & 1 & 1 & 1 & 1 & \mathbf{1} & 0 \\
0 & 0 & 1 & \mathbf{2} & \mathbf{2} & \mathbf{2} & \mathbf{2} & \mathbf{2} & 1 & 0 \\
0 & 0 & \mathbf{1} & 1 & 1 & 2 & 2 & \mathbf{2} & 1 & 0 \\
0 & 0 & \mathbf{1} & 0 & 1 & 1 & 1 & 1 & \mathbf{1} & 0 \\
0 & 0 & \mathbf{1} & 0 & 0 & 0 & 0 & 0 & 0 & 0
\end{pmatrix}.
$$

Man kann versuchen, die euklidische Distanz mit Masken zu approximieren. Dazu betrachtet man Vor- und Rückwärtsmasken auf einem größeren Fenster F_r^2 vom Radius r. Beispiele solcher Masken mit Radius 2 sind etwa

$$
V = \begin{pmatrix}
0 & 0 & 2 & 0 & 0 \\
0 & 1{,}4 & 1 & 1{,}4 & 0 \\
2 & 1 & 0 & 0 & 0 \\
0 & 0 & 0 & 0 & 0 \\
0 & 0 & 0 & 0 & 0
\end{pmatrix}, \quad
R = \begin{pmatrix}
0 & 0 & 0 & 0 & 0 \\
0 & 0 & 0 & 0 & 0 \\
0 & 0 & 0 & 1 & 2 \\
0 & 1{,}4 & 1 & 1{,}4 & 0 \\
0 & 0 & 2 & 0 & 0
\end{pmatrix}, \quad \text{oder etwas genauer}
$$

$$
V = \begin{pmatrix}
2{,}83 & 2{,}23 & 2 & 2{,}23 & 2{,}83 \\
2{,}23 & 1{,}41 & 1 & 1{,}41 & 2{,}23 \\
2 & 1 & 0 & 0 & 0 \\
0 & 0 & 0 & 0 & 0 \\
0 & 0 & 0 & 0 & 0
\end{pmatrix}, \quad
R = \begin{pmatrix}
0 & 0 & 0 & 0 & 0 \\
0 & 0 & 0 & 0 & 0 \\
0 & 0 & 0 & 1 & 2 \\
2{,}23 & 1{,}41 & 1 & 1{,}41 & 2{,}23 \\
2{,}83 & 2{,}23 & 2 & 2{,}23 & 2{,}83
\end{pmatrix}.
$$

In beiden obigen Beispielen sind die fett eingezeichneten Kammpunkte der Randdistanzkarten nicht in der 9er-Nachbarschaft zusammenhängend. Verbindet man sie über die Hochflächen mit einer dünnen Linie, ergeben sich mehrere Möglichkeiten für ein Skelett. Eine Möglichkeit ist etwa

in dem aber ebenfalls ein Skelettpunkt noch entfernt werden könnte.

Es existiert eine Vielzahl von Skelettierungsalgorithmen. Die erzeugten Skelette erfüllen zumeist nicht die in Abschn. 11.5.2 genannten Kriterien über dünne Liniengeflechte.
Unter *Skeletton Pruning* versteht man diverse Techniken, diese Skelettierungsergebnisse
zu „säubern", etwa Zusammenhänge zu erzeugen, zu dicke Skelette weiter zu verdünnen
etc.

Höhere Merkmale

In den Kap. 9 und 11 haben wir recht einfache Merkmale wie Kanten, Ecken, Quattuorvigintieck und Skelette vorgestellt. Die folgenden Merkmale sind deutlich komplexer. Dennoch ist die Unterteilung in elementare und höhere Merkmale etwas willkürlich. Wir stellen zuerst die Merkmale Shape Context und SIFT vor und behandeln dann Texturmerkmale, die mittels mehrdimensionaler Statistiken gewonnen werden.

12.1 Shape Context

Ein Objekt O sei wieder einfach eine Menge von Pixeln in einem Bild, die aus irgendeinem Grund interessant sind. Gesucht ist ein Merkmal für O zur Klassifikation von Objekten und zum Test der Ähnlichkeit zweier Objekte. Dieses Merkmal wird hier der sogenannte *Shape Context* von O sein. Dazu werden Shape Contexts von Randpunkten betrachtet, die in einen Kontext mit den anderen Randpunkten gestellt werden. Das Konzept wurde von Belongie, Malik und Puzicha [7, 8] im Jahr 2000 eingeführt.

12.1.1 Grundbegriffe

Da für den Shape Context von O nur Randpunkte des Objekts O interessieren werden, setzen wir alle Pixel in O auf den Wert 1 und alle außerhalb auf den Wert 0. Damit ist O zum Vordergrund eines Binärbildes $B : \mathrm{Loc} \to \{0, 1\}$ geworden. O kann aus mehreren disjunkten Regionen $R_1, \ldots, R_k$ bestehen. $\{l_1, \ldots, l_n\}$ sei eine Unterabtastung der inneren und äußeren Randpunkte aller Regionen in O. Belongie, Malik und Puzicha empfehlen eine Auswahl von circa 100 Randpunkten. Dazu müssen nicht besondere Randpunkte wie etwa Eckpunkte betrachtet werden; die Punkte sollten vielmehr zufällig ungefähr gleichverteilt gewählt sein. Den Rand kann man mit dem Algorithmus zur Bestimmung des Freeman-Codes in Abschn. 11.1 pro beteiligte Region R_j finden und $l_1, \ldots, l_n$ sind

© Springer-Verlag Berlin Heidelberg 2015
L. Priese, *Computer Vision*, eXamen.press, DOI 10.1007/978-3-662-45129-8_12

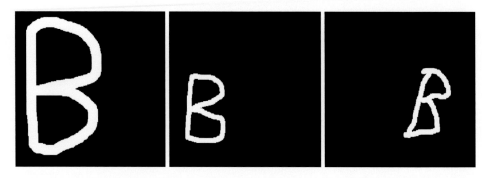

Abb. 12.1 Drei handschriftliche B unterschiedlicher Größe

aus dem Freeman-Code der äußeren und inneren Ränder unterabgetastete Randorte, deren Reihenfolge dann zusätzlich der Laufrichtung der Freeman-Codes entspricht. Ebenso könnte man $l_1, \ldots, l_n$ durch eine Anwendung des Canny-Kantendetektors auf das Bild B finden. Die Reihenfolge der unterabgetasteten Punkte l_i spielt keine Rolle. Wir identifizieren nun das Ausgangsobjekt O mit einer solchen unterabgetasteten Menge $\{l_1, \ldots, l_n\} =: O$ von Randpunkten.

Einem Punkt $l \in O = \{l_1, \ldots, l_n\}$ wird als Merkmal die räumliche Verteilung der restlichen Punkte $l' \in O$ um l zugeordnet. Punkte aus O, die nahe an l liegen, werden stärker gewichtet als entfernte Punkte. Dazu bieten sich Log-Polar-Histogramme aus Abschn. 4.3.6 an. Als größten Durchmesser $r_{\max}$ für die Kreisscheiben der Bins wählt man den Durchmesser d_O von O. Ein Durchmesser d_O von O kann auf verschiedene Art leicht definiert und berechnet werden. Mann kann etwa das Maximum der Breite und Höhe des Quattuorvigintiecks um O dafür wählen, die längere Seite des O minimal umschließenden Rechtecks, die Hauptachse der äquivalenten Ellipse, wenn man einzelne Ausreißer vermeiden will, oder Ähnliches. In der hier benutzten Implementierung ist d_O die längere Seite von MUR(O). Das Objekt und die Binstruktur sind also etwa gleich groß. Des Weiteren müssen die Anzahl k der Kreisscheiben, $r_{\min}$ und die Anzahl s der Sektoren je nach Anwendung festgelegt werden.

Die Bins $S_{i,j} \in \mathcal{B}_{k,r_{\min},r_{\max},s}^{\text{logpolar}}$ seien in irgendeiner Reihenfolge als $B_1, \ldots, B_N$ aufgezählt. Das *Log-Polar-Histogramm $H_O(l)$ von O am Ort l* ist nun die Abbildung

$$H_O(l) : \mathcal{B}_{k,r_{\min},r_{\max},s}^{\text{logpolar}} \to \mathbb{N} \text{ mit}$$
$$H_O(l)(B_t) := |\{l' \in O \,|\, l - l' \in B_t\}| \text{ für } 1 \leq t \leq N.$$

$H_O(l)(B_t)$ zählt, wie viele Orte $l' \in O$ in das Bin B_t fallen, wenn man den Nullpunkt der Bins auf l legt. Dieses Histogramm $H_O(l)$ um l heißt *Shape Context* von l. Abbildung 12.1 zeigt drei handschriftliche Buchstaben B unterschiedlicher Größe. In der Abb. 12.2 sieht man zwei als gelb-rote Log-Polar-Histogramme visualisierte Shape Contexts eines ähnlichen Ortes im linken und im mittleren B aus Abb. 12.1. Die Farbe eines

Abb. 12.2 Log-Polar-Histogramme 1 im linken und
mittleren B an ähnlicher Stelle

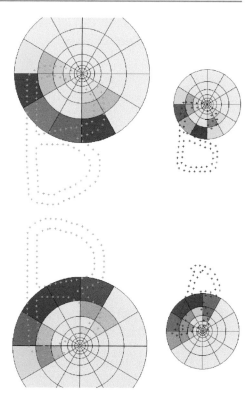

Abb. 12.3 Log-Polar-Histogramme 2 im linken und
rechten B an ähnlicher Stelle

Bins B visualsiert den Inhalt $H(B)$ dieses Bins. Abbildung 12.3 vergleicht zwei ähnliche
Punkte im linken und rechten B.

12.1.2 Shape Context Matching

Es seien nun zwei Objekte $O_1 = \{l_1, \ldots, l_n\}$ und $O_2 = \{l_1', \ldots, l_m'\}$ von unterabgetasteten Randpunkten gegeben. In Abb. 12.3 finden sich zwei Buchstaben B unterschiedlicher
Größe. Hier sind jeweils im gleichen Abstand auf den Rändern Orte l_i, l_j' unterabgetastet, obwohl beide Objekte eine sehr unterschiedliche Größe besitzen. In einem solchen
Fall empfiehlt sich aber eine feinere Unterabtastung im kleineren Objekt, so dass n und
m etwa gleich groß werden. Zwei Orte l_i in O_1 und l_j' in O_2 gelten nun als ähnlich,
wenn ihre Shape Contexts ähnlich sind, d. h. wenn die Log-Polar-Histogramme $H_1(l_i)$
von O_1 um l_i und $H_2(l_j')$ von O_2 um l_j' ähnlich sind. Die Binstrukturen $\mathcal{B}_{k_2, r_{2,\min}, r_{2,\max}, s_2}^{\text{logpolar}}$
und $\mathcal{B}_{k_1, r_{1,\min}, r_{1,\max}, s_1}^{\text{logpolar}}$ sollen bis auf die Skalierung identisch sein. Die Skalierung ergibt sich
aus dem Verhältnis von $r_{1,\max} = d_{O_1}$ zu $r_{2,\max} = d_{O_2}$. Beide Histogramme für O_1 und O_2
benutzen also gleich viele Kreisscheiben und gleich viele gleich angeordnete Sektoren.
N sei die Anzahl der Bins in $\mathcal{B}_{s_1, r_{1,\min}, r_{1,\max}}^{\text{logpolar}}$. In beiden Binstrukturen werden die Bins in
gleicher Weise zu $B_1, \ldots, B_N$ durchgezählt.

Eine Ähnlichkeit zweier Histogramme kann man mit dem χ^2-Test messen. Dazu definiert man folgende Kostenfunktion:

$$C_{i,j} := C(l_i, l_j') := \frac{1}{2}\sum_{t=1}^{N} \frac{\left(H_1(l_i)(B_t) - H_2(l_j')(B_t)\right)^2}{H_1(l_i)(B_t) + H_2(l_j')(B_t)}.$$

Pro Bin B_t geht die Differenz der Werte im t-ten Bin $H_1(l_i)(B_t)$ um l_i in O_1 mit denen um l_j' in O_2 quadratisch ein, relativiert durch die Anzahl der Punkte in beiden Bins.

Shape Context wurde explizit zum Vergleich verschiedener Objekte entwickelt. Wir kennen die Kosten $C_{i,j}$ zwischen $l_i \in O_1$ und $l_j' \in O_2$. O_1 und O_2 können durch verschieden viele Randpunkte beschrieben sein. Es gelte $n \le m$. Es sei $f : \{1,\ldots,n\} \to \{1,\ldots,m\}$ eine injektive Abbildung. Die Idee ist, dass l_i in O_1 dem Randpunkt $l_{f(i)}'$ in O_2 zugeordnet werden soll. Die f-Kosten $C_f(O_1, O_2)$ zwischen O_1 und O_2 sind dann

$$C_f(O_1, O_2) := \sum_{i=1}^{n} C_{i,f(i)}.$$

Die Kosten $C(O_1, O_2)$ zwischen O_1 und O_2 sind dann die minimalen Kosten bei optimaler Zuordnung von Randpunkten aus O_1 zu denen aus O_2, also

$$C(O_1, O_2) := \min\{C_f(O_1, O_2)|\ f : \{1,\ldots,n\} \to \{1,\ldots,m\}\ \text{injektiv}\}.$$

Dazu setzt man $C_{i,j} := 0$ für $n < i \le m$, $1 \le j \le m$ und erhält die quadratische Matrix

$$C = \begin{pmatrix} C_{1,1} & \cdots & C_{1,m} \\ \vdots & & \\ C_{m,1} & \cdots & C_{m,m} \end{pmatrix}.$$

Gesucht ist nun eine Permutation $\pi : \{1,\ldots,m\} \to \{1,\ldots,m\}$, so dass die Summe

$$\sum_{i=1}^{m} C_{i,\pi(i)}$$

minimal wird. Dies lässt sich etwa mit der Ungarischen Methode lösen. O_1 und O_2 gelten nun als ähnlich, wenn $C(O_1, O_2)$ unterhalb eines Schwellwertes liegt.

Die Ungarische Methode wird auch als Kuhn-Munkres-Algorithmus nach Kuhn [57] und Munkres [77] bezeichnet. Sie löst ein Zuordnungsproblem in bipartiten gewichteten Graphen in kubischer Zeit. Man kann das Problem auch für quadratische Kostenmatrizen wie oben formulieren: Gegeben sei eine quadratische $m \times m$-Matrix mit Koeffizienten in $\mathbb{N}$. Gesucht ist eine Permutation der Spalten, so dass die Summe der Werte auf der Diagonalen minimal wird. Da es $m!$ Permutationen gibt, sieht dies nach einem $O(2^m)$ Problem aus, mittels linearer Programmierung durch die Ungarische Methode kann dieses spezielle Problem aber in $O(m^3)$ Schritten gelöst werden.

Abb. 12.4 Shape-Context-
Matching. Zuordnung großes
B zu den beiden kleinen

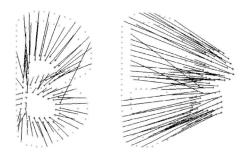

12.1.3   Beispiele, Invarianzen

Abbildung 12.4 zeigt die optimale Zuordnung der Randpunkte der beiden kleinen zu dem großen B aus Abb. 12.1. Dabei ist einmal das kleine B in das große gelegt und einmal rechts daneben.

Das rechte und mittlere B in Abb. 12.1 sind kleiner als das linke. In diesen Beispielbildern in Abb. 12.4 werden Unterpunkte im stets gleichen Abstand abgetastet. Damit werden bei kleineren Objekten auch weniger Randpunkte abgetastet, was aber eigentlich ungünstig ist. Jeder Randpunkt des kleineren Objekts erhält eine Zuordnung. In den beiden Zuordnungen in Abb. 12.4 werden große Teile (nicht zugeordnete, freie grüne Randpunkte) des größeren B gar nicht berücksichtigt. Damit hätten wir die gleichen Zuordnungskosten, wenn diese recht vielen freien grünen Randpunkte irgendwie anders liegen würden, so dass das große B seine Ähnlichkeit zum kleinen verlieren würde. Hierin liegt das Problem, falls n und m, die Anzahl der abgetasteten Orte in beiden Objekten, recht unterschiedlich ist; ein eventuell nicht passender Teil des größeren Objekts darf einfach bei der Zuordnung ignoriert werden. Es ist bei Objekten unterschiedlicher Größe daher vorteilhaft, den Abstand der Abtastung so zu ändern, dass beide Objekte mit etwa gleich vielen Randpunkten beschrieben werden.

Offensichtlich ist diese Methode invariant gegen Lageverschiebung eines Objekts, da die Histogramme direkt auf die Randpunkte gelegt werden. Da die Histogrammgröße automatisch proportional zur Objektgröße gewählt wird, könnte man auch eine Skalierungsinvarianz erwarten. Das ist auch richtig, solange die Anzahl der abgetasteten Randpunkte beider Objekte nicht zu unterschiedlich wird. Eine Rotationsinvarianz lässt sich leicht erreichen, wenn man das Log-Polar-Histogramm an jedem Punkt $l_i \in O$ etwa nach dessen Tangentenwinkel ausrichtet.

In dieser einfachen Version wird gar nicht berücksichtigt, ob die Ungarische Methode auch phsyikalisch sinnvolle Zuordnungen zwischen den Randpunkten zweier Objekte erstellt. Manche Zuordnungen wären bei einer physikalischen Verzerrung des einen in das andere Objekt gar nicht möglich. In beiden Zuordnungen in Abb. 12.4 finden sich einige solcher leicht erkennbaren Ausreißer, in den sich die Verbindungslinien der zugeordneten Randpunkte überkreuzen. Es gibt verschiedene Techniken zur Bildregistrierung, die dieses Problem lösen. Generell versteht man unter *Registrierung* verschiedene Methoden und Techniken, um mehrere Bilder optimal zu überlagern. Sei es um Details aus verschiedenen Aufnahmen des gleichen Objekts in Übereinstimmung zu bringen, sei es um viele Einzelaufnahmen zu einer Rundumaufnahme zu verbinden etc. In einem Thin-Plate-Spline-Modell stellt man sich beide Objekte als dünne Metallscheiben vor und berücksichtigt die benötigte Verbiegungsenergie, um eine Platte in die andere zu scheren. Solche Überschneidungen würden bei Scherungen zu viel zu hohen Energiekosten führen.

12.2 SIFT

Manche Merkmale wie Kanten, Ecken und auch Shape Context haben eine ganz anschauliche Bedeutung. Es existieren jedoch weitere besonders markante Orte in Bildern ohne eine solch einfache Interpretation. Ein Beispiel sind die SIFT-Merkmale. Die Technik Scale Invariant Feature Transform (SIFT) identifiziert in einem Grauwertbild verschiedene markante Orte. Sie erzeugt dabei eine Merkmalsbeschreibung, die als *SIFT-Merkmal* bezeichnet wird. Ein SIFT-Merkmal kennzeichnet Extremwerte des Laplacian of Gaussian des Bildes eingebettet in einen Skalenraum und ist im gewissen Grad invariant gegen Skalierung, Orientierung, Kameraposition und Beleuchtung. Diese Technik wurde von Lowe 1999 [66] eingeführt.

Ziel ist es, Merkmale zu finden, die gleiche Orte eines Bildes beschreiben, auch wenn sich die Kameraposition ändert oder zwei verschiedene Aufnahmen ähnlicher Objekte vorliegen. Der folgende Algorithmus ordnet einem Bild von 1000×2000 Pixeln typischerweise zwischen 10.000 und 20.000 SIFT-Merkmale zu. SIFT-Merkmale werden auch zur Klassifikation von Objekten und zur Bildregistrierung verwendet. Wir werden unterschiedliche SIFT-Merkmale in nur einer Aufnahme auch zur Gruppierung von Orten gleicher Semantik heranziehen. Da ihrem Namen entsprechend SIFT-Merkmale invariant unter Skalen sein sollen, brauchen wir zuerst einen kurzen Exkurs in Bildskalen.

12.2.1 Skalenraum

In einem *Skalenraum (Scale Space)* wird ein Bild in verschiedenen Skalen betrachtet. Die grobe Idee einer Skala ist es, dass bei höherer Skala das Bild von einer weiter entfernten Warte betrachtet wird. Damit soll ein skaliertes Bild umso weniger Information und Auflösung besitzen, je höher die Skalierung ist. Wir werden hier nur die Prinzipien kurz vorstellen. Zu Skalenräumen existiert unter dem Stichwort „Scale Space Approach" eine reiche Literatur mit einem ausführlichen Buch von Lindeberg [64].

Der theoretische Ansatz von Skalenräumen geht auf partielle Differentialgleichungen zurück. Ausgangspunkt ist ein stetiges Bild $I : \mathbb{R}^d \to \mathbb{R}$. Gesucht ist eine kontinuierliche Menge $SC_I = \{I_t | t \in \mathbb{R}, t \geq 0\}$ verschiedener Skalierungen I_t von I, mit $I_0 = I$. I_t soll das Bild I auf der Skala t werden. In einem axiomatischen Ansatz wird gar nicht gesagt, was I_t sein soll, sondern es werden Forderungen an SC_I gestellt, die sich an der

Idee orientieren, dass $I_{t'}$ weniger Informationen als I_t für $t' > t$ enthält. Solche Axiome sind etwa

- $I_0 = I$,
- $I_t = I * f_t$, für eine Funktion $f_t : \mathbb{R}^d \to \mathbb{R}$,
- $(I_t)_s = I_{t+s}$, die sogenannte *Halbgruppen-Eigenschaft*,
- $(a_1 I_1 + a_2 I_2)_t = a_1 (I_1)_t + a_2 (I_2)_t$, *Linearität der Skalierung*,
- $(I_t)_{\to (a,b)} = (I_{\to(a,b)})_t$, *Shiftinvarianz*, vgl. die Verschiebung in Abschn. 8.2.7,
- mit wachsender Skala nehmen die lokalen Maxima monoton ab,
- mit wachsender Skala nehmen die Nulldurchgänge von Laplace $\nabla^2(I_t)$ – vgl. Abschn. 6.4.5 – monoton ab.

Das Interesse an den Nulldurchgängen des Laplace-Operators erklärt sich damit, dass eine Kantenextraktion statt mit dem Canny-Operator über diese Nulldurchgänge durchgeführt werden kann. Im eindimensionalen Fall ist I ein eindimensionales Signal. Die einzige Funktion f_t, die jetzt alle obigen Axiome erfüllt, ist $f_t = N(0, t)$, die Gaußverteilung mit $\mu = 0$ und $\sigma = t$. Als Skalenraum ergibt sich dann $SC_I = \{I * N(0, \sigma) | \sigma \geq 0\}$.

Aber schon im zweidimensionalen Fall können die Axiome nicht alle sinnvoll erfüllt werden. Natürlich gelten sie für $f_t := id$, aber hier findet gar keine Skalierung mehr statt. Bei jeder nicht trivialen Skalierung können bei wachsender Skala neue lokale Maxima entstehen.

Im diskreten Fall orthogonaler Bilder $I : \text{Loc} \to \mathbb{Q}$ mit $\text{Loc} \subset \mathbb{Z}^d$ sei $G_\sigma^{(d)}$ ein diskreter d-dimensionaler Gaußkern mit der Varianz σ in jeder Dimension (also eine d-fache Konvolution eindimensionaler Gaußkerne G_σ der Varianz σ, vgl. Abschn. 6.2.6).

Man setzt häufig

- $I_0 := I$,
- $I_k := I * G_{r^k \cdot \sigma_0}^{(d)}$

für ein initiales σ_0 und einen Skalierungsfaktor r. Es gelten dann die ersten fünf Axiome.

In Abschn. 8.2.7 haben wir unter einer Skalierung eine Änderung des Ortsbereichs mit anschließender Interpolation des Bildes in den neuen Ortsbereich verstanden. Es wurde gezeigt, wie man eine solche Anpassung in einen neuen Ortsbereich mittels Fourier-Transformation erreichen kann. Eine Erhöhung der Skala im Sinn dieses Abschnitts entspricht jetzt einer Verkleinerung des Ortsbereichs, da das Bild aus einer größeren Warte betrachtet werden muss, um insgesamt in den verkleinerten Ortsbereich zu passen.

Um eine Skalierung eines zweidimensionalen Bild $I : [0, N[\times [0, M[\to [0, G[$ um einen Faktor $1/4$ zu I' zu erreichen, könnte man ganz einfach eine Unterabtastung ohne weitere Interpolation wählen, die nur jedes zweite Pixel einer jeden zweiten Zeile behält. Dann kann I' aber neue Kanten enthalten, die in I gar nicht existieren. In diesem Sinn ist eine einfache Unterabtastung also eine schlechte Skalierungsmethode. Allerdings überzeugt eine Unterabtastung durch ihre Einfachheit und kann mit Vorsicht auch sinnvoll eingesetzt werden, wie wir gleich sehen werden.

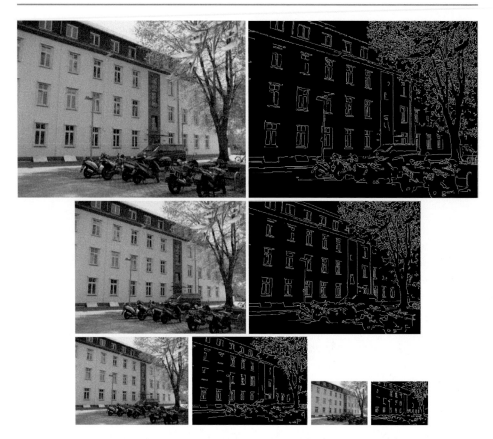

Abb. 12.5 Skalenräume 1. Skalierung auf 100 %, 75 %, 50 % und 25 % der Höhe und Breite mit Canny-Operator auf die kleiner werdenden Bilder

In Abb. 12.5 sind mittels linearer Skalierung die Bildhöhen und -breiten auf 75 %, 50 % und 25 % verkleinert und anschließend wurde der Canny-Operator angewendet. Dabei fällt auf, dass Canny auf skalierten Bildern sogar zusätzliche Kanten finden kann. Bei der 75 % Skalierung tritt gegenüber dem Originalbild eine neue obere Dachkante auf.

Abbildung 12.6 zeigt einen Gauß'schen Skalenraum mit den Skalen $\sigma = 0, 2, 4$ und 8 und daneben jeweils eine Anwendung des Canny-Operators. Bei $\sigma = 8$ ist das Bild bereits so verschwommen mit so vielen allmählichen Gradientenübergängen, dass Canny als Kantendetektor nicht mehr geeignet ist und Mehrfachkanten anstelle einer einzigen findet.

Abb. 12.6 Skalenräume 2 mit $\sigma = 0$, 2, 4 und 8 mit Canny-Operator

12.2.2   SIFT-Merkmale

Es sei $I : [0, N[\times [0, M[\rightarrow [0, g[$ ein Grauwertbild. I wird mittels eines Skalenraums zu einem dreidimensionalen Bild, in dem Schlüsselorte als Extrema des Laplacian of Gaussian- (LoG-)Operators gesucht werden, denen anschließend Merkmale zugeordnet werden.

Der Skalenraum für SIFT

In einer ersten Grobskalierung wird I zu einer Folge $I_0, \ldots, I_{max}$ von skalierten Versionen von I. Dabei ist $I_0 = I$ und I_{i+1} eine Skalierung von I_i auf die halbe Höhe und Breite. Der Wert max ist also abhängig von $|\mathrm{Loc}_I|$ zu wählen. In einer weiteren Feinskalierung wird jedes Bild I_i zu einer Folge $I_{i,1}, \ldots, I_{i,m}$ skaliert mit

$$I_{i,j} := I_i * G^{(2)} \sigma_j \text{ für } j \geq 1,$$

wobei

$$\sigma_j = k^{j-1} \cdot \sigma_1 \text{ mit } k = \sqrt[m-1]{2} \text{ für } 1 \leq j \leq m$$

gesetzt wird. I_i wird mit Gaußkernen geglättet, wobei der letzte Gaußkern einen Wert

$$\sigma_m = k^{m-1} \cdot \sigma_1 = 2 \cdot \sigma_1$$

benutzt. $I_{i,m}$ wird also mit einem doppelt so großen σ geglättet wie $I_{i,1}$. Die Folge $I_{i,1}, \ldots, I_{i,m}$ wird eine *Oktave* genannt.

I_{i+1} wird nun aus I_i gewonnen, indem das letzte Bild $I_{i,m}$ der Oktave von I_i einfach auf 1/4 seiner Größe unterabgetastet wird. Eine Interpolation wird hier durch die bereits stattgefundene Glättung von $I_{i,m}$ ersetzt.

Lowe empfiehlt in [67], vier Skalen pro Oktave zu betrachten, da seine Experimente (zum Matchen verschiedener Aufnahmen) keine signifikanten Verbesserungen bei Verwendung weiterer Skalen ergaben. Für den Startwert σ_1 wird 1,6 vorgeschlagen. Eine Oktave $I_{i,1}, I_{i,2}, I_{i,3}, I_{i4}$, wird dann jeweils durch Gaußglätten von I_i mit den Werten $\sigma_1 = 1{,}6, \sigma_2 = \sqrt[3]{2} \cdot 1{,}6 \approx 2{,}016, \sigma_3 = \sqrt[3]{2}^2 \cdot 1{,}6 \approx 2{,}540$ und $\sigma_4 = 3{,}2$ gebildet.

Zusammengefasst wird der Skalenraum $\{I_{i,j} \mid 0 \leq i < i_{max}, 1 \leq j \leq 4\}$ für ein Bild $I : [0, N[\times [0, M[\rightarrow [0, g[$ wie folgt gebildet:

- $I_0 := I$, wähle i_{max},
- I_{i+1} sei die Unterabtastung von $I_{i,4}$ auf halbe Höhe und Breite, für $0 \leq i < i_{max}$,
- $I_{i,j} := I_i * G^{(2)}_{\sigma_j}$ mit $\sigma_1 = 1{,}6, \sigma_2 = 2{,}016, \sigma_3 = 2{,}540$ und $\sigma_4 = 3{,}2$,
- $\{I_{i,1}, \ldots, I_{i,4}\}$ ist die i-te Oktave von I.

Extrema im Orts- und Skalenraum

Gesucht werden in allen Skalen von I diejenigen Orte (n, m), in denen $\mathrm{LoG}(I_{i,j})(n, m)$ einen Extremwert annimmt. Hierbei wird LoG durch DoG approximiert. Da jedes $I_{i,j}$ bereits gaußgefiltert ist, genügt es dazu, die Differenzen aufeinanderfolgender Werte in einer Oktave zu bilden. $D_{i,j} := I_{i,j} - I_{i,j+1}$ für $1 \le j \le 3$ ist das j-te DoG-Bild in der i-ten Oktave.

Die drei DoG-Bilder $D_{i,j}$, $1 \le j \le 3$, der i-ten Oktave können wir als ein dünnes dreidimensionales Bild

$$D_i : [0, N[\times [0, M[\times [1, 3] \to]-g, +g[\text{ mit } D_i(n, m, j) = D_{i,j}(n, m)$$

auffassen.

Gesucht werden nun die lokalen Extremwerte in D_i, wobei lokal in der dreidimensionalen 27er-Nachbarschaft meint. Logisch (nicht für die praktische Berechnung) bedeutet dies, dass eine Nicht-Maximum-Unterdrückung $\mathbf{nmu}_F$ mit dem dreidimensionalen Fenster $F = F_1^3$ vom Radius 1 auf D_i und $-D_i$ angewendet die maximalen und minimalen Orte in D_i findet. Orte $(n, m) \in \mathrm{Loc}_I$ sind Extremaorte der Skala (i, j), falls gilt

$$\mathbf{nmu}_F\big(D_i(n, m, j)\big) = 1 \text{ oder } \mathbf{nmu}_F\big(-D_i(n, m, j)\big) = 1.$$

Es können Extremaorte ausgeschlossen werden, etwa wenn sie auf Kanten liegen. Alle verbleibenden Extremaorte einer Skala (i, j) sind nun *SIFT-Orte* auf der Skala (i, j). Jedem SIFT-Ort wird ein *SIFT-Merkmal* f zugeordnet. f erhält als erste Attribute loc_f, seinen Ort $(n, m) \in \mathrm{Loc}_I$, und sc_f, seine Skala (i, j). An einem SIFT-Ort können unterschiedliche SIFT-Merkmale liegen.

Merkmalsvektor

Es sei f ein SIFT-Merkmal am Ort $\mathrm{loc}_f = (n, m)$ auf der Skala (i, j). Neben den beiden Attributen loc_f und sc_f erhält f weitere Attribute, die aus der reduzierten Gradientenkarte von $I_{i,j}$ in einer Umgebung U um den Ort (n, m) gewonnen werden. Die reduzierte Gradientenkarte wurde in Abschn. 9.2.2 vorgestellt. Sie betrachtet nur die acht Hauptrichtungen $\to, \nearrow, \uparrow, \nwarrow, \leftarrow, \swarrow, \downarrow$ und $\searrow$. Es sei $\nabla_{I_{i,j}}$ die Gradientenkarte von $I_{i,j}$. Den Gradientenbetrag und die Gradientenrichtung am Ort $(n, m) \in \mathrm{Loc}_{I_{i,j}}$ kann man wieder approximieren als

$$\nabla_{I_{i,j}}^{\|}(n, m) \approx \big|I_{i,j}^2(n+1, m) - I_{i,j}^2(n-1, m)\big| + \big|I_{i,j}^2(n, m+1) - I_{i,j}^2(n, m-1)\big|,$$
$$\nabla_{I_{i,j}}^{\angle}(n, m) \approx \mathrm{atan}_2$$
$$\cdot \big(-(I_{i,j}^2(n+1, m) - I_{i,j}^2(n-1, m)), I_{i,j}^2(n, m+1) - I_{i,j}^2(n, m-1)\big).$$

Die möglichen Gradientenrichtungen in $[0, 360[$ werden auf die 8 Richtungen $0, \ldots, 7$ des Freeman-Codes reduziert, indem man einen Winkel α durch seinen nächsten Winkel $k \cdot 45°$ ersetzt. Damit erhält man die reduzierte Gradientenkarte

$$\nabla_{I_{i,j}}^{\mathrm{red}} : \mathrm{Loc}_{I_{i,j}} \to \mathbb{Q} \times \{0, \ldots, 7\},$$

mit $\nabla^{\mathrm{red}} = (\nabla^{\|}, \nabla^{\mathrm{red}, \angle})$.

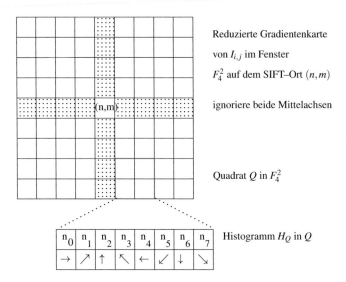

Reduzierte Gradientenkarte

von $I_{i,j}$ im Fenster

F_4^2 auf dem SIFT–Ort (n,m)

ignoriere beide Mittelachsen

Quadrat Q in F_4^2

Histogramm H_Q in Q

Abb. 12.7 Ein Teil $n_0, \ldots, n_7$ des SIFT-Merkmalvektors

Als Umgebung U wählt man das 9×9-Fenster $F = F_4^2$ vom Radius 4 mit dem Zentrum auf (n, m) gelegt. Alle Orte (k, l) in U mit den Koordinaten $k = n$ oder $l = m$ werden ignoriert. Da in x- und y-Richtung aufsummiert bereits Extrema der zweiten Ableitung untersucht wurden, ist diese Ortsinformation als Merkmal von f unwichtig.

Die verbliebenen 64 Orte in F_{loc_f} werden in einer fester Reihenfolge in 16 Quadrate $Q_1, \ldots, Q_{16}$ der Größe 2×2 partitioniert. In jedem dieser Quadrate wird die reduzierte Gradientenkarte $\nabla^{\mathrm{red}}_{I_{i,j}}$ betrachtet und ein Histogramm

$$H_Q : [0, 7] \to \mathbb{Q}$$

wie folgt erzeugt. Für jede Freeman-Richtung $r \in [0, 7]$ ist $H_Q(r)$ definiert als

$$H_Q(r) := \sum_{\substack{(x,y)\in \mathrm{loc}_Q \\ \nabla^{\mathrm{red}}, \angle(x,y)=r}} g(x, y) \cdot \nabla^{\|}(x, y),$$

mit einer Gewichtsfunktion g, die die Distanz von (x, y) zum SIFT-Ort (n, m) gewichtet. $H_Q(r)$ misst also die gewichtete Summe der Stärken der Freeman-Richtung r im Quadrat Q. Damit haben wir jeweils 8 Einträge der Histogramme in den 16 Quadraten Q in F_4^2. Diese 8 Einträge der 16 Histogramme werden in einer festen Reihenfolge zu einem 128-dimensionalen Vektor $\vec{f} = (f_1, \ldots, f_{128})$ zusammengefasst. Abbildung 12.7 visualisiert diese Situation. In Q kommen nur vier Orte vor.

Das Quadrat Q in dieser Abbildung erhält kleinere Gewichte als das gleiche Quadrat um den Ort $(n + 2, m)$ betrachtet, da es näher an $(n + 2, m)$ als an (n, m) liegt.

Damit erhält man als eine erste Variante von SIFT das $SIFT_{noi}$-Merkmal

$$f_{noi} = (\text{loc}_f, \text{sc}_f, \vec{f}),$$

wobei noi für **n**o **o**rientation **i**nvarianz steht.

Orientierungsinvarianz

Eine Orientierungsinvarianz kann leicht erreicht werden. max_f sei der maximale Wert im Vektor $\vec{f}$. Das Bin bzw. die Koordinate von $\vec{f}$, in dem der maximale Wert max_f liegt, bestimmt die Orientierung von f und wird als o_f ein weiteres Merkmal von f. $\vec{f}$ wird an der Orientierung o_f neu ausgerichtet, also $\vec{f} = (f_1, \ldots, f_{128})$ wird zu $(f_l, f_{l+1}, \ldots, f_{128}, f_1, \ldots, f_{l-1})$ zyklisch vertauscht, falls $f_l = max$ gilt. Es sei $l_\rho \in [1, 128]$ eine Koordinate mit $\vec{f}_l \geq 0{,}8 \cdot max_f$. Dann wird auch zur Orientierung l_ρ ein neues SIFT-Merkmal f' gebildet mir $\text{loc}_{f'} = \text{loc}_f, \text{sc}_{f'} = \text{sc}_f, o_{f'} = l_\rho$ und der Vektor $\vec{f}'$ ist die zyklische Vertauschung von $\vec{f}$, die mit f_{l_ρ} beginnt. Zu einem Ort (n, m) und einer Skala (i, j) können also verschiedene SIFT-Merkmale gehören, dann aber mit einer jeweils anderen Orientierung und zyklischen Vertauschung der Merkmalsvektoren. Damit besitzt ein SIFT-Merkmal f die Gestalt

$$f = (\text{loc}_f, \text{sc}_f, o_f, \vec{f}).$$

Eine Anwendung

In einer Standardanwendung wird ein Objekt O in unterschiedlicher Größe und unterschiedlich gedreht in einem Bild I gesucht. Dazu bestimmt man SIFT-Merkmale von O und versucht über Muster dieser Merkmale Vorkommen von O im Bild zu lokalisieren.

Wir wollen hier eine exotischere Anwendung vorstellen. In einem Bild sollen verschiedene Vorkommen gleicher Objekte gruppiert werden. Objekte sind hier lageverschoben, aber unverändert in Größe und Orientierung. Die Objekte sind aber nicht bekannt. Das heißt, generell sollen Gruppierungen, egal von was, in einem Bild gefunden werden. Es bietet sich eine Beschreibung mit $SIFT_{noi}$-Merkmalen an. Gruppiert werden $SIFT_{noi}$-Merkmale einer ähnlichen Skalierung und mit ähnlichen Merkmalsvektoren. Die genaue Gruppierungstechnik ist in [95] beschrieben.

Die Abb. 12.8 und 12.9 zeigen ein Gebäude. Die gefundenen SIFT-Orte sind mit einem kleinen weißen Kreis markiert. Mit einem größeren Kreis sind jeweils die Orte einer automatisch gefundenen Gruppierung von $SIFT_{noi}$-Merkmalen markiert. Insgesamt sind sechs gefundene Gruppierungen dargestellt. In den ersten vier Bildern werden tatsächlich nur Orte einer gleichen Semantik gruppiert. In den letzten beiden sieht man aber, dass dies nicht immer erreicht wird. Merkmale im Rasen und Bambus links sind zu Merkmalen im Gebäude ähnlich. In solchen Fassadenbildern lassen sich Objekte einer gleichen Semantik mittels Gruppierung der $SIFT_{noi}$-Merkmale finden. In generellen Umgebungen ist uns dies aber nur schlecht oder gar nicht gelungen.

Abb. 12.8 Gruppierung von SIFT$_{noi}$-Merkmalen 1

Abb. 12.9 Gruppierung von SIFT$_{noi}$-Merkmalen 2

12.3   Texturmerkmale

Der Begriff der *Textur* kommt in verschiedenen Disziplinen vor, etwa in der Musik, Geologie oder sogar Weinkunde. In der Computervisualistik tritt er in zwei sehr unterschiedlichen Aspekten in der Computergrafik und in der Bildverarbeitung auf. In der Computergrafik werden etwa mittels Sketchup relativ einfache Bauklötze zur Erzeugung von 3D-Modellen von Gebäuden verwendet. Auf die Flächen dieser Bauklötze werden Bilder gelegt, die die Fassaden darstellen. Diese Fassadenbilder werden auch als Textur bezeichnet. In der Bildverarbeitung ist eine Textur eine Region in einem Bild, die aus weiteren Elementarbausteinen zusammengesetzt ist, die aber nicht individuell, sondern nur in ihrer Gesamtheit als Textur wahrgenommen werden. Sind diese Elementarbausteine noch klar unterscheidbar, so spricht man von einer *Makrostruktur*, im anderen Fall von einer *Mikrostruktur*. Wir versuchen erst gar keine genauere Definition des Begriffs der Textur, da die menschliche Wahrnehmung entscheidet, was eine Textur ist.

Abbildung 12.10 zeigt oben zwei Makro- und unten zwei Mikrostrukturen, wobei man sich streiten kann, ob das letzte Bild eher eine Mikro- oder Makrotextur beinhaltet. Abbildung 12.11 zeigt links eine deutlich erkennbare Texturkante und rechts, etwas schwieriger zu sehen, eine kleine Textur in einer größeren. Dabei wurde in beiden Bildern die Textur jeweils etwas verdreht nochmals eingefügt. Beide Texturen im linken und rechten Bild besitzen also gleiche Farb- bzw. Grauwerthistogramme. Dennoch sind für uns Menschen die beiden Texturen in ihren veränderten Ausrichtungen klar unterscheidbar. Unsere bisherigen Merkmale reichen noch nicht einmal aus, die gedrehten Strukturen, die in diesen Beispielen eine gemeinsame leicht sichtbare Strukturkante besitzen, zu unterscheiden und diese Kante zu detektieren. Hierzu bedarf es höherdimensionaler statistischer Merkmale.

Abb. 12.10   Makro- (*oben*) und Mikrotexturen (*unten*)

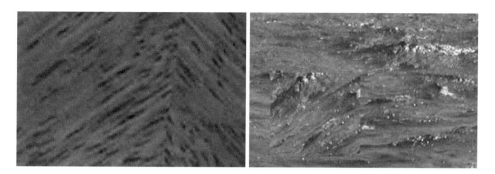

Abb. 12.11 Texturkanten. *Links* und *rechts* wurde eine Kopie eines Teils der Textur etwas verdreht wieder eingefügt

Wir werden einige Texturmerkmale vorstellen, wie etwa Co-Occurrence-Matrizen, Autokovarianz-Matrizen, Farbtexturmerkmale, Haralick- und Unser-Merkmale.

12.3.1 Grauwert-Co-Occurrence-Matrizen

Wir betrachten hier zweidimensionale Grauwertbilder

$$I : [0, N[\times [0, M[\to \text{Val} = [0, G[\,,$$

die G verschiedene Grauwerte annehmen können. Da in den folgenden Formeln nie ein Bildwert mit einer Ortskoordinate multipliziert wird, können wir den Ortsraum wieder mit 0 beginnen lassen. $b \in \mathbb{Z}^2$ sei ein *Lagevektor*. Die *absolute Co-Occurrence-Matrix* $\text{CO}_{I,b}$ und *relative Co-Occurrence-Matrix* $\text{co}_{I,b}$ von I zur Lagerelation b sind dann das absolute bzw. relative zweidimensionale Histogramm

$$\text{CO}_{I,b} : [0, G[^2 \to \mathbb{N}, \text{co}_{I,b} : [0, G[^2 \to [0, 1]\,, \text{ mit}$$

$$\text{CO}_{I,b}(u, v) := \big| \{p \in \text{Loc}_I \,|\, I(p) = u \wedge I(p + b) = v\} \big|\,, \text{ und}$$

$$\text{co}_{I,b}(u, v) := \frac{1}{A_b} \text{CO}_{I,b}(u, v)\,, \text{ mit}$$

$$A_b := \big| \{p \in \text{Loc}_I \,|\, p + b \in \text{Loc}_I\} \big|,$$

die angeben, wie häufig der Grauwert v in der Lageverschiebung b neben dem Grauwert u in I vorkommt, einmal absolut und einmal relativ zur Zahl der Pixelpaare in I in der Lagerelation b. Co-Occurrence-Matrizen sind statistische Merkmale 2. Ordnung, da sie Paare von Werten vergleichen, hier zwei Orte, die in der Lagerelation b liegen. Für unterschiedliche Lagerelationen erhält man unterschiedliche Co-Occurrence-Matrizen. Die Berechnung von $\text{CO}_{I,b}$ benötigt $O(|\text{Loc}_I| \cdot |\text{Val}_I|^2)$ Rechenzeit und $O(|\text{Val}_I|^2)$ Speicherplatz. Es sei $B \subseteq [-k, +k] \times [-l, +l]$ eine endliche Menge von Lagerelationen mit den

Tab. 12.1 Beispiele von Haralick-Merkmalen zur Beschreibung von $CO_{I,b}$

Energie	$\sum_{u,v \in \mathrm{Val}} co_{I,b}(u,v)^2$
Kontrast	$\sum_{u,v \in \mathrm{Val}} co_{I,b}(u,v) \cdot (u-v)^2$
Homogenität	$\sum_{u,v \in \mathrm{Val}} co_{I,b}(u,v) \cdot \frac{1}{1+(u-v)^2}$
k-Cluster-Tendenz	$\sum_{u,v \in \mathrm{Val}} co_{I,b}(u,v) \cdot (u+v-\mu_I)^k$
Korrelation	$\mu_{1,1}(co_{I,b}) / \sqrt{\mu_{2,0}(co_{I,b})\mu_{0,2}(co_{I,b})}$

Grenzen k, l. Man kann die Co-Occurrence-Matrizen aller dieser Lagerelationen in B exakt mittels einer $(2k+1) \times (2l+1)$ (Hyper-)Matrix

$$\mathbf{CO}_{I,B} := \left(CO_{I,(i,j)}\right)_{-k \leq i \leq +k, -l \leq j \leq +l}$$

oder über alle Lagerelationen gemittelt durch nur eine Matrix

$$CO_{I,B} := \frac{1}{|B|} \sum_{b \in B} CO_{I,b}$$

beschreiben.

Die Berechnung von $\mathbf{CO}_{I,B}$ oder $CO_{I,B}$ benötigt $O(|\mathrm{Loc}_I| \cdot |B| \cdot G^2)$ Schritte und $O(G^2) \cdot |B|$ bzw. $O(G^2)$ Speicher. Eine erhebliche Datenreduktion erhält man, wenn man als Texturmerkmal statt einer kompletten Co-Occurrence-Matrix $CO_{I,b}$ nur einige wenige eindimensionale statistische Merkmale einer solchen Matrix verwendet. Haralick, Shanmugam und Dinstein [35] schlugen 14 statistische Merkmale aus $CO_{I,b}$ für jede betrachte Lagerelation b vor. Ziel war es, pro Lagerelation b eine Textur nicht mehr durch eine $|\mathrm{Val}| \times |\mathrm{Val}|$-Matrix zu beschreiben, sondern nur noch durch einen Vektor aller oder einiger dieser Merkmale. Tabelle 12.1 gibt einige solcher verwendeter Merkmale an, die nicht alle mit denen aus [35] übereinstimmen.

Im Kontrast wird die Korrelation $co_{I,b}(u,v)$ von u zu v um b verschoben mit einem Faktor $(u-v)^2$ um so mehr belohnt, je weiter die Grauwerte u und v auseinander liegen. In der Homogenität werden benachbarte Grauwertpaare (u,v) belohnt.

12.3.2 Summen- und Differenzenhistogramme

Unser [121] schlug eine Vereinfachung der Co-Occurrence-Matrizen auf eindimensionale lageabhängige Histogramme vor, in denen die Summen und Differenzen zweier Grauwerte in der vorgegebenen Lagerelation gezählt werden. Es seien I, B wie zuvor ein Bild und eine endliche Menge von Lagerelationen. Die *Summen- und Differenzhistogramme* $H_{I,B}^+ : [0, 2G-2] \to \mathbb{N}$ und $H_{I,B}^- : \,]-G, +G[\,\to \mathbb{N}$ sind dann gegeben als

$$H_{I,B}^+(u) := |\{p \in \mathrm{Loc}_I \,|\, \exists b \in B : I(p) + I(p+b) = u\}|, \text{ für } 0 \leq u \leq 2G-2,$$

$$H_{I,B}^-(u) := |\{p \in \mathrm{Loc}_I \,|\, \exists b \in B : I(p) - I(p+b) = u\}|, \text{ für } -G < u < G.$$

Tab. 12.2 Beispiele von Unser-Merkmalen mit den Normierungsfaktoren
$h_{I,B}^+ := 1/\sum_{u \leq 2G-2} H_{I,B}^+(u)$ und $h_{I,B}^- := 1/\sum_{-G<j<G} H_{I,B}^-(j)$

Energie	$\frac{1}{2}\left(h_{I,B}^+ \sum_{u<2G-2}(H^+(u))^2 + h_{I,B}^- \sum_{-G<j<G}(H^-(j))^2\right)$
Kontrast	$h_{I,B}^- \sum_{-G<j<G} H_{I,B}^-(j)\cdot j^2$
Homogenität	$h_{I,B}^- \sum_{-G<j<G} H_{I,B}^-(j)\cdot \frac{1}{1+j^2}$
k-Cluster-Tendenz	$h_{I,B}^+ \sum_{u<2G-2} H_{I,B}^+(u)\cdot(u-\mu_{H^+})^k$
Korrelation	$\frac{1}{2}\left(h_{I,B}^+ \sum_{u<2G-2} H_{I,B}^+(u)\cdot(u-\mu_{H^+})^2 - h_{I,B}^- \sum_{-G<j<G} H_{I,B}^-(j)\cdot(j-\mu_{H^-})^2\right)$

$H_{I,B}^-(-3) = 126$ bedeutet also, dass 126 Differenzen von Werten von Pixelpaaren des Bildes I, die in einer Lagerelation von B stehen, die Differenz -3 besitzen.

Die Haralick-Merkmale übertragen sich nach Unser wie in Tab. 12.2 gezeigt auf eine Kombination dieser Summen- und Differenzenhistogramme. Eine Klassifikation von Texturen nach Unser-Merkmalen ist ähnlich gut wie nach Haralick-Merkmalen, dafür lassen sich Unser-Merkmale schneller berechnen.

12.3.3 Autokovarianz-Texturmodelle

In Abschn. 4.4.2 haben wir die Kovarianz $\text{cov}(X, Y)$ und den Korrelationskoeffizienten $\text{cc}(X, Y)$ zweier Zufallsvariablen als

$$\text{cov}(X,Y) := E\big[(X - E[X])\cdot(Y - E[Y])\big],$$
$$\text{cc}(X,Y) := \frac{\text{cov}(X,Y)}{\sigma_X \cdot \sigma_Y}$$

vorgestellt. Ist die zweite Zufallsvariable Y nur eine andere Ausprägung als X, etwa in der Zeit verschoben, so spricht man von *Autokorrelation* oder *Autokovarianz*. In der Signalverarbeitung wird oft ein Signal $f(t)$ mit einer Zeitverschiebung $f(t + \tau)$ des gleichen Signals korreliert. Übertragen in die Bildverarbeitung entspricht das einer Korrelation eines Bildes I mit einer Verschiebung $I_{\to b}$ des gleichen Bildes. Die Autokovarianz (oder Autokorrelation) ist damit ein Maß, wie ähnlich sich im Schnitt die Pixelpaare eines Bildes sind, die in bestimmten Lagerelationen zueinander stehen. Es seien wie zuvor $I : [0, N[\times [0, M[\to [0, G[$ ein Grauwertbild und $b \in \mathbb{Z}^2$ eine Lagerelation. Die *Autokovarianz* $\text{acov}_{I,b}$ von I und b ist dann der Wert

$$\text{acov}_{I,b} := \frac{1}{|\text{Loc}_I|} \sum_{p \in \text{Loc}_I} \big(I(p) - \mu_I\big)\cdot\big(^{\infty}I(p + b) - \mu_I\big).$$

In die Summe gehen also alle Pixelorte $p \in \text{Loc}_I$ ein. Um einen Wert für $I(p + b)$ stets sicherzustellen, wählen wir wie in der Fourier-Transformation die nicht gespiegelte iterative Fortsetzung $^{\infty}I$, die ein Bild zu einem Torus werden lässt. Falls das gesamte

Bild eine einzige Textur darstellt, sollte solch eine iterative Fortsetzung nicht zu Fehlern führen. Bei einer solchen iterativen Fortsetzung gilt

$$\mu_I = \frac{1}{|\text{Loc}_I|} \sum_{p \in \text{Loc}_I} {}^\infty I(p + b)$$

für jede Verschiebung $b \in \mathbb{Z}^2$. Damit sind sowohl der Mittelwert als auch die Varianz in I und $I_{\to b}$ gleich. Die Gleichungen 4.11 und 4.18 lassen sich übertragen zu

$$\text{acov}_{I,b} = \frac{1}{|\text{Loc}_I|} \sum_{p \in \text{Loc}_I} I(p) \, {}^\infty I(p + b) - \mu_I^2.$$

Den Korrelationskoeffizienten $\text{cc}(X, Y)$ für $X = I$ und $Y = I_{\to b}$ bezeichnen wir nun als *Autokovarianzkoeffizienten* oder *Autokorrelationskoeffizienten* $\text{ac}_{I,b}$. Formal ist das nun der Quotient der Autokovarianz mit der Varianz, da die Standardabweichung in I und $I_{\to b}$ identisch ist, also

$$\text{ac}_{I,b} = \frac{\text{acov}_{I,b}}{\sigma_I^2} = \frac{\sum_{p \in \text{Loc}_I} I(p) \, {}^\infty I(p + b) - \mu_I \sum_{p \in \text{Loc}_I} I(p)}{\sum_{p \in \text{Loc}_I} I(p)^2 - \mu_I \sum_{p \in \text{Loc}_I} I(p)}.$$

Üblicherweise werden die Autokovarianzkoeffizienten aller (oder fast aller) Bewegungen $b = (i, j) \in \mathbb{Z}^2$ in einem Fenster $F_{k,l}^2 = [-k, +k] \times [-l, +l]$ im $\mathbb{Z}^2$ betrachtet und zu einer Matrix $\text{AC}_I^{k,l}$ zusammengefasst mit

$$\text{AC}_I^{k,l}(i, j) := \text{ac}_{I,(i,j)}, \text{ für } -k \le i \le k, -l \le j \le l.$$

Etwas ungenau bezeichnen wir $\text{AC}_I^{k,l}$ nicht als Autokovarianzkoeffizienten-Matrix, sondern kürzer als *Autokovarianz-Matrix*. Sie unterscheidet sich deutlich von der völlig anders aufgebaut Kovarianz-Matrix Cov_I von I in Abschn. 11.4. Werden manche Lagerelationen $b \in F_{k,l}^2$ ignoriert, d. h. in $\text{AC}_I^{k,l}$ nicht mit aufgenommen, so sprechen wir von einer *partiellen Autokovarianz-Matrix*. Sind die Grenzen k, l aus dem Zusammenhang bekannt oder unwichtig, so schreiben wir auch nur AC_I für eine Autokovarianz-Matrix von I.

Autokovarianz-Matrizen AC_I besitzen die folgenden offensichtlichen Eigenschaften

$$
\begin{aligned}
\text{AC}_I(0, 0) &= 1, \\
-1 \le |\text{AC}_I(i, j)| &\le 1, \\
\text{AC}_I(i, j) &= \text{AC}_I(-i, -j), \\
\text{AC}_I &= \text{AC}_{I_{\to b}}, \\
\text{AC}_I &= \text{AC}_{a \cdot I},
\end{aligned}
$$

wobei $I_{\to b}$ das um b verschobene I (iterativ fortgesetzt) und $a \cdot I : \text{Loc}_I \to a \cdot \text{Val}_I$ mit $a \cdot I(p) = I(P) \cdot a$ das um den Faktor a aufgehellte bzw. abgedunkelte Bild ist. Damit

Tab. 12.3 Einige Haralick-Merkmale für die Autokovarianz-Matrix AC_I nach [60]. Es gelte $k \leq l$

Energie	$\frac{1}{|AC|} \cdot \sum_{b \in B} ac_{I,b}^2$
Kontrast	$\frac{1}{|AC|} \cdot \sum_{b \in B : ac_{I,b} < 0} 1$
Grobheit, Körnigkeit	$\frac{1}{|AC|} \cdot \sum_{b \in B} ac_{I,b} \cdot |b|$
Homogenität	$\frac{1}{|AC|} \cdot \sum_{b \in B} ac_{I,b} \cdot \frac{1}{1+|b|}$
$\leftrightarrow$-Gerichtetheit	$\frac{1}{2k+2l+4} \cdot \sum_{-k \leq i \leq +k} ac_{I,(i,0)}$
$\updownarrow$-Gerichtetheit	$\frac{1}{2k+2l+4} \cdot \sum_{-l \leq j \leq +l} ac_{I,(0,j)}$
$\nearrow$-Gerichtetheit	$\frac{1}{2k+2l+4} \cdot \sum_{-k \leq i \leq +k} ac_{I,(i,-i)}$
$\searrow$-Gerichtetheit	$\frac{1}{2k+2l+4} \cdot \sum_{-k \leq i \leq +k} ac_{I,(i,i)}$

genügt es, für AC_I nur die obere oder untere Diagonalmatrix zu speichern. Wir können damit z. B. $AC_I^{2,2}$ als

$$AC_I^{2,2} = \begin{pmatrix} ac_{I,(-2,-2)} & ac_{I,(-1,-2)} & ac_{I,(0,-2)} & ac_{I,(1,-2)} & ac_{I,(2,-2)} \\ & ac_{I,(-1,-1)} & ac_{I,(0,-1)} & ac_{I,(1,-1)} & ac_{I,(2,-1)} \\ & & ac_{I,(0,0)} & ac_{I,(1,0)} & ac_{I,(2,0)} \\ & & & ac_{I,(1,1)} & ac_{I,(2,1)} \\ & & & & ac_{I,(2,2)} \end{pmatrix}$$

auffassen und eine partielle Autokovarianz-Matrix, in der Verschiebungen in die Richtungen $(-1,-2)$, $(-1,-1)$ und natürlich $(0,0)$ nicht interessieren, wäre dann

$$\begin{pmatrix} ac_{I,(-2,-2)} & - & ac_{I,(0,-2)} & ac_{I,(1,-2)} & ac_{I,(2,-2)} \\ & - & ac_{I,(0,-1)} & ac_{I,(1,-1)} & ac_{I,(2,-1)} \\ & & - & ac_{I,(1,0)} & ac_{I,(2,0)} \\ & & & ac_{I,(1,1)} & ac_{I,(2,1)} \\ & & & & ac_{I,(2,2)} \end{pmatrix}.$$

Auch für Autokovarianz-Matrizen lassen sich Variationen der Haralick-Merkmale definieren. Tabelle 12.3 gibt einige in [60] vorgestellte Merkmale an. Dabei ist $AC = AC_I^{k,l}$ eine Autokovarianz-Matrix der Autokovarianzkoeffizienten $ac_{I,b}$ für alle Lagerelationen $b = (i, j)$ mit $-k \leq i \leq +k$, $-l \leq j \leq +l$. AC besitzt also $|AC| = (2k + 1)(2l + 1)$ Einträge.

Man kann erwarten, dass eine Textur um so grobkörniger ist, je höher die Werte für Energie und Grobheit sind. Der Kontrast misst den Anteil der negativen Korrelationskoeffizienten. Eine R-Gerichtetheit misst nur in R-Richtung alle vorkommenden Lagerelationen, normiert durch die Zahl aller Lagerelationen in den genannten verwendeten vier Richtungen.

Autokovarianz auf Teilgebieten

Soll eine Textur einer Region $R \subseteq I$ in einem Bild gemessen werden, bietet sich eine iterative Fortsetzung auf einem Torus nicht an, da der Rand von R nicht parallel zur x- und y-Achse verlaufen muss. Hier bleibt nur eine Analyse aller Pixelpaare (P_1, P_2) in einer Lagerelation b, die beide in G liegen. Dazu sei

$$G_b := \{p \in \mathrm{loc}(G) | p + b \in \mathrm{loc}(G)\}.$$

Insbesondere müssen die Mittelwerte von G und $G_{\to b}$ eingeschränkt auf G_b nicht mehr gleich sein und die Formeln werden komplizierter.

Es seien

$$\mu_{G,b,1} := \frac{1}{|G_b|} \sum_{p \in G_b} I(p),$$

$$\mu_{G,b,2} := \frac{1}{|G_b|} \sum_{p \in G_b} I(p + b),$$

$$\sigma_{G,b,1} := \frac{1}{|G_b|} \sum_{p \in G_b} I^2(p) - \mu_{G,b,1}^2,$$

$$\sigma_{G,b,2} := \frac{1}{|G_b|} \sum_{p \in G_b} I^2(p + b) - \mu_{G,b,2}^2,$$

damit ergibt sich der Autokovarianzkoeffizient $\mathrm{ac}_{G,b}$ bezüglich der Verschiebung b innerhalb von G zu

$$\mathrm{ac}_{G,b} := \frac{1}{\sigma_{G,b,1} \cdot \sigma_{G,b,2}} \frac{1}{|G_b|} \sum_{p \in G_b} \big(I(p) - \mu_{G,b,1}\big)\big(I(p + b) - \mu_{G,b,2}\big).$$

Ist G bereits eine hinreichend große und homogene Textur, die im b-weiten Randbereich keine großen Ausreißer besitzt, so kann man annehmen, dass etwa $\mu_{G,b,1} \approx \mu_{G,b,2} \approx \mu_G$ und $\sigma_{G,b,1} \approx \sigma_{G,b,2} \approx \sigma_G$ gilt, und den Autokovarianzkoeffizienten approximieren durch

$$\mathrm{ac}_{G,b} \approx \frac{1}{\sigma_G^2} \cdot \left(\frac{1}{|G_b|} \sum_{p \in G_b} I(p)I(p + b) - \mu_G^2 \right).$$

Unterschiede zwischen Co-Occurrence- und Autokovarianz-Matrizen

Wir wollen eine Textur eines Bildes $I : [0, N[\times [0, M[\to [0, G[$ mittels Lagerelationen b aus einer endlichen Menge $B \subset \mathbb{Z}^2$ beschreiben. Dann benötigt man dazu $|B|$ viele Co-Occurrence-Matrizen je einer Dimension von G^2 für die Matrix CO. Diese große Datenmenge kann man reduzieren, wenn man jede G^2 große Co-Occurrence-Matrix $\mathrm{CO}_{I,b}$ durch einige Haralick-Merkmale dieser Matrix ersetzt. Bei einer Beschreibung mittels Autokovarianzkoeffizienten benötigt man für die Matrix AC_I hingegen nur $|B|$ Werte.

Versucht man eine statistische Analyse in Farbbildern, benötigt man zusätzlich die Korrelationen zwischen den Kanälen. Hier bietet sich das Autokovarianz-Modell an, da im Co-Occurrence-Modell die Datenflut noch weiter anwachsen muss.

12.3.4 Texturmerkmale in Farbbildern

Eine Verallgemeinerung der genannten Texturmerkmale mittels Co-Occurrence-Matrizen, Differenzen- und Summenhistogrammen oder Autokovarianz-Matrizen auf d-dimensionale Bilder ist offensichtlich. Schwieriger ist eine Verallgemeinerung auf mehrkanalige Bilder.

Wir übertragen hier das Autokovarianz-Modell auf k-kanalige Bilder

$$I : [0, N[\times [0, M[\to [0, G[^k .$$

Neben einer Korrelation verschiedener Pixelpaare einer gleichen Lagerelation können wir zusätzlich die Kanäle untereinander korrelieren. $I^{(i)}$ sei die Projektion von I auf den Kanal i, $\mu_I^{(i)}$ der Bildmittelwert im Kanal i und $\sigma_I^{(i)}$ die Standardabweichung (also die Wurzel der Varianz) im Kanal i und $b \in \mathbb{Z}^2$ eine Lagerelation. Wir gehen also von einem Bildmodell aus, in dem die Mittelwert- und Varianzbildung pro Kanal überhaupt Sinn macht. Dies ist etwa im HSV-Farbraummodell für den H-Kanal nicht der Fall, da der H-Kanal einen Torus bildet mit $360° = 0°$.

Der *Farbkovarianzkoeffizient* $\mathrm{cc}_{I,b}^{i,j}$ von I zur Lage b zwischen den Kanälen i und j, wobei cc für color correlation stehen soll, ist dann definiert als

$$\mathrm{cc}_{I,b}^{i,j} := \frac{1}{\sigma_I^{(i)} \sigma_I^{(j)} |\mathrm{Loc}_I|} \sum_{p \in \mathrm{Loc}_I} \left(I^{(i)}(p) - \mu_I^{(i)} \right) \left(I^{(j)}(p+b) - \mu_I^{(j)} \right).$$

Offensichtlich gilt $\mathrm{cc}_{I,b}^{i,j} = \mathrm{cc}_{I,-b}^{j,i}$. Man kann diese Werte wieder in einem Scan durch I bestimmen, indem man

$$\mathrm{cc}_{I,b}^{i,j} = \frac{1}{\sigma_I^{(i)} \sigma_I^{(j)}} \left(\frac{\sum_{p \in \mathrm{Loc}_I} I^{(i)}(p) I^{(j)}(p+b)}{|\mathrm{Loc}_I|} - \mu_I^{(i)} \mu_I^{(j)} \right)$$

ausnutzt. Dies rechnet man genauso einfach wie für die Gleichung 4.11 in Abschn. 4.4.1 aus. Es sei B eine Menge interessierender Lagerelationen b. $\mathbf{CC}_{I,B}$ ist jetzt die Menge alle Farbkoeffizienten $\mathrm{cc}_{I,b}^{i,j}$ mit $1 \le i, j \le k$, $b \in B$, die man wieder als Hypermatrix anordnen kann. Hier stellt sich natürlich die Frage, wie viele dieser Koeffizienten man für eine sinnvolle Beschreibung einer Farbtextur benötigt. Man kann diese Frage in zwei Ausrichtungen präzisieren:

- Mit wie vielen Koeffizienten lassen sich verschiedene Texturen unterscheiden?
- Mit wie vielen Koeffizienten lassen sich Texturen rekonstruieren?

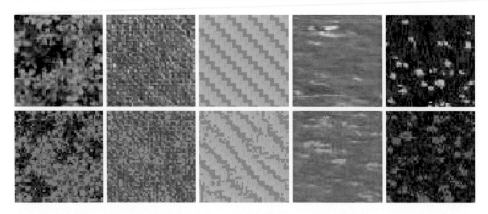

Abb. 12.12 Originaltexturen oben und Rekonstruktionen aus ausschließlich je einem 202-dimensionalen Texturvektor. Aus Lakmann [60], mit freundlicher Erlaubnis des Autors und des Verlags Fölbach

Man kann bereits mit nur 202 Werten Texturen so beschreiben, dass eine recht ordentliche visuelle Rekonstruktion möglich ist. Abbildung 12.12 zeigt 5 Mikrotexturen, die mit dem gleichen Algorithmus auf jeweils 202 Werte komprimiert und aus dieser Kompression rekonstruiert sind.

Die Kompression auf 202 Werte ergibt sich wie folgt. Es werden zu einem RGB-Farbbild $I : [0, N[\times [0, M[\to [0, G[^3$ einer Mikrotextur jeweils die Koeffizienten $\mathrm{cc}_{I,b}^{R,R}$, $\mathrm{cc}_{I,b}^{R,G}$, $\mathrm{cc}_{I,b}^{R,B}$ mit den folgenden Lagerelationen

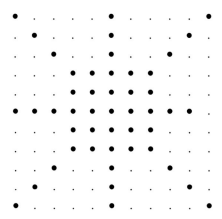

berechnet. Jeder gesetzte Punkt ● in dieser 11×11-Matrix repräsentiert einen Wert b im $[-5, +5]^2$, der eine betrachtete Lagerelation b ist. Die Lagerelation $(0, 0)$ liegt genau in der Mitte. Es wird z. B. die Lagerelation $b = (-4, -4)$ verwendet, $b = (-4, -3)$ aber nicht. Aus Symmetriegründen ($\mathrm{cc}_{I,b}^{i,j} = \mathrm{cc}_{I,-b}^{j,i}$) werden von diesen 49 Lagerelationen für die Rot-Rot-Korrelation nur 24 Werte benötigt. Die Verschiebung $(0, 0)$ interessiert für die

Korrelation zwischen Rot-Rot nicht, aber natürlich zwischen den Kanälen Rot-Grün und Rot-Blau. Damit verbleiben $49 + 49 + 24 = 122$ Autokorrelationskoeffizienten.

Zusätzlich wird jedes Bild I noch durch ein dynamisches relatives Farbhistogramm $H_{\mathrm{dyn},I}$ im Luv-Farbraum beschrieben. Dieses dynamische Histogramm besteht aus $k = 16$ Bins, die für jedes Bild optimal dynamisch berechnet werden, vgl. Abschn. 4.3.7. Hierbei werden 16 Orte b_i, $1 \leq i \leq 16$, im Farbraum als Schwerpunkte von 16 Cluster C_i gefunden. Damit erhält das dynamische Histogramm 16 Einträge mit je 5 Werten: dreidimensionaler Ort im Farbraum des betreffenden Bins b_i, die Varianz σ_i^2 dessen Clusters C_i und die prozentuale Anzahl $h_I(b_i)$ der Pixel P in I mit $val(P) \in C_i$. Damit verwenden wir hier nur $122 + 80 = 202$ Werte zur Beschreibung einer Mikrotextur. V_I sei der Vektor dieser 202 Daten in einer festen Anordnung.

Aus V_I soll nun ein Bild $I^r : \mathrm{Loc}' \to \mathrm{Val}_I$ rekonstruiert werden, das die gleiche (oder eine recht ähnliche) Textur wie in I darstellen soll. Der Ortsraum Loc' von I^r darf vom Ortsraum I verschieden sein. Da eine Textur dargestellt werden soll, muss es egal sein, wie viel Fläche man für diese Textur bereitstellt. In der Abb. 12.12 sind die Ausgangsbilder und rekonstruierten Bilder allerdings gleich groß. Die Rekonstruktion zu einem Bild I^r wird mit einer trivialen Greedy-Suche erreicht.

In einem Startschritt wird ein initiales Bild I_0^r zufällig generiert, dessen relatives Histogramm mit $H_{\mathrm{dyn},I}$ übereinstimmt. Da die Lage der Pixel nicht interessiert, ist dieses Startbild I_0^r schnell erzeugt.

Im Schritt i wird aus dem bereits erzeugten Bild I_i^r durch ein zufälliges Vertauschen zweier Pixel ein neues Bild I_i' erzeugt. Durch ein einfaches und sehr schnelles Update kann $V_{I_i'}$ aus $V_{I_i^r}$ gewonnen werden. Es wird verglichen, ob der euklidische Abstand von $V_{I_i'}$ oder $V_{I_i^r}$ zu V_I kleiner ist. Das Siegerbild wird als I_{i+1}^r gesetzt. Beim Austausch sollte man zufällig ein auszutauschendes Pixel P und dazu eine zufällige Menge von Austauschkandidaten $P_1, \ldots, P_n$ auswählen. P wird mit dem P_i vertauscht, dessen aktualisierter V-Vektor zu V_I am ähnlichsten ist, falls beim Vertauschen überhaupt eine Verbesserung der Ähnlichkeit zu V_I eintritt. Üblicherweise konvergiert I_i^r anfangs schnell in Richtung I, wohingegen später nur noch selten Verbesserungen durch zufälligen Austausch gefunden werden. Das Abbruchkriterium in obigen Beispielen ist eine fixe Anzahl von Schritten.

Es ist erstaunlich, wie gut diese Rekonstruktion aus nur 202 Werten mit solch einem trivialen Algorithmus gelingt. Die Rekonstruktion lässt sich verbessern, wenn man mit mehr als 204 Strukturwerten zur Texturbeschreibung arbeitet. Weitere Untersuchungen und Details zur Rekonstruktion und Klassifikation mittels Autokovarianz-Matrizen finden sich in der Dissertation von Raimund Lakmann [60] oder in [61].

Literatur

1. Abmayr, W. (1994). *Einführung in die digitale Bildverarbeitung.* Stuttgart: Teubner.

2. Arnon, D. S., & Gieselmann, J. P. (1983). *On the Computation of Minimum Encasing Rectangles and Set Diameters.* TR 463, Computer Science Department Purdue University.

3. Ballard, D. H. (1981). Generalizing the Hough transformation to detect arbitrary shapes. *Pattern Recognition,* 13(2), 111–122.

4. Ballard, D. H. (1987). Generalizing the Hough transformation to detect arbitrary shapes. In: M. A. Fischler, & O. Firschein (Hrsg.), *Readings in Computer Vision.* (S. 714–725). San Francisco: Morgan Kaufmann Publ.

5. Ballard, D. H., & Brown, C. M. (1982). *Computer Vision.* Upper Saddle River: Prentice Hall.

6. Balthasar, D. (2006). *Drei neue Verfahren zum Matching und zur Klassifikation unter Echtzeitbedingungen.* PhD thesis, Universität Koblenz-Landau, Fölbach Verlag, Koblenzer Schriften zur Informatik.

7. Belongie, S., Malik, J., & Puzicha, J. (2000). Shape context: A new descriptor for shape matching and object recognition. In Leen, Diettrich und Tresp (Hrsg.), *Proceedings of Advances in Neural Information Processing Systems 13.* (S. 831–837).

8. Belongie, S., Malik, J., & Puzicha, J. (2002). Shape matching and objekt recognition using shape contexts. *IEEE Transactions on Pattern Analysis and Machine Intelligence,* 24(24), 509–522.

9. Berk, T., Brownstone, L., & Kaufmann, A. (1982). A new color naming system for computer graphics. *IEEE Computer Graphics and Applications,* 3, 37–44.

10. Blum, H. (1967). A Transformation for Extracting New Descriptors of Shape. In *Models of the Perception of Speech and Visual Form.* (S. 362–380). Mit Press.

11. Bronstein, I. N., & Semendjajev, K. A. (1975). *Taschenbuch der Mathmatik.* Zürich und Frankfurt A. M.: Verlag Harri Deutsch.

12. Bunke, H. (1985). *Modellgesteuerte Bildanalyse.* Stuttgart: Teubner.

13. Calabi, L., & Hartnett, W. E. (1968). Shape Recognition, Prairie Fires, Convex Deficiencies and Skeletons. *The American Mathematical Monthly,* 75, 335–342.

14. Canny, J. (1986). A Computational Approach to Edge Detection. *Ieee Transactions on Pattern Analysis and Machine Intelligence,* 8(6), 679–698.

15. Canny, J. (1987). A Computational Approach to Edge Detection. In: M. A. Fischler & O. Firschein (Hrsg.), *Readings in Computer Vision.* (S. 184–203). San Francisco: Morgan Kaufmann Publ.

© Springer-Verlag Berlin Heidelberg 2015
L. Priese, *Computer Vision,* eXamen.press, DOI 10.1007/978-3-662-45129-8

16. Castleman, K. R. (1996). *Digital Image Processing*. Upper Saddle River: Prentice Hall.

17. Cooley, J. W., & Tukey, J. W. (1965). An Algorithm for the Machine Calculation of Complex Fourier Series. *Mathematics of Computation*, 19(1), 297–301.

18. Costa, L. F., & Cesar, R. M. (2009). *Shape Classification and Analysis*. Boca Raton: CRC Press.

19. Davies, E. R. (1990). *Machine Vision, Theory, Algorithms, Practicalities*. London: Academic Press.

20. Dekker, A. (1994). Kohonen Neural Networks for Optimal Colour Quantization. *Network: Computation in Neural Systems*, 5, 351–367.

21. Drobchenko, A., Kamarainen, J.-K., Lensu, L., & Kälviäinen, H. (2011). Thresholding-based Detection if Fine and Sparse Details. *Frontiers of Electrical and Electronic Engineering in China*, 328–338.

22. Duda, R. O., & Hart, P. E. (1972). Use of the Hough Transformation to Detect Lines and Curves in Pictures. *Communications of the ACM*, 15(1), 11–15.

23. Duda, R. O., Hart, P. E., & Stork D. G. (2001). *Pattern Classification*. New York: John Wiley & Sons.

24. Feynman, R. (1988). *QED – Die seltsame Theorie des Lichts und der Materie*. München: Piper.

25. Fischler, M. A., & Firschein, O. (1987). *Intelligence. The Eye, the Brain, and the Computer*. Reading: Addison-Wessley.

26. Forsth, D. A., & Ponce, J. (2003). *Computer Vision*. Upper Saddle River: Prentice Hall.

27. Freeman, H. (1961). On the Encoding of Arbitrary Geometric Configurations. *IRE Transactions on Electronic Computers*, 10, 260–268.

28. Freeman, H., & Davis, L. S. (1977). A Corner-Finding Algorithm for Chain-Coded Curves. *IEEE Transactions on Computers*, 26, 297–303.

29. Freeman, H., & Shapira, R. (1975). Determining the Minimum-area Encasing Rectangle for an Arbitrary Closed Curve. *Communications of the ACM*, 18, 409–413.

30. Förstner, W., & Gülch, E. (1987). A fast operator for detection and precise location of distinct points, corners and centres of circular features. In *Proc. ISPRS Inter Commission Conference on the fast processing of photogrammetric data*. (S. 281–305).

31. Gonzales, R. C., & Woods, R. E. (2002). *Digital Image Processing*. Upper Saddle River: Prentice Hall.

32. Graham, R. L. (1972). An Efficient Algorithm for Determining the Convex Hull of a Finite Planar Set. *Information Processing Letters*, 1, 132–133.

33. Gray, H. (1858). *Anatomy: descriptive and surgical*. London: J. W. Parker.

34. Haberäcker, P. (1991). *Digitale Bildverarbeitung*. München: Hanser Studienbücher.

35. Haralick, R. M., Shanmugam, K., & Dinstein, I. (1973). Textural features for image classification. *IEEE Transactions on Systems, Man, and Cybernetics*, 3(6), 610–621.

36. Harris, C., & Stephens, M. (1988). A combined corner and edge detector. *Proceedings of the 4th Alvey Vision Conference at the University of Manchester*. (S. 47–151).

37. Hart, P. E. (2009). How the Hough Transform was Invented. *IEEE Signal Processing Magazine*, 26(6), 18–22.

38. Hartline, H. K. (1938). The Response if Single Optical Nerve Fibres of the Vertrebrate Eye to Illumination of the Retina. *American Journal of Physiology*, 121(2), 400–415.

39. Hartline, H. K., & Graham, C. H. (1932). Nerve Impulses From Single Receptors in the Eye. *Journal of Cellular and Comparative Physiology*, 1(2), 277–295.

40. Hartmann, G. (1987). Recognition of Hierarchically Encoded Images by Technical and Biological Systems. *Biological Cybernetics*, 57, 73–84.

41. Harwood, D., Subbarao, M., Hakalahti, H., & Davis, L. (1986). A New Class of Edge-Preserving Smoothing Filters. *Pattern Recognition Letters*, 6, 155–162.

42. Hering, E. (1920). *Grundzüge der Lehre vom Lichtsinn*. Berlin: Springer.

43. Hering, N., Priese, L., & Schmitt, F. (2013). On line-based homographies in urban environments. In *LNCS 5414, Proceedings of VISAPP13*. (S. 358–369).

44. Hermann, L. (1870). Eine Erscheinung simultanen Contrastes. *Pflügers Archiv für die gesamte Physiologie*, 3, 13–15.

45. Hill, F. S., & Kelley, S. M. (2007). *Computer Graphics – Using OpenGL*. Upper Saddle River: Pearson Prentice Hall.

46. Hollwich, F. (1968). *Einführung in die Augenheilkunde*. 6. überarbeitete Aufl. Stuttgart: Georg Thieme Verlag.

47. Horowitz, S. L., & Pavlidis, T. (1976). Picture Segmentation by a Tree Traversal Algorithm. *Journal of the ACM*, 23(2), 368–388.

48. Hough, P. V. C. (1962). Method and means for recognizing complex patterns. *U.S. patent 3069654*.

49. Huffman, D. A. (1952). A method for the construction of minimum redundancy codes. *Proceedings of the I.R.E.*, 40, 1098–1101.

50. Jain, A. K. (1989). *Fundamentals of Digital Image Processing*. Upper Saddle River: Prentice Hall.

51. Jähne, B., & Haußecker, H. (2000). *Computer Vision and Application*. San Diego: Academic Press.

52. Kapur, J. N., Sahoo, P. K., & Wong, A. K. C. (1985). A New Method for Gray-Level Picture Thresholding Using the Entropy of the Histogram. *Computer Vision Graphics and Image Processing*, 29, 273–285.

53. Kittler, J., & Illingworth, J. (1986). Minimum Error Thresholding. *Pattern Recognition*, 19(1), 41–47.

54. Klette, R. (2014). *Concise Computer Vision*. Berlin, Heidelberg, New York: Springer Verlag.

55. Korn, A. (1982). *Bildverarbeitung durch das visuelle System*. Berlin, Heidelberg, New York: Springer.

56. Kries, J. v. (1903). Theoretische Studien über die Umstimmung des Sehorgan. *Zeitschrift für Psychologie und Physiologie der Sinnesorgane*, 32, 146–148.

57. Kuhn, H. W. (1955). The hungarian method for the assignment problem. *Naval Research Logistics Quarterly*, 2, 83–97.

58. Kuwahara, M., Hachimura, K., Ehiu, S., & Kinoshita, M. (1976). Processing of ri-angiocardiographic images. In *Digital Processing of Biomedical Images*. (S. 187–203). New York: Plenum Press

59. Ladenthin, B. Bild „Nocube" in Wikipedia, Optische Täuschung.

60. Lakmann, R. (1998). *Statistische Modellierung von Farbtexturen.* PhD thesis, Universität Koblenz-Landau, Fölbach Verlag, Koblenzer Schriften zur Informatik.

61. Lakmann, R., & Priese, L. (1997). A reduced covariance color texture model for micro-textures. *Proceedings 10th SCIA, Lappeenranta 1997.* (S. 947–953).

62. Lettvin, J. Y., Matunara, H. R., McCulloch, W. S., & Pitts, W. H. (1968). What the frog's eye tells the frog's brain. In: W. C. Corning & M. Balaban (Hrsg.), *The Mind: Biological Approaches to its Functions* (S. 233–258). New York: Interscience Publishers/John Wiley & Sons

63. Levin, M. D. (1985). *Vision in Man and Machine.* New York: McGraw-Hill Book Company.

64. Lindeberg, T. (1994). *Scale-space Theory in Computer Vision.* Kluwer Academic Publishers (S. 420).

65. Liu, H. C., & Srinath, M. D. (1990). Corner Detection from Chain-code. *Pattern Recognition*, 23, 51–68.

66. Lowe, D. (1999). Object recognition from local scaleinvariant features. *International Conference Computer Vision*, 1150–1157.

67. Lowe, D. (2004). Distinctive image features from scale-invariant keypoints. *International Journal of Computer Vision*, 60, 91–110.

68. Maerz, A., & Paul, M. R. (1930). *A Dictionary of Colour.* New York: McGraw Hill.

69. Mandler, E., & Oberlander, M. F. (1990). One-pass Encoding of Connected Components in Multivalued Images. *International Conference on Pattern Recognition 10.* (S. 64–69).

70. Marr, D. (1982). *Vision.* New York: Freeman and Company.

71. Marr, D., & Hildreth, E. C. (1980). Theory of edge detection. *Proceedings of the Royal Society of London*, 207, 187–217.

72. McCulloch, W., & Pitts, W. (1943). A Logical Calculus of the Ideas Immanent in Nervous Activity. *Bulletin of Mathematical Biophysics*, 5, 115–133.

73. Medioni, G., & Yasumoto, Y. (1987). Corner Detection and Curve Representation Using Cubic B-Splines. *Computer Vision Graphics and Image Processing*, 39, 267–278.

74. Meijster, A., Roerding, T. M., & Hesselink, W. H. (2000). A general algorithm for computing distance transforms in linear time. In *Mathematical Morphology and its Applications to Image and Signal Processing.* (S. 331–340). Kluwer Academic Publishers

75. Meschkowski, H. (1966). *Mathematisches Begriffswörterbuch.* Mannheim: Bibliographisches Institut Mannheim.

76. Müller, M. (2005). *Experimentelle Untersuchungen zur Pharmakokinetik lokal applizierten Thalidomids am Auge.* PhD thesis. Berlin: Humboldt-Universität zu Berlin, Medizinische Fakultät – Universitätsklinikum Charité.

77. Munkres, J. (1957). Algorithms for the assignment and transportation problems. *Journal of the Society of Industrial and Applied Mathematics*, 5(1),32–38.

78. Münsterberg, H. (1897). Die verschobene Schachbrettfigur. *Zeitschrift für Psychologie*, 15, 184–188.

79. Nagao, M., & Matsuyama, T. (1979). Edge Preserving Smoothing. *Computer Graphics and Image Processing*, 9, 394–407.

80. Niemann, H., & Bunke, H. (1987). *Künstliche Intelligenz in Bild- und Sprachanalyse.* Stuttgart: Teubner.

81. Nischwitz, A., Fischer, M., Haberäcker, P., & Socher, G. (2011). *Computergrafik und Bildverarbeitung, Vol.2.* Wiesbaden: Vieweg Teubner.

82. Ohlander, R. (1975). *Analysis of Natural Scenes.* PhD thesis, Dep. Comp. Sci. Carnegie-Melon University.

83. Ohlander, R., Price, K., & Reddy, D. R. (1978). Picture Segmentation Using a Recursive Region Splitting Method. *Computer Graphics and Image Processing*, 8, 313–333.

84. Ohta, Y., Kanade, T., & Sakai, T. (1980). Color Information for Region Segmentation. *Computer Graphics and Image Processing*, 13, 222–241.

85. Otsu, N. (1979). A Threshold Selection Method From Grey Level Histograms. *IEEE Transactions on Systems, Man, and Cybernetics*, 9(1), 62–66.

86. Paulus, D. (2001). *Aktives Bildverstehen.* Osnabrück: Der Andere Verlag.

87. Paulus, D., & Hornegger, J. (1998). *Applied Pattern Recognition.* Braunschweig: Vieweg.

88. Pavlidis, T. (1982). *Graphics and Image Processing.* Berlin, Heidelberg, New York: Springer.

89. Perona, P., & Malik, J. (1987). Scale-space and Edge Detection Using Anisotropic Diffusion. *Proceedings of IEEE Computer Society Workshop on Computer Vision*, 9, 12–22.

90. Pietikäinen, M., & Harwood, D. (1986). Segmentation of Color Images Using Edge-preserving Filters. In: V. Cappellini, & R. Marconi, *Advances in Image Processing and Pattern Recognition.* (S. 94–99). Amsterdam: Elsevier Science

91. Pinz, A. (1994). *Bildverstehen.* Wien, New York: Springer Verlag.

92. Plataniotis, K., & Venetsanopoulos, A. N. (2000). *Color Image Processing and Applications.* New York: Springer.

93. Pratt, W. K. (1987). *Digital Image Processing.* New York: John Wiley and Sons.

94. Priese, L., Rehrmann, V., Schian, R., & Lakmann, R. (1993). Traffic Sign Recognition Based on Color Image Evaluation. *Intelligent Vehicles Symposium 9.* (S. 95–100). Tokyo

95. Priese, L., Schmitt, F., & Hering, N. (2009). Grouping of semantically similar image positions. In *SCIA 2009, LNCS*, Bd. 5575, (S. 726–734). Berlin: Springer.

96. Rehrmann, V. (1994). *Stabile, echtzeitfähige Farbbildauswertung.* PhD thesis, Universität Koblenz-Landau, Fölbach Verlag, Koblenzer Schriften zur Informatik.

97. Rehrmann, V., & Priese, L. (1998). Fast and robust segmentation of natural color scenes. In: R. T. Chin & T. C. Pong (Hrsg.), *3rd Asian Conference on Computer Vision (ACCV'98), LNCS 1351*, (S. 598–606). Berlin: Springer.

98. Richter, M. (1980). *Einführung in die Farbmetrik.* Berlin, New York: de Gruyter.

99. Rivet, J.-F., Soille, P., & Beucher, S. (1993). Morphological gradients. *Journal of Electronic Imaging*, 2(4), 326–336.

100. Rosenfeld, A., & Johnston, E. (1973). Angle Detection on Digital Curves. *IEEE Transactions on Computers*, 22, 875–878.

101. Rosenfeld, A., & Johnston, E. (1975). An Improved Method of Angle Detection on Digital Curves. *IEEE Transactions on Computers*, 24, 940–941.

102. Rosenfeld, A., & Pfaltz, J. L. (1966). Sequential Operations In Digital Picture Processing. *Journal of the ACM*, 13(4), 471–494.

103. Rosenfeld, A., & Pfaltz, J. L. (2007). Single pass connected components analysis. *Proceedings of Image and Vision Computing New Zealand.* (S. 282–287).

104. Russ, J. T. (1995). *The Image Processing Handbook*. Boca Raton: CRC Press.

105. Schian, R. (1999). *Automatische Bildauswertung zur dynamischen Schielwinkelvermessung bei Kleinkindern und Säuglingen*. PhD thesis, Universität Koblenz-Landau, Fölbach Verlag, Koblenzer Schriften zur Informatik.

106. Schmidt, R. F. (1971). *Neurophysiologie*. Berlin, Heidelberg, New York: Springer.

107. Schmitt, F., & Priese, L. (2009a). Sky detection in CSC segmented images. In *Proceedings of VISAPP09, Band 2* (S. 101–106). Lissabon

108. Schmitt, F., & Priese, L. (2009b). Vanishing point detection with an intersection point neighborhood. In *Discrete Geometry for Computer Imagery*. Band 5810. (S. 132–143). Springer Verlag

109. Serra, J., & Cressie, N. (1982). *Image Analysis and Mathematical Morphology*. Band 1. (S. 610ff.). London, New York: Academic Press

110. Silvestrini, N., & Fischer, E. P. (1998). *Farbsysteme in Kunst und Wissenschaft*. Dumont: Ed. K. Stromer.

111. Smith, A. R. (1978). Color gamut transform pairs. *SIGGRAPH 78 Conference Proceedings*. (S. 12–19).

112. Soille, P. (2003). *Morphological Image Analysis*. Berlin, Heidelberg: Springer.

113. Soille, P. (1998). *Morphologische Bildverarbeitung*. Berlin, Heidelberg: Springer.

114. Sturm, P. (2006). *Selbstähnliche und überlappende 3D-Zellhierarchien für die Segmentierung*. Berlin: Logos Verlag.

115. Sturm, P., & Priese, L. (2003). 3D-Color-Structure-Code. A Hierarchical Region Growing Method for Segmentation of 3D-Images. In: J. Bigun & T. Gustavsson (Hrsg.), *Proc. SCIA 2003, LNCS 2749*, (S. 603–608). Berlin: Springer

116. Szeliski, R. (2011). *Computer Vision*. London, Dordrecht, Heidelberg, New York: Springer.

117. Tanimoto, S., & Klinger, A. (1980). *Structured Computer Vision*. New York: Academic Press.

118. Teh, C. H., & Chin, R. T. (1989). On the Detection of Dominant Points of Digital Curves. *IEEE Transactions on Pattern Analysis and Machine Intelligence*, 11, 859–872.

119. Tönnies, K. D. (2005). *Grundlagen der Bildverarbeitung*. München: Pearson.

120. Trucco, E., & Verri, A. (1998). *Introductory Techniques for 3-D Computer Vision*. Upper Saddle River: Prentice Hall.

121. Unser, M. (1986). Sum and difference histograms for texture classification. *IEEE Transactions on Pattern Analysis and Machine Intelligence*, 8(1), 118–125.

122. Welch, T. (1984). A Technique for High-Performance Data Compression. *IEEE Computer*, (5), 8–19.

123. Wooldridge, D. E. (1967). *Mechanik der Gehirnvorgänge*. Wien, München: Oldenburg-Verlag.

124. Wyszecki, G., & Stiles, W. S. (1982). *Color Science: Concepts and Methods, Quantitative Data and Formulae*. New York: John Wiley and Sons.

125. Young, T. Y., & Fu, K.-S. (1986). *Handbook of Pattern Recognition and Image Processing*. New York: Academic Press.

126. Zeppenfeld, K. (2004). *Lehrbuch der Grafikprogrammierung*. Heidelberg, Berlin: Spektrum Akademischer Verlag.

127. Ziv, J., & Lempel, A. (1978). Compression of Individual Sequences via Variable-Rate Coding. *IEEE Transactions on Information Theory*, 24(5), 530–536.

Sachverzeichnis

Lizenz zum Wissen.

Sichern Sie sich umfassendes Technikwissen mit Sofortzugriff auf tausende Fachbücher und Fachzeitschriften aus den Bereichen: Automobiltechnik, Maschinenbau, Energie + Umwelt, E-Technik, Informatik + IT und Bauwesen.

Exklusiv für Leser von Springer-Fachbüchern: Testen Sie Springer für Professionals 30 Tage unverbindlich. Nutzen Sie dazu im Bestellverlauf Ihren persönlichen Aktionscode C0005406 auf
www.springerprofessional.de/buchaktion/

Jetzt
30 Tage
testen!

Springer für Professionals.
Digitale Fachbibliothek. Themen-Scout. Knowledge-Manager.

🔑 Zugriff auf tausende von Fachbüchern und Fachzeitschriften
⊘ Selektion, Komprimierung und Verknüpfung relevanter Themen durch Fachredaktionen
✎ Tools zur persönlichen Wissensorganisation und Vernetzung

www.entschieden-intelligenter.de

Springer für Professionals

Printed in the United States
By Bookmasters